W0061695

Scherzo furioso

Konrad Beikircher

Scherzo furioso

Der neue Konzertführer

Vorwort von Lars Vogt

Kiepenheuer & Witsch

1. Auflage 2002

© 2002 by Verlag Kiepenheuer & Witsch, Köln
Alle Rechte vorbehalten. Kein Teil des Werkes darf in irgendeiner Form
(durch Fotografie, Mikrofilm oder ein anderes Verfahren) ohne schriftliche
Genehmigung des Verlages reproduziert oder unter Verwendung elektronischer
Systeme verarbeitet, vervielfältigt oder verbreitet werden.
Lektorat: Andreas Graf, Köln
Musikwissenschaftliche Unterstützung: Annelie Kürsten, Dirk Kohlhaas
Umschlaggestaltung: Rudolf Linn, Köln
Umschlagfoto: © Achim Kröpsch, Köln
Gesetzt aus der FF Scala
Satz: Greiner & Reichel, Köln
Druck und Bindearbeiten: GGP Media, Pößneck
ISBN 3-462-03089-2

Für Franz Xaver Ohnesorg
und
Lars Vogt

Dem Andenken an
Attila Caglar (1967–2001)
gewidmet, Dipl.-Mathematiker
und großer Musikfreund.

Vorwort
Von Lars Vogt

Nach dem überwältigenden Erfolg von »Andante Spumante« liegt mit »Scherzo furioso« nun ein zweiter Band von Konrad Beikirchers Konzertführer vor. Dass »Der Beikircher« eine so enorme Anzahl von Lesern gefunden hat – er führte zeitweise Bestsellerlisten an –, zeigt, wie groß der Bedarf war nach einem Buch, das die Hauptwerke der Musikliteratur nicht nur verständlich und kenntnisreich, sondern auch unterhaltsam vorstellt. Konrad Beikircher, den ich als Freund, Musiker und Musikbesessenen sehr schätze, ist einen direkten, teils kabarettistischen und gleichzeitig fachlich bestens fundierten Weg gegangen in seiner fulminanten Beschreibung der musikalischen Meisterwerke – und ihrer teils humorvollen, aber doch so persönlichen und begründeten »Beurteilung«.

Wenn man sich unter Musikern aufhält, stellt man schnell fest, dass Humor und Selbstironie in dieser Berufsgruppe ziemlich verbreitet ist. Alles was in der musikalischen Tätigkeit so heilig und unantastbar ist oder scheint, kann im alltäglichen Gespräch und auch in Proben durchaus leicht und mit Witz angegangen werden, ohne dass dadurch freilich die Grundhaltung gegenüber der Musik und der Respekt vor ihr angetastet wäre. Aber gerade das besonders Schwere wird häufig viel besser fassbar, wenn man ihm sein manchmal erdrückendes Gewicht mit lockerer und unverkrampfter Herangehensweise für eine Weile nimmt.

Ich hatte die große Freude, als Pianist mit Konrad Beikircher einige Programme mit Musik und Text zu gestalten – für mich unvergessliche Abende mit zum Teil auch durchaus skurrilen Achterbahnfahrten durch Komponistenbiographien oder einzelne Werke, immer aber neben Konrads immensem Fachwissen basierend auf seiner unerschütterlichen Liebe zur Musik und der Neugier gegenüber ihren Hintergründen. Dass ich nun für diesen wunderbar unorthodoxen Konzertführer – ausgerechnet nach Franz Xaver Ohnesorg, dem ich neben vielem anderen auch die persönliche Bekanntschaft mit Konrad Beikircher zu verdanken habe – eine Zueignung verfassen kann, ist für mich eine besondere Freude.

Konrad Beikircher zitiert häufig den berühmten Ausspruch Grillparzers, wonach beschriebene Musik wie erzähltes Essen sei. Ich kann dazu nur sagen: Von Konrad Beikircher lasse ich mir auch gerne ein großartiges Essen erzählen, wenn es so virtuos, mitreißend, farbenreich, fachkundig und unterhaltsam geschieht wie in diesem Buch über Musik! Ich bin sicher, ich würde dazu angeregt, dieses Essen selbst einmal zu probieren und meine eigenen Erfahrungen damit zu machen. Wenn das durch diesen außergewöhnlichen Konzertführer erreicht wird, Neugier auf Musikerleben und Musik zu wecken, dann hat er sein Ziel voll und ganz erreicht. Ich wünsche Ihnen, dass Ihnen bei der Lektüre das Wasser im Munde zusammenläuft!

Guten Appetit und bis bald im Konzertsaal!

Einleitung

So, da ist er nun, der zweite Band: dem spritzigen Dahinschreiten folgt die wilde Heiterkeit; vom 17. geht's ins 20. Jahrhundert bzw. in die klassische Moderne. Bevor Sie sich aber *in modo furioso* darin ergehen (was ich sehr hoffe), bitte ich um Ihre Erlaubnis, Ihnen ein paar Worte zum vorigen und zu diesem Buch sagen zu dürfen.
Natürlich danke ich all denen, die mir geschrieben haben, wie gut Ihnen das Buch gefällt. Es macht doch immer Freude, die Wahrheit zu hören!
Besonders danke ich all denen, die mit kritischen Anmerkungen aufgewartet haben – die durchaus nicht alle im Papierkorb gelandet sind. Dazu möchte ich aber ein bisschen mehr sagen.
Es gibt ein Problem, das nicht zu lösen ist: das Auffinden einzelner Musik-Stellen (z. B. ab Takt 137 etc.). Natürlich weiß ich, dass nicht jeder eine Partitur vorliegen hat und ich weiß auch, dass nicht jeder Noten lesen kann. Notenbeispiele hatte ich von vornherein ausgeschlossen, weil das schon beim Durchblättern so ausgesehen hätte, als möchte ich mich nur an Insider wenden. Das Finden einzelner Stellen anhand von Zeitangaben aber (à la: bei 7 Minuten 32 Sekunden im zweiten Satz ...) scheitert daran, dass die Tempi der einzelnen Aufnahmen natürlich sehr unterschiedlich sind. Vergleichen Sie doch mal spaßeshalber Aufnahmen der Chopin-Etuden von Andrej Gawrilow mit denen von Maurizio Pollini – dann wissen Sie, was ich meine (von Nunzio Montanaris legendärem Atem ganz zu schweigen!). Dabei sind das jeweils nur ein Mann. In einem Orchester sind aber bis zu 100 Musiker am Machen und Tun, was das erst für Zeitschwankungen ... War nicht logisch? Na gut. Bleibt also doch nur die Taktzahl, um eine Stelle exakt angeben zu können.
Ich werde mich aber in diesem Band bemühen, anhand von blumenreichen Umschreibungen die Stellen auch für diejenigen auffindbar zu machen, die weder mit Stoppuhr noch mit Partitur ausgerüstet sind. Ich betone aber noch einmal: das Problem ist nicht wirklich zu lösen. Wie bitte? CD beigeben? Ja fein, dann schreiben Sie das doch bitte dem Verlag, denken Sie aber bitte daran, dass das eine CD mit einigen hundert Titeln ergibt, wenn da mal der Zähler Ihres CD-Gerätes nicht durchdreht ...! Aber wie gesagt: wenn der Verlag nicht auf mich hört, vielleicht hört er auf Sie.

Dann möchte ich den – allerdings nicht zahlreichen – Detektiven zurufen: Jawoll! Probe bestanden! Glückwunsch! Wozu? Na, haben

Sie die feinen Fallen nicht bemerkt, die ich in »Andante Spumante« eingebaut habe? Also ich hätte mir schon eine etwas aufmerksamere Leserschaft gewünscht, meine sehr verehrten Damen und Herren. Schwaches Bild, muss ich sagen. Die Fallen würde ein oberflächlicher Mensch schlicht als Druckfehler bezeichnen, was den Kern der Sache natürlich überhaupt nicht trifft. Denn bei fortschreitenden Neuauflagen habe ich natürlich immer jeweils die Falle, die auffiel, also entdeckt wurde, ausgemerzt, um dem entsprechenden Detektiv auch einen Ansporn und ein Erfolgserlebnis zu geben. So steht nur in den ersten Exemplaren über dem Violinkonzert von Felix Mendelssohn Bartholdy in e-moll ein fettes E – DUR! Zu schnell wurde es entdeckt (übrigens zuerst von einem älteren Herrn aus Bad Honnef). Dass die Saite eine Saite zu sein hat und niemals eine Seite sein kann (beim Beethoven-Violinkonzert), wurde ebenfalls schnell entdeckt und ausgemerzt. Aber erst im Sommer 2001 entdeckte ein Meisterdetektiv die restlichen Fallen: Dass Richard Strauss niemals ein Johann Strauß sein kann, dass Gustaf Gründgens auf seinem f besteht, dass Palestrina sich mit e und nicht mit ä schreibt, obwohl er seinerseits mit einer palestra (Turnhalle) überhaupt keine Ähnlichkeit aufweist und sicher empört wäre, würde man ihn mit »Turnhällchen« übersetzen, dass Hugo Wolf nur ein f hat, obwohl er sich ff gegen Brahms wichtig gemacht hat, dass Mendelssohn Bartholdy den Bindestrich zwischen beiden Namen übelgenommen hätte, dass Niccolò Paganini mit Akzent spielte und sich schrieb und dass der ehrwürdige Cannabich natürlich nicht Cannabis hieß, ja, dass er wahrscheinlich gar nicht wusste, was das ist. Im Ernst: ich entschuldige mich in aller Form für diese Druckfehler. Zu schnell liest man drüber und sollte es nicht. Hoffentlich waren der Lektor und ich bei diesem Band aufmerksamer.

Zur Frage: Wo ist denn Händel? Die 7. Beethoven? Die 2. Schumann? (Diese Reihe ließe sich fast ins Unendliche fortsetzen) kann ich nur sagen: es ist eine Auswahl und die ist auch noch subjektiv. Ein bisschen spielte dabei eine Rolle, welches die am häufigsten gespielten Werke sind; zum anderen habe ich ein Faible für »Exoten« (Wilhelm Friedemann Bach oder Giacinto Scelsi zum Beispiel), und schließlich spielte – aber das sage ich Ihnen nur ganz leise, privat quasi – eine Rolle, welche Komponisten als Personen eine gewisse »Comic-Fähigkeit« haben, weil es dann noch mehr Spaß macht, sich in ihr Leben hinein zu wühlen. Ich hoffe aber auch gezeigt zu haben, dass ich Respekt vor ihrem Leben habe.

An dieser Stelle möchte ich mich übrigens bei zwei Menschen besonders bedanken: bei Annelie Kürsten und Dirk Kohlhaas vom

musikwissenschaftlichen Seminar der Universität Bonn für ihre
Wühlarbeit in den einschlägigen Bibliotheken und ihre musikwissenschaftliche Beratung.
So wünsche ich Ihnen allen wieder viel Vergnügen beim Lesen dieses Bandes, hoffe, dass ich auch über Dinge berichte, die Ihnen
noch nicht geläufig waren und freue mich darauf, Sie bei der ein
oder anderen Lesung wieder zu sehen.

Ihr
Konrad Beikircher

Antonio Vivaldi
1678–1741

Le Quattro Stagioni op. 8/1–4
aus
Il Cimento dell'Armonia e dell'Invenzione

»Dieser Geistliche, ausgezeichneter Violinspieler und
mittelmäßiger Komponist ...«
(Carlo Goldoni)

Vivaldi-Biographien zu lesen macht großen Spaß, wenn man allgemein an der Zeit um 1700 interessiert ist oder sich für den Nieder-
gang Venedigs begeistert. Warum? Weil über sein tatsächliches
Leben so wenig bekannt ist, dass sich die Biographen gerne in opulenten Gemälden jener Zeit und jener Stadt ergehen, um den Preis
des Buches zu rechtfertigen. Nun war es ja auch eine spannende
Zeit und Venedig eine lasziv schillernde Perle mittendrin: Auf die
luxuriösen Sitten hatte der Vatikan ein argwöhnisches Auge geworfen – insbesondere auf das lockere, um nicht zu sagen promiskuiti-
ve Leben so mancher »preti« –, andererseits war »La Serenissima«
mit ihren mindestens acht Opernhäusern (zeitweise sollen es sogar
15 gewesen sein!) und ihren extrem guten Musikern (höchstens vergleichbar mit Mannheim, aber das war später) das Mekka der damaligen Musikwelt. Ein »Event« jagte das andere, die Männer waren
reich, die Frauen zu haben, kurz: es muss eine Lust gewesen sein,
im damaligen Venedig zu leben. Und mittendrin unser »prete
rosso«, der rote Priester, der wegen seiner Haare so genannt wurde,
die er vom Papa geerbt hatte, denn auch der – ein exzellenter Geiger
und Barbier – wurde »il rosso« genannt. Dass es da also mal einen
Antonio Vivaldi gegeben hat, ist zwar nie wirklich in Vergessenheit
geraten, wenn auch die Musiklexika des 19. Jahrhunderts ihn kaum
erwähnen, aber wie das genau war mit seinem Leben und für wie
wichtig er als Komponist zu halten ist, das weiß man erst seit ein
paar Jahrzehnten – und auch heute noch sind viele Fragen offen.
Bis 1926 nämlich waren die meisten Werke Vivaldis verschollen.
Man wusste, dass es ihn gab und dass Bach einige seiner Konzerte
zur Kompositionsübung transkribierte, aber wesentlich mehr war

nicht erhalten. 1926 wollte der Rektor des verarmten Salesianerklosters S. Carlo bei S. Martino im Piemont eine Musikaliensammlung verkaufen und ließ sie begutachten. Alberto Gentili, der musikwissenschaftliche Gutachter, bekam, nehme ich an, keine Luft mehr, als er unter den 97 Bänden dieser Sammlung 14 mit Werken von Vivaldi entdeckte! Weil klar war, dass das nur eine Hälfte der ursprünglichen Sammlung sein konnte, suchte er weiter und fand die zweite Hälfte beim Marchese Giuseppe Maria Durazzo. Damit war Vivaldi plötzlich wieder da und mit ihm einer der genialsten Komponisten jener Zeit. Und auch die anderen Lücken wurden weniger: immerhin weiß man seit 1963, dass am 4. März 1678 in Venedig »Antonio Lucio, Sohn des Herrn Gio(vanni) Batt(ista) Vivaldi und der Frau Camilla« zur Welt gekommen ist. Und seit den 1930er Jahren weiß man, dass »Der wohl Ehrwürdige Herr Antonio Vivaldi, Weltl. Priester« am 28. Juli 1741 in Wien gestorben ist und am selben Tage auf dem »Spittaler Gottsacker« mit »Kleingeleuth« (d. h. Armenbegräbnis) begraben wurde. Am Tage seiner Geburt soll es ein Erdbeben in Venedig gegeben haben, was die Hebamme dazu veranlasst habe, »per pericolo di morte« (wegen Lebensgefahr) das Neugeborene notzutaufen. Es kann aber auch sein, dass sie das getan hat, weil der kleine Antonio da schon seinen ersten Asthmaanfall hatte, worunter er zeitlebens gelitten hat. Sei's drum: so war er schon mal getauft und damit die Bahn frei für die Priesterlaufbahn. Papa und Mama waren recht fleißig und schenkten noch weiteren acht Kindern das Leben. Was Eltern und Geschwister aber für einen Einfluss auf Antonio hatten oder was aus ihnen geworden ist, weiß keiner. Sicher ist, dass der Papa dem kleinen Antonio das Geigenspiel beigebracht hat und entschied, dass der Bub die Laufbahn eines Geistlichen einzuschlagen habe – zum einen, damit er dem Papa nicht mehr auf der Tasche lag, zum anderen, weil die Stellung eines weltlichen Geistlichen im damaligen Venedig mit heute in keiner Weise zu vergleichen ist. Geistliche Kleidung musste man schon tragen, aber das war auch schon so ziemlich alles. Für einen Musiker war diese Laufbahn die beste Voraussetzung: 1694 bekam er die erste niedere Weihe, am 23. März 1703 wurde er zum Priester geweiht. Ein Jahr lang hat er die Messe gelesen und das war es dann. Als ihm das später vorgeworfen wurde, verteidigte er sich in einem Brief vom 16. November 1737 an den Marchese Guido Bentivoglio d'Aragona:

»Es sind nun 25 Jahre, dass ich keine Messe lese, und ich werde es auch nicht mehr tun, nicht aus Verbot oder Befehl ... sondern aus freien Stücken, und dies wegen einer Krankheit, an der ich von Geburt an leide, die mich sehr bedrückt. Kaum zum Priester

geweiht, habe ich noch etwas mehr als ein Jahr Messe gelesen und es dann aufgegeben, weil ich dreimal wegen meines Übels vom Altare gehen musste, ohne die Messe zu beenden. Deshalb verbringe ich mein Leben fast immer zu Hause und verlasse es nur in der Gondel oder im Wagen, weil ich wegen meiner Brustkrankheit, die man auch Atembeklemmung nennt, nicht gehen kann. Kein Adliger lädt mich zu sich ein, nicht einmal unser Doge, weil sie alle von meiner Krankheit wissen. Unmittelbar nach dem Mittagessen kann ich gewöhnlich das Haus verlassen, aber nie zu Fuß. Dies ist der Grund, warum ich nicht Messe lese« (zit. n. W. Kolneder).
Na ja, was man halt so sagt, wenn man nicht zugeben darf, dass einem die Geige näher liegt als der Weihwasserwedel.
In der ganzen Zeit hat er seine musikalische Ausbildung weiterverfolgt – bei wem genau, weiß man nicht. Genauso ist es zweifelhaft, ob er tatsächlich bei Arcangelo Corelli Unterricht genommen hat, wie gesagt: Lücken über Lücken! bis er im September 1703 als frischgebackener prete Violinlehrer am Ospedale della Pietà wurde. Im Krankenhaus Geigenlehrer, wie das denn? Die »Ospedali« waren eine typisch venezianische Institution: Häuser für Findlinge, Waisen und nichteheliche Kinder. Musikunterricht spielte dort immer schon eine große Rolle, ab ca. 1630 wurden dazu richtige Musiklehrer angestellt (im 18. Jahrhundert sogar renommierte Komponisten) und ab da wurde es professionell. Die sonntäglichen Konzerte waren Ereignisse, füllten die Kassen der Ospedali und hatten zur Zeit Vivaldis schon ein derartiges Niveau erreicht, dass ganz Europa von diesen Konzerten sprach und jeder Fremde sie zu besuchen hatte. Das Ospedale della Pietà (an der Riva degli Schiavoni) gehörte zu den besten. Dort übrigens waren nur Mädchen untergebracht! Entsprechend entzückt berichtet ein Zeitgenosse (Charles de Brosses): »Daher singen sie wie Engel und spielen Violine, Flöte, Orgel, Oboe, Violoncello, Fagott, kurz, es ist kein Instrument zu groß, um ihnen Angst einzuflößen. Sie werden klösterlich wie Nonnen gehalten. Sie allein führen Konzerte aus, jedesmal in einer Besetzung von etwa vierzig Mädchen. Ich schwöre Ihnen, es gibt nichts so angenehmes als eine junge und hübsche Nonne zu sehen, weiß gekleidet, mit einem Granatsträußchen über den Ohren, wie sie das Orchester leitet und mit aller Anmut und mit einer unvorstellbaren Genauigkeit den Takt schlägt.«
Womit wir schon beim zweiten Aspekt der Ospedali zur Zeit Vivaldis wären: es brodelte ganz gewaltig unter dem Nonnenschleier – nach dem Motto: Wenn man schon gezwungen wird, den Schleier zu tragen, kann man den ja auch lüften, solange es nicht öffentlich

ist. »So führen sie ein unheiliges Leben ohne Frömmigkeit, kräuseln ihre Locken, kleiden sich weltlich, mit entblößtem Busen, und haben ihre Liebhaber, die sie besuchen« mokierte sich Pompeo Gherardo Molmenti in seiner 1905 erschienenen »Storia de Venezia«. Das Ospedale della Pietà schien es zu besonderem Rufe gebracht zu haben, weil es dort sogar »monachelli« (Zuhälter) gegeben haben soll, die für »Kundschaft« sorgten. Gut – da wird vielleicht viel hineingelesen. Ich zum Beispiel war im Heim und wir Jünglinge waren überzeugt davon, dass die Mädels vom Mädchenheim gegenüber alle zu haben seien – und zwar ständig. Passiert ist es aber nie! Vivaldi jedenfalls hatte ab dieser Anstellung beim Ospedale della Pietà ein Musikerleben mit allem, was dazu gehört – außer großen Konzertreisen (obwohl man auch das nicht genau weiß); er gehörte jedenfalls nicht zu denen, die jahrelang Europa durchzogen, um sich als Musiker feiern zu lassen. Warum auch? Venedig hatte die besten Orchester der Welt, obendrein ging es ihm gut in dieser Stadt und dann noch das Asthma – was sollte er sich plagen. Mit Beginn seiner Anstellung, die er übrigens zunächst laufend verbessern konnte, versuchte er, sein musikalisches Wirken auszuweiten: Als Geigenvirtuose, der zu den ersten seiner Zeit gehörte, gab er Konzerte, als Komponist schrieb er eine unendliche Fülle von geistlicher und weltlicher Musik und Opern, und als Opernimpresario versuchte er, die Einnahmen aus seiner Arbeit zu erhöhen. Er verlegte ab 1710 seine Werke in Venedig und in Amsterdam (1712) und er war, schreibt die »Musik in Geschichte und Gegenwart«, bekannt in ganz Europa. Er hatte kein schlechtes Auskommen, im Gegenteil. In den Commemoriali (Denkwürdigkeiten) des Gradenigo aus Venedig steht – wie ich finde, ein bisschen neidisch: »Der geistliche Herr Antonio Vivaldi, unvergleichlicher Geiger, genannt der Prete rosso, höchst geschätzt wegen seiner Opern und Konzerte, verdiente zu seinen Lebzeiten mehr als 50 Millionen Dukaten, aber wegen allzu großer Verschwendungssucht starb er arm in Wien.« Knapp fünf Dukaten war das Monatsgehalt, das er anfangs am Ospedale della Pietà erhielt! Wie das aber mit seiner »Verschwendungssucht« wirklich war, steht wieder einmal in den Lücken seiner Biographie – wir wissen es nicht. Tatsächlich war ihm Geld so wichtig, dass er überlegte, seine Werke nicht mehr drucken zu lassen, sondern als Manuskript zu verkaufen, weil das einträglicher war. Weil er so viel schrieb, verkloppte er die Manuskripte auch gleich stoßweise, wie wir aus verschiedenen Quellen wissen. Warum auch nicht! Es gab noch keine GEMA und Geld verdienen ist keine Sünde. Beethoven hat sich ja auch sein Leben lang in dieser Hinsicht abgestrampelt. Vivaldi scheint zudem

einen personalintensiven Haushalt gehabt zu haben: seine Geliebte
Anna Girò (richtig: Giraud), Papa, Mama, wahrscheinlich auch
seine Geschwister, die Schwestern seiner Anna (Vivaldi schrieb:
»diese Frauen sind mir sehr von Nutzen, da sie alle meine Gebre-
chen kennen«), und Hauspersonal wird auch da gewesen sein,
denn in den späteren Jahren brauchte Vivaldi Pflege wegen seines
Asthmas. Das kostet natürlich!
Doch halt, Moment: Geliebte? Vivaldi war doch Priester, also Zöli-
bat – und der Rest ist die Versuchung des Heiligen Antonius: zwar
da, aber letztlich abgewehrt zugunsten der höheren Ehre des Vati-
kans, oder wie? Na ja. Vivaldi hat sich zwar bemüht, den Schein des
Priesters aufrecht zu erhalten, stritt also eine Beziehung zu Anna
immer ab; tatsächlich aber war sie ab den 1720er Jahren zumindest
seine bevorzugte Sängerin. Vivaldi hat sie wahrscheinlich in Mantova um 1718 herum kennen gelernt und kümmerte sich um sie, bis
aus ihr eine feine Primadonna wurde – vorzugsweise in Zusammenhang mit dem Komponisten. Sein Leben lang lebte sie an der
Seite Vivaldis, sie war auch mit ihm in Wien, als er starb. Also ein
bisschen mehr wie »amicizia«, wie Vivaldi sagte, wird es schon
gewesen sein! Gleichwohl schätzten die Zeitgenossen Anninas
Stimme, sie hatte schöne Engagements auch ohne Vivaldi; er aber
wollte, dass nur sie seine großen Partien singen sollte, also hatte sie
genug zu tun. Carlo Goldoni sagt über sie: »Sie hatte keine schöne
Stimme und war keine große Musikerin, sah aber hübsch und ein-
nehmend aus; eine niedliche Figur, schöne Augen, schönes Haar,
ein reizender Mund. Sie war eine gute Schauspielerin [damals eine
Seltenheit unter Sängern ...] und hatte einige Gönner; mehr bedarf
es nicht, um zum Rang einer Primadonna aufzusteigen.« Gemäß
dem Motto »Glaube nie an ein hohes Motiv, solange du ein niedri-
geres findest« möchte ich mal sagen: Gönnen wir doch diesem
wunderbaren Komponisten auch die Annehmlichkeiten irdischer
Liebe. Wenn es Liebe war, wird der Herrgott ein Auge zudrücken,
und wenn nicht: Wie ist es denn bei Ihnen?
Vivaldis erste Oper »Ottone in villa« wurde 1713 in Vicenza uraufgeführt, ab da schrieb er eine Oper nach der anderen (die genaue Zahl
ist unbekannt) und bekam auch ein Engagement nach Mantova, wo
er drei Jahre lang (ca. 1718–1721, ganz genau weiß man auch das
nicht) bei Prinz Philipp Landgraf von Hessen-Darmstadt angestellt
war. Ab 1723 war er wieder in Venedig, wieder an der Pietà, war 1723
und 1724 in Rom, um da eigene Opern aufzuführen und befand
sich nun eigentlich auf dem Höhepunkt seiner Bekanntheit. Er veröffentlichte 1725 in Amsterdam sein op. 8 (mit den »quattro stagioni«), traf Kaiser Karl VI. in Triest und wurde – vermutet man – von

ihm nach Wien eingeladen, reiste vermutlich 1729 auch dahin, was man aber nicht genau weiß – was nicht der Fall wäre, wenn er in Wien Erfolg gehabt hätte. Bis 1735 tappen wir dann in Bezug auf Details ziemlich im Dunkeln. An dem 5. August 1735 wird er wieder als »maestro dei concerti« bei der Pietà angestellt, jetzt aber mit deutlich niedrigerem Gehalt. Was nur eines bedeuten kann: Sein Ruf hatte sich überlebt, der 57jährige konnte froh sein, überhaupt eine Jahresanstellung gefunden zu haben. Wie es halt so geht: Erfolgreich zu sein, scheint bei entsprechendem Talent nicht das Problem zu sein, den Erfolg zu halten ist die Schwierigkeit. Liszt – um nur ein Beispiel zu nennen – hatte dasselbe Problem zu bewältigen. Seit Vivaldi nicht mehr Impresario an der Oper di Sant'Angelo war, lief's auch da nicht mehr, so dass er gucken musste, überhaupt irgendwo was aufgeführt zu bekommen. Hatte er bis dahin 100 Zechinen (wieviel das auch immer nach heutigen Begriffen sein mag) für eine Oper bekommen, musste er 1736 ein Angebot aus Ferrara vom Abt Giuseppe Maria Bollani annehmen, der ihm zwölf Zechinen für zwei Opern bot. Dazu Vivaldi: »Bollani hat mich zu einem Zeitpunkt engagiert, wo der Stand der Dinge mich zwang, ihm zwei Opern für den elenden Preis von je sechs Zechinen zu versprechen.«

Er schrieb die Opern, sie wurden aber nicht aufgeführt, denn Kardinal Tommaso Ruffo sorgte in Ferrara 1737 für einen Skandal: In einer Art Säuberungsaktion verbot er Vivaldi im November, nach Ferrara zu kommen, und auch den Abt und Opernliebhaber enthob er seiner Ämter. Der Kardinal wollte damit aufräumen, dass Geistliche sich im zweideutigen Opernmetier herumtrieben und wies deshalb die preti an, »sich gänzlich zu enthalten des Maskierens, bei Seiltänzen und Scharlatanen jeglicher Art zu verweilen, sich auf dem Platze und auf dem Corso aufzuhalten und anstößig spazierenzugehen, und jeder anstößigen Ausschweifung ähnlicher Art, besonders der Teilnahme in irgendeiner Weise, sei es auf Bällen, Festen, Festessen unter Strafe von 50 Scudi in jedem obengenannten Falle.« (am 8. Januar 1738 im »Editto in occasione del Carnovale«)

Vivaldi war also abgesetzt. Allerdings stellte der Kardinal, der mit diesem Edikt reichlich Staub aufgewirbelt hatte, im Juni 1738 seinen Posten zur Verfügung bzw. er wurde von Rom zum Rücktritt vom Amt des Erzbischofs von Ferrara gezwungen. Das muss unserem Vivaldi sehr gut getan haben, hat aber auch nichts mehr gerettet, denn sein Stern war endgültig im Sinken begriffen. Am 29. August 1739 schrieb Charles de Brosses: »Zu meinem großen Erstaunen habe ich gefunden, dass er hierzulande nicht so geschätzt ist, wie er es verdiente. Hier [in Venedig], wo alles nach der Mode geht und die Musik des vergangenen Jahres keine Einnahme mehr bringt, hört man seine Werke seit allzu langer Zeit.« Ein Geschmackswechsel war angesagt: Tartini triumphierte und Vivaldi konnte oder mochte sich auf »die neue Zeit« nicht mehr einstellen. Vielleicht enttäuscht von Venedig, vom sinkenden Ruhm, verkaufte er dem Ospedale della Pietà noch ein paar Konzerte und machte sich spätestens September 1740 auf die Reise über Graz nach Wien – nichts Genaues weiß man nicht. Da tat sich aber nix mehr. Sein Gönner – so weit er das wirklich war – Karl VI. starb am 20. Oktober 1740 und Vivaldi hatte auch in Wien keine Fürsprecher mehr. Er muss sich mit seiner Anna Giraud mehr schlecht als recht durchgeschlagen haben, sonst hätte er nicht in den Genuss eines Armenbegräbnisses – und obendrein am selben Tag, an dem er gestorben war! – in Wien kommen können. Er starb am 28. Juli 1741 an »Innerm Brand«, womit nach herrschender Meinung nur Asthma bronchiale gemeint sein kann. Sterbehaus war das »Satlerisch Haus beym Karner Thor«, Ecke Kärntnerstraße und Sattlergässchen. Es wurde 1873 abgerissen, heute ist da das »Kurier-Eck«. Auch der Friedhof, der Bürgerspitalsgottesacker, ist aufgelassen. Schade. Ich hätte gelegentlich eine rote Rose hingelegt ...

ENTSTEHUNGSZEIT
Wann genau die »Quattro Stagioni« entstanden sind, weiß man nicht. Sie wurden jedenfalls 1725 in Amsterdam gedruckt und veröffentlicht, und zwar im Rahmen der zwölf Konzerte op. 8 »Il Cimento dell'Armonia e dell'Invenzione«. Der Cimento ist Graf Venceslaw Morzin gewidmet – man weiß allerdings nicht genau, warum und wo sich die beiden kennen gelernt haben. Sei's drum, so bleibt der Name des Grafen der Nachwelt erhalten, ist ja auch schön. Dass von den zwölf Konzerten, die darin (und in den Konzerten op. 10) enthalten sind, zehn mit Programmüberschriften versehen sind, heißt nicht, dass Vivaldi die Programmmusik vorweggenommen hätte. Es war eine Eigenheit von ihm: Es gibt insgesamt um die 30 Konzerte mit programmatischen Titeln oder »Kommentaren«. Vielleicht wollte er ursprünglich Landschaftsmaler werden, Meister der kleinen Form, à la »Fasan an einem Glas Wein« oder »Torcello im Frühling mit Lerche und Nachtigall«, sozusagen der Spitzweg des Barock. Was ich damit sagen will: diese Form der »illustrierten Musik« war nicht eine Mode, sondern eher Vivaldis Hobby. Im Falle der »Quattro Stagioni« hat Don Antonio jedem einzelnen Konzert sogar ein »erklärendes Sonett« vorangestellt und mit Buch-

staben versehen, die in der Partitur wieder auftauchen, damit auch der bornierteste Adlige in den Noten sehen kann, ob jetzt die Vögel zwitschern oder die betrunkenen Bauern herumtorkeln.

Die Sonette – Übersetzer unbekannt, die Originale sind selbstverständlich endgereimt – lauten:

Der Frühling

(1. Satz: Allegro)

A   Der Frühling ist gekommen, und festlich
B   begrüßen ihn die Vögel mit fröhlichem Gesang;
C   und zum Hauch der Zephirwinde sprudeln schon
       die Quellen mit süßem Gemurmel.

D   Den Himmel mit schwarzem Mantel bedeckend
       kommen Blitze und Donner den Frühling zu künden.
E   Dann, wenn's wieder ruhig ist, die Vögel:
       Sie singen von neuem ihr klingendes Lied.

(2. Satz: Largo e pianissimo sempre)

F   Und so, auf blumig-lieblicher Wiese,
       schläft im zarten Säuseln von Zweigen und Sträuchern
       der Ziegenhirte, den treuen Hund an der Seite.

(3. Satz: Allegro Danza pastorale.)

G   Zum festlichen Klang des Hirten-Dudelsacks
       tanzen Nymphen und Hirten unter dem geliebten
       Frühlingshimmel zu seinem prächtigen Erscheinen.

Der Sommer

(1. Satz: Allegro non molto)

A   In der harten Zeit sengender Sonne
       schmachten Mensch und Herde, die Pinie brennt;
B   der Kuckuck erhebt seine Stimme und zusammen mit ihm
C   singen Täubchen und Distelfink.
D   Der Zephir säuselt sanft, aber schon
       fängt Boreas, der Nordwind, Streit mit ihm an;
E   der Hirte weint, denn er fürchtet den Sturm,
       den wilden, und er bangt um sein Geschick.

(2. Satz: Adagio / Presto)

F   Aus ist es mit der Ruhe für schlaffe Glieder:
        Die Furcht vor den Blitzen, dem wilden Donner,
        das wütende Sirren von Fliegen und Mücken!

(3. Satz: Presto)

G   Ach, wie wahr ist seine Furcht,
        der Himmel donnert und blitzt und der Hagel
        schlägt den Ähren und stolzen Halmen die Köpfe ab.

Der Herbst

(1. Satz: Allegro)

A   Es feiern die Bauern mit Tänzen und Liedern
        ihre Freude über die glückliche Ernte;
B   und vom Saft der Rebe erhitzt
C   schlafen sie ihr Vergnügen aus.

(2. Satz: Adagio)

D   Jeder hört auf zu tanzen und zu singen.
        Die milde Luft tut gut
        und die Jahreszeit lädt so viele ein
        den süßesten Schlaf zu genießen.

(3. Satz: Allegro)

E   Im neuen Morgen ziehen die Jäger zur Jagd
        mit Hörnern und Flinten und Hunden.
        Es flieht das Wild – sie folgen der Spur.

F   Verängstigt und matt schon vom Gelärme
        der Hunde und Flinten scheint es matt
        und verwundet zu fliehen, dann stirbt es erschöpft.

Der Winter

(1. Satz: Allegro non molto)

A   Eisiges Zittern im schimmernden Schnee
B   im gnadenlosen Heulen des schrecklichen Winds.
C   Laufen und Stampfen mit Füßen, unentwegt,
D   klappern mit den Zähnen, vom Frost überwältigt.

(2. Satz: Largo)

E   Ruhige und zufriedene Tage am Kamin zubringen
während draußen der Regen viele durchnäßt.

(3. Satz: Allegro)

F   Übers Eis gehen: langsam, mit Vorsicht,
G   aus Furcht vor dem Hinfallen.

H   Kräftig gehen, ausrutschen und hinfallen
I   von neuem aufs Eis und kräftig laufen
J   bis das Eis bricht und sich öffnet.

K   Dann sie kommen hören aus eisernen Türen:
Scirocco, Boreas und all die Winde im Kampfe.
So ist der Winter. Und doch: wieviel Freude bringt er auch.

Als Lyrik ist das nicht unbedingt der Bringer, aber es ist doch ganz amüsant, sich die Konzerte anhand dieser »Vers-Partitur« anzuhören!

URAUFFÜHRUNG
Wie vieles aus dem Leben Vivaldis: unbekannt.

ERFOLG
Es scheint, als hätten die Zeitgenossen die »Quattro Stagioni« keineswegs als *den* Hit Vivaldis angesehen. Johann Joachim Quantz sah 1714 Kompositionen von Vivaldi und schrieb: »In Pirna bekam ich zu dieser Zeit die Vivaldischen Violinenconcerte zum erstenmale zu sehen. Sie machten, als eine damals gantz neue Art von musikalischen Stücken, bey mir einen nicht geringen Eindruck.« Das ist auch der Tenor der wenigen anderen zeitgenössischen Stimmen, die sich finden lassen. Zu den »Quattro Stagioni« speziell habe ich keine Äußerung gefunden, die eine Bewertung erkennen ließe. Die vier Konzerte schliefen gut 200 Jahre einen Dornröschenschlaf – um dann allerdings einen Erfolg zu erlangen, der einmalig ist. Es gibt über 200 Einspielungen der »Quattro Stagioni«, von konventionellen Aufführungen bis hin zu extremen Experimenten – eines von der feinen Sorte ist die Einspielung der »Vienna Flautists« bei Orfeo. Ob das Kazoo-Ensemble der Universität Boston sich auch dieser Konzerte angenommen hat, weiß ich nicht, möchte ich aber beinahe annehmen; wer sich mit dem Kazoo an »Also sprach Zara-

thustra« heranwagt, wird doch vor Vivaldi nicht zurückschrecken, oder?!

Die Frage ist: Warum sind ausgerechnet diese vier Konzerte so unendlich erfolgreich? Jeder Konzertsaal ist proppenvoll, wenn die »Quattro Stagioni« auf dem Programm stehen, jeder Edel-Italiener lässt sie als Hintergrundmusik laufen, Fluggesellschaften setzen sie als Landungsmusik ein, kurz: seit gut 30 Jahren dreht sich der Globus zum Takt von Vivaldi. Die Heiterkeit dieser Musik allein kann es nicht sein, es gibt heiterere. Das Barockelement allein kann es nicht sein: das Gros derer, die sich diese CD anhören, halten Barock für ein Kartenspiel oder einen Herrenduft. Das Simple kann es auch nicht sein, denn sooo simpel ist die Musik auch wieder nicht. Die Bildhaftigkeit langt auch nicht ganz als Erklärung, denn Blitze und Donner gibt es ja häufiger; einen Kuckuck z. B. auch in der Pastorale von Beethoven, ohne dass man deshalb gleich in Entzückenskrämpfe verfiele. Das Geheimnis des übermäßigen Erfolgs liegt eher in unserer übermäßigen Sehnsucht: nach Sonne, Licht, Natur, Heiterkeit, Unbeschwertheit, Einssein mit allem – und das alles in überschaubarem zeitlichen Rahmen. Das Moderne und Eingängige ist vielleicht auch die Kürze, das Knappe, Musik-Clip-Artige: Die Musik ist so klar, so in sich geschlossen, so überzeugend, dass sich keine Fragen mehr stellen. Dazu kommt, dass unseren Hörgewohnheiten seit New-Orleans-Jazz bis Swing und seit Beatles und Stones bis heute die »Quattro Stagioni« sehr entgegenkommen: drei- bis fünf-Minuten-Einheiten, Solo-Tutti-Abwechslung, wiederkehrende Elemente, extreme Dynamiken. Das ist alles fast so, als wäre es heute geschrieben worden. Und – nicht zu vergessen – der leichte Humor, der über allem schwebt: die Betrunkenen, die klirrende Kälte, die Stürme, der bellende Hund. Das alles lässt lächeln, setzt keine musikhistorischen Kenntnisse voraus und ist obendrein in unbestreitbarstem Sinne – schön.

WERK
Sätze
I. La primavera
   Allegro – Largo e pianissimo sempre – Allegro. Danza Pastorale
II. L'Estate
   Allegro non molto – Adagio/Presto – Presto
III. L'Autunno
   Allegro – Adagio molto – Allegro
IV. L'Inverno
   Allegro non molto – Largo – Allegro

Dauer
Jeweils ca. 10 Minuten
(schwankt aber stark je nach Interpretation!)

Besetzung
Die »klassische« Besetzung ist:
Violino principale
Violinen I und II
Bratsche
Basso continuo

HITS

Fragen Sie die CD-Hersteller: das Ganze ist ein einziger Welt-Hit.
Es gibt aber einige besondere Feinheiten.
Frühjahr: Im zweiten Satz darf die Bratsche bellen – und Sie dürfen
schmunzeln, wenn die Bratschen daraus mal wirklich eine kleine
Saitenorgie veranstalten (Hunde haben ja so viele Stimmen!), vor-
ausgesetzt, sie stören den wunderschönen Fluss der Melodie in der
Solo-Violine nicht.
Sommer: Im ersten Satz das Weinen des Hirten (nach den Stürmen
kurz vor Ende) ist melodisch raffiniert und harmonisch bis ins Letz-
te ausgekostet. Diese Stelle hat Johann Sebastian Bach – falls er sie
gekannt haben sollte – sicher entzückt. Im zweiten Satz dürfen
erste und zweite Geige unter der Melodie der Geige Mücken spielen
(aber nicht: Mucken!). Das kann man witzig machen bis hin zum
Eindruck, dass die Solo-Violine die Mücken dauernd von der Nase
wegpusten muss, um spielen zu können!
Herbst: Abgesehen vom Gestolpere der Betrunkenen im ersten
Satz ist natürlich der zweite Satz der Hit: schöner kann man im
Frühherbst im Freien nicht dösen.
Winter: Der zweite Satz! Und natürlich das witzige Ausrutschen auf
dem Eis im dritten Satz: das klingt, wie Wilhelm Busch gezeichnet
hat.

FLOPS

Es gibt hier nur einen einzigen Flop und auch den nur aus rheini-
scher Sicht: Es fehlt die fünfte Jahreszeit!

OBACHT

Natürlich sind die »Quattro Stagioni« nicht leicht zu spielen. Technisch gehen allerdings weder der Solo-Part noch die anderen Stimmen an die Grenzen. Das Obacht, das hier über allem steht, ist der

Geschmack. Das allerdings weniger in der Besetzung – obwohl ich der Fassung mit den Marimba-Trommeln nur begrenzt Spaß abgewinnen kann! –, sondern mehr bei der Frage, wie drastisch man die »Regieanweisungen« auslegen kann. Es muss nicht jede Mücke stechen, nicht jeder Betrunkene rülpsen und nicht jeder Hund jaulen und winseln. Unglaublich faszinierend aber bleibt die Tatsache, dass die Gestalt der »Quattro Stagioni« nicht verzerrbar ist. Selbst in der abenteuerlichsten Fassung bleibt's Vivaldi und damit schön – wenn die Musiker sich an die Noten halten.

ES MEINEN

Der Versuchung, hier eine stattliche Zahl von Stimmen aufmarschieren zu lassen, widerstehe ich zugunsten von zwei Äußerungen:
»Vivaldi wird sehr überschätzt, ein langweiliger Mensch, der ein- und dasselbe Konzert sechshundertmal hintereinander komponieren konnte.« (Igor Strawinsky, 1959)
In einem Interview wurde ein französischer Radrennfahrer gefragt, ob er Musik liebe.
»Sehr, vor allem Vivaldi.«
»Warum?«
»Weil er von Zeit zu Zeit formidable Sprints einlegt.«

BEIKIRCHER RÄT

ANLASS, NUTZUNG, AUTO

Die »Quattro Stagioni« brauchen keinen Anlass, sind universell nutzbar und passen zu jedem Auto. Es ist das einzige Werk der Musikliteratur, das zu allem passt, was Menschen überhaupt nur tun können – selbst zur Beerdigung, wenn sie im Winter ist und man dabei den dritten Satz vom Inverno auflegt, das Schlittern auf dem Eis! Und wenn im März der aufgetaute Tote im Ikea-Sarg den Inbusschlüssel gefunden hat, ist Primavera!

PAUSEN-TALK

Wenn da einer sagt, das habe er auf CD besser, fragen Sie ihn doch: Auf welcher der über 200? Schneller können Sie jemandem nicht das Maul stopfen!

FRAUEN
»Für mich sind das ja weniger vier Jahreszeiten, für mich ist das wie ein Bild der Ehe.«
»Wie das denn?«
»No ja, mit Säuseln fängt es an und mit Zähneklappern hört es auf, wenn ich ihn im Winter nicht mehr hereinlasse!«

MÄNNER
»Mir fällt da immer Karneval ein, ewwer der kölsche.«
»Wie dat dann?«
»Im Frühling, erster Satz, do sing ich immer:
›Mariechen kumm u-und danz
Ma-ha-riechen kumm u-und danz
u-und loß dä-ä Jeck elans ...‹
Wör doch schön, ne?«
»Wenn Sie dat sagen ...!«

BEWERTUNG

Technik	🎺🎺 für Solist und den Rest, weil:	Gut muss man schon sein, um es locker spielen zu können.
Gesamt	🎵🎵🎵 mit Globus	Weil es Musik für alle ist, im besten Sinne.

Fryderyk Chopin
1810–1849

Klavierkonzert Nr. 1 e-moll op. 11

»J'épanche mon déspoir sur le piano – über das
Klavier schütte ich meine Verzweiflung aus.«
(Chopin, Stuttgarter Tagebuch, 8. September 1831)

Chopin »lag sein Leben lang im Sterben«.
(Hector Berlioz)

»Wir wollen also die Legende pflegen, weil sie am Ende
tiefer sah, als alle Tatsachenerkenntnis lehren kann.«
(Alfred Cortot)

»Chopin gehört in jedes deutsche Haus.«
(Ernst Hermann Meyer)

Ja gut, schöne Sätze, aber jetzt doch bitte mal langsam und der
Reihe nach. Verzweiflung ist ein großes Wort, es riecht nach Depression und Suizid oder Alkoholexzessen und wirft die Frage auf:
War Verzweiflung wirklich Chopins bestimmendes Lebensthema?
Schauen wir doch einmal in das »Deutsche Wörterbuch« der Brüder Jacob und Wilhelm Grimm, in diesem Fall in Band 25 ab Seite
2694, um zu gucken, was das überhaupt heißt: Verzweiflung.
»... Doch deckt sich verzweiflung durchaus nicht mit hoffnungslosigkeit, mutlosigkeit u. ä. sie kann sich mit verschiedenartigen gefühlen
verbinden, die durch die innere oder äuszere not aufgewühlt werden,
mit niedergeschlagenheit, miszmut, trauer, gram oder angst, furcht
vor drohendem unheil. Durch diese zugesetzten begriffe erfährt verzweiflung, das inhaltlich wenig scharf umrissen ist, verschiedenar-
tige färbung, wie andererseits *diese begriffe durch verzweiflung eine
steigerung erfahren.* ... das singuläre und von den genannten entge-
gengesetzten oder gleichartigen begriffen unterscheidende liegt bei
der verzweiflung darin, dasz es mehr grad- als inhaltsbezeichnung
ist und als solche dazu dient, die höchsten steigerungen des seelischen schmerzes und die äuszerste grenze der inneren not zu
bezeichnen, hinter der das nichts, der abgrund, die selbstaufgabe

oder auch die rettende tat steht. ... weit häufiger verbindet sich mit verzweiflung die vorstellung einer inneren krisis, die auf entladung drängt *und durch äuszerstes Wagnis einen ausweg aus der inneren not zu erzwingen sucht. Neben dumpfer lähmender hoffnungslosigkeit steht tiefste erregung und höchste aktivität.*« (Kursivierung von mir)

Na, da sieht das doch alles gleich ganz anders aus. Wenn man also Verzweiflung als positiv nach außen drängende Kraft sieht, dann kann man Prof. Axel Karenberg, Medizinhistoriker an der Universität zu Köln, nur zustimmen, wenn er (in seinem Vortrag beim Symposion Frédéric Chopin anlässlich des 150. Todestages in Wien, 17. Oktober 1999) zur Verzweiflung Chopins sagt:

»Über das Klavier schütte ich meine Verzweiflung aus – diesen Satz aus dem Stuttgarter Tagebuch vom 8. September 1831 deute ich als programmatisch-künstlerische Absichtserklärung: Es ist dieses kreative Umsetzen und Ableiten der Stimmungen aus dem seelischen Innenraum in das kompositorische Werk, das den psychologischen Kern des schöpferischen Akts bei Chopin bildet.« (unveröffentlichtes Manuskript)

Zum Stimmungen-Ableiten hat Chopins Innenraum wahrlich genug zu bieten gehabt! Du lieber Himmel, wenn man sein Leben anguckt – zu dem ich hier nicht viel zu sagen brauche, haben doch ganze Rudel von Biographen sein Leben breitgetreten und es quasi als Postwurf-Leporello in unsere Briefkästen gesteckt; haben doch über 50 Mediziner sich zu seinen Lebzeiten sogar über seinen Auswurf verbreitet, so dass Chopin am 3. Dezember 1838 seinem Freund Julian Fontana darüber aus Mallorca schrieb: »Die letzten beiden Wochen war ich krank wie ein Hund: trotz 18 Grad Wärme, trotz der Rosen, Orangen und Feigen habe ich mich erkältet. Die drei berühmtesten Ärzte von der ganzen Insel haben mich untersucht; der eine beschnupperte, was ich ausspuckte, der zweite klopfte dort, von wo ich spuckte, der dritte befühlte und horchte, wie ich spuckte. Der eine sagte, ich sei krepiert, der zweite meinte – dass ich krepiere, der dritte – dass ich krepieren werde. Ich aber befinde mich heute wie immer.« Und kurz vor seinem Tode: »Meine Ruhe – die werde ich bald ohne die Ärzte haben.«

Also geboren ist er am 1. März 1810 in Żelazowa Wola, 50 Kilometer von Warschau und gestorben ist er am 17. Oktober 1849 in Paris, Place Vendôme Nr. 12, wo heute die teuersten Juweliere der Welt sind. Und was war dazwischen? Pralle Pracht? Volles Elend? Oder was? Typische Fragen des Klappentextlesers. Na ja, mein Lieber: *dazwischen* war viel Lachen in der Jugend, viel Melancholie danach, nicht allzu viel Liebe, viel Einsamkeit, viel Heimweh, immer ein Klavier und zwei (!) Bücher, die er zum Schluss besaß: Voltaires

»Philosophisches Wörterbuch«, am Todestag beim Stichwort »Geschmack« aufgeschlagen, und eine Anthologie polnischer Volksdichtung für den Schulgebrauch. *Darüber* jedoch war ein ganzer Himmel voller Musik. Das sei nicht viel? Na ja, wer darin lebt, für den ist es eine ganze Welt. Die aber hat es ihm nicht wirklich leicht gemacht. Gerade dadurch, dass sie ihn liebevoll geschützt hat, hat er es schwer gehabt. Ob das die drei Schwestern und eine liebevolle Mutter war, George Sand und ihr Refugium in Nohant, oder die kleinen feinen Pariser Kreise: Alle wollten ihn beschützen, vor der Welt abschirmen und damit natürlich auch für sich haben – da blieb Chopin ja nicht viel anderes übrig, als sich in seine eigenen Welten zurückzuziehen, seine »espaces imaginaires« wie er im Juli 1845 seiner Familie schrieb; ist es doch schwerer, sich gegen die zu ›wehren‹, die man liebt, als gegen tatsächliche Gegner. In den Bereichen, die für ihn die wichtigsten waren – Musik, sein Klavier und Polen –, hat er sich allerdings sein Leben lang von niemandem dreinreden lassen: nicht von Freunden, nicht von Kritikern, nicht vom Publikum.

Das ging schon in der Kindheit los: Der Säugling brüllte los, sobald seine Mama Justyna, geb. Krzyżanowska, ihm masowische Schlaflieder vorsummte. Und als ihm einmal sein Papa – Mykołaj Chopin, der in Marainville, Département Vosges geboren worden war, seiner polnischen Abstammung halber jedoch 1787 nach Warschau zurückkam und Französisch-Lehrer am Gymnasium war – mit der Flöte lothringische Weisen vorspielte, soll der Kleine das Instrument in zwei Teile zerbröselt und zur Klapper umfunktioniert haben! Als aber das Kleinkind die ersten Töne dem Klavier entlockte und ab da vom Instrument überhaupt nicht mehr wegzubringen war, merkten die Eltern, dass die scheinbare Abneigung gegen Musik offenkundig mehr der Überschärfe seines Gehörs zuzuordnen war als einer möglichen Amusikalität. Tatsächlich – und das ist schon überraschend – war es so, dass Fryderyk Chopin sich alle seine pianistischen Fähigkeiten – und er wurde zu einem der ersten Virtuosen seiner Zeit – alleine angearbeitet hat. Finger für Finger, Taste für Taste, Ton für Ton. Denn seine beiden Lehrer – ab sechs Herr Adalbert Zywny und danach, ab zwölf, Herr Józef Elsner – waren Geiger, die das Klavier sicher nur für den Notfall handhaben konnten. Also da war mit Fingersatz und ›Schule der Geläufigkeit‹ nicht viel zu holen. Dennoch blieb Chopin seinem Lehrer Elsner ein Leben lang in Freundschaft verbunden. Mit acht Jahren gab er sein erstes (kleines) Konzert in Warschau, wo er das Klavierkonzert g-moll von Adalbert Gyrowetz darbot. »Es muss eine sensationelle Darbietung gewesen sein« schreibt Tadeusz Zieliński. Den Kleinen scheint dabei aber etwas anderes weit mehr interessiert zu haben: er hatte einen neuen seidenen Kragen für den Auftritt bekommen. »Als nach Schluss des Konzertes, dem seine Mutter nicht beigewohnt hatte, dieselbe ihn umarmend fragte: ›Was hat denn wohl dem Publikum am besten gefallen?‹, antwortete er frischweg: ›O Mama, alle schauten nur auf meinen Kragen.‹« (Mauricy Karasowski: »Friedrich Chopin«, Dresden 1877). Manche sehen in dieser Anekdote das Ergebnis einer verzärtelnden Erziehung durch Mama und die drei Schwestern und darin den Grund für das Dandytum Chopins, was seine Kleidung anbetrifft. Er hat ein Leben lang extremen Wert darauf gelegt, immer nach der neuesten Mode, immer *très chic* gekleidet zu sein. Mit seinem Freund Eugène Delacroix – Sie wissen schon: der Maler der barbusigen Trikolore schwenkenden Marianne auf den Barrikaden von Paris – konnte er stundenlang über Handschuhe, Schals oder Gamaschen reden. Aber muss das unbedingt mit ›verzärtelnder‹ Erziehung zu tun haben? Vielleicht hatte er einfach Spaß an hübschen Klamotten oder er wollte auf keinen Fall, dass ihm das damals gängige Image eines verlotterten Polen anhafte, wer weiß. Jedenfalls: er hatte eine schöne Jugend und muss ein witziger, heiterer Mensch gewesen sein mit hoher parodistischer Begabung. Als er in Paris in kleinem Kreis mit Parodien von Thalberg (einem berühmten Tastenvirtuosen seiner Zeit) und Konsorten glänzte, meinte der Schauspieler Bocage: »Schade, dass sich der Junge in die Musik verirrt hat! Er hätte das Zeug zu einem erstklassigen Schauspieler!« Es genügt ein flüchtiger Blick in seine Briefe – die übrigens äußerst lesenswert sind, so lebendig, aufrichtig und manchmal sogar witzig sind sie geschrieben –, um zu sehen, zu welchen ironischen Sichtweisen er in der Lage war. Um nur ein Beispiel zu nennen (so viel Zeit haben Sie doch sicher noch, ja?):

Am 1. August 1845 schrieb er an Jędrzejewiczs über die Einweihung des Bonner Beethoven-Denkmals: »In Bonn werden Zigarren verkauft: véritables cigares à la Beethoven, der doch sicherlich nur Wiener Tabakspfeifen geraucht hat; und man hat schon so viele Möbel, alte Schreibtische, alte Regale aus Beethovens Nachlass verkauft, dass der arme Komponist der Symphonie pastorale wohl ein riesiges Möbelgeschäft besessen haben musste.«

Chopin besuchte die Schulen bis zum Abi, immer brav, immer lustig, sehr beliebt bei den Mitschülern, auch wegen seiner parodistischen Fähigkeiten und seiner wundervollen Karikaturen, und war obendrein eine Art Wunderknabe, der in Warschau schon sehr hoch gehandelt wurde: 1825 darf er sogar dem Zaren Alexander – in dessen Eigenschaft als König von Polen – vorspielen und der war

begeistert – ob der allerdings was von Musik verstand, verschwei-
gen die Chronisten.

1829 schloss er das Studium ab und fuhr mit Freunden nach Wien,
wo er zwei Konzerte gab. Man lobte seine Virtuosität und bemän-
gelte sein zu leises Spiel, ein Vorwurf, der ihn ein Leben lang begleiten wird. Er selber aber macht sich nicht viel daraus – ich sagte ja
schon: Kritiken beeindruckten ihn nicht, weil er wusste, was er wollte – und bleibt bei der Zartheit seines Anschlags, bis zum Schluss.
Am 19. August 1829 verlässt er Wien, um über Prag, Teplitz, Dresden und Breslau nach Warschau zurückzukommen, das er ein Jahr
später für immer verlassen wird.

In Warschau stellt er sein f-moll Klavierkonzert fertig, das er am
17. März 1830 uraufführt und dann gleich auch noch das Konzert in
e-moll, ging ja quasi in einem Aufwasch. Letzteres führt er in seinem Abschiedskonzert am 11. Oktober 1830 auf, in dem auch seine
– wenn auch platonisch – Angebetete mitwirkt: Konstancja Gładkowska, die Rossinis Cavatine aus »La donna del lago« sang, in
Weiß und mit roten Rosen im Haar, sehr zur Begeisterung Fryderyks. Dann ging's ans Abschiednehmen und am 2. November fährt
er los – und wird sein Leben lang Warschau und Polen nachtrauern.
Jarosław Iwaszkiewicz schrieb dazu: »Wir können im Stil seiner
Korrespondenz deutlich die Widerspiegelung der wesentlichen
Züge seiner Persönlichkeit wahrnehmen. In erster Linie sein Po-
lentum, ja selbst seine Warschauer Art, und die Art, wie er das
nationale Element in seinem Wesen mit vollem Ernst und mit dem
Gefühle der Verantwortung betrachtet ... Er blieb immer der liebende Sohn, blieb immer Pole.« (Vorwort von: »Frédéric Chopin,
Briefe.« Hrsg. v. Krystyna Kobylańska, Frankfurt 1984) Weil auch
Alfred Cortot derselben Meinung ist, der berühmte Pianist, habe
ich mich übrigens für die Schreibweise Fryderyk entschieden – und
weil es schöner aussieht. Anlässlich seines Abschieds von Polen
gibt es noch ein paar schöne Stammbuchverse; den schönsten unter dem 25. Oktober 1830 schrieb sein Schwarm Konstancja Gładkowska:

»Um den Ruhmeskranz stets frisch zu halten,
lässt Du die lieben Freunde und die teure Familie zurück.
Mögen Dich Fremde auch höher belohnen und schätzen,
aber Dich mehr als wir lieben können sie nicht.«

Schöne Worte, ein bisschen bitter, ein bisschen traurig, aber genau
so kam's. Mit den beiden Klavierkonzerten, drei Nocturnes (op. 9),
einigen der Etuden op. 10 – von denen später der Berliner Kritiker
Ludwig Rellstab schrieb: »Eine Special-Recension der 12 neuen
Apostel, die Herr Chopin in obigen 12 Stücken in die Welt geschickt

hat, erlasse man uns jedoch, und begnüge sich mit der wohl nicht unnützen Bemerkung, dass, wer verrenkte Finger hat, sie an diesen Etuden wieder ins Gerade bringt, wer nicht, sich aber sehr davon hüten und sie nicht spielen muss, ohne Herrn von Graefe oder Dieffenbach [zwei bekannte Chirurgen] in der Nähe zu haben.« Rellstab war Chopin-Hasser, was so weit ging, dass er eine ausfallende »Antwort« Chopins in derselben Ausgabe veröffentlichte, die er wahrscheinlich selbst gefälscht hatte (Genaueres dazu steht bei Zieliński ab S. 419) – und mit dem wunderbaren Scherzo in h-moll op. 20 im Gepäck ging's zunächst nach Wien, dann über Stuttgart nach Paris. Wobei der jetzige Wiener Aufenthalt nicht das Gelbe vom Ei war: zum einen, weil er trotz aller Bekannten aus Musikerkreisen kein Konzert auf die Beine gestellt bekam, zum anderen, weil am 29. November 1830 der polnische Freiheitskampf lief, mit Schlachten, Entthronung des Zaren als polnischem König etc. pp. (dazu gibt es Geschichtsbücher, nicht wahr) und Fryderyk als zeitlebens glühender Patriot sehr unglücklich darüber war, nicht dabei sein zu können. Seinem Freund Jan Matuszyński schriebt er aus Wien unter anderem: »Ich verfluche den Augenblick meiner Abreise ... Im Salon spiele ich den Ruhigen, doch wenn ich heimgekehrt bin, donnere ich auf dem Klavier ... Du gehst kämpfen ... Warum kann ich nicht einmal trommeln.«

Chopin reagierte auf die Tatenlosigkeit, zu der ihn Wien verurteilte, mit Depression und Schlaflosigkeit, mit jener Verzweiflung also, von der Karenberg meint, dass gerade sie ihn in die Kreativität gepusht habe, dass sie aber auch – psychosomatisch gesehen – der Boden für seine Lungentuberkulose war, an der er jahrelang litt (nicht erst auf Mallorca) und an der er schließlich starb. Karenberg geht dabei so weit, zu überlegen, ob die Tuberkulose den Schaffensprozess Chopins nicht nur nicht behindert, sondern – was sich allerdings leider nicht beweisen lässt – das Komponieren wie eine Art Selbst-Therapie die Tb günstig beeinflusst habe. Anders lässt es sich kaum erklären, dass von 1839 bis 1846 – das war die Zeit, in der die Tb akute und lebensbedrohliche Ausmaße erreicht hatte – die kreativste Zeit Chopins war.

Die Neigung, depressiv zu reagieren und überhaupt die Heiterkeit Warschaus gegen eine fast ständige Melancholie einzutauschen, beginnt in dieser Wiener Zeit. Selber Schuld, wird unser Klappentextleser jetzt sagen, er hätte ja aus Wien zurückgehen und gegen die Russen kämpfen können. Und wenn er gefallen wäre? Auch Klappentextlesern gefallen seine Préludes, seine Balladen und und und, oder? Na also. Seien wir froh, dass er nicht nach Polen zurückging und nehmen wir in Kauf, dass er deswegen gelitten hat – wir

haben dafür die schönste Klaviermusik der Welt bekommen, ist ja auch schon mal was. Streng nach dem heiteren Nachwelt-Motto: Opfer sind dafür da, sie uns bringen zu lassen!
Nach einigen Verzögerungen bei der Ausstellung des Passes in Wien – den er schließlich mit der Destination London bekam – traf Chopin im Herbst 1831 in Paris ein und blieb bis zu seinem Tod in der Wohnung in der Place Vendôme Nr. 12 in der französischen Metropole. Hier wurde er nun *der* Chopin, hier erreichte er seinen legendären Ruhm – nein: Hier wurde er zur Legende, und das, obwohl er in seinem ganzen Leben kaum 30 öffentliche Konzerte gegeben hat (fünf in Warschau, eins in Duszniki, eins in Breslau, drei in Wien, eins in München, zwölf in Paris, drei in London, eins in Rouen, eins in Manchester, eins in Glasgow und eins in Edinburgh). Und die er gegeben hat, waren noch nicht einmal immer die rauschenden Erfolge; meist Benefiz-Konzerte, also schon mal ohne Kohle, oder Konzerte an der Seite anderer Musiker. Der Pianist Cortot brachte das auf den treffenden Nenner: »Wir erleben hier das seltene Wunder des Berühmtwerdens unter Ausschluss der Öffentlichkeit.« Wie bitte? Moment mal: Da kommt einer in Paris an, gibt kaum Konzerte und wird als einer der ersten Pianisten gefeiert, obwohl sich die Tastendonnerer Thalberg, Liszt, Kalkbrenner und wie sie alle hießen die Konzertsaalklinken in die Hand drückten? Und obendrein wird er vor allem von seinen Konkurrenten neidlos anerkannt und gefeiert – wie das? Natürlich weil er ein Ausnahme-Pianist (so würde man heute wohl sagen) und ein großer Komponist war, zweifellos. Aber es kam etwas anderes dazu, das Heinrich Heine schon in seinem ersten ›Bericht‹ über Chopin aussprach:
»Es wäre ungerecht, wenn ich bei dieser Gelegenheit nicht einen Pianisten erwähnen wollte, der neben Liszt am meisten gefeiert wird. Es ist Chopin, der nicht bloß als Virtuos durch technische Vollendung glänzt, sondern auch als Componist das Höchste leistet. Das ist ein Mensch vom ersten Range. Chopin ist der Liebling jener Elite, die in der Musik die höchsten Geistesgenüsse sucht. Sein Ruhm ist aristokratischer Art, er ist parfümirt von den Lobsprüchen der guten Gesellschaft, er ist vornehm wie seine Person ... Polen gab ihm seinen chevaleresken Sinn und seinen geschichtlichen Schmerz, Frankreich gab ihm seine leichte Anmut, seine Grazie, Deutschland gab ihm den romantischen Tiefsinn. Die Natur aber gab ihm eine zierliche, schlanke, etwas schmächtige Gestalt, das edelste Herz und das Genie ... nichts gleicht dem Genuss, den er uns verschafft, wenn er am Clavier sitzt und improvisirt. Er ist alsdann weder Pole, noch Franzose, noch Deutscher, er verräth

dann einen weit höheren Ursprung ... sein wahres Vaterland ist das Traumland der Poesie.« (zit. n. Ernst Ortlepp: »Großes Instrumental- und Vokal-Concert«, 14. Bändchen, Stuttgart 1841, S. 68–70. Übrigens eine Fundgrube reinsten Wassers!)

Das Stichwort ist: »Liebling der Elite«, denn: Kaum in Paris angekommen, haben sich die oberen Tausend seiner angenommen und ihn nicht mehr losgelassen. Sie haben ihn gehegt, ihn ernährt, ihn beschützt, aber sie haben ihn nicht oder kaum herausgerückt. »Das alleinige Verfügungsrecht über ihn behielten sich die Happy Few vor, die es nur bei seltenen Anlässen und an adelige Häuser vergaben«, schreibt Alfred Cortot. In ihren Salons spielte Chopin zur Freude der Musiker und zur Verzückung der Damen. Das hatte – geschäftlich gesehen – natürlich äußerste Vorteile: In den Salons hörte ihn die Elite des Pariser Musiklebens. Zwei, drei begeisterte Urteile dieser Meinungsträger genügten, um seinen Ruhm als Pianist, Komponist und merkwürdige Persönlichkeit zu festigen: jeder glaubte es und trug es weiter, gab er sich doch damit den Anstrich, dazuzugehören! Da langte es, wenn die Fürstin Belgiojoso-Trivulzio sagte: »Chopin ist vielleicht nicht der größte Pianist; er ist mehr als das: der einzige« und alle Welt war davon überzeugt. Wobei die in diesem Zusammenhang immer wieder gern erzählte Anekdote – Chopin, neu in Paris, habe vorgehabt, nach Amerika auszuwandern, sei auf der Straße aber dem Fürsten Radziwill begegnet, der ihn sofort Rothschild vorgestellt habe, der dann dafür gesorgt habe, dass der junge Musiker ein feines Auskommen hatte – in den Bereich der Legende zu verweisen ist! Es war jedenfalls und sozusagen die geniale Umkehrung des damals wie heute üblichen Prinzips: Wer berühmt werden will, muss sich in zahllosen öffentlichen Konzerten die Arme vom Körper rödeln, bis sein Ruhm gefestigt ist, oder er bleibt eine Lokalgröße. Nur war es durchaus nicht so, dass Chopin sich ausgebufft diesen Weg ›von oben‹ zum Erfolg überlegt hätte, sich also schnurrend der Elite in den Schoß gelegt hätte, um mit ihr gemeinsam den Pöbel zu verachten. Es war eine gegenseitige Ergänzung: die Elite wollte den Künstler exklusiv für sich und der war froh, kaum öffentliche Konzerte geben zu müssen. Er hatte nämlich Lampenfieber wie sonstwas und Angst vor dem Publikum. »Das Publikum schüchtert mich ein, sein Atem erstickt, seine neugierigen Blicke lähmen mich, ich verstumme vor den fremden Gesichtern«, soll er zu Franz Liszt gesagt haben. George Sand kommentierte Chopins Angst vor dem großen Publikum etwas sarkastisch: »Er will keine Plakate, keine Programme, kein großes Publikum; er will nicht, dass über ihn gesprochen wird. Alles erschreckt ihn so, dass ich ihm vorschlage, ohne Kerzen, ohne

Zuhörer, auf dem stummen Klavier zu spielen.« (Brief an Pauline Viardot vom 18. April 1841)

Was also seine öffentlichen Konzerte angeht, könnte man Chopin den Weltmeister des Energiesparsatzes nennen: weniger ist mehr (für die Psychologen: das ist das zweite Von-Bracken'sche-Paradoxon). Allerdings gab es da Konzerte darunter, die bis heute Legende sind: die drei Konzerte 1841, 1842 und 1848 in Paris, die neben ihrer Qualität etwas Neues in die Musikgeschichte brachten: das Klavier-Recital. Vermutlich hatte Franz Liszt diese Idee, denn am 8. Juni 1840 kündigte er sein Konzert in London mit dem Titel »Recitals on the Pianoforte« an (was aber wohl mehr inhaltlich zu verstehen war: Poesie auf dem Klavier oder so). Der Hauptteil der Konzerte bestand darin, dass der Komponist Chopin ausschließlich eigene Werke für Klavier solo spielte! Damit rückte, was bis dahin der beherrschende Programmteil war – diese uns heute fast unerträglich erscheinende Mischung aus hier mal einem langsamen Satz, da mal einer Arie, dann wieder was mit Geige etc. –, erstmals in den Hintergrund. Die Konzertscheu Chopins und die Verneigung des Pariser Publikums vor dem Komponisten ebneten also den Weg für die Konzertform, die uns heute geläufig ist. Wobei man vielleicht die Frage, ob diese Form nun unbedingt die alleinseligmachende sein muss, erneut aufgreifen sollte: schön ist es ja nicht unbedingt, wenn man die Alterspyramide der Konzertabonnenten sieht und dazwischen die fehlenden Gesichter der jungen Leute bemerkt. Beethoven, Brahms und wie sie alle heißen, haben als Publikum für ihre Werke sicher nicht nur den »Sterbenden Schwan« vor Augen gehabt, oder?! Höchste Zeit, dass wir Ideen haben, mit denen man die »Pontifikalamts-Attitüde«, die uns das 19. Jahrhundert mit seiner Mythenbildung von Komponisten und Interpreten beschert hat, überwinden kann. Es muss – finde ich – in die Konzertsäle wieder eine Atmosphäre einziehen, die auch dem, der keine Ahnung hat, wer der Komponist war und was eine *stretta* ist, Luft lässt, mit Lust Musik zu hören. Es darf doch nicht sein, dass Musik nur noch den Experten vorbehalten bleibt! (Wer hat da: »Donaueschingen!« gerufen?) Das meint ergebenst Ihr Konrad Beikircher.

Also: Fryderyk Chopin. »Im Jahre 1832, kurz nach seiner Ankunft in Paris, bildete sich in der Musik wie in der Literatur eine neue Schule und junge Talente traten hervor, die in Aufsehen erregender Weise das Joch der alten Formen abschüttelten ... Die Romantik war an der Tagesordnung, und mit Erbitterung wurde der Kampf für oder wider dieselbe geführt«, schrieb Franz Liszt (»Chopin«, Leipzig 1880). Damit sind wir beim »romantischen Verein«, der als die

Keimzelle der romantischen Bewegung westlich des Rheins gilt. Franz Liszt, Fryderyk Chopin, Hector Berlioz, Ferdinand Hiller, Heinrich Heine, Felix Mendelssohn Bartholdy, Giacomo Meyerbeer, Vincenzo Bellini gehörten einige Zeit zu denen, die den Gedanken der Romantik, also den Versuch, neue radikale Ausdrucksweisen zu finden, verbreiteten. Natürlich hielt das nicht lange, jeder ging bald seine eigenen Wege, aber es sieht fast danach aus, als habe erst das Erscheinen Chopins in Paris es ermöglicht, diese Gedanken zu denken. Man blieb einander in Respekt vor der Verschiedenheit verbunden. Etwa wie es Felix Mendelssohn seiner Schwester Fanny Hensel am 6. Oktober 1835 schrieb, als er Chopin in Leipzig getroffen hatte: »Chopin war hier. Er wollte nicht länger als einen Tag bleiben, wir haben ihn also zusammen verbracht, ohne uns zu trennen, beim Musizieren. Und obwohl seine Richtung extrem anders als meine ist, kann ich mich mit ihm gut verständigen ... als er dann mit Blitzesschnelle seine Etuden und sein neues Konzert spielte und dann spielte ich meinen *Paulus*, war es so, als ob der Irokese den Kaffer getroffen und beide ein Gespräch geführt hätten.« Ein hübsches Bild, nur bleibt ungeklärt: Wer von beiden war der Kaffer?

Nun geht's in die Liebe: 1835 traf er in Dresden Maria Wodzińska, eine Jugendfreundin, der er 1836 einen förmlichen Heiratsantrag machte, den er aber 1837 zurücknahm – Treue war wohl nicht ihre Stärke. Im Oktober 1836 hatte er im Salon bei Gräfin Maria d'Agoult – erinnern Sie sich noch an sie? Dann gucken Sie mal in »Andante Spumante« unter Franz Liszt nach! – Aurore Dudevant kennen gelernt, besser bekannt als George Sand. Er war nicht besonders beeindruckt von ihr, dafür sie aber um so mehr von ihm. Sie baggerte fast zwei Jahre an ihm herum, bis beide ab 1838 für neun Jahre ein Paar wurden. Darüber ist nun so viel geschrieben worden, dass ich mir an dieser Stelle erspare, genauer darauf einzugehen. Schönes und Triviales liegen da eng beieinander: Liebe, Kälte und auch ein bisschen Hass, dann aber doch auch wieder Frieden – wie das halt so geht, wenn zwei sich lieben und alle Welt guckt zu. Zumal George Sand schon vor Beginn der »Affäre« eine klare Einschätzung dessen, was werden würde, hatte, als sie nämlich zum Thema »Liebe zu Chopin« schrieb: »... das bedeutet, dass wir von Zeit zu Zeit zu den Sternen emporfliegen und dann trennen wir uns wieder, um auf dem Boden der Tatsachen zu bleiben.« (Mai 1838 an Wojciech Grzymała) So war es dann ja auch. Zur Liebe und so weiter zieht Jarosław Iwaszkiewicz in seinem Buch »Chopin« ein schönes Fazit: »Was auch immer über Frau Sand gesagt werden könnte, obwohl wir uns über ihren Egoismus, ihre leeren Phrasen, ihre Unaufrichtigkeit, ihr unerträgliches Plappern ärgern, gebührt ihr doch die Dankbarkeit der Nachwelt und der feste Platz im Herzen jedes Menschen, der Musik liebt, Dankbarkeit dafür, dass sie für Chopin dieses Nest im Dickicht der alten Bäume gebaut hat, in dem er sich ruhig seinem Werk hingeben konnte.«

Mit »Nest« ist Nohant gemeint, das Schloss, das ihr gehörte und in dem Chopin seine Meisterwerke komponierte: erster Stock, Fenster links über dem Haupteingang, falls Sie mal da sein sollten. Mit Chopin und George Sand verbindet sich auch der Name Mallorcas: im Winter 1838/39 waren die beiden mit ihren (George Sands) Kindern auf der Insel. Von Maurice Sand gibt es wundervolle, damals entstandene Zeichnungen – vgl. den schönen und klugen Bildband »Frédéric Chopin« von Ernst Burger, Hirmer Verlag 1990 –, dennoch war diese Reise, wir wissen es, allerdings eher ein Fiasko: die Tb brach nun richtig aus, es war bitterkalt, und der Flügel von Pleyel kam viel zu spät an. Und überhaupt: kein Ballermann 6, keine Sangria, kein Spaß ... Musikalisch kam Chopin aber von 1841 bis 1848 in seine kreativste Phase; das letzte Konzert am 16. Februar 1848 in der Salle Pleyel vor handverlesenem Kreise – »Ich werde wie bei mir zu Hause sein und meine Augen werden fast nur bekannte Gesichter sehen«, schrieb er am 11. Februar 1848 ganz erleichtert seiner Familie nach Warschau – verlief in einer Weise, dass man gar nicht mehr auf Spiel oder Kompositionen einging, sondern nur den Genuss dieses seltenen Ereignisses beschrieb: »Ein Konzert des Ariel unter den Pianisten ist etwas zu seltenes, als dass man, wie bei anderen Konzerten, die Türen für all diejenigen weit geöffnet hätte, die dabei sein wollten ... man brauchte Beziehungen, um in das Allerheiligste zu kommen, um die Gunst zu erlangen, seinen Obulus zu entrichten, der immerhin einen Louisdor betrug; wer aber hätte nicht einen Louisdor zuviel in seiner Börse, wenn es darum geht, Chopin zu hören?«, schrieb die »Gazette Musicale« am 20. Februar 1848.

Mit der Tuberkulose wurde es immer schlimmer. Ein ganz böses Wort von Marie d'Agoult, die zu der Kritik, bei Chopin wisse man nie, woran man sei, sagte, bei ihm »sei lediglich der Husten zuverlässig« ... Eine Konzertreise von April bis November 1848 nach England und Schottland tat da das ihrige, und schließlich schrieb er am 25. Juni 1849 an seine Familie: »Wenn ihr könnt, dann kommt. Ich bin schwach und kein Doktor vermag mir so zu helfen wie ihr. Wenn euch das Geld dazu fehlt, so leiht es euch ...« Also kam seine Schwester Luise Jędrzejewicz mit ihrem Mann und einem ihrer Kinder zu ihm, um bis zu seinem Tode zu bleiben. Er wird sich darüber sehr gefreut haben, denn seit dem Umzug in die letzte Wohnung an der Place Vendôme und dem Gerücht, er liege im Sterben, wollten ihn alle nochmal besuchen. »Alle großen Pariser Damen hielten es für ihre Pflicht, in seinem Zimmer in Ohnmacht zu fallen«, schrieb Pauline Viardot dazu – was ja auch Arbeit macht, nicht wahr. Jedenfalls hat er, der am 30. Oktober 1848 aus Edinburgh seinem Freund Wojziech Grzymała schrieb: »... mein Herz, wo habe ich es vergeudet? Ich erinnere mich kaum noch, wie in der Heimat gesungen wird«, am Ende seiner Tage noch ein bisschen Polen um sich gehabt. Worüber sich alle freuen, die ihn lieben.

Es war also nicht alles in seinem Leben »über's Klavier ausgeschüttete Verzweiflung«.

Als Kontrapunkt zu dem etwas unglücklichen Satz »Chopin gehört in jedes deutsche Haus«, den ich über diesen Abschnitt gesetzt habe, weil er so bizarr klingt, schließe ich mit einem Gedicht von Gottfried Benn (»Gesammelte Werke in 8 Bänden« hrsg. v. Dieter Wellershoff, Limes 1960, S. 188–190), auch wenn es inhaltlich nicht in jedem Detail der neuesten Chopin-Forschung entspricht. Aber ist das wirklich wichtig?

CHOPIN

Nicht sehr ergiebig im Gespräch,
Ansichten waren nicht seine Stärke,
Ansichten reden drum herum,
wenn Delacroix Theorien entwickelte,
wurde er unruhig, er seinerseits konnte
die Notturnos nicht begründen.

Schwacher Liebhaber;
Schatten in Nohant,
wo George Sands Kinder
keine erzieherischen Ratschläge
von ihm annahmen.

Brustkrank in jener Form
mit Blutungen und Narbenbildung,
die sich lange hinzieht;
stiller Tod
im Gegensatz zu einem
mit Schmerzparoxysmen
oder durch Gewehrsalven:
man rückte den Flügel (Erard) an die Tür
und Delphine Potocka
sang ihm in der letzten Stunde
ein Veilchenlied.

Nach England reiste er mit drei Flügeln:
Pleyel, Erard, Broadwood,
spielte für zwanzig Guineen abends
eine Viertelstunde
bei Rothschilds, Wellingtons, im Strafford House
und vor zahllosen Hosenbändern;
verdunkelt von Müdigkeit und Todesnähe
kehrte er heim
auf den Square d'Orléans.

Dann verbrennt er seine Skizzen
und Manuskripte,
nur keine Restbestände, Fragmente, Notizen,
diese verräterischen Einblicke –
sagte zum Schluss:
»Meine Versuche sind nach Maßgabe dessen vollendet,
was mir zu erreichen möglich war.«

Spielen sollte jeder Finger
mit der seinem Bau entsprechenden Kraft,
der vierte ist der schwächste
(nur siamesisch zum Mittelfinger).
Wenn er begann, lagen sie
Auf e, fis, gis, h, c.

Wer je bestimmte Präludien
von ihm hörte,
sei es in Landhäusern oder
in einem Höhengelände
oder aus offenen Terrassentüren
beispielsweise aus einem Sanatorium,
wird es schwer vergessen.

Nie eine Oper komponiert,
keine Symphonie,
nur diese tragischen Progressionen
aus artistischer Überzeugung
und mit einer kleinen Hand.

ENTSTEHUNGSZEIT

Ein paar Worte auch zum Pianisten Fryderyk Chopin sind, finde ich, schon angemessen, wenn man von seinem Klavierkonzert e-moll spricht. Obwohl Franz Liszt, nachdem er Chopin das erstemal gehört hatte, gesagt haben soll: »Wenn der Kleine anfängt, in der Welt herumzureisen, werde ich wohl meinen Laden zumachen müssen«, hätte er doch diese Angst nicht haben brauchen. Das breite Publikum verlangte in der Zeit – und so ganz anders ist das heute auch wieder nicht! – nach Tastenlöwen, nach Flügeldreschern auf höchstem technischen Niveau, also nach Thalberg oder Liszt. Zu diesen gehörte Chopin nie. Ernst Legouvé schrieb dazu am 25. März 1838 in der »Gazette Musicale de Paris«: »Auf die Frage, wer der größte Pianist der Welt ist – Liszt oder Thalberg, gibt es nur eine Antwort: Chopin.«

Was das Spiel Chopins so unvergleichlich machte, war also weniger die Virtuosität – obwohl sie stupend gewesen sein muss, was um so mehr verblüfft, als er wirklicher Autodidakt war! – als vielmehr die Art seines Spiels. »Niemand hat je die Tasten so berührt«, schrieb Ferdinand Hiller, dem man wohl glauben kann. Tomaszewski hat die Aussagen zu Chopins Spiel zusammengetragen (»Frédéric Chopin und seine Zeit«, Laaber Verlag 1999): Demnach muss sein Spiel äußerst originell und ohne Vorbild gewesen sein, subtil und delikat, außerordentlich klangschön in reichsten Nuancierungen, rhythmisch ungebunden und *rubato*, wobei allerdings mit der linken Hand das Tempo nie verlassen wurde, er muss einen gesanglichen breiten Ton gepflegt haben (Belcanto auf dem Klavier), dynamisch vielfältig abgestuft, vor allem im Piano-Bereich, sehr natürlich und einfach, aber voller Leben und in ständiger Variabilität (»nichts zweimal in derselben Weise«). Gut, das sind alles so Wörter ... Aber wer ein bisschen Klavier zu spielen vermag, kann sich vorstellen, was mit all diesen Wörtern gemeint ist.

Es gibt zwar keine CDs aus jener Zeit, aber so viel dümmer in Sachen Musik als wir heute waren Chopins Zeitgenossen sicherlich nicht – vielleicht eher: im Gegenteil! –, also wird schon stimmen, was sie uns über sein Spiel berichten.

Im April 1829 sah und hörte Chopin bei einem Konzert im Konservatorium von Warschau unter der Leitung von Carlo Soliva (der auch die Uraufführung des e-moll Konzerts leiten sollte) Konstancja Gładkowska singen und war ziemlich hingerissen. Ihr, so hieß es jahrzehntelang, seien die beiden langsamen Sätze der beiden Klavierkonzerte zu verdanken. Na gut, lassen wir das mal so stehen. In jedem Fall war Chopin in den beiden Jahren 1829 und 1830 ziemlich romantischer Stimmung, was man hören kann, ohne dabei gleich an die Konstancja denken zu müssen. Dazu kam aber die brodelnde politische Stimmung in Polen und eine gewisse Aufbruchsstimmung bei Chopin selbst. Und das hört man auch, finde ich. 1829 hatte er das f-moll Konzert op. 21 (veröffentlicht als Konzert Nr. 2) geschrieben und die ersten Skizzen für op. 11 gemacht, das er dann von April bis August 1830 vollendete.

URAUFFÜHRUNG
Am 22. September 1830 spielte Chopin das Konzert in e-moll bei
sich zu Hause führenden Warschauern Musikern vor – mit einem
Mini-Orchester. Am 11. Oktober 1830 wurde das Werk, beim legendären Abschiedskonzert Chopins in Warschau, uraufgeführt.

ERFOLG
War schon die Privatvorstellung ein Erfolg – Stefan Witwicki
schrieb am 25. September dazu:»Soll ich mich lobend über dies
neueste Werk auslassen? Ich beschränke mich auf ein Wort: Dies
ist das Werk eines Genies.« –, wurde es die Uraufführung vor ca.
700 Menschen erst recht. Zwar fand es in der Presse keine große
Resonanz, weil politische Themen die Zeitungsspalten beherrsch-
ten; aber der Tenor war: ein großes Meisterwerk. Das Größte aber
ist: selbst Chopin war mit seiner Leistung zufrieden. An Tytus Woyciechowski schrieb er am Tag danach:»Das gestrige Konzert ist mir
gelungen – ich beeile mich, dies mitzuteilen. Ich sage Euer Gnaden,
ich hatte nicht die geringste Angst, spielte so, wie wenn ich allein
bin, und es war gut. Der Saal war voll. Goerners Sinfonie bildete den
Anfang. Alsdann meine Hoheit mit dem Allegro e-moll, das auf
dem Streicherschen Flügel taufrisch herunterperlte, wie es scheint.
Tosender Beifall. ... Diesmal habe ich mich selbst verstanden, und
das Orchester hat sich verstanden, und das Parkett hat uns begriffen ... nicht ein einziges Mal wurde gezischt und ich hatte Zeit,
mich viermal zu verbeugen, aber nun schon mit Anstand, weil
Brandt es mir beigebracht hatte. Hätte Soliva nicht meine Partituren nach Hause genommen, hätte er sie nicht durchgesehen und
sie nicht so dirigiert, dass ich unmöglich Hals über Kopf davoneilen
konnte, dann weiß ich nicht, wie es gestern ausgegangen wäre,
doch er wusste uns alle stets so zu halten, dass ich noch nie, sage ich
Dir, mit einem Orchester so ruhig gespielt habe.«
Glück, was willst du mehr?

ANEKDOTEN
Höchstens die, dass Chopin bei der privaten Vor-Uraufführung die
Notenständer und die Dämpfer für die Geigen im zweiten Satz vergessen hat –»ohne sie würde nämlich das Adagio zusammenbre-
chen«, wie er an Tytus kurz vor der Uraufführung schrieb. Aber
scheint ja alles geklappt zu haben!
Eine Bemerkung zur Geschichte der Kritik an diesem Konzert
möchte ich mir aber schon erlauben: Es wurde und wird gerne vor

dem Hintergrund der großen Mozart- und Beethovenkonzerte gesehen und entsprechend abwertend beurteilt. À la: na ja, schön ist es schon, aber halt reines Virtuosentum und so weiter. Aber Chopin hat als junger Mann wahrscheinlich die Beethovenkonzerte gar nicht gekannt! Er konnte also kompositorisch gar nichts »aufgreifen« oder »weiterführen«. Mozart kannte er wohl, aber der galt natürlich nicht mehr als zeitgenössischer Komponist! Dazu kommt: Die beiden Konzerte für Klavier und Orchester – nein: Klavierkonzerte – sind voller Absicht als Virtuosenkonzerte geschrieben, ganz im Sinne der Konzerte von Hummel oder Moscheles oder wie sie alle hießen. Gemessen daran allerdings kann man über Chopin weit mehr als schon über Paganini sagen, dass er die Grenzen dieser Virtuosenkonzerte gesprengt und die Gattung weit über das, was damals denkbar war, hinausgeführt hat. Allein die beiden zweiten Sätze zeigen doch, bitte schön, dass Chopin völlig neue Wege geht, um Orchester und Klavier Stimmungen ausdrücken zu lassen, die alle bis dahin geltenden Formgesetze verlassen – ganz im Sinne der romantischen »Revolution«. Dass Chopins Orchestrierung an manchen Stellen nicht gerade meisterhaft ist – schon Hector Berlioz konnte sich die Anmerkung nicht verkneifen, das Orchester in den Klavierkonzerten sei »nichts anderes als eine kalte, fast überflüssige Begleitung« – hört jeder. Nur: ist es deshalb weniger schön? Und immer noch halten sich die Spekulationen, Chopin habe sich bei der Orchestrierung helfen lassen, wenn er sie nicht gar von anderen schreiben ließ. »Da die Partiturhandschriften nicht erhalten sind, kann man diese Behauptung leider nicht auf ihre Richtigkeit hin prüfen«, schreibt Egon Voss im »Csampai«. Womit wir wieder bei dem zitierten Satz von Alfred Cortot wären: »Wir wollen also die Legende pflegen, weil sie am Ende tiefer sah, als alle Tatsachenerkenntnis lehren kann.« Tatsächlich hat Chopin nur in Warschau, also bis zu seinem 20. Lebensjahr, Werke für Klavier und Orchester geschrieben. Danach hat er sich dem verschrieben, was seine Domäne war und für alle Zeiten bleiben wird: dem Klavier allein. Und das hört man auch bei diesem Konzert!

WERK
Sätze
Allegro maestoso – Romanze. Larghetto – Rondo. Vivace

Dauer
ca. 40 Minuten

Besetzung
Solo-Klavier

2 Flöten
2 Oboen
2 Klarinetten
2 Fagotte
4 Hörner
2 Trompeten
Posaune
Pauken
Violinen I und II
Bratschen
Violoncelli
Kontrabässe

HITS

1. Der erste Satz ist einer der längsten ersten Sätze der Konzertliteratur (689 Takte – und das mit 20 Jahren!) und an keiner Stelle
langweilig – das ist doch schon mal was!
2. Das wuchtige und dennoch etwas melancholische Thema, mit
dem das Ganze losgeht, ist sozusagen 1a; noch toller ist, dass ihm
ein wunderschönes leises Hauptthema eingefallen ist. Der Hit ist
aber, dass ihm obendrein in E-Dur eine Melodie gelang, die dem
Ganzen etwas wunderschön Schwebendes gibt. Das Einleitungsthema steht auf einer Bassfigur, die ich originell finde: gleich am
Beginn Hochtöner im Lautsprecher abdecken und mal nur auf die
Tieftöner hören – ist doch fein, oder?! Überhaupt halte ich für eine
der Stärken der Orchestrierung die Behandlung von Violoncello
und Kontrabass sowie Fagott. Da steht das Konzert anderen nun
wirklich in nichts nach.
3. Kess finde ich, dass in der Orchestereinleitung (138 Takte lang!)
die drei Themen hintereinander vorgestellt werden, schnörkellos
quasi. Nach dem Motto: Das steht jetzt schon mal da, jetzt gucken
wir mal, was damit passiert. Das wuchtige Thema leitet ein, 25
Takte später kommt das schöne Hauptthema in e-moll, das läuft 35
Takte lang, und dann kommt auch schon das elegische E-Dur
Thema (Takt 61, das ist da, wo die Geigen so wunderschön nach
oben gleiten und die Celli ein wenig Tiefe dagegenhalten, was alles
ein bisschen mendelssohnesk klingen lässt). Dann kommt
4. das Soloklavier und da ist ein Hit, dass Chopin zwar donnernd
anfängt, den Donner aber zweimal langsam runterperlen lässt, um
mit dem Hauptthema das Klavier im *piano espressivo*, wie die Partitur sagt, singen zu lassen. Das war die Kampfansage an die bereits erwähnten Klavierzerschmetterer und Tastenlöwen. Jeder hat
damals natürlich erwartet: Konzert! Arpeggi! Jetzt zeig mal, was
deine Pranken so draufhaben! Aber nix da, Chopin zeigt nur kurz

die Kralle, dann beginnt er leise zu singen! Das, Herrschaften, ist der Mut, den ein Künstler haben muss, wenn er einer sein will! Das traut sich Chopin

5. nochmal ab Takt 221 (das ist ca. sieben Minuten nach Beginn und genau die Stelle, an der Sie hellwach sein sollten!), wenn er das Klavier jetzt gut 50 Takte lang das wunderschöne Thema in E-Dur spielen lässt: vom Horn untermalt, vom Orchester dezent getragen – klaviertechnisch gesehen schlicht, aber gerade deshalb so wirkungsvoll! Ab Takt 385 (was soll ich sagen: ca. zehneinhalb Minuten sind da schon vorbei!) leistet er es sich sogar, das Hauptthema von e-moll nach C-Dur zu tragen, die Tonart, die er selber für die schwerste auf dem Klavier hielt, aber auch die Tonart, die im Ruch des Trivialen stand – und es klappt! Eine absolute Hit-Stelle! Für mich ist

6. auch eine der Stellen, wo ich Gänsehaut bekomme, der Takt 572 (bleiben wir dabei: nach ca. 16 Minuten). Eben noch hat das Klavier etudenmäßig gedonnert, jetzt beruhigt es sich, um sich auf das E-Dur Thema zu besinnen, nun aber in G-Dur: Wie in diesem Takt mit drei, vier Noten Atem geholt wird und über e – es – d zum Thema gefunden wird: einmalig! Und Chopin leistet sich

7. noch was: Der Schluss des ersten Satzes ist kein Parforce-Flügel-Ritt, nein, das Orchester wird *piano* und leitet aus; erst im vorletzten Takt kommt ein f-f-e-moll Akkord, damit die Schläfer wissen: aha, Schluss!

8. Der zweite Satz: zurücklehnen, Augen zu (es sei denn, der Solist oder die Solistin ist ein attraktiver Mensch!) und an die Worte Chopins denken, der zu diesem Satz am 15. April 1830 – also während des Komponierens – an Tytus Woyciechowski schrieb: »Es ist ein Träumen in schöner Frühlingszeit, aber beim Mondschein.« Auf eine Passage möchte ich extra hinweisen: die Takte 101–103 (tja, da wird es mit der Zeitangabe kriminell, weil in diesem Satz die Tempi sehr schwanken, sagen wir: ungefähr nach sieben Minuten). Das Orchester atmet aus und lässt drei Takte lang das Klavier allein zum Einleitungsthema hinführen. Es sind nur 20 bis 30 Sekunden. Aber was für Sekunden! Fachlich ausgedrückt handelt es sich um »chromatisch alternierende Fünfklänge aus einem verminderten Septakkord mit hinzugefügter Dissonanz« – was natürlich alles sagt! Vor allem, dass sich da der Himmel auftut, wenn das Klavier nachdenklich diese zartesten Akkorde in einer sanften Abwärtsbewegung hinperlt. Das ist reiner Klang, so was hatte bis dahin noch niemand geschrieben. Zieliński meint dazu: »In den Ohren der damaligen Hörer musste sie wie Musik aus anderen Welten klingen.«

9. Der dritte Satz ist einer, wo man sagen kann, ja, fein, alles drin, was man braucht: schmissiger Krakowiak, also tänzerisch, schmis-

sig virtuoses Klavier, schmissiges Tempo. Wenn Dirigent und Solist dann auch noch zu den Musikern gehören, denen Musikantentum nicht fremd ist, die also die hohe Schule der Tempoverzögerung beherrschen, die Kunst des Auskostens von kleinen Pausen und raffinierten Beschleunigungen, dann weiß ich nicht, was es an diesem Konzert zu meckern geben sollte.

FLOPS

Na ja, einige Flops gibt es schon: weniger im pianistischen Bereich als im orchestralen. Da leistet sich Chopin schon einige Dinger, die auch im Rahmen eines Virtuosenkonzert vermeidbar gewesen wären. Gut: Paganini hat auch seine Stellen, wo er das Orchester nur hm-ta-hm-ta-Gitarre spielen lässt (vgl.»Andante Spumante«) – aber muss das denn sein? Schon im ersten Satz lässt Chopin oft genug die Bläser Bläser sein, nach dem Motto: paar Streicher drunter, fertig. Z. B. ab Takt 181 (da hören wir ca. die sechste Minute zu), wo das Klavier schöne Passagen hat: Da hätte Mendelssohn sich mehr einfallen lassen! Und dann, bitte schön, die Triller in der linken Hand ab Takt 623 (nach ca. 17 1/2 Minuten): Mein lieber Chopin! Das klingt ja quasi wie Astor Piazzolla (nix gegen Piazzolla, aber alles zu seiner Zeit!). Also, ich weiß et nit. Und im dritten Satz haben wir auch so ein paar Stellen: Ab Takt 100 z. B. (nach ca. anderthalb Minuten) und dann wieder ab Takt 167 (nach knapp drei Minuten) ist ihm wirklich nicht viel eingefallen!

OBACHT

Also beim Orchester gibt es kaum ein Obacht. Dafür muss der Solist – oder lieber: die Solistin – jemand sein, die mit unregelmäßigen Brüchen extrem gut zurechtkommt. Es hagelt geradezu Stellen, wo man in der Zeit von zwölf Sechzehntelnoten 14, 19 oder 21 zu spielen hat, einmal gibt es eine Stelle (Takt 605–606), wo hintereinander an Stelle von sechs Sechzehntelnoten elf zu spielen sind, direkt anschließend statt vier fünf, dann kommen drei Achtelnoten statt zwei und schließlich fünf 32stelnoten statt vier: Geben Sie das mal Ihrem PC ein! Bis der das ausgerechnet hat, ist das Konzert zu Ende und wir alle schon zu Hause! Ganz abgesehen von der Virtuosität, die das ganze Konzert hindurch vom Pianisten verlangt wird. Wobei es Pianisten gibt, die sagen: Lieber fünf Liszt durchhämmern als einen Chopin. Warum? Weil er eben neben der Virtuosität auch den *bel canto* am Klavier verlangt, das Leise, Lyrische. Und da gibt es, wie wir alle wissen, nur noch eine begrenzte Anzahl von Pianisten und Pianistinnen, die das überzeugend zu leisten imstande sind. Aber nur dann ist es wirklich Chopin!

ES MEINEN

Robert Schumann: »Hut ab, ihr Herren, ein Genie!«
Franz Liszt: »Er hat sein Leben in einem fremden Lande ausgehaucht, das ihm nie zu einer neuen Heimat wurde; er hielt seinem ewig verwaisten Vaterland die Treue: Er war ein Dichter mit einer von Geheimnissen erfüllten und von Schmerzen durchwühlten Seele.«
Francois Joseph Fétis in der »Revue Musicale« vom 3. März 1832: »Beethoven schrieb für das Pianoforte, Chopin schreibt für die Pianisten.« (sinngemäß)

BEIKIRCHER RÄT

ANLASS

Ideal geeignet, um mediterrane Gartenarchitektur einzuweihen: Pergola, eine Laube, ein klassizistisches Tempelchen. Voraussetzung: Man sollte dabei allein oder höchstens zu zweit sein und Oleander ist ebenso unerlässlich wie ein Wodka Martini, gerührt (der Wodka steht für Polen, der Noilly Prat für Frankreich und die Olive für Valldemosa).

NUTZUNG

Natürlich kann man Chopin generell zur eleganten Verführung nutzen (stilvoller kann man es nicht mehr machen!), wobei die Nocturnes dem Boudoir vorbehalten sein sollten, während das Konzert uns dahin führen kann. Sollten Sie jemals mit Cathérine Deneuve zu zweit soupieren: Bitte geben Sie mir ihre Telefonnummer und legen Sie das e-moll Konzert auf ...
Darüber hinaus kann man Chopin umsatzsteigernd in der Dessous-Branche einsetzen: die Seide von La Perla wird noch seidiger, wenn sie von Fryderyks Wolkentönen untermalt wird. Voraussetzung: Es muss sich um absolute Top-Ware handeln – Chopin und C&A? Disgusting!

AUTO

Wenn es die Mischung gäbe: einsame Landstraße bei den masurischen Seen im Vollmond und das bei provencalischen Temperaturen, so dass man in einem Cabrio leise dahinschweben kann ...

So aber: Hände weg von Chopin im Auto-CD-Player. Kein Motor ist so leise, dass er die Poesie nicht erschlagen würde.

PAUSEN-TALK
»Das habe ich ...« (s. »Andante Spumante«)

»Sagen Sie: Krakowiak, heißt dat nicht Krakauer?«
»Ja sicher.«
»Dann ist dat doch ein Druckfehler im Programm: Dat sin doch Würstchen!«

FRAUEN
»Ich gehe meinen Mann wecken.«
»Aber der hat doch im Orchester mitgespielt!«
»Eben!«

MÄNNER
»Das bisschen Orchester hätte man auch vom Band laufen lassen können, wär billiger gewesen.«
»Ja was meinen Sie, was die gemacht haben!«

BEWERTUNGEN
Technik:

для den Solisten

für das Orchester, denn es muss auch aus dem Spärlichen alles herausholen.

Gesamt:

mit Vollmond

Es ist das schönste Klavierkonzert einer Gattung, die (zu Recht) ausgestorben ist – und es ist hinreißende Romantik.

César Franck
(1822–1890)

Symphonie d-moll

»César Franck steht in immer währender Andacht vor
der Musik ... Was er sich vom Leben leiht, erstattet er
der Kunst zurück, mit einer Bescheidenheit, die bis zur
Selbstverleugnung geht.«
(Claude Debussy)

Also mit César Franck haben wir einen vor uns, der es allen – vor
allem seinen Gegnern – sehr leicht gemacht hat, in eine Schublade
gesteckt zu werden. Absurderweise aber war das eine Schublade, in
die er gar nicht so recht passt. »Der heilige Franziskus der Musik«
und »Pater seraphicus« (Bruder Erzengel) wurde der Kirchenorga-
nist und Komponist von seinen Bewunderern genannt und in seiner Bescheidenheit hat er sich nicht dagegen gewehrt. Dabei muss
man nur seine Violinsonate anhören um zu merken, dass da mit
Heiligem nicht allzu viel los ist – so brodelt das Freud'sche Unbewusste unter der Oberfläche. Darauf übrigens warte ich noch, dass
sich Psychoanalytiker auf Francks Werk stürzen: Zum einen *tatsächlich*, weil es bei ihm mehr als bei anderen zu entdecken gäbe;
seine Symphonie in d-moll lässt, finde ich, deutlich den nahenden
Untergang einer ganzen Welt spüren. Zum anderen natürlich doch
lieber *nicht*, denn was da herauskommt, weiß ich schon. Bruckner
und Franck wären in doppelter Hinsicht ideale »Opfer« psychoana-
lytischer Interpretationen, denn beide waren tief religiös und beide
waren treue Kinder ihrer strengen Zeit; ein offenes Verhältnis zur
Sexualität hatte da keinen Platz. In ihrer Musik konnten sie das
auch nicht verstecken; neben allen Apotheosen, Höhenflügen und
Verklärungen ist das Erotische als treibende Kraft nicht zu überhö-
ren. Obwohl Franck viel Kirchenmusik, insbesondere Orgelmusik
geschrieben hat, war er kein Kirchenmusiker; und obwohl er tief
religiös war, war er natürlich auch kein Heiliger. Er war eher »weltlicher« Komponist, nämlich der Künstler, der den französischen
Komponisten einen neuen Weg zur eigenen symphonischen Sprache wies. Bis dahin war außer Berlioz in diesem Bereich in Frankreich nicht viel los. Man spielte Beethoven, der Rest war Oper. Jahr-

zehntelang beherrschte die Oper alle anderen musikalischen Formen, virtuoses Solistentum ausgenommen. Dann kamen ab 1870/ 71 nationale Gedanken stärker denn je wieder hoch, man wollte sich von den Deutschen unterscheiden, und da war Franck derjenige, der Anregungen gab. Ob seine deutsche Abstammung dabei eine Rolle spielte (wie gerne geschrieben wird), möchte ich bezweifeln. Zumal er ja nur zur Hälfte Deutscher war. Meines Wissens werden Bach oder Beethoven nicht automatisch jedem Deutschen mit den Genen mitgeliefert.

Sein Papa Nicolas-Joseph Franck stammte nämlich aus Gemmenich nahe der deutschen Grenze (bei Aachen) und hat 1820 Maria Catharina Barbara Frings, Tochter einer Aachener Tuchmacherfamilie, geheiratet. Die beiden zogen nach Liège / Lüttich – das damals zum wallonischen Teil des Königreichs der vereinigten Niederlande gehörte; Franck ist also nicht in Belgien geboren, das wurde erst 1830 unabhängig –, woselbst am 10. Dezember 1822 ebenbesagter César Auguste Jean Guillaume Hubert Franck zur Welt kam. Ich möchte schwören, dass für den deutschen Namen Hubert die Mama verantwortlich war! Die Kindheit war wohl nicht berauschend. Papa machte mal dies, mal das, zeigte sich gerne im Kreise Lütticher Künstler und suchte nach Möglichkeiten, einem engen kleinbürgerlichen Leben zu entfliehen. Den siebenjährigen César ließ er das Konservatorium besuchen, der gewann mit zehn einen Solfège-Preis und mit zwölf den Klavier-Preis. Das brachte Papa auf den »Oha-Da-Haben-Wir-Ja-Einen-Wunderknaben-In-Der-Familie«-Gedanken und ging mit dem 13-jährigen im Frühjahr 1835 auf Tournee: Liège, Bruxelles und Aachen. Der Papa muss einer dieser unerträglichen Despoten gewesen sein, die keinen Widerspruch dulden und ihre Ideen für die einzig richtigen halten: Er wollte à la Liszt César die Virtuosenlaufbahn betreten sehen, ohne Rücksicht darauf, ob der das auch will. Erst mit 25 hat sich der Sohn dann vom Vater gelöst – um zu heiraten (»und sich mehr oder weniger dem Willen seiner Frau zu unterwerfen«, wie J. Gallois in seiner Biographie »Franck«, Paris 1966, schreibt). Jedenfalls zog man 1835 nach Paris, um César und dessen jüngeren Bruder Joseph, der Geiger werden sollte, das renommierte Konservatorium besuchen zu lassen. Das ging aber nicht, weil sie Ausländer waren. Während Papa auf die französische Staatsbürgerschaft wartete, studierte César bei Antonin Reicha Musiktheorie, was eine gute Idee war: Reicha nämlich war einer der führenden, der Avantgarde gegenüber aufgeschlossenen Musiker, der zum Beispiel den Kontrapunkt nicht als musikalische Herumrechnerei sah, sondern als eigenständiges Kunstwerk – und damit seinen Schülern, auch Franck, beibrachte, dass die Form nie Selbstzweck sein darf. Das war für damals ziemlich neu und Franck hat sich sein Leben lang daran gehalten. 1837 hatte dann Papa die französische Staatsbürgerschaft und »dä Jung« (Mama hat sicher ab und zu Öcher Platt mit ihm gesprochen!) durfte aufs Konservatorium. Dort war er geradezu der Vorzeigeschüler: er heimste einen Preis nach dem anderen ein – den »Grand prix d'honneur« 1837 zum Beispiel, weil er mit Bravour eine Fuge, die er vom Blatt spielen sollte, auch gleich noch um eine Terz transponiert darbot – und studierte in den letzten anderthalb Jahren Orgel bei Francois Benoist. Er muß in der Zeit schon hohe Improvisations-Fähigkeiten gehabt haben (wofür er später an der Orgel hoch geschätzt, ja neben Bach gestellt wurde), denn im Wettbewerb um den Orgelpreis 1841 am Konservatorium leistete er sich ein Meisterstück: es sollte ein Satz in Sonatenform improvisiert werden und anschließend eine Fuge. Franck verband aber die beiden Motive kunstvoll zu einer einzigen Form, die sich allerdings arg in die Länge zog, so »dass die Examinatoren ... verwirrt von solch einem technischen Kunststück, diesem Quälgeist keinerlei Anerkennung zukommen lassen wollten, nicht eher, als bis Benoist, der Lehrer dieses genialen Schülers, den Vorgang erklärt hatte ... Von dem Augenblick an erschien Franck in den Augen dieser Offiziellen als suspekt.« (Vincent d'Indy, Schüler und »Jünger« Francks)

Papa, der immer noch im Kopf hatte, mit einer Virtuosenlaufbahn seines Sohnes Geld zu machen, erzwang im April 1842 den Abbruch des Orgelstudiums in Paris und zog mit der Familie nach Belgien zurück, um eine Konzerttournee zu starten. Zwar lernte César dabei in Brüssel Franz Liszt kennen und gab ihm seine beiden Klaviertrios op. 1 und op. 2, die dem sehr gefielen (Julius Schuberth schreibt in seinem kleinen musikalischen »Conversations-Lexikon« 1865: die Trios »gehören zu den geistreichsten Tonschöpfungen neuester Zeit. Wenn Liszt in seinen classischen Soiréen eine besondere Elite von Kunstgelehrten um sich hat, dann spielt er vorzugsweise diese Franck'schen Trios«), gab aber zum Ärger seines Vaters die Konzertlaufbahn auf. Alle zogen wieder nach Paris zurück und César nahm eine Organistenstelle an Notre-Dame de Lorette an – und zwar wurde er nicht erster Organist, sondern lediglich begleitender Organist, für den kirchlichen Alltag quasi. Das konnte Papa sein Leben lang nicht verwinden: ab da war das Verhältnis der beiden zueinander gestört.

Vom äußeren Leben her gesehen hat sich nun nicht mehr viel getan: 1848 heiratete er und hatte mit Stundengeben und Orgelspielen ein karges Auskommen. Peu à peu verbesserten sich die Verhältnisse: 1851 wurde er Erster Organist in St. Jean-St. Francois und 1857 in Ste. Clotilde, ab 1872 Professor für Orgelspiel am Konservatorium in Paris. War der Pianist nicht erfolgreich gewesen (das hatte er ja auch nie gesucht), so war es der Orgelspieler sehr wohl. Spätestens ab 1851 wurde er zu *dem* Organisten Frankreichs, wobei ihm – neben seinen außerordentlichen musikalischen Fähigkeiten natürlich – auch zugute kam, dass er für die Orgelbaufirma Cavaillé-Coll zum künstlerischen Repräsentanten wurde. Er nahm neu gebaute Orgeln ab, weihte sie ein, verfertigte Gutachten über sie, kurz: sein Name war in diesen Kreisen jetzt zu einem Begriff geworden. Als dann in der 1857 fertig gestellten Église Ste. Clotilde eine große, modernsten Anforderungen gerechte Orgel von Cavaillé-Coll gebaut wurde, auf der Franck bis zu seinem Tode immer wieder spielte, war endgültig sein Ruf zementiert, der größte Orgelspieler Frankreichs zu sein. Dass ihm da die Bewunderer einen Heiligenschein verpassten, wen wundert's. »Die Kirche hat einen guten Magen«, hat ja schon Goethe geschrieben, was im Falle Francks heißt, dass sie ihn sich gerne ganz einverleibt hätte, wenn er nicht im letzten Lebensjahrzehnt diese »weltlichen« Werke geschrieben hätte, derentwegen ihn auch die nichtkirchliche musikalische Welt feiert. César Franck, könnte man sagen, war Spätentwickler. Bis 1879 hat er zwar auch viel komponiert, die großen Werke aber entstanden in den letzten zehn Jahren seines Lebens:

das Klavier-Quintett f-moll (1879),

das Oratorium »Rébecca« (1881),

die symphonische Dichtung »Le chausseur maudit« (1882),

die symphonische Dichtung »Les Djinns« (1884),

der große Klavier-Zyklus »Prélude, Choral et Fugue« (1884),

die tragische Oper »Hulda« (1885),

die »Variations Symphoniques« für Klavier und Orchester (1885),

die A-Dur Sonate für Violine und Klavier (1886),

die symphonische Dichtung »Psyché« für gemischten Chor und Orchester, der »150. Psalm« und die große Symphonie in d-moll (alles 1888),

das Streichquartett D-Dur (1889),

und schließlich im Todesjahr 1890 die Oper »Ghisèle« und die »Trois Chorals« für Orgel.

Also da muss man schon sagen: Respekt! Da ist zum Glück unserem bescheidenen, gesellschaftlichem Treiben so abholden César gerade noch mal rechtzeitig der künstlerische Knoten geplatzt!

Im Mai 1890 hatte er einen Unfall: auf dem Weg zu seinem Schüler Brand lief er mit einem Bus zusammen, dabei stieß ihm die Deichsel in die Seite. Es entwickelte sich eine schwere Brustfellentzündung, an deren Folgen er schließlich am 8. November starb.

Auch wenn nicht alle Zeitgenossen ihn als Komponisten schätzten – den genialen Improvisator an der Orgel schätzten allerdings alle –, war er doch für alle »une belle âme«, eine Seele von einem Menschen. Sehr ernst und selbstlos muss er gewesen sein, oft genug hat er umsonst unterrichtet, wenn ein Schüler nichts in der Tasche hatte, und in sympathischer Weise naiv. Debussy schreibt: »Dieser unglückliche und verkannte Mann besaß ein Kindergemüt, so unbeirrbar gut, dass er ohne jede Bitternis die Bosheit der Menschen und den Widersinn allen Geschehens mitansehen konnte« – womit er nicht nur die üblichen Intrigen im Konservatorium meinte. Und der gerne sarkastische Eduard Hanslick schrieb 1898 anerkennend in einer Rezension: »Feind jeder Reklame, anspruchslos und bis zur Schüchternheit bescheiden, hat Franck als Komponist nie nach wohlfeilen Erfolgen gestrebt, immer nur nach seinem Ideal, der ›großen Kunst‹.« Am Oratorium »Les Béatitudes«, das er in diesem Artikel bespricht, ließ er allerdings kaum ein gutes Haar.

ENTSTEHUNGSZEIT

1886 fing Franck mit den ersten Skizzen der d-moll Symphonie an, 1887 leistete er die Hauptarbeit und im August konnte er unter das fertige Manuskript schreiben: »Meinem lieben Freund Henri Duparc. Cèsar Franck, Paris, 22. August 1888.«
Ob ihm klar war, dass er mit dieser Symphonie einen neuen Weg für seine französischen Kollegen aufgezeigt hatte, weiß ich nicht. Ich vermute, dass er in dieser schaffensintensiven Periode gar keine Zeit hatte, sich groß Gedanken darüber zu machen, wo seine Symphonie einzuordnen wäre. Pierre de Brèville, einem seiner Schüler, hat er gesagt: »Es ist eine klassische Symphonie. Zu Beginn des ersten Satzes findet sich eine Reprise, wie man sie früher anwandte, um die Themen eindringlicher erscheinen zu lassen. Ich habe jedoch eine andere Tonart dafür gewählt. Dann folgen ein Andante und ein Scherzo, die miteinander verknüpft sind. Dabei hat mir vorgeschwebt, dass eine Zählzeit des Andante einem Scherzotakt entspricht, so dass nach der vollständigen Entwicklung der zwei Abschnitte beide übereinandergeschichtet werden können. Damit glaube ich, das Problem gelöst zu haben. Das Finale greift wie in der ›Neunten‹ [Beethovens] alle Themen wieder auf, aber sie erscheinen nicht als Zitate. Ich habe sie so angelegt, dass sie die Rolle neuer Elemente einnehmen. Ich glaube, dass es gut ist und dass ihr zufrieden sein werdet.«
Daraus spricht doch ein feines Selbstbewusstsein, oder?!

URAUFFÜHRUNG

Die erste Aufführung der d-moll Symphonie war ein Flop auf der ganzen Linie. Der Versuch, »französische« Klanglichkeit mit »deutscher« Formenstrenge zu verbinden, wurde als *germanisme* gesehen und verteufelt. Was Wunder, hatte man doch die preußische Arroganz aus dem 70/71er Krieg noch drastisch vor Augen. Jules Garcin dirigierte am 17. Februar 1889 die im Rahmen der Sonntagskonzerte der Société des Concerts du Conservatoire in Paris uraufgeführte d-moll Symphonie. Am 24. Februar 1889 wurde sie nochmal aufgeführt. Die Reaktionen waren einhellig negativ. Bréville erzählt, dass bei der Uraufführung neben ihm eine Dame saß, die seinen Applaus mit den Worten tadelte: »Warum muß man diese Symphonie hier aufführen? Wer ist dieser Herr Franck? Ein Lehrer für Harmonium, glaube ich ...«. Die Profis urteilten nicht viel anders. Carles Gounod verstieg sich zur Behauptung, die Symphonie sei ein »bis zum Dogma getriebenes Bekenntnis zur Impotenz«. Arthur Pougin meinte, es fehle »das Feuer des Genius und der Inspiration« und Ambroise Thomas schrieb nicht unwitzig: »Was ist das für eine d-moll Sinfonie, bei der das erste Thema im neunten Takt nach des, im zehnten nach ces, im einundzwanzigsten nach fis, im fünfundzwanzigsten nach c, im neununddreißigsten nach Es, im neunundvierzigsten nach f moduliert?« Dass Franck darauf entgegnete: »Meine Symphonie steht zugleich in d- und in f-moll«, hat nicht gerade zur Klärung beigetragen!

Und ein Zuschauer sagte kopfschüttelnd: »Hat man je erlebt, dass in einer Symphonie ein Englisch-Horn vorkommt? Nennen Sie mir doch eine Symphonie von Haydn oder von Beethoven, in der Sie ein Englisch-Horn finden!«

Nun hat ja Dvořák in seiner 9. Symphonie (vgl. »Andante Spumante«, S. 279 ff.) dem Englisch-Horn wenige Jahre später geradezu ein Denkmal gesetzt, seitdem ist dieses Argument logischerweise verstummt.

Das »Finale der romantischen Sinfonik in Frankreich« (Geeraerds) hat sich trotzdem durchgesetzt, spätestens seit Debussy sie 1903 zu einem Werk voller Wunder erklärte, »die bekanntlich groß an der Zahl sind«.

ERFOLG

s. oben

ANEKDOTEN
Ebenfalls

WERK
Sätze
Lento/Allegro non troppo – Allegretto – Allegro non troppo

Dauer
ca. 38 bis 45 Minuten

Besetzung
2 Flöten
2 Oboen
2 Englisch-Hörner
2 Klarinetten
Bassklarinette
2 Fagotte
4 Hörner
2 Trompeten
2 Cornets à pistons
3 Posaunen
Tuba
3 Pauken
Harfe
Violinen I und II
Bratschen
Violoncelli
Kontrabässe

HITS
Der Bau, der Klang, die Themen!
Der Bau ist schon sehr eigenwillig: statt vier (wie es »klassisch«
wäre) sind nur drei Sätze zu hören und doch wieder vier, weil der
zweite, langsame Satz das Scherzo auch gleich beinhaltet, es gibt
nicht die üblichen Entwicklungen eines Themas wie selbst noch bei
Brahms, es sind auch keine Variationen – und doch hat man beim
Hören das Gefühl, es seien welche da. Es dreht sich alles in sich und
fließt ineinander. Das durchzuhalten, ohne in Bedeutungslosigkeit
oder Beliebigkeit zu versinken, erfordert eine ungeheure kompositorische Kraft. Tatsächlich halte ich diese Kraft für eines der
herausragendsten Charakteristika der Symphonie. Sollten Sie die
Aufnahme von Otto Klemperer kennen (mit dem New Philharmo-
nia Orchestra, 1966), können Sie hören, was ich meine. Mal ganz
ohne Musikwissenschaft ausgedrückt (Profis bitte überspringen!):
diese Musik ist wie eine riesige Holographie: Du bewegst dich in ihr

und siehst immer wieder bekannte Elemente, immer jedoch aus einer anderen Perspektive; das Ganze ruht aber stabil und ruhig sich bewegend in sich selbst.

Der Klang ist grandios: Viele sprechen davon, dass die Instrumentierung sich an der Orgel orientiere, »seinem« Instrument. Wenn man aber liest, dass ihn an der Orgel die Suche nach neuen Klangfarben immer wieder berauscht hat, könnte ich mir vorstellen, dass er schon ganz gezielt überlegt hat, welche Instrumente miteinander welche Klangfarben ergeben könnten. Wie Franck z. B. mit den Bässen (Tuba, Posaune, Kontrabässe) umgeht oder wie er die Bläser ins Spiel bringt, das ist umwerfend.

Bei den Themen muss man auch sagen: ein feiner Einfall nach dem anderen. Dabei so unterschiedlich, dass man auch Einzelteile oder, vornehmer ausgedrückt: Partikel immer wieder erkennt, egal, in welchen harmonischen Zusammenhängen sie auftauchen.

Wie das Thema, mit dem alles langsam anfängt, beim ersten Tempowechsel im ersten Satz (ab Takt 29) aufgegriffen und dramatisch ausgebreitet wird: das lässt doch keine Wünsche offen, oder? Dann erst das kräftig-schmissige »Hauptthema« (Anführungsstriche deshalb, weil man es gegen alle Strukturanalysen als Hauptthema empfindet, aber wer ist denn beim Hören schon Musikwissenschaftler!) ab Takt 129 (ca. sechs bis sieben Minuten nach Beginn, jedenfalls da, wo die Blechbläser in mächtigen Akkorden in ganzen Noten »volles Rohr geben« und Holz plus Geigen das Thema zelebrieren): mir läuft es da immer wohlig den Rücken runter. Beim dritten langsamen Teil – Lento ab Takt 331; da sollten elf bis zwölf Minuten vorbei sein oder Sie lassen sich das Geld (wg. zu schnell) zurückgeben! – kommt gravitätisch das Eingangsthema wieder, gespielt von Posaunen und Tuba; das kommt daher wie Super-Breitwand-Cinemascope, ein Hit zweifellos.

Die melancholische Melodie im zweiten Satz, vom Englisch-Horn vorgetragen, dem die Bratschen antworten und die das Horn aufgreift und zu Ende führt: das sind Stellen, für die sich sogar ein Abo lohnt. Der dritte Satz beginnt mit einem schönen Thema, greift aber in seinem Verlauf auf die bisherigen Themen zurück und verbindet schließlich alles zu einem meisterhaften Bild zusammen. Also: Atem braucht man schon für das alles, aber man bekommt auch was dafür.

FLOPS

Ja Gott: Erinnerungen an Dvořák, Erinnerungen an Brahms, manchmal vielleicht ein bisschen zu viel chromatisches Auf und Ab, mag schon sein. Aber: er benutzt keinen der genannten Komponisten als Steinbruch, er bleibt bei seiner eigenen Sprache. Deshalb: kein wirklicher Flop in Sicht, es sei denn, das Ganze gefiele einem nicht.

OBACHT

Da sind wir wieder einmal beim Thema: Musik und ihr Entstehen aus dem Augenblick heraus. Es ist ja wirklich so, dass man ein Bild angucken kann und wieder und wieder, weil es eben da hängt, fertig. Danach hängt es immer noch da. Musik ist anders. Die muss immer wieder neu aufgeführt werden. Sie entsteht im Wechselspiel zwischen Ausübenden und Hörern. Die d-moll Symphonie zeigt das vielleicht etwas deutlicher als Haydn oder Mozart: weil man die g-moll Symphonie genau kennt oder die mit dem Paukenschlag, neigt man dazu, wegzuhören, zerstreut zu sein oder sich im Wohlgefühl des Gehörten schon zu überlegen, wo man anschließend essen gehen könnte. Das geht bei Franck (und vielen anderen) nicht. Wenn du da einen Augenblick draußen bist, bist du es gleich ganz. Das heißt, wenn ein Dirigent nicht die Kraft hat, diese Symphonie mit seinen Musikern zu gestalten, dann stürzt diese Musik in einen Abgrund, wie andere selten (ein bisschen Beethoven bleibt ja immer übrig, auch wenn mal daneben »gepinselt« wird): Sie mäandert dann an einem vorbei, ohne dass sie einen mitreißt. Vielleicht wird sie deshalb nicht so oft gespielt, wie sie sollte; denn sie ist insgesamt ein schwerer Brocken.

ES MEINEN

Natürlich wieder unser blumenreicher Freund Reclam, der zum dritten Satz sagt: »Auch das 2. sehnsuchtsvolle Thema unterstreicht nur, was Reminiszenzen aus dem 1. und 2. Satz besagen: Ein Mensch ringt vergeblich um Erlösung aus der Zwiespältigkeit eines zerrissenen Daseins ... Gleichwohl – es steckt etwas vom Geist Schopenhauers in dieser Musik.« Ich weiß nicht, welche Ausgabe der Autor gelesen hat und was daraus. Ich kann dem nur einen Satz Schopenhauers selbst entgegenhalten: »Ein eigentümlicher Fehler der Deutschen ist, dass sie, was vor ihren Füßen liegt, in den Wolken suchen.« (»Parerga und Paralipomena II«, Kap. 9, § 120)

BEIKIRCHER RÄT

ANLASS
Die d-moll Symphonie passt hervorragend zu Fahrten mit dem Boot im Flussdelta großer Ströme. Du stocherst in Mäandern und hast überhaupt keinen Überblick mehr, wo du bist: Francks d-moll aufgelegt und schon hast du ein schönes Gefühl, dass alles zusammenpasst. Wenn du dann beim Schlussakkord in D-Dur sogar wieder Land siehst: Na bitte!

NUTZUNG
Auch hier kann man sie nutzen, um ein Evidenz-Gefühl zu bekommen: beim Studium juristischer Texte, beim Lesen von EU-Richtlinien, bei der Sinnsuche in aus dem Koreanischen übersetzten Gebrauchsanweisungen für elektrische Nasenhaarentferner: Die Symphonie wird einem immer wieder das Gefühl geben, dass das so schon alles seine Richtigkeit hat, und die schönen Blechakkorde zwischendurch in Dur geben einem auch die Hoffnung, es geschafft zu haben.

AUTO
Nur in schwerem Gerät anwendbar. Die Symphonie passt zu einem schnellen Auto ungefähr wie ein Briefbeschwerer zur Email. Nur Raupenfahrzeuge (aber keine Panzer, denn Franck und seine Musik sind extrem pazifistisch!) bewegen sich so, wie die Musik in der d-moll Symphonie.

PAUSEN-TALK
»Das habe ich ...«

»Das klingt, als ringe ein Mensch vergeblich um Erlösung aus der Zwiespältigkeit eines zerrissenen Daseins.«
»Sartre?«
»Nee, schlimmer: Reclam!«

FRAUEN
»Mir fällt bei dieser Symphonie immer Léonidas ein.«
»Der König von Sparta?«
»Nee, die schweren Brüsseler Pralinen: Franck klingt, wie Léonidas schmeckt.«

MÄNNER
»Also ich kann dat ja im Sitzen nicht hören.«
»Warum dat dann nit?«
»Ich meine immer: Für die Musik muss man om Wasserbett liejen.«
»Weil dat so schön schaukelt?«
»Nee, weil ich da schneller einschlafen kann.«

BEWERTUNGEN

Technik		Die Symphonie gehört zur anspruchsvollen Literatur.
Gesamt	und ein Paar Gummistiefel	damit man in den Mäandern dieser Symphonie keine nassen Füße bekommt.

Anton Bruckner
1824–1896

Symphonie Nr. 5 B-Dur

»Er hat ›langsam‹ gelebt und ihm gelang die
langsamste Musik, die wir kennen.«
(Karl Grebe)

»Mögt ihr Stück für Stück bewitzeln,
doch das Ganze zieht euch an.«
(Goethe, Faust II, 1. Akt)

»Schon von Ansehen halb Cäsar, halb
Dorfschulmeister.«
(Hermann Abert über Bruckner)

»Traurig tönen heute meine Lieder,
klagend hallt das leise Echo wieder,
was geschehen, das ist unerhört!
Ein unmenschlich' herzlos' Ungeheuer
Weckte frevelhaft der Liebe Feuer,
viele Mädchen hatte er betört.«
Nein, damit ist natürlich nicht Anton Bruckner gemeint, sondern
Hugo Schenk; der Text entstammt einer wunderbaren Wiener Mo-
ritat, die nach der Melodie »Karl am Grabe seiner Wilhelmine« zu
singen ist. Kennen Sie nicht? Schade. Anton Bruckner kannte sie
natürlich, jeder Wiener kannte sie. Wenn Sie sie kennen lernen wollen: die Herren Qualtinger und Sowinetz haben sie auf ihrer feinen
Moritaten-CD festgehalten. Aber kennen Sie Hugo Schenk? Auch
nicht? Als Bruckner-Kenner sollten Sie aber Hugo Schenk unbedingt kennen, das heißt: Wenn Sie zu den Bruckner-Kennern gehören, die sich lieber auf das Abseitige in seinem Leben stürzen als auf
seine Musik ... Um Sie aber – ein bisschen zumindest – in den
Stand zu setzen, in der Konzertpause auch darüber reden zu können, hier kurz das Nötigste: Hugo Schenk war in der zweiten Hälfte
des 19. Jahrhunderts einer der beliebtesten Massenmörder Wiens.
Mit seinem Kompagnon Karl Schlossarek hat er sich an Dienstmädchen herangemacht, um sie um ihr Leben und ihre Ersparnisse zu

erleichtern. Josephine Timal, Katherine Timal (ihre Tante), Resi Ketterl, Rosa Ferenczi hießen einige der armen Opfer; der Prozess war eine Wiener Sensation, vor allem, als die Ehefrau Hugo Schenks, Emilie Höchstmann, schwanger vor den Richtern stand und »ihrem« Hugo zum Schluss die Hand reichen wollte, was unterbunden wurde, weil man befürchtete, sie wolle ihm Zyankali zuschmuggeln. Am Morgen des 22. April 1884 wurde Hugo Schenk gehängt, seine letzten Worte waren galant: »Bitte, grüßen Sie meine Frau!« Am Abend vorher wurde ihm die Henkersmahlzeit serviert – und da sind wir endlich bei Anton Bruckner. Der ließ sich nämlich vom selben Fleisch, das Hugo Schenk gereicht wurde, ein Schnitzel zubereiten, aß es und betete dann die ganze Nacht für den Mörder ... Ja, was ist das denn? Morbides Gruftie-Gehabe bei einem so seriösen Mann? Spleen oder schwere seelische Störung? Hat er doch auch unbedingt Schuberts Schädel nach der Exhumierung berühren wollen – und ihn angeblich auch geküsst –, und als 1867 der Leichnam des unglücklichen Habsburgers Maximilian, Kaiser von Mexiko, nach Wien überführt worden war, schrieb er seinem Freund Rudolf Weinwurm nach Wien: »Ich möchte um jeden Preis gern die Leiche von Maximilian sehen. Sei doch so gut Weinwurm und sende eine ganz zuverlässige Person in die Burg, am sichersten: lasse im Oberhofmeisteramte fragen, ob der Leichnam Maximilians zu sehen sein wird, also offen im Sarge oder durch Glas, oder ob nur der geschlossene Sarg zu sehen sein wird. Lass es mir dann gütigst telegraphisch anzeigen, damit ich nicht zu spät komme. Ich bitte dringendst um das!« Nur dann wäre er nämlich von Linz nach Wien gereist. Und die verkohlten Leichen des am 8. Dezember 1881 abgebrannten Ringtheaters wollte er beschauen; in Altpernstein hat er sich ins Burgverließ gesetzt, um die Schrecken des Eingesperrtseins hautnah genießen zu können. Es gibt noch mehr solcher Geschichten aus seinem Leben, wozu ich sagen möchte, dass mich das Erstaunen über diese etwas morbide Seite wundert. Zum einen war das 19. Jahrhundert die Zeit, in der der Spaß am Morbiden nicht nur in der Trivialliteratur Triumphe feierte: von Mary Shelley's »Frankenstein« über die ganzen *gothic novels* bis hin zu den »Lebendig-Begraben«-Gruselstories eines E. A. Poe und Stokers »Dracula« fand alles reißenden Absatz, was ins Makabre ging. Zum zweiten ist diese Lust am »Entrischen« im Süddeutschen ganz allgemein immer noch stärker verbreitet, als es die Tages-Menschen gerne sähen. Zum dritten lebt diese Lust an Tod und Verwesung als barocker »Nachbrenner« in behüteten katholischen Gegenden heute noch – gucken Sie sich nur in der Karwoche die Ostergräber in den Kirchen Tirols mit ihren wunderschönen

Glaskugeln an! – geschweige denn vor 150 Jahren. Und zum vierten möchte ich sagen: Als wie krank wären *wir* denn in dieser Hinsicht zu bezeichnen, wenn man sich anguckt, was uns auf den privaten TV-Kanälen so an Morbidem und Makabrem angeboten wird, 24 Stunden am Tag und wir gucken alle nicht weg? Das sind ja die reinsten Grimms Märchen (Rotkäppchen!), sind das ja! Also das nur mal dazu.

Ein anderes Kapitel, zu dem sich manche gerne auf Kosten Bruckners auslassen, ist das Thema »Frauen«. Wirklich viel weiß man dazu nicht; es gibt nur wenig greifbare Dokumente, eines ist allerdings sicher: in Bezug auf Frauen war Bruckner der geradezu klassische »Loser«. Ein Leben lang ist er mit dem Blumenstrauß in der Hand herumgestanden und hat ihn – quasi – jeder Frau, die vorbeilief, hingehalten. Je älter er wurde, desto mehr unterlag er der Gefahr, zu vergessen, wie alt er war und warb beharrlich um junge Frauen; vielleicht weil er, wie Elisabeth Maier im Bruckner-Handbuch schreibt, »das Weibliche immer mehr zu einem immerwährend jungen Ideal stilisiert« hat, ohne dass er »noch an eine tatsächliche Realisierung seiner Sehnsüchte dachte«. Sie hießen Aloisia Bogner, Josefine Lang, Marie Bartl, Marie Demar, Minna Reischl oder Ida Buhz, um nur die wichtigsten zu nennen. Das Bruckner-Handbuch zählt über 200 Frauen auf, die in seinem Leben eine Rolle spielten – ohne dass jetzt allerdings jede von ihnen einen Heiratsantrag bekommen hätte –, aber alle spürten entweder, dass sie gegen seine Liebe zur Musik nie ankommen würden, dass er also mehr das Verheiratet-Sein an sich als sie als Person meinte, die ihn verzaubert und die er vergöttert, oder sie sahen, dass der Altersunterschied einfach zu groß war. Über die etwas lächerlich-unbeholfene Figur, die er dabei oft abgab, wären sie sicher hinweggekommen – welche Frau trüge nicht die Sicherheit in sich, ihren Mann nach ihren Vorstellungen gestalten zu können! Vielleicht hat er auch etwas zu wenig das Genialische gepflegt, um damit den Sonderling-Eindruck verwischen zu können. Er war bescheiden und hilflos, auf vielen Gebieten des Lebens, auch auf diesem. Und womit er eine Frau hätte überzeugen können, nämlich mit seiner Musik und der unglaublichen Erotik, die ihr auch innewohnt, scheiterte daran, dass es damals noch keine CDs gab, die er hätte überreichen können. So bleibt nur die Feststellung: gegönnt hätte ihm jeder eine zufriedene Ehe – aber es hat nicht sollen sein. Ob er allerdings Werke wie die Siebte hätte schreiben können, wenn er verheiratet gewesen wäre – ich wage es zu bezweifeln. Er hätte dank seiner unglaublichen Hilfsbereitschaft und Unterordnungsfähigkeit sicher Wichtigeres zu tun gehabt: Müll runterbringen, Bad

einlassen, Schlafzimmer tapezieren, Wäsche sortieren oder Windeln wechseln. Also sagt die Nachwelt: Schade, lieber Toni, aber – besser so!
Geboren ist Anton Bruckner kurz hinter der Autobahn-A1-Ausfahrt »Ansfelden« im Traun-Kreis, am 4. September 1824 als ältestes von zehn Kindern. Oberösterreich also, das heute noch den Stempel trägt, nicht mehr Salzburg und noch nicht Wien zu sein. Wer's eilig hat, fährt durch, der Rest fährt nach Linz – schade, denn schön ist es schon in Oberösterreich! Ich schweife ab. Opa war Dorfschullehrer, Papa Anton Bruckner auch – damals übrigens immerhin ein Beruf von einigem Ansehen. Die Mama, Theresia geb. Helm, brachte in der Ehe elf Kinder zur Welt, von denen fünf überlebten. Aus der Kindheit gibt es über unseren Anton nicht viel zu erzählen: kein Wunderkind, nix Genialisches, keine Lausbubenanekdoten. Dass er gerne der Orgel lauscht, wundert keinen, der weiß, dass aus dem Knäblein später der berühmte Anton Bruckner werden sollte. Insgesamt eine klassische dörfliche k. u. k.-Kindheit ohne besondere Vorkommnisse, außer dass Papa 1837 an »Lungensucht und Auszehrung« (und an dem ein oder anderen Viertele Schilcher oder Veltliner) starb, als Anton knapp 13 Jahre alt war. Das warf natürlich die Frage auf: Wohin mit dem Bub? Und gestattet ein kleines Hohelied auf das Augustiner-Chorherren-Stift St. Florian, das sich des Knaben annahm und ihn zum »Sängerknaben« machte. Bach, Haydn und Schubert hatten auch als Sängerknaben angefangen, keine schlechte Voraussetzung also, zumal Anton Bruckner bis dahin schon einiges an musikalischem Unterricht genossen hatte, vor allem bei einem weitläufigen Verwandten, Johann Baptist Weiß in Hörsching bei Linz. Alles entwickelte sich fein, Bruckner war ein strebsamer, in allen Fächern fleißiger Schüler, der neben Violin- auch Orgelunterricht bekam. Da zeigte sich aber bald, was für ein Orgeltalent in ihm heranwuchs, er überflügelte rasch die anderen und durfte nach dem Stimmbruch auch bei Gottesdiensten auf die Orgelbank. Die große Orgel in der Stiftskirche – unter der Anton Bruckner heute im Sarkophag liegt – ist ein barockes Meisterwerk (vier Manuale) von Franz Xaver Krismann, in Organistenkreisen ein hochgeschätzter Name. Man kann sich schon vorstellen, wie sehr die prächtigen Klangmöglichkeiten gerade dieser Orgel den jungen Bruckner beflügelt haben müssen. Nun musste ja aus dem Knaben was werden; sein Wunsch, Kapellmeister zu werden, wird allerdings von der Mama barsch abgelehnt. Dafür akzeptiert der junge Anton im Gegenzug widerspruchslos die Anweisung, sich zum Lehrer ausbilden zu lassen. Der 16-jährige Bruckner kommt nach Linz, wo er neben der schulischen Ausbildung Kompositions-

unterricht bei August Dürrnberger nimmt, dessen Harmonielehre-Buch er später in Wien als Dozent immer noch benutzte. Übrigens taucht hier erstmals Bruckners Zeugnis-Besessenheit auf: er hatte im Orgelfach von Dürrnberger ein »gut« bekommen, bestand aber hartnäckig auf einer Revision dieses Urteils. Mit Erfolg: er bekam nun ein »sehr gut«. Diese hartnäckige Obsession, gute Zeugnisse zu bekommen, zieht sich fast durch Bruckners ganzes Leben. Von allen, die er als Musiker schätzte oder für kompetent hielt, wollte er Zeugnisse haben, selbst als er den Prüfern überlegen war. Hier eine kleine Zusammenstellung seiner Musik-Zeugnisse:

1841: Zeugnis über Harmonie- und Generalbasslehre sowie Orgelspiel von Johann August Dürrnberger (s. o.),

1845: Prüfungszeugnis in Harmonie- und Generalbasslehre nebst so ziemlich allem, was man lernen kann, wieder bei Dürrnberger (jetzt aber: »erste Klasse mit Vorzug«!),

1848: Zeugnis von Anton Kattinger in St. Florian über seine Fähigkeiten im Orgelspiel,

1848: Zeugnis von Joseph Anton Pfeiffer (Organist in Seitenstetten, quasi der César Franck Oberösterreichs!) über das Orgelspiel (da steht drin, Bruckner sei ein »ächtes musikalisches Genie«),

1854: Zeugnis von Ignaz Assmayr, Wien, über die dortige Orgelprüfung,

1855: Zeugnis von Robert Führer über Harmonielehre, Kontrapunkt und Orgelspiel,

1855: Zeugnis von Ignaz Traumihler, St. Florian, über Orgelspiel,

1858: Zeugnis von Simon Sechter, Wien, über Generalbass,

1858: Zeugnis von Sechter über Präludieren und Themendurchführung,

1859: Zeugnis von Sechter über Satz-Studien,

1860: Zeugnis von Sechter über Kontrapunkt,

1861: Zeugnis von Sechter über Kanon und Fuge (langsam wird Sechter schon mit Vordrucken gearbeitet haben!),

1861: Zeugnis vom Konservatorium Wien in Theorie und Orgelspiel,

1863: Zeugnis von Otto Kitzler (Cellist in Linz) mit »Lossprechung« und Bestätigung der Befähigung, nunmehr selbständig als Komponist arbeiten zu können.

Zeugnisse, Zeugnisse, Zeugnisse – und die meisten davon ohne Notwendigkeit (von seinem Beichtvater hatte er sich sogar ein Zeugnis über seinen Berufseifer ausstellen lassen!). Hatte Bruckner wirklich gedacht, dass man nur mit guten Zeugnissen ein anerkannter Komponist werden kann? Auch wenn einige Biographen das sagen, ich glaube es nicht. Ich denke schon, dass Bruckner insgeheim um seinen Wert wusste, dass er aber eine Bestätigung von außen brauchte, um daran glauben zu dürfen. Wenn einer selbst Symphonien verändert, weil ihm Kollegen dies und das dazu sagen, ist er so selbstunsicher, dass es wahrscheinlich ist, dass er solche Zeugnisse wirklich als Bestärkung brauchte. Wenn dann noch der k. u. k.-Hang zu Zertifikaten kommt – man kann sich heute die Ungeheuerlichkeiten der österreichischen Administration gar nicht mehr vorstellen, Kafkas »Prozess« ist ein Echo auch darauf –, dann versteht man das alles etwas besser.

In Linz hörte er das erstemal in seinem Leben Orchestermusik: Beethovens 4. Symphonie und Ouvertüren von Carl Maria von Weber. Das hat den Buben sicher extrem beeindruckt! Am 16. August 1841 bestand er die Abschlussprüfung, er war nun befähigt, »Gehilfe an Trivialschulen« sein zu dürfen und kam als solcher in eine der Metropolen Oberösterreichs: nach Windhaag – weil dies ein Ort war, an dem Bruckner nicht wirklich glücklich war und viele Demütigungen erleiden musste, müssen Sie das Kaff auf der Karte selber suchen, ich weigere mich!

Nach einem guten Jahr kam er nach Kronstorf, wo es schon besser war. Nach der zweiten Lehrerprüfung ging er wieder nach St. Florian als »systemisierter Schulgehilfe« und wurde im März 1848 dort Organist. Natürlich komponierte er ein bisschen: ein Requiem, ein Magnificat, den 114. Psalm – aber an ein selbständiges Leben als Musiker dachte er nicht. Im Gegenteil: 1855 legte er in Linz die Prüfung ab, die ihn zum Unterricht an höheren Schulen berechtigte und tat etwas extrem modernes: er nahm Unterricht in Wien bei Simon Sechter, aber überwiegend in brieflicher Form, ein Fernstudium quasi! Jetzt erst, er war 31 Jahre alt, tat er den ersten Schritt in die richtige Richtung: er bewarb sich Hals über Kopf (beinahe hätte er es vergessen) um die Domorganistenstelle in Linz – und hatte sie am nächsten Tag auch schon. Zuerst provisorisch, ab 25. April 1856 definitiv. Nun erst begann sein Leben als hauptberuflicher Musiker. Schnell erreichte er an der Orgel hohes Ansehen und wurde auch ansonsten ein beliebter Mann; er war zwar ein bisschen scheu, aber durchaus behaglich, eine Mischung, die man in Oberösterreich bestens kennt und goutieren kann. Er wird Mitglied der Liedertafel »Frohsinn« und 1860 ihr Chormeister. Also muss er dirigieren und komponieren. Tut er alles und ist doch noch lange nicht da, wo er hingehört. Er studierte weiter bei Sechter und legte schließlich 1861 in Wien die Prüfung zum »Lehrer für Musik« ab. Aber erst als ihm Otto Kitzler, Cellist am Linzer Theater, nach der Ausbildung förmlich die »Lossprechung« erteilte – worauf Bruckner nervend bestanden hatte –, scheint in unserem Anton die Kraft gewachsen zu sein, jetzt endlich glauben zu dürfen, dass er wirklich Komponist ist. Es kam die (später von ihm vernichtend beurteilte und – vielleicht deshalb – so genannte) »O.te Symphonie«, vor allem aber die Messe Nr. 1 in d-moll, die von den Musikwissenschaftlern einhellig als der Durchbruch zu einer eigenen musikalischen Sprache angesehen wird (1864). Da war Bruckner 40 – was zeigt, was für ein bedächtiger Spätentwickler er war (ich sage nur: Oberösterreich! und da speziell: Mostviertel!).

Wer allerdings dächte, dass es jetzt Schlag auf Schlag gegangen sei, der täuschte sich gewaltig. Wirkliche Anerkennung wurde ihm erst am Ende seines Lebens zuteil und das zog sich bekanntlich noch bis 1896! Im Juni 1865 hörte er in München den »Tristan« und war hin und weg. Seine unterwürfige Vergötterung Richard Wagners hat viel Anlass zu Karikaturen und Naserümpfen gegeben und hat ja auch mit dazu geführt, dass der Brahms-Kreis in Wien ihn lange verspottete. Ich möchte an dieser Stelle aber eine Anekdote wiedergeben, die Fritz Kreisler, der bei Bruckner Kompositionsunterricht hatte, erzählt. Der große Geiger plaudert: »Bruckner besaß einen wohlgerundeten, feisten Hund, einen Mops, der auch ›Nockerl‹ gerufen wurde. Er pflegte den Mops in unserer Obhut zu lassen [im Konservatorium], während wir unsere belegten Brote verzehrten und er selbst zum Gabelfrühstück eilte. Wir beschlossen, einen Schabernack zu verüben, der unserem Lehrer schmeicheln sollte. Wir spielten also, wenn der Meister fort war, ein Motiv von Wagner, verabfolgten dabei dem Hund einen Klaps und jagten ihn umher. Dann aber intonierten wir Bruckners Tedeum, und sobald diese Musik erklang, bekam ›Mops‹ von uns etwas Gutes zu fressen. Er zeigte in kurzem eine offenkundige Vorliebe für das Tedeum! Als wir ihn hinlänglich dressiert hatten, so dass er automatisch davonrannte, wenn Wagner gespielt wurde und sich bei den Tönen von Bruckners Weise freudig näherte, war unseres Erachtens der geeignete Zeitpunkt für den Schelmenstreich gekommen.

›Meister Bruckner‹, sagten wir eines Tages, als dieser vom Gabelfrühstück zurückkehrte, ›wir wissen wohl, dass Sie für Wagner schwärmen, doch der kann sich, nach unserer Überzeugung, nicht mit Ihnen messen! Wahrhaftig – sogar ein Hund würde erkennen, dass Sie ein größerer Komponist sind als Wagner!‹

Unser argloser Lehrer errötete. Er glaubte an den Ernst unserer Worte. Er tadelte uns, rühmte Wagner als den unbestreitbar größten Zeitgenossen, aber er war dennoch von genügender Neugier erfüllt, um zu fragen, wie wir das meinten, wenn wir behaupteten, dass selbst ein Hund den Unterschied merken müsse.

Das war der Moment, auf den wir gewartet hatten. Wir spielten das Wagner-Motiv. Heulend und in wilder Panik floh der Mops aus dem Raum. Wir setzten nun mit Bruckners Tedeum ein. Beglückt mit dem Schwänzchen wedelnd, kam der Hund wieder herein und kratzte mit den Pfoten zuversichtlich an unseren Ärmeln. Bruckner war gerührt.«

Und auch wir, die wir von soviel liebevoller Ergebung der Schüler für ihren Meister hören, sind es – doch zurück nach Linz. Er komponiert die d-moll Messe und die Symphonie Nr. 1 in c-moll, die am 9. Mai 1868 in Linz uraufgeführt wurde. Weil er 1865/66 die Messe, die Symphonie und eine zweite Messe in e-moll komponiert hatte, kam er ans Ende seiner Kräfte und musste drei Monate in intensive ärztliche Behandlung nach Bad Kreuzen. Gute Arbeit, meine Herren! Der dem Selbstmord nahe Meister kam dort wieder zu Kräften, so dass ihn noch nicht mal der Reinfall der ersten Symphonie in Linz tatsächlich aus der Bahn werfen konnte! Positiv gesehen gab ihm diese Uraufführung die Gelegenheit, sich schon mal an solche Reaktionen auf seine Musik zu gewöhnen. Ihren Höhepunkt fand die Ablehnung zehn Jahre später am 16. Dezember 1877, als Bruckner seine Dritte (2. Fassung) in Wien uraufführte. Er stand am Dirigentenpult – und am Ende des Konzertes fast alleine da, denn der größte Teil des Publikums war – begleitet vom Gelächter der Musiker – gegangen. Gustav Mahler und einige Getreue trösteten Bruckner, der Wiener Verleger Theodor Rättig ging zum weinenden Dirigenten und bot ihm an, die Dritte zu drucken, alles in allem aber war das eine der bittersten Stunden in seinem Komponistenleben.

Am 6. Juli 1868 erhielt er die Anstellung als Professor für »Generalbass, Kontrapunkt und Orgel« am Konservatorium in Wien und zog nun in die österreichische Weltstadt. Der Organist Bruckner wurde gefeiert, machte Konzertreisen nach Frankreich und England, aber der Komponist wurde belächelt, Akzeptanz und Erfolg stellten sich erst peu à peu ein. Erst wurden seine Messen aufgeführt und geschätzt, mit den Symphonien zog es sich. Eduard Hanslick war zunächst ein Förderer, wurde aber später zu Bruckners erbittertstem Gegner. Er hielt Bruckner für einen Nachahmer Wagners und kämpfte so heftig gegen den armen Toni, dass dieser bei einer Audienz Kaiser Franz Joseph gebeten haben soll, gegen Hanslick was zu unternehmen – vermutlich hat Kaiser Franz Joseph darauf mit seinen beiden Lieblingssätzen geantwortet: »Es war sehr schön! Es hat mich sehr gefreut!« Zwar haben Brahms selbst und Bruckner sich aus der ganzen Polemik wohl herausgehalten – jedenfalls ist nicht bekannt, dass sie den Krieg gegeneinander geschürt hätten –,

ein »Gipfeltreffen« jedoch, das die Freunde beider Größen arrangierten und das am 25. Oktober 1889 im Gasthaus »Zum roten Igel« stattfand, brachte keine weitere Annäherung der Standpunkte. Die beiden saßen da, sagten nichts, bis Brahms das Schweigen mit den Worten brach:»Na, wollen wir mal sehen, was es zu essen gibt!« Dann überflog er die Speisekarte und meinte:»Ah! Knödel und Geselchtes, das ist mein Leibgericht; Kellner, bringen Sie mal Knödel und Geselchtes!« Da machte auch Bruckner den Mund auf und sagt:»Segn's, Herr Dokta, Knödel und G'selchts! Das ist der Punkt, wo mir zwaa uns vastehn.«
Zum Glück ließ sich Bruckner nicht wirklich von all dem entmutigen und komponierte weiter. Am 20. Februar 1881 wurde in Wien die 4. Symphonie uraufgeführt und endlich hatte er in seiner Heimat einen Erfolg. Jetzt ging es bergauf mit der Wahrnehmung des Komponisten Bruckner und seiner öffentlichen Wertschätzung. Die Münchner Aufführung der Siebten am 10. März 1885 unter Hermann Levi – in der Fassung mit dem Beckenschlag im Adagio, zu dem ihn Freunde überredeten – führte zum Siegeszug dieses gewaltigen Werkes in der ganzen Welt. Bruckner erhielt zwar einen herben Rückschlag, als ihm Hermann Levi mitteilte, dass er die Symphonie Nr. 8 nicht verstünde und damit nicht in der Lage wäre, sie aufzuführen. Als sie aber – nach den üblichen Umarbeitungen, weil Bruckner in seiner Unsicherheit sehr, sehr viel Wert auf die Einrede seiner Freunde legte – am 18. Dezember 1892 in Wien uraufgeführt wurde, erlebte sie einen triumphalen Erfolg. Ehrungen wie der Kaiser-Franz-Joseph-Orden, die Ehrendoktorwürde der Universität Wien, ein Ehrensold der Landesregierung und schließlich die Wohnung, die ihm der kaiserliche Hof im Schloss Belvedere zur Verfügung stellte (wobei er täglich auf Anordnung von Kaiser Franz Joseph Blumen bekam), haben ihm, der solche Dinge über alles schätzte, gut getan wie nur sonst was.
Am 11. Oktober 1896 starb er in seiner Wohnung im Belvedere als Gast seines Kaisers. Im Testament verfügte er folgendes:
»Ich wünsche, dass meine irdischen Überreste in einem Metallsarge beigesetzt werden, welcher in der Gruft unter der Kirche des regulierten lateranischen Chorherrenstiftes St. Florian und zwar unter der großen Orgel frei hingestellt werden soll, ohne versenkt zu werden ... Mein Leichnam ist daher zu injicieren ... und ist alles ordnungsgemäß zu veranlassen (Leiche 1. Klasse), damit die Überführung und Beisetzung in der von mir bestimmten Ruhestätte in St. Florian in Ob. Österreich bewirkt werden könne.«
Wer Bruckner-Biographien und Aufsätze über ihn liest, dem stellt sich *ein* Problem mit einer Radikalität, wie sonst bei keinem mir

bekannten Komponisten: das Problem der fehlenden »Korrespondenz« von Leben und Werk. Bei ihm ist es, als ob beides nichts – oder fast nichts – miteinander zu tun hätte. Es ist müßig, diese Frage einer Lösung zuführen zu wollen. Seien wir froh, dass einer, der den größten Teil seines Lebens nicht eben erfolgreich leben musste (in jeder Hinsicht), so unglaublich große Musik schreiben konnte. Man muss ihn heute nicht mehr in die Ecke des religiösen Emphatikers oder in die des naiven Naturtalents drücken; wem Musik was sagen kann, der wird Anton Bruckner zu den Großen zählen. Wem Musik nichts sagt, der wird diese Zeilen ohnehin nicht lesen, oder?!

ENTSTEHUNGSZEIT

»Nicht um 1000 Gulden möchte ich das nochmals schreiben«, sagte Anton Bruckner seinem Schüler Josef Vockner und meinte damit den zweieinhalbjährigen Kraftakt, den die Arbeit an der Fünften darstellte. Zwischen dem 14. Februar 1875 und dem 18. Mai 1876 entstanden die Hauptteile der Symphonie, die er von Mai 1877 bis zum 11. Januar 1878 einer abermaligen Überarbeitung unterzog. Bruckner war da gerade Lektor für Musiktheorie an der Wiener Universität geworden, muss also schon ein bisschen den Ehrgeiz gehabt haben, mit seiner Fünften ein besonderes Werk vorzulegen, das seiner Tätigkeit entsprechen konnte. Zum anderen ging es ihm in dieser Zeit nicht gerade gold. »Ich habe nur das Conservatorium, wovon man unmöglich leben kann, musste schon im Sept. u. später wieder Geld aufnehmen, wenn es mir nicht beliebte, zu verhungern«, schrieb er im März 1875 an seinen Freund Moritz von Mayfeld. Vielleicht hat er da um so mehr das Bedürfnis gehabt, sich ganz in die kompositorische Arbeit zu stürzen. Die Symphonie fand zunächst keine Aufführung. Bis zur Uraufführung blieb sie (15 Jahre lang!) in der Schublade, was möglicherweise ein Glück war: so konnten keine Freunde ihm hineinreden. Sie liegt nur in einer Fassung vor, der von Bruckner autorisierten, und sie ist Karl Ritter von Stremayr gewidmet, dem damaligen k. u. k. Unterrichtsminister.

URAUFFÜHRUNG

Am 9. April 1894 wurde die Fünfte in Graz unter der Leitung von Franz Schalk uraufgeführt, allerdings in einer von Schalk revidierten Fassung (z. B. Ausführung des Chorals am Schluss durch verstärkte Bläser). Bruckner selbst hat diese Aufführung nicht miterleben können, er war schon krank und nicht reisefähig. Seine eigene Fünfte hat er also überhaupt nie gehört! Die von Schalks Eingriffen gereinigte Fassung wurde am 23. Oktober 1935 von den Münchner Philharmonikern unter Siegmund von Hausegger mit ungeheurem Erfolg in München das erste Mal aufgeführt – das verdient also erst den Namen »Uraufführung«.

ERFOLG

»Sie werden gewiss schon mündlichen Bericht haben über die ungeheure Wirkung, die Ihre große herrliche V. hervorrief. Ich kann hier nur beifügen, dass der Abend für die Zeit meines Lebens zu den herrlichsten Erinnerungen zählen wird, deren ich je theilhaftig werden konnte. Tief ergriffen, beglückt in den Gefilden ewiger Größe wandelnd fühlte ich mich. Von der niederschmetternden Gewalt des Finales kann niemand sich eine Vorstellung machen, der es nicht gehört hat«, schrieb der Dirigent, Franz Schalk, am 10. April 1894, einen Tag nach der Uraufführung, an Bruckner.

ANEKDOTEN

In engerem Sinne keine. Aber dankbar sind wir schon, dass die Urfassung – gereinigt von Schalks Eingriffen – doch zum Vorschein kam und seit 1935 gespielt wird.

WERK

Sätze
Introduction, Adagio – Allegro / Adagio, sehr langsam / Scherzo, molto vivace (schnell), Trio, im gleichen Tempo / Finale, Adagio – Allegro moderato

Dauer
Womit wir wieder beim Thema wären, und das bedeutet bei Bruckner noch größere Schwankungen als bei den meisten anderen Komponisten. 70 (Karl Böhm) bis 77 Minuten (Günter Wand) – und das sind noch nicht mal die Extreme.

Besetzung
2 Flöten
2 Oboen
2 Klarinetten
2 Fagotte
4 Hörner
3 Trompeten
3 Posaunen
Basstuba

Pauken
Violinen I und II
Bratschen
Violoncelli
Kontrabass

HITS

Also, ob man Bruckner mag oder nicht: vor der Architektur dieser Symphonie kann man nur in die Knie gehen. Drei Sätze – und was für welche! – leistet er sich, um einen gewaltigen vierten darauf aufzubauen, der alle Themen nicht nur noch mal beinhaltet, sondern sie auch noch kontrapunktisch miteinander zu einem riesigen Gebäude verwebt, – dass man wienerisch nur noch mit offenem Mund sagen kann: »Seawas!« Wie Bruckner hier mit den Themen des ersten und letzten Satzes die Themen der beiden mittleren Sätze im Finale zu einer Wölbung aufschichtet, lässt an gotische Kathedralen denken und nötigt höchste Bewunderung ab – wie gesagt, selbst dem, der Bruckner eigentlich nicht so gerne mag. Er selbst nannte die Symphonie sein »kontrapunktisches Meisterstück«, und wenn sie mich fragen: damit untertreibt er ziemlich. Er muss gewusst haben, dass ihm hier ein Wurf gelungen war, der einmalig ist. Ganz abgesehen von der intellektuellen Fähigkeit, über 1500 Takte hinweg (ohne Wiederholungen) jeden Augenblick so die Übersicht behalten zu können, dass einem jedes Detail jederzeit verfügbar ist. Dass er das alles aber leistet, ohne den Zuhörer auch nur ein einziges Mal an so was wie »kunstvolle Konstruktion« denken zu lassen – weil sich nämlich musikalisch das eine zwingend aus dem anderen ergibt und einen grandiosen Fluss hat –, das ist für Bruckner-Fans die Eröffnung schlechthin. Und, Hand aufs Herz: Wenn Sie sich in diese Symphonie fallen lassen, dann kriegen Sie doch auch nicht mehr mit, dass schon 75 Minuten vorbei sind, oder?!

Ein weiteres Moment, das man aussprechen muss, ist die virtuose Behandlung des Blechs (Hörner, Trompeten, Posaunen, Basstuba): Wem da nicht die Ohren übergehen, der hat kein Gefühl für Musik – dafür ist er vielleicht der bessere Zahlenmensch und wir sollten froh sein, ihn zum Steuerberater haben zu dürfen, auch wenn wir uns mit ihm nur über Fußball unterhalten können. Bruckner mag vielleicht nicht so virtuos instrumentiert haben wie Ravel oder Bartók, dafür aber geht er mit den Klangfarben, für die er sich entschieden hat, ungeheuer suggestiv um. Da müssen zwar die Streicher minutenlange Teppiche in Sechzehntel-Sextolen herunterfidelin, wie am Ende des ersten Satzes; aber genau das muss sein, um die Bläser (da

auch das Holz) strahlen zu lassen. Und natürlich darf auch Bruckners Fähigkeit, Steigerungen zu komponieren, nicht unerwähnt
bleiben. Für mich ist er *der* Meister der Steigerung schlechthin: die
Kraft und der Atem, den das erfordert (sicher auch beim Spielen,
aber ganz bestimmt beim Komponieren), dieses Warten, noch
einen Takt und noch einen und es geht immer noch einer mehr,
dieses »Volle-Kraft-Voraus-Aber-Immer-Mit-Einem-Bein-Auf-Der-
Bremse-Stehen« gibt (wenn ein Orchester es so spielen kann) eine
verhalten vorwärts treibende Dynamik – da kannst du nach dem
Schlussakkord eigentlich nichts anderes, als laut zu schreien, denn
das muss einfach heraus. Und genau das passiert ja immer wieder
bei guten Bruckner-Aufführungen, speziell bei der Fünften.
Auf einzelne Themen bzw. Abschnitte möchte ich hier gar nicht
mehr eingehen; außer vielleicht darauf, dass der dritte Satz der ist,
von dem Gustav Mahler »geklaut« hat wie ein Rabe. Der ganze dritte
Satz ist quasi eine einzige »Mahler-Stelle« – und unglaublich schön.

FLOPS

Natürlich freut sich ein Tanzmusik-Bassist diebisch über den Pizzi-
cato-Anfang der Fünften: das geht in den ersten sechs Takten los,
dass man im siebten auf »In einer kleinen Konditorei« wartet, wenn
nicht ab drittem Takt die Bratschen und Geigen zeigen würden, dass
das hier eine ganz andere Baustelle ist. Das Ganze dann im letzten
Satz nochmal – allerdings begleitet von einer Mini-Klarinetten-
Figur, die das schöne Thema, das im zehnten Takt kommt, vorberei-
tet. Natürlich ist ein Flop die Länge des Werks, so was kann man
heute keinem mehr zumuten: Ich habe vielleicht 100 Euro für die
Wiener Philharmoniker bezahlt, da kann ich doch wohl erwarten,
dass sie mir mehrere Werke verschiedener Meister vorspielen, oder?!
Nein, liebe Freunde, auch ohne der absolute Bruckner-Fan zu sein:
Kein Flop, nirgends! Schade, dass Eduard Hanslick das damals
nicht so sehen konnte: er hätte dem armen Toni einiges Leid ersparen können.

OBACHT

Technische Obachts gibt's bei Bruckner eine ganze Menge: ungei-
gerische Griffe, schwierige Passagen bei allen Bläsern und dann der
Atem, den er verlangt! Das hört ja nie mehr auf! Jeder Mitwirkende
müsste eigentlich eine Sauerstoffmaske haben, die automatisch aus
dem Notenpult fällt, sobald da Bruckner drauffliegt. Wenn dann
einer auch noch so langsame Tempi vorgibt wie der Celibidache ...!

Das ist natürlich das zweite Obacht: Bruckner klingt – finde ich – und bewegt nur, wenn der Dirigent bis zur letzten Sekunde (und eigentlich noch ein bisschen länger) die Zügel fest, aber so was von fest in der Hand hält, dass jeder Musiker die Striemen noch tagelang danach im Gesicht hat. Kaum etwas ist tragischer (im Konzertsaal), als wenn da einer die Musik einfach laufen lässt: dann ist Bruckner plötzlich wieder der verlegene Toni aus Oberösterreich, dem man anmerkt, dass er das, was er will, nie erreichen kann. Mir war es mal beschieden, das erleben zu dürfen (auch noch bei der Fünften) – da hilft einem auch kein Humor oder Sarkasmus mehr über die Zeit, es war einfach nur schrecklich. Welcher Dirigent? Welches Orchester? Das werd' ich Ihnen grad verraten! Solch eine Erfahrung sollte jeder einmal in seinem Leben gemacht haben!

ES MEINEN

Leopold Nowak (1951): Trotz der engen Verhältnisse, in denen Bruckner beim Komponieren dieser Symphonie lebte, »verzehrte [sie] sich aber nicht in Klagen, sondern wuchs zu einem Denkmal unerhörter künstlerischer Willenskraft, geboren aus einsamer Größe und dem Bewusstsein um die Verpflichtung künstlerischer Sendung.«
Wolfgang Seifert (1997): »Die Wirkung, insbesondere in der Choral-Apotheose, ist denn auch überwältigend. Selbst der Nicht-Religiöse mag dann vielleicht ahnen, dass ein solches Werk ohne Bruckners unerschütterliche Glaubensgewissheit, die ihm selbst in verzweiflungsvoller Situation immer wieder Kraft gab, nicht hätte entstehen können.«

BEIKIRCHER RÄT

ANLASS

Alle extremen Anstrengungen, bei denen man mentale Hilfe braucht, können von der Fünften begleitet sein: Marathonlauf (demnächst schaffen Sie es sicher in 75 Minuten); sonntags früh im Fitness-Keller, wenn die Familie noch schläft und man es bereut, sich nicht doch für den Frühschoppen entschieden zu haben; Steuererklärung, die sich zieht, bis man im vierten Satz dann doch die geniale Idee hat, mit der man den Ausbau des Fitness-Kellers abschreiben kann!

NUTZUNG

Die Fünfte, seiner Schönen geschenkt, kann ein grandioser Hinweis darauf sein, was man in der Ehe sieht – und zu welchen ausufernden Höhepunkten man kommen will. Man sollte ihr die CD aber nur dann schenken, wenn man wirklich dazu in der Lage ist.

AUTO
Klarer Fall: Wenn es im Himalaya eine Stilfser-Joch-Straße gäbe – die Fünfte wäre exakt die Musik, die dazu passte!

PAUSEN-TALK
»Die Fünfte ist für mich wie Gottesdienst.«
»Schön. Nur – warum gehen Sie dann nicht in die Kirche?«
»Weil sie dort nur noch diese unerträglichen modernen Pfadfinder-Kirchenlieder mit schrumm-schrumm-Gitarre singen!«

FRAUEN
»Ist es nicht phantastisch, wozu man Männer treiben kann, wenn man sie nicht lässt?«
»Wie meinen Sie das?«
»Na, hätte eine von uns den Bruckner geheiratet, meinen Sie, dass dann sowas wie die Fünfte herausgekommen wäre?«

MÄNNER
»Ich kenne den Dirigenten!«
»Schön – aber: haben Sie nicht ein Fitness-Studio?«
»Daher kenne ich ihn ja. Jedesmal, bevor der Bruckner dirigiert, ist er eine Woche lang bei mir im Eisen!«

BEWERTUNG
Technik

für Fingerfertigkeit

für Kraft

Gesamt

und der
Himmel darüber

Die Fünfte ist in ihrer Architektur, Kompaktheit und grandiosen Musikalität einzigartig. Und – man muss kein Musikwissenschaftler sein, um sie zu verstehen.

Johann Strauß (Sohn)
1825–1899

An der schönen blauen Donau
Walzer

»Genau genommen regierte Kaiser Franz Joseph bis
zum Tode von Johann Strauß.«
(unbekannter Wiener Hofbeamter aus der k. u. k.-Zeit)

»Wenn von Wien kein Stein mehr übrig bliebe und
Österreich von der Landkarte verschwände – in seinen
von Lebenslust, Übermut und jauchzender Liebe
erfüllten Walzern würden beide weiterleben.«
(Rudolf Österreicher)

»When I want a melody
Lilting through the house
Then I want a melody
By Strauß!«
(Ira Gershwin, Georges Bruder)

»Wem nichts einfällt, der kann keinen Walzer machen,
– hingegen sind Messen und Motetten bekanntlich in
diesem Zustand schon geschrieben worden.«
(Eduard Hanslick, 1850)

Bei den meisten Komponisten muss man Sätze beginnen mit:
»Schon mit ... Jahren«; bei Johann Strauß Sohn sollte man schreiben: »Erst mit ...«, weil der Operettenkönig seine erste Operette
im gesegneten Alter von 46 Jahren schrieb! Außerdem ist er als
begnadeter Karikaturist an einer sicherlich steilen Zeichnerkarriere
vorbeigelaufen, hätte er das nur mit derselben Energie betrieben
wie seine Tanzmusik. Tanzmusik? Aber sicher: Tanzmusik. Selbst
Johann Strauß Papa, der absolute Walzerkönig seiner Zeit, verband
mit seinem Beruf und seiner Musik einen gewissen Hautgout, wollte er doch unter allen Umständen verhindern, dass seine Söhne
ebenfalls Musiker wurden. Sie sollten einen ordentlichen Beruf
erlernen – weshalb Schani, wie Johann genannt wurde, das Poly-

technische Institut und das renommierte Schottengymnasium besuchen musste. Ein bisschen Geiz ist ihm davon wohl geblieben, auch als er schon der schwerreiche Walzerkönig war, dem die Welt zu Füßen lag: Zwar wollte er unbedingt Herr von Strauß sein, sich dafür sogar von einem »Ritter von ...« adoptieren lassen – dem Stiefvater seiner ersten Frau –, aber dennoch wollte er nicht den Nachnamen wechseln müssen (der Kaiser hat das tatsächlich eingereichte Gesuch milde abgelehnt!); eine Orgel war in seinem Arbeitszimmer aufgebaut, aber lediglich als Deko (in Wirklichkeit ein verkapptes Harmonium, das er genau so beim k. u. k. Hof-Harmonium-Fabrikanten Kotykiewicz bestellt hatte); ein Tizian hing da, aber nur eine Kopie; er trug schwere Goldarmbänder, die er noch nicht einmal beim Dirigieren ablegte, und außerdem hatte er Lampenfieber, dass es einen schier »derbarmt« – vor der Premiere der Operette »Indigo« sah er das Plakat und fiel in Ohnmacht, ein anderer musste die Premiere dirigieren –, klassische Symptome, sagt der soignierte Psychologe, die derjenige aufweist, der nicht mehr zeigen will, woher er kommt. »Antizipierte Sozialisation« nennen das die Soziologen und meinen damit, dass sich einer mit den Ketten der Gesellschaftsschichten behängt, denen er gerne zugerechnet werden möchte. Aber, bitte: Wundert's einen, wenn man weiß, dass sogar in Musikerkreisen die Tanzmusiker ganz unten rangierten? Wie lässt sich denn Andrew Lloyd Webber heute noch fotografieren, dass einem die Grausbirnen hochkommen? Bitte? Gut, gerne: Einspruch stattgegeben! *Nie mehr* werde ich den Namen dieses Langweilers in einem Atem mit Johann Strauß nennen. Weil er unglaublich schnell komponierte – er selbst nannte sich oft »Walzerfabrikant« –, regte er sich natürlich trotzdem darüber auf, dass sich die Verleger auf sein Tempo einstellten und immer mehr von ihm wollten. »Ihr Blutsauger«, schreibt er seinem Verleger, »kaum riecht Ihr etwas Blut, so sitzt Ihr auch schon mit aufgesperrtem Rachen auf der Lauer.« Noch drastischer:»Vielleicht wenn ich jetzt eine Fud-Polka schreiben würde, ließe sich auch da etwas herausfilzen ... demnächst wirst Du Fud-Walzer, Tripper-Quadrille, Filz-Polka, Feuchtwarzen-Schnell-Polka, Filzlaus-Polka mazurka ... etc. etc. von mir erhalten.« Da scheint einer aber einen gesunden, bodenständigen Witz zu haben, net wahr, meine Herren?

Bevor er sich jedoch gegen solche Drängeleien wehrte, ist er ja erstmal auf die Welt gekommen. Also: am 25. Oktober 1825 kam Johann Baptist Strauß im heutigen VII. Bezirk der Stadt Wien zur Welt. Papa: eine Berühmtheit, Mama: Maria Anna Strauß geborene Streim. Nach und nach kamen noch fünf Geschwister zur Welt:

1827 Josef, 1829 Netti, 1831 Therese, 1834 Ferdinand und 1835 Eduard. Als Papa Strauß 1843 die eheliche Gemeinschaft verließ um mit Emilie Trambusch zusammenzuleben, einer mährischen Modistin, hatte er mit der auch schon fünf Kinder – da kamen also die Kinder beinahe wie die Walzer auf die Welt: schnell und hintereinander, beinahe gleichzeitig! Auf der Höhe seines Ruhms hat Papa Strauß – zusammen mit Joseph Lanner Vater des Wiener Walzers – zeitweilig drei Orchester beschäftigt; das waren insgesamt um die 200 Musiker, die gleichzeitig »auftraten«. Papa dirigierte fünf Walzer, dann ab in die Kutsche und woanders fünf Walzer, wieder in die Kutsche und weitere fünf Walzer am dritten Auftrittsort dirigiert – ein Stress, der dazu führte, dass er in einer eigenen Wohnung lebte, um vernünftig ausschlafen zu können. Wer das Leben von Kölner Karnevals-Profis kennt, weiß wovon hier die Rede ist! Dass so einer vom Leben der Kinder und der eigenen Familie nicht viel mitbekommt, ist natürlich klar. Dass so einer diese Hetze seinen Kindern ersparen möchte, kann man auch verstehen – wenn noch dazu kommt, dass sie was »Besseres« als Tanzmusiker werden sollen. Nun, das alles hat in Bezug auf Johann den Jüngeren nicht wirklich geklappt. Der spielte mit Brüderchen Pepi (= Josef) Klavier und zwar so gut, dass – aber das soll uns Johann Strauß selber erzählen:
»Die Proben zu seinen [Strauß Vater] Konzerten wurden in der Wohnung abgehalten, wir Buben passten genau auf jede Note, wir lebten uns in seinen Chic ein, und zu vier Händen spielten wir dann nach, was wir erlauscht hatten, flott, ganz in seinem Geiste. Er war unser Ideal. Wir waren oft in Familien geladen, bei Hohenblum, Hasenauer, Wissgrill etc., und da spielten wir denn unter großem Beifall aus dem Gedächtnisse die Kompositionen unseres Vaters. Eines schönen Tages gratulierte ihm ein Bekannter – es war der Verleger Carl Haslinger – zu unseren Erfolgen. Vater war nicht wenig erstaunt. ›Die Buben sollen herüberkommen‹, entschied er kurz. Wir schlichen, nichts Gutes ahnend, in das Zimmer unseres Vaters. In kurzen Worten setzte er uns auseinander, was er gehört hatte, und befahl uns, ihm vorzuspielen. Er hatte ein aufrecht stehendes Klavier, wie sie damals gebräuchlich waren. Pepi erklärte, auf so einem Klavier könnten wir nicht spielen. ›Was?‹, rief er uns zu, ›Darauf könnt's Ihr nicht spielen? – Auch gut! Der Flügel aus der Wohnung soll her!‹ – Der Flügel wurde gebracht, und nun spielten wir, dass es eine Art hatte; alle Orchesterstimmen brachten wir zu Gehör. Lächelnd hörte uns der Vater zu, und man sah ihm das Vergnügen und die Rührung vom Gesichte ab. ›Buben, das spielt Euch niemand nach.‹ Das war alles, was er sagte, aber zur Beloh-

nung bekam jeder von uns einen schönen Burnus. Trotzdem wollte mein Vater nicht, dass wir uns berufsmäßig in der Musik ausbilden; auch die Mutter war nicht dafür. Doch die Liebe zur Musik hatten wir Buben von den Eltern ererbt, und das ließ sich nun nicht halten. In späteren Jahren begünstigte dann die Mutter selbst infolge verschiedener Umstände unsere Neigung.«

Die »verschiedenen Umstände« waren natürlich der Auszug des Hausherrn aus der ehelichen Gemeinschaft und die Tatsache, dass man nun auf eigenen Gelderwerb sinnen musste. Schani hatte die letzten beiden Jahre seiner Schulzeit wie ein typischer Musiker absolviert: von der Schule geflogen, zeigte er auch im nachfolgenden Privatunterricht keine Anzeichen von Interesse. Das eskalierte alles im Sommer 1843 und endete – zunächst – mit dem Auszug des Herrn Papa. Johann junior hatte mittlerweile eine ganz solide musikalische Ausbildung, vervollständigte sie und gründete – von der Mama gefördert – ein eigenes Orchester, mit dem er am Dienstag, den 15. Oktober 1844 in Dommayers Kasino sein Debut gab. Und was für eins! Johann junior hatte 1844 um die Genehmigung ersucht, selbstständig ein Orchester leiten zu dürfen – er war da mit seinen 18 Jahren ja noch minderjährig – und sie erhalten: 15 Mann stark war das Ensemble. Ganz Wien war im Bilde über die Familienverhältnisse bei Straußens, ganz Wien wusste, dass »der Alte« gegen das Konzert des Sohnes war. Er erhob Einspruch beim k. k. Kreisamt in Hietzing: »Der Musik-Unternehmer Strauß Vater hat hier beschwersam vorgebracht, dass sein achtzehnjähriger Sohn ohne sein Vorwissen eine musikalische Unterhaltung in Hietzing angekündigt habe, wozu bereits ein Anschlagzettel gedruckt werden sollte. Der Herr Hofrichter haben binnen 24 Stunden zu berichten, ob dieser minderjährige als solcher zu einem selbständigen Unternehmen nicht befugt scheinende junge Mann eine obrigkeitliche Bewilligung dazu erlangt habe, und ob der Anschlagzettel auch von dem H. Hofrichter vidirt worden ist. Bis zur weiteren Entscheidung ist das Unternehmen rückgängig zu machen.«

Der Hofrichter Dr. Jurasek fühlte sich aber davon offensichtlich leicht indigniert, denn in gehobenem Ton stichelte er das Kreisamt an und widersprach: »nachdem Johann Strauß sich mit der anliegenden Anweisung legitimiert hat, dass er zu musikalischen Productionen der fraglichen Art befähigt sei, die Herrschaft durch ihr Commissariat in Hietzing die Bewilligung zur musikalischen Unterhaltung beim Dommayer nicht recht versagen zu dürfen glaubte, denn sobald die Instanz des Musikdirektors ihn zu derlei öffentlichen Productionen fähig erklärt, vermag wohl die Obrigkeit eines andren Bezirks nichts mehr zu ändern.« Das Kreisamt gab auf und beschloss, dass »dem Unternehmen des Johann Strauß kein Anstand gemacht werden« könne. Zack! Das war das grüne Licht für Johann junior und das rote Tuch für Johann senior!

Ganz Wien drängelte sich nunmehr im Dommayer, um nur ja dabei sein zu können. Es wurde ein unglaublicher Erfolg. Dies um so mehr, als Schani als Verbeugung vor seinem Papa dessen »Loreley-Rheinklänge« spielte, was natürlich die Parteigänger des Vaters mundtot machen musste, die gekommen waren, um zu stören. Wien eben, eh klar! Alle Zeitungen waren des Lobes voll; »Der Wanderer« aber traf den Nagel auf den Kopf, und zwar nicht nur für dieses Konzert, sondern geradezu prophetisch für das Leben des größten aller Walzerkomponisten – Johann Strauß Sohn. Man schrieb: »Ein neuer Walzerspieler – ein Stück Weltgeschichte! Ein neuer Walzer – ein Ereignis! ... Ja, da taucht er jetzt empor – Strauß-Sohn! Er wird mit einem Beifallsorkan empfangen, aber Strauß-Sohn scheint fest zu stehen, der Orkan wirft ihn nicht um, im Gegentheile, er erhebt ihn nur; man applaudirt jetzt schon die Ähnlichkeit mit dem Vater im Physiognomie-Ausdruck; jetzt schwingt er den Bogen, jetzt setzt er ihn an die Violine, jetzt 1, 2, 3 Risse, jetzt durchzuckt es uns elektrisch vom Scheitel bis in die kleine Zehe, jetzt arbeitet der da oben Funkensprühende wie eine galvanische Batterie – jetzt hallt ein Ruf durch die Säle hin: ›Ja, das ist Strauß-Sohn, das ist der würdige Sohn seines Vaters!‹ Selten, dass sich die Talentbegabungen der Väter auf die Söhne forterben, aber von Strauß-Sohn kann man wirklich sagen: Er ist ein geborener Walzer!«

Und eine andere Zeitung titelte: »Gute Nacht, Lanner! Guten Abend, Johann Strauß Vater! Guten Morgen, Johann Strauß Sohn!« Natürlich haben sich die beiden dann wieder miteinander arrangiert – ich bitte Sie: Wien! – und sind nebeneinander ganz gut zurechtgekommen. Aber erst nach dem Tode des Papas ging es mit Johann Strauß richtig bergauf, schnell und unaufhaltsam. Wobei der Tod des Vaters unter Umständen erfolgte, bei denen sich einem der Gedanke »Jeder bekommt irgendwann die Quittung« wirklich aufdrängt. Das war so: 1849 machte der Papa mit seinem Orchester eine Europatournee, fünf Monate lang. Nicht überall wurde er begeistert empfangen, galt er doch als extrem kaisertreu – er trat immer mit der schwarz-gelben Habsburg-Schleife auf! –, was den Studenten und Bürgern, die noch den Ideen der 1848er Revolution anhingen, sauer aufstieß. Er feierte aber auch Triumphe, so beim Hofball der Queen Victoria im Buckingham Palace, und kehrte Mitte Juli nach Wien zurück. Natürlich konzertierte er sofort wieder in seiner Heimatstadt und sollte im September in der Hofburg zu Ehren des legendären Feldmarschalls Radetzky den – no: was denn

schon?! – Radetzky-Marsch dirigieren. Aber er kam nicht. Auch drei Tage später erschien er nicht zum großen Fest im Wiener Hofgarten. Er konnte auch nicht. Da war er bereits tot. Er hatte sich von einem seiner Kinder mit Emilie Trambusch den Scharlach geholt und daran gestorben. Als die Verwandten schließlich in die Wohnung kamen, war Emilie mit den Kindern weg, die Wohnung stand leer bis auf ein Bett. Darin lag der Leichnam von Johann Strauß Vater. Die zweite, legitime Witwe Anna trug ihm aber nichts nach. Sie organisierte die Beerdigung ihres Gatten und ganz Wien trug ihn zu Grabe. Nur Johanns Sohn war nicht dabei. Er stand nun vor der Frage, die Nachfolge des Vaters anzutreten oder nicht, das heißt: sein Orchester zu übernehmen oder nicht. Das war natürlich nicht nur eine künstlerische Frage, sondern vor allem eine massiv wirtschaftliche, denn das Ganze war mindestens ein mittelständischer Betrieb. Ob er dazu in der Lage sei, darüber erhitzte ganz Wien, bis er am 7. Oktober 1849 das erste Mal das väterliche Orchester dirigierte und keine Fragen mehr offen ließ. Ab da war Johann Strauß in der Tretmühle: er hetzte von Ball zu Ball in der Faschingszeit, von Konzert zu Konzert in der übrigen. Er saß quasi nur noch im Fiaker, um überall sein zu können – kündigten die Plakate doch an: Herr Johann Strauß persönlich sei anwesend um zu dirigieren! –, daneben komponieren, verlegen, organisieren, mit einem Wort: Stress ohne Ende. Das alles fiel ihm um so schwerer, als er nicht wirklich – wie sein Papa – der geniale Organisator war. Das wurde erst besser, als der jüngste Bruder Eduard die Geschäfte in die Hand nahm. Kurz: Johann bricht zusammen, die Ärzte verordnen ihm ein halbes Jahr Pause, Kur und Erholung.
Das war der Moment, in dem das Imperium Strauß entstand. Man überredete – pacta sunt servanda, Verträge waren da und wollten erfüllt sein – Josef (Pepi), sein Ingenieur-Dasein aufzugeben und zu dirigieren, und siehe da: es klappte besser, als zu erwarten war. Pepi erwies sich nicht nur als Stellvertreter, sondern zeigte absolut eigenständige musikalische Fähigkeiten. Nun komponierte auch er (insgesamt 283 Werke), und gehört mit einigen Stücken zum ehernen Bestandteil der Walzerliteratur (»Sphärenklänge«, »Dorfschwalben aus Österreich« und vor allem »Mein Lebenslauf ist Lieb und Lust«). Aber auch Eduard, der eigentlich Diplomat werden wollte, wurde mit ins Boot genommen, auch er dirigiert und komponiert, z. B. die Schnell-Polka »Bahn frei«. Dass er später, 1907, enttäuscht davon, dass er am Millionenerbe nur gering beteiligt wurde – wohl weil man Angst hatte, dass Frau und Söhne sein Vermögen durchbringen –, das gesamte Notenmaterial des Strauß-Orchesters, das immerhin 75 Jahre Bestand hatte, verbrennen ließ

und damit wertvollste Aufführungshinweise zunichte machte, das alles steht auf einem anderen Blatt, einem traurigen, sicher, aber einem, das mit der intimen Geschwisterbeziehung der drei Brüder untereinander zu tun hat – wer mag da richten. Ab jetzt ist im Grunde alles schnell erzählt. Unaufhaltsam ging es aufwärts mit Strauß und zwar nicht nur, was die geschäftliche Seite angeht, sondern vor allem was seine musikalische Kreativität angeht. Er ist der erstaunliche Fall eines Künstlers, über den man – cum grano salis – sagen kann, dass er um so schöpferischer wurde, je erfolgreicher er war. Vielleicht gehörte er zu denjenigen, denen der Rausch des Erfolgs Sicherheit genug gibt, ihren Einfällen trauen zu können, wer weiß. Natürlich einen Walzer nach dem anderen, natürlich Tourneen bis in die USA – vor 100.000 Zuschauern, Schani also als Mick Jagger des 19. Jahrhunderts! –, natürlich Triumphe ohne Ende, immer und überall und natürlich Wertschätzung der Kollegen aus der E-Musik-Abteilung wie Brahms (»Leider nicht von mir«), Wagner oder Bruckner – von den anderen Kunstgattungen gar nicht zu reden. Dazwischen schon mal der ein oder andere Stolperer: als er sich z. B. in den 1850er Jahren bemüht, wie sein Papa den Titel des »Hofballmusikdirektors« zu ergattern, ein Titel, der eigens für seinen Vater geschaffen worden war. Das wurde zunächst (1863 ist er es dann geworden!) genauso abgelehnt wie später das Bemühen, das »Ehrenzeichen für Kunst und Wissenschaft« verliehen zu bekommen. Da gibt es das berühmte Wort des Oberstkämmerers Fürst Trauttmannsdorff – von Roda Roda und Karl Kraus als Inbegriff vertrottelten Adels karikiert –, der sagte: »Genie hin, Genie her, aber einem Mann, der beim Dommayer auf der Pawlatschen [der Vorstadtbühne] mit der Geige in der Hand aufgespielt hat, kann man das Bildnis des Kaisers nicht um den Hals hängen.« Ein Satz, der in seiner ganzen Tiefe nur von Österreichern gewürdigt werden kann!

Als dann Johann Strauß, der begehrteste Junggeselle der Donaumonarchie, am 27. August 1862 die Sängerin Henriette Chalupetzky-Treffz heiratet, haben wir sozusagen Lady Di-Niveau erreicht. Man steht Kopf. Dass die Ehe mit ihr schließlich aus dem Tanzgeiger einen seriösen Komponisten macht, ist einer der Glücksfälle, die öfter vorkommen, als man denkt – weil man die Rolle der Frauen im Negativen gerne überschätzt, im Positiven aber zu selten sieht. Sie leitete seine Geschäfte und hatte sicher auch die Hände im Spiel, als aus dem Walzerkomponisten schließlich der Operettenkomponist wurde. Dass er in drei Ehen keine Kinder hatte, hat möglicherweise mit einer Geschlechtskrankheit zu tun, die er sich als junger Mann geholt haben soll. Sein Verhältnis zu Frauen hat übrigens Viktor Keldorfer, Chorleiter und Komponist, auf den Punkt gebracht:

»Ja, Johann Strauß – drei Frauen fand er,
Zwar nicht zugleich, doch nacheinander –,
War amourös wie die Musik,
Verliebt stets auf den ersten Blick.«

1871 wurde seine erste Operette uraufgeführt, »Indigo und die vierzig Räuber« und ab der »Fledermaus« war überhaupt nur noch Weltruhm angesagt. Am 7. April 1878 starb Henriette, Jetty genannt, am 28. Mai desselben Jahres heiratete er die Sängerin Angelika Dittrich, die ihn aber 1882 verließ. Er tröstete sich allerdings (wieder) schon ein paar Tage später mit Adele, einer jungen Witwe mit Kind (ihr Ehemann hieß Anton Strauß!), die gut 30 Jahre jünger war als ihr Johann, aber ein Glücksgriff. Alle Biographen sind sich darin einig, dass sie dem Lebensabend des Komponisten ein bisschen Ruhe und den Goldglanz gab, den er sich wirklich verdient hatte. Man war gastfreundlich und Künstlern gegenüber hielt man ein offenes Haus. Brahms schrieb: »Na, diese Abende bei Strauß! Und die Frau! Und der Champagner! Und die Walzer!« Problem: er wollte Adele heiraten, die Ehe mit Angelika bestand aber noch. Was tun? Damals gab es da nur eines: die Staatsbürgerschaft und die Religion wechseln. Wie bitte? Ein Wiener wird evangelisch? Ein Wiener wird Bürger von Sachsen-Coburg-Gotha? Tja, willse machen, würde der Rheinländer sagen, wenn es um die Liebe geht ... Tatsächlich tat Strauß diesen Schritt und war ab da Kosmopolit. Am 15. August 1887 heirateten die beiden – sie war als Jüdin schon in Wien zum evangelischen Glauben übergetreten – und: es war richtig so. Die beiden liebten sich bis an sein Lebensende, Glück, was willst du mehr? Man bewegt sich in ganz Europa, die Wiener vergessen auch ihren Groll und alles wäre schön geblieben, wenn er nicht am 3. Juni 1899 in den Armen seiner vergötterten Adele gestorben wäre. Karl Millöcker sagte auf die Todesnachricht: »Was, Strauß? Das glaub' i net! Der war doch die ewige Jugend. Zumindest das 20. Jahrhundert hätt' ich ihm schon gegönnt!« Und Ludwig Freiherr von Dóczi zeichnete am zehnten Todestag des Komponisten ein Bild von ihm, das ich hier an das Ende stellen möchte:

»Er war, nach meiner künstlerischen Überzeugung, ein Phänomen, das kaum wiederkehrt, dabei ein brillanter, origineller Mensch, voll Gemüth und Spitzbüberei, Zärtlichkeit im Kleinen und Egoismus im Großen, sich leicht anschließend und doch in seinem Kern verschlossen, verliebt ohne recht zu lieben, immer wohlwollend, natürlich und anspruchslos, aber im Wesen wie in der Form elegant und vornehm, willensschwach und eigensinnig, eitel in Allem, was nicht seine Kunst betraf, generös, aber habgierig, und von einer lächerlichen andächtigen Scheu und Verehrung vor Allem, was durch Geburt, Titel und Rang glänzte und hervorragte.«

ENTSTEHUNGSZEIT

»An der schönen blauen Donau« ist der erste Walzer für Chor, den Johann Strauß komponiert hat. Nein, Sie haben sich nicht verlesen: für Chor! Der Walzer – da gab es noch keinen Titel – war für die Faschingsliedertafel des Wiener Männergesangsvereins 1867 konzipiert. Josef Weyl, Jugendfreund Johanns, Gelegenheitsdichter und im Hauptberuf Beamter der Polizeidirektion, hat einen Text zu vorhandenen Skizzen beigesteuert. Der Text ist rabenschlecht und sicherlich einer der Hauptmomente dafür, dass sich Johann Strauß sehr schnell für die Orchesterversion entschied. Kostprobe? Es geht um die – ironisch geschilderte – schlechte Stimmung in Wien und ist auf eines der berühmtesten Motive der Welt zu singen:

»Wiener seid froh! –,
Oho, wie so? –
No so blickt nur um! –
I bitt' warum? –
Ein Schimmer des Lichts –
Wir seh'n noch nichts.
Ei Fasching ist da! –
Ach so, na ja.
Drum trotzet der Zeit –
O Gott, die Zeit!
Der Trübseligkeit. –
Ah, das wär g'scheidt!
Was nützt das Bedauern,
das Trauern,
Drum froh und lustig seid!«

Ich denke, das langt! Strauß nahm für diesen Walzer, den er dem Männergesangsverein schon für das vorhergehende Jahr versprochen hatte, aus Überlastungs-Gründen aber nicht hingekriegt hatte, vorhandene Skizzen und lötete sie ziemlich flott zu Chor mit Klavierbegleitung zusammen. Strauß selbst entschuldigt sich auf der flüchtig dahingekritzelten Partitur mit den Worten: »Bitte ob der schlechten und unsauberen Schrift um Verzeihung – ich musste binnen weniger Minuten damit fertig werden. Johann Strauß.« Überhaupt ist da einiges rätselhaft. Da ist von »Stimmen« die Rede, aber keiner weiß, ob da nur die Chorstimmen oder schon Orches-

terstimmen gemeint sind, Wiederholungszeichen, die von der Orchesterversion abweichen und harmonische Änderungen, die vielleicht nur Flüchtigkeitsfehler sind und eine kurze Coda, wo doch die Orchesterversion die wunderschöne lange Coda aufweist. Und alles immer noch ohne Namen. Auf der Einladung des Männergesangsvereins steht schlicht: »Walzer für Chor und Orchester von Johann Strauß, k. k. Hofballmusikdirektor. Dem Wiener Männergesangsverein gewidmet (neu).«
Bis heute weiß niemand, wie der Walzer an seinen Titel kam und wie der gemeint ist. Üblicherweise haben alle Strauß-Walzer sehr präzise Titel. Kurz vor der Uraufführung war der Titel jedenfalls da. Und vielleicht war er weniger als Biographie eines Stroms als eher ironisch gemeint. Tatsache ist, dass die Orchesterversion sich durchgesetzt hat.

URAUFFÜHRUNG
15. Februar 1867 im Dianasaal durch den Wiener Männergesangsverein und die Kapelle des Infanterie-Regiments »König von Hannover« Nr. 42, unter der Leitung von Rudolf Weinwurm.

ERFOLG
Dazu zitiere ich das »Neue Fremdenblatt« vom 17. Februar 1867, das nahelegt, dass hier das erste Mal das Wort »Schlager« in seiner heutigen Bedeutung kreiert wurde:
»Die Eröffnungsnummer der zweiten Abtheilung war ein entschiedener Schlager: Hofball-Musikdirektor Johann Strauß hat mit seiner Walzerparthie ›An der schönen blauen Donau‹ ein brillantes Cadeau gemacht und das enthusiastisch applaudierende Publikum ruhte nicht eher, bis diese reizenden Weisen da capo gesungen wurden.«
Der Rest ist jedes Neujahrskonzert!

ANEKDOTEN
s. o.

WERK
Sätze
Introduktion / Walzer I / Walzer II / Walzer III / Walzer IV / Walzer V / Coda

Dauer
Mein Klassiker Clemens Krauss lässt sich für dieses Meisterwerk 10 Minuten Zeit – das sollte der Maßstab sein.

Besetzung
2 Flöten (2. auch Pikkolo)
2 Oboen
2 Klarinetten
2 Fagotte
4 Hörner
2 Trompeten
3 Posaunen
Tuba
Pauken
Schlagzeug
Harfe
Violinen I und II
Bratschen
Violoncelli
Kontrabass

HITS
Sollen wir da noch von Einzelstellen reden?

FLOPS
Wie meinen?

OBACHT
Jahaaaaaaaaa! Aber so was von Obacht! Ich will jetzt nicht das alte Lied wieder singen, dass der Dreivierteltakt des Wiener Walzers aus einer Viertelnote, einer zweiten punktierten Viertelnote und – dementsprechend – aus einer dritten Achtelnote zu bestehen hat, denn das sind nur Näherungswerte. Wer nicht in der Hüfte spürt, dass der dritte Taktteil um eine Winzigkeit verzögert sein muss – und darin liegt die ganze Welt zwischen Mann und Frau! –, der soll Auto waschen oder Rasen mähen (Nagelschere nicht vergessen!), und selbst da liegt wahrscheinlich mehr Musik drin, als er jemals begreifen wird. Drei exakt gespielte Viertel verhalten sich zu Wiener Walzer wie der Satz »Übersteigt die Summe der negativen Einkünfte den nach Satz 3 ausgleichsfähigen Betrag, sind die negativen Summen der Einkünfte aus verschiedenen Einkunftsarten in dem Verhältnis zu berücksichtigen, in dem sie zur Summe der negativen Einkünfte stehen« (Änderung des Einkommenssteuergesetzes in

der Fassung der Bekanntmachung vom 16. April 1997) zum Duft
des sündteuren Parfums, das sie aufgelegt hat.

ES MEINEN
Raoul Auernheimer:
»Der Straußsche Walzer verhält sich zu dem von Lehár wie Liebe zu
Sex.«
Alfred Polgar:
»Johann Strauß hat aus der sogenannten Wiener Luft das feinste
musikalische Destillat hergestellt.«

BEIKIRCHER RÄT

ANLASS
Immer.

NUTZUNG
Überall.

AUTO
Ständig.

PAUSEN-TALK
»Das habe ich auf CD ...«
»Dann haben Sie nix verstanden!«

FRAUEN
»No, wie hat es Ihnen gefallen, unser Neujahrskonzert?«
»Wunderbar, einfach wunderbar! Sie entschuldigen bitte, ich möch-
te grad mal zu meinem Mann.«

MÄNNER
»No, wie hat es Ihnen gefallen, unser Neujahrskonzert?«
»Wunderbar, einfach wunderbar! Sie entschuldigen bitte, ich möch-
te grad mal zu meiner Frau.«
»Aber bitte!«
»Schatz – gehen wir?«
»Jaaaa!«

BEWERTUNG

Technik  für Instrumenten-
beherrschung

für Rhythmik

Gesamt Es ist die bezaubernd-

und eine Flasche
Champagner
mit Perle

ste Musik der Welt – so
leicht können Sehn-
sucht, Glück und
Melancholie sein!

Johannes Brahms
1833–1897

Symphonie Nr. 2 D-Dur op. 73

>»Brahms, das sind die zusammengebogenen Enden
> der Klassik und der Romantik.«
> (Martin Gregor-Dellin)

>»Ich werde nie eine Symphonie komponieren!
> Du hast keinen Begriff davon, wie es unsereinem
> zu Mute ist, wenn er immer so einen Riesen
> [Beethoven] hinter sich marschieren hört.«
> (Brahms am 1. April 1854 [!] an Joseph Joachim)

Zwei Sätze, zwei Widersprüche – schneller könnte man in das
Thema Brahms gar nicht hineinkommen; er war als Komponist
einer, der lange zu den Bewahrern des Althergebrachten gezählt
wurde, der aber dennoch neue Tore öffnete – der berühmte Satz
vom »neuen Wein in alten Schläuchen« trifft das schon ziemlich
genau – und als Mensch einer, der viele Gegensätze in sich barg (ob
das auch unauflösliche Widersprüche sein müssen, möchte ich erst
einmal dahingestellt sein lassen). Die Wissenschaftler, die sich mit
ihm befasst haben, hatten immer schon alle Hände voll damit zu
tun, diese Gegenläufigkeiten unter einen Hut zu bringen, jeder für
sich auf der Suche nach der »Weltformel«, die diesen Kosmos
Johannes Brahms erschöpfend erklären kann. Abgesehen davon,
dass ich das Bedürfnis, ein Leben und ein Werk »ohne Rest« erklären zu wollen, ohnehin für ein ziemlich eigenartiges halte – Warum
sollte ein Leben keine Widersprüche enthalten? Warum kann man
Gegensätze, so sie wirklich da sind, nicht einfach als solche beschreiben und unerklärt stehen lassen? Jeder bessere psychologische Gutachter weiß, dass man sich dem Ganzen höchstens nähern
kann, mehr aber auch nicht! –, finde ich, dass sich manche dieser
»Landvermesser« ruhig einen Satz von Johannes Brahms höchst-
selbst zu Herzen nehmen könnten, den er im September 1868 an
Clara Schumann schrieb: »In meinen Tönen spreche ich.«
So, das hab ich also schon mal moralisch sauber herausgearbeitet.
Jetzt schauen wir doch mal, wie hübsch auch ich gegen diese Maxi-

me verstoßen kann. Wie war es denn also, das Leben dieses hanseatischen Brummbärs und Kinderfreundes, Frauenfreundes und Junggesellen, Stammtischpflegers und Einsiedlers? Da möchte ich nochmals Gregor-Dellin zu Wort kommen lassen, der in seinem Aufsatz »Brahms als geistige Lebensform« die Brahms-Biographen bemitleidet:

»Wie gründlich man auch das Leben von Johannes Brahms durchforscht, welche Neugier und Sorgfalt man auch immer bei der Sichtung biographischer Dokumente walten lässt, es kommt kein Skandal an den Tag, nirgendwo die Spur einer bislang verschleierten Affäre, nichts Kompromittierendes, wenn Ehelosigkeit kein Makel ist; kein Betrug und keine Untreue, keine Schulden und nicht die Kavaliersdelikte, die zur Salongesellschaft gehörten. Auch hat keine arrivistische Korruption in Werk oder Briefen etwas zu unterdrücken gehabt, was nicht schon eigener Diskretheit und schonender Rücksicht des Künstlers gegenüber sich selbst und seiner Mitwelt zum Opfer gefallen wäre. Im Persönlichsten, Privatesten ist Aufregendes nicht zu entdecken, keine Geniekrankheiten und kein Polizeiregister, und die Streiche und Flunkereien – denn Witz hatte Brahms, sogar einen Sinn für Situationskomik – halten sich in Grenzen oder sind doch von beruhigender Harmlosigkeit, sie verschreckten die Mitbürger nicht, auch wenn sie einmal verstimmt waren und die Aura des Sonderbaren um den Einzelgänger mit respektvoller Verwunderung vermerkten. Gewiss: die verbindliche Liebenswürdigkeit eines Wiener Konditors ist vom Genie nicht zu haben. Aber es gab da nichts Verstörendes in seiner Erscheinung und in seinem Charakter, nichts, was verziehen oder bagatellisiert werden müsste: die heimlichen Laster unbekannt wie bei jedermann, keine Beleidigungen, die duellfähig gewesen wären, und lebenslange Feindschaften sind nicht überliefert, außer sie wären Gerücht und wir müssten sie sogar ausführlich dementieren ... Noch einmal: Nichts Sensationelles. Die Biographen sind nicht zu beneiden.«

Na gut, aber ein bisschen dürfen wir schon wühlen, ja? Wie war das denn mit dem Ambiente, in dem Johannes Brahms aufgewachsen ist? War da nicht immer schon von Rotlicht die Rede, von Hamburger Hafenkaschemmen, von »Lokalen, wo der Böse nächtens prasst, wo im Kreis der Liberalen man den Heil'gen Vater hasst« – um mit Wilhelm Busch zu sprechen –, und da mittendrin unser kleines Blondschöpfchen, das mit dem Vater am Kontrabass den Nutten aufzuspielen gehabt habe? Hat Brahms – laut Eugenie Schumann – nicht selber mal zu Clara Schumann gesagt, »dass er, noch in den Knabenjahren stehend, Eindrücke empfangen, Dinge gesehen habe, die einen düsteren Schatten auf seinem Gemüte hinterlassen hätten«? Nee, Herrschaften, Pustekuchen. Mag drumherum im Gängeviertel auch der Deubel los gewesen sein, bei Brahmsens in Schlüters Hof, Specksgang 24, ging es eher handwerklich-musikantisch, in jedem Falle aber ziemlich solide zu. Dort kam Johannes am 7. Mai 1833 zur Welt. Der Papa, Johann Jacob Brahms, war gerade 27 Jahre alt, die Mama, Johanna Henrika Christina Nissen, 44 Jahre. Vorher schon kam Schwesterchen Elise zur Welt, nach Johannes kam noch Fritz, der später Klavierlehrer wurde. Fein, Frau Brahms, und herzlichen Glückwunsch – in diesem Alter drei Kinder und alles ohne Fruchtwasseruntersuchung. Papa kam aus Heide im Dithmarschen, schulterte aber nach erfolgreich absolvierter Lehre als Instrumental-Musicus den »Kunterbaß«, um mit seinem Freund Becker gen Hamburg zu ziehen – denn »etwas Besseres als den Tod finden wir überall«, wie die Gebrüder Grimm schon erkannt hatten. Papa spielte zunächst in der Bürgerwehr Horn und Bass, muss das allerdings so gut gemacht haben, dass er schon 1830 die Hamburger Bürgerrechte verliehen bekam und heiraten konnte. Er wurde zur Stütze so mancher Promenadenkonzerte im Konzertpavillon an der Alster und überließ der Nachwelt einen Satz, der allen Kontrabassisten aus der Seele spricht: »Herr Kapellmeister, en reinen Ton up den Kunterbass is en puren Taufall!« Schön gesagt und wahr obendrein! Weil unser lütt Johann Talent fürs Klavier zeigte, kam er mit sieben Jahren zu Otto Friedrich Wilibald Cossel. Das Geld war knapp, der Junge lernte schnell, kurz: es schien ganz vernünftig, ihn zum Unterhalt der Familie etwas beitragen zu lassen. Der Junge durfte also seinen Papa begleiten – das heißt: das war wohl eher umgekehrt! –, wenn es Engagements gab – nicht in Matrosenkaschemmen oder Nuttenspelunken, sondern in Speisegaststätten oder bei Privaten. Also durchaus annehmbare Jobs für einen renommierten Alsterpavillon-Musikanten und seinen Sohn. Ich könnte mir vorstellen, dass Papa Brahms da auch einen gewissen handwerklichen Stolz auf seinen Jungen hatte: an Komponieren und Kunst hat zu dem Zeitpunkt sicher keiner in der Familie gedacht, eher daran, dass es gut ist, wenn der Sohn dasselbe solide Handwerk lernt wie der Papa. Außerdem ist Tanzmusik-Spielen in mancherlei Hinsicht eine gute Schule: man lernt den Rhythmus halten, man bekommt ein Gespür für die Wirkung von Musik, die Konfrontation mit populären Melodien schärft das kritische Urteilsvermögen und den Geschmack, man wird bühnensicher und bekommt ganz zwangsläufig Erfahrung im Umgang mit Publikum (und was man alles mit ihm anstellen kann) – was letztlich auch das Wissen um gesellschaftliche Mechanismen allgemein erhöht. Vielleicht wäre die oft gescholtene offensichtliche Unabhängigkeit Brahms' von gesellschaftlichem Druck gar nicht so ausgeprägt gewesen, hätte er nicht schon so früh auch mit aufgeblasenen Pappnasen der Hamburger Gesellschaft zu tun gehabt. Denn selten offenbart sich der ›wahre‹ Charakter eines Menschen krasser als in den Momenten, wo eine Belustigung oder Abendgesellschaft umzukippen droht oder gar umkippt, insbesondere in einer Zeit wie der damaligen, als die Fassade von einer Wichtigkeit war, die wir heute kaum noch nachvollziehen können. Und davon wird der kleine Brahms einiges mitbekommen haben! Zudem: Könnte es nicht sein, dass im Zum-Tanze-Aufspielen auch ein bisschen die Wurzel für die Liebe Brahms' zu Volksweisen und Schrammelmusik zu sehen ist? Das ist zwar nicht musikwissenschaftlich untermauert – könnte aber doch sein, oder?

Es gab dann sogar Anlass zu noch größerer Hoffnung: Der zehnjährige Johannes spielte nicht nur mit Bleisoldaten, sondern in einem Subskriptionskonzert das Klavierquintett op. 16 von Ludwig van Beethoven und ein Mozart-Klavierquartett; was er so gut machte, dass Stimmen laut wurden, er solle eine Wunderkind-Tournee durch die USA machen. Dem schob aber Herr Cossel einen Riegel vor, indem er den von dieser Idee begeisterten Eltern klarmachte, dass Johannes noch einiges zu lernen habe und ihn als Schüler an Eduard Marxsen vermittelte – eine exzellente Wahl, für die Brahms ein Leben lang dankbar blieb. Er studierte bei Hamburgs bedeutendstem Musiklehrer nicht nur Klavier, sondern auch Komposition und Musiktheorie. Und alles so erfolgversprechend, dass Marxsen 1847, nach dem Tode von Felix Mendelssohn Bartholdy, über den 14-jährigen Johannes sagte: »Ein Meister der Kunst ist heimgegangen, ein größerer erblüht uns in Brahms.«

In dieser Zeit wurzeln – wenn ich das mal als Psychologe behaupten darf – zwei Charakterzüge, die für Brahms ein Leben lang typisch blieben: der »Genius der Bescheidenheit«, wie es Robert Schumann ausdrückte, damit auch die Skepsis sich selbst und seinem Werk gegenüber, und die Treue. Er blieb den Menschen, die liebte, ein Leben lang treu, selbst wenn es mal Trübungen gab, er ließ niemanden wirklich fallen, selbst dann nicht, wenn sich jemand von ihm abgewendet hatte. Entsprechend könnte man auch sagen, dass er die Fähigkeit hatte, sich selbst ein Leben lang treu zu bleiben, was auch nicht jeder von sich behaupten kann. Und was den »Genius der Bescheidenheit« angeht: Weil er aus der handwerklich-musikalischen Tradition kam, waren für ihn Musiker zeitlebens »Kollegen« (was manchen hochnäsigen Zeitgenossen verwunderte) und war vor allem für ihn Talent nie ein Ruhekissen, sondern immer Aufforderung, daraus das Beste zu machen. In einem Brief an den Dirigenten Hans von Bülow schrieb er 1884: »Ich bin so sehr geneigt, meine fruchtbaren, leicht schreibenden, schnellfertigen Kollegen zu beneiden. Ich nehme gerne an, dass sie nicht des Konversationslexikons wegen schreiben, sondern aus derselben Notwendigkeit, aus denselben Gründen wie ich – also den besten. Wie oft schreibt so einer fröhlich sein ›Fine‹, das doch sagt: ich bin fertig mit dem, was ich auf dem Herzen habe! Wie lange kann ich das Kleinste fertig mit mir herumtragen, ehe ich ungern dies ›fertig‹ zugebe!« Und bescheiden war er sicher auch deshalb, weil ihm nichts geschenkt wurde. Nach seiner Begegnung mit Robert und Clara Schumann wurden ihm die Defizite seiner musikalischen Ausbildung so klar, dass er sich nun jahrelang intensiv um das Füllen dieser Lücken in seinem »Handwerk« bemühte; allein und im Austausch mit seinem Freund, dem Geiger Joseph Joachim.

Jedenfalls – der blonde Hannes, wie ihn seine Mutter zeitlebens nannte, der Schüchterne, »mit der auffallend hohen, hellen und heiseren Stimme« (wie Walter Hübbe über den 18-jährigen Brahms schreibt), rüstete sich langsam zum Schritt in die Welt. Hatte er schon während der Ausbildungszeit ab und zu Konzerte gegeben, am 21. September 1848 das erste eigene und am 14. April 1849 eines, in dem er u. a. Beethovens Sonate op. 53 und eine eigene »Phantasie über einen beliebten Walzer« (heute verschollen) spielte, so kam es mit dem Jahr 1853 zum entscheidenden Wendepunkt in seinem Leben. Er machte seine erste Konzerttournee. Und zwar nicht allein, sondern mit einem Geiger aus Ungarn, Eduard Hoffmann, der sich – vermutlich der besseren Wirkung wegen – Reményi nannte. Man spielte in Winsen, Celle, Lüneburg und Hildesheim und es muss ein flottes Duo gewesen sein. Der feurige Virtuose, der einmal vor dem Konzert zu Brahms sagte: »Werde ich haite Kraitzer-Sonate spielen, dass sich Haare fliegen!«, war ein derartiger Gegensatz zum stillen Blondschopf, dass es den beiden Spaß gemacht haben muss, miteinander unterwegs zu sein. Zumal Reményi bereits ziemlich bekannt war und einen Satz von Franz Liszt über sich aufweisen konnte: er sei der einzige unter den lebenden Geigern, der »die echte Überlieferung, die wahre Form, das eigentliche Geheimnis der Zigeunermusik« besitze. No, wenn sich Liszt, wos kain ächter Magyare war, dos schraibt, muuss stimmän! In Hannover lernte Brahms – und das wird von allen Biographen als das größte Verdienst Reményis gewürdigt – den Geiger Joseph Joachim kennen. Es blieb – mit einigem Auf und Ab – eine Freundschaft fürs Leben. Man trifft sich in Göttingen und Joachim meldet Brahms und Reményi in Weimar bei Franz Liszt an. Es trafen da aber auch zwei Welten aufeinander, die letztlich nicht wirklich kompatibel waren. Liszt, in Weimar in seinem eigenen Museum lebend, und Brahms, jedem Prunk und jeder Selbstinszenierung wirklich abhold – das konnte nicht gut gehen. Ob Brahms nun wirklich bei Liszts Klavierspiel eingeschlafen ist oder nicht, spielt eine untergeordnete Rolle. Brahms selbst schreibt: »Ich sah bald ein, dass ich nicht dorthin passte. Ich hätte lügen müssen, und das konnte ich nicht.« Liszt guckte sich zwar einige Kompositionen des jungen Besuchers an, versprach ein Empfehlungsschreiben an den Musikverlag Härtel, aber das war's dann auch schon. Trotzdem – auch wenn der spätere Musikstreit die beiden zu scheinbaren Feinden hochstilisierte – sie behielten stets Hochachtung füreinander.

Das alles muss der junge Brahms recht undiplomatisch zu erkennen gegeben haben, dergestalt, dass Reményi außer sich über die Grobheit dieses jungen Flegels Liszt gegenüber sich mit ihm zerstritt und alleine weiterreiste. Später wird er nochmal eine kleine Rolle im Leben Brahms' spielen – mit der Behauptung, dieser habe in seinem Erfolgswerk »Ungarische Tänze« reihenweise ihn, Reményi, beklaut. Brahms hat darauf, wie so oft, nicht reagiert. Und das war richtig so.

Joachim kündigte Brahms auch bei Schumanns in Düsseldorf an. Am 30. September 1853 ist es dann soweit: Brahms schellt, man macht ihm auf, er setzt sich ans Klavier, Robert Schumann daneben, er spielt ein paar Takte seiner Klaviersonate op. 1, da springt Schumann auf und sagt: »Dazu muss ich meine Frau rufen!« und ab da war im Leben dieser drei Menschen nichts mehr so, wie es bis dahin gewesen war. Clara ist begeistert (»Das ist wieder einmal einer, der kommt wie eigens von Gott gesandt!«), Robert setzt sich schon am 9. Oktober an seinen legendären Artikel »Neue Bahnen«, der am 28. Oktober in der »Neuen Zeitschrift für Musik« erscheint und mit einem ungeheuren Paukenschlag Brahms der Musikwelt vorstellt. »Ich dachte (...) es würde und müsse (...) einmal plötzlich einer erscheinen, der den höchsten Ausdruck der Zeit in idealer Weise auszusprechen berufen wäre, einer, der uns die Meisterschaft nicht in stufenweiser Entfaltung brächte, sondern, wie Minerva, gleich vollkommen gepanzert aus dem Haupt des Kronion entspränge. Und er ist gekommen, ein junges Blut, an dessen Wiege Grazien und Helden Wache hielten. Er heißt Johannes Brahms ...« ist da zu lesen und das war nicht nur momentane Begeisterung, es war – wie wir heute wissen – der klare Blick Schumanns für die Bedeutung des jungen Komponisten. Der aufsehenerregende Artikel machte zwar Brahms selbst ein bisschen Angst (er schrieb an Schumann: »Das öffentliche Lob, das Sie mir spendeten, wird die Erwartung des Publikums auf meine Leistungen so außerordentlich gespannt haben, dass ich nicht weiß, wie ich denselben einigermaßen gerecht werden kann. Vor allen Dingen veranlasst es mich zur größten Vorsicht bei der Wahl der herauszugebenden Sachen«), machte aber auch Eindruck – zum Beispiel beim Papa in Hamburg. C. Becker, ein Jugendfreund des Komponisten und Sohn des Musikers (er war Hornist), mit dem Papa Brahms aus Dithmarschen nach Hamburg gezogen war, erinnerte sich im »Hamburger Fremdenblatt«:

»Der Vater Becker trug dem jungen Johannes keine großen Sympathien entgegen, er hielt nicht viel von dem Können des stillen, fast menschenscheuen blonden Knaben. Als Brahms im Jahre 1853 auf seiner Reise Robert Schumann aufsuchte, und dieser mit Seherblick die große Begabung des jungen Musikers erkannte und völlig entflammt sich seiner annahm, stürzte Vater Brahms ganz erregt zu seinem alten Freunde Becker ins Zimmer, packte ihn beim Kragen und rief: ›Du, Fritz, wat segst Du nu? Schumann hett seggt, min Hannes is ’nen groten, bedüdenden Künstler, he ward noch mal ’en tweeten Beethoven!‹ Worauf der alte Becker, dem Beethoven als Heiligstes und Höchstes in der Kunst galt, entrüstet ausrief: ›Wat? Dien ollen dämlichen blonden Bengel sall ’en Beethoven warden? Du büst woll nich klook? Ut Dienen Hannes ward sin Lewdag keenen groten Minschen! Wo kannst Du so’n Unsinn glöben?‹ Und er ließ sich durch alle Gegenbeweise und Briefe des jungen Johannes nicht von seiner Meinung abbringen, bis dann endlich Vater Brahms das Zimmer verließ mit dem nachdrücklichen Ausspruche: ›Schumann hett’t äwer seggt!‹ – Wie Recht Schumann hatte, weiß ja jetzt die ganze Welt. Becker aber hat noch jahrelang nicht darüber wegfinden können, dass jemand die unerhörte Frechheit habe, sich mit seinem Abgott, Beethoven, vergleichen zu lassen. Erst nachdem Johannes, von seinen Reisen in seine Vaterstadt zurückgekehrt, ihm einige seiner selbst komponierten Militärmärsche reizend für Klavier setzte, stieg der junge Künstler in seiner Achtung, und er bequemte sich sogar zu dem Ausspruche: ›Süh, he is doch en ganzen Kirl!‹« Da wird sich Brahms aber tüchtig gefreut haben!

Aus dem Besuch am 30. September 1853 wurde, wer wüsste es nicht, eine große Freundschaft. Egal, ob Brahms und Clara nach dem Tod Robert Schumanns was miteinander hatten und wie das genau gewesen sein mag, eines ist ganz sicher und verdient höchsten Respekt: Brahms hat der Witwe zur Seite gestanden und sich

jahrzehntelang um die Kinder gekümmert – und zwar nicht nur en passant, sondern mit allem, was dazu gehört, wenn man weiß, was Verantwortung heißt. Er hat bis zum Schluss Kontakt gehalten zu allen Schumann-Kindern, hat sie unterstützt und ihr Leben besorgt begleitet. Da ziehe ich meinen Hut ganz tief, verbeuge mich und verzichte darauf, in einer Liebe herumzuwühlen, die eine war, die aber vielleicht doch anders war, als man denkt. Das können Sie in den großen Biographien über Clara Schumann nachlesen. Nur eines noch: dass der jüngste Sohn der Schumann-Familie, Felix, von Brahms sei, wird immer wieder behauptet, ist aber Quatsch. Brahms müsste da direkt in den ersten paar Tagen mit Clara intim geworden sein: so liberal waren aber weder Clara noch Johannes. Das schönste Bild dafür, wie Johannes Brahms in Düsseldorf und in das Leben der Schumanns eingerauscht ist, stammt von Eugenie Schumann: »Wie auf einem Bilde sehe ich im Flur eines Hauses in Düsseldorf eine Schar Kinder stehen; die blicken staunend hinauf nach dem Treppengeländer. Dort macht ein junger Mann mit langem blonden Haar die halsbrecherischsten Turnübungen, schwingt sich von rechts nach links, hinauf, hinab; schließlich stemmt er beide Arme fest auf, streckt die Beine hoch in die Luft und springt mit einem Satze hinunter, mitten hinein in die bewundernde Kinderschar. Die Kinder waren wir, ich und meine etwas älteren Geschwister, der junge Mann Johannes Brahms.«
Wie es danach mit Brahms weiterging, können Sie gleich nach der Werbung lesen, äh, vor der Symphonie Nr. 4.

ENTSTEHUNGSZEIT
Ende Mai 1877 hatte Brahms seine 1. Symphonie c-moll op. 68 zum Druck weggeschickt. Das muss schon eine große Erleichterung gewesen sein und sicher auch ein stolzes Gefühl: Damit hatte er immerhin bewiesen, dass es auch nach Beethoven neue Wege im symphonischen Leben geben konnte. Er packte die Koffer und traf am 9. Juni in Pörtschach am Wörthersee ein. Abgesehen davon, dass er sich dort sofort an den Klavierauszug seiner Ersten setzt, komponiert er mit Vehemenz seine Zweite, setzt die Arbeit daran ab 17. September in Lichtenthal fort, um sie im Oktober (in Baden-Baden) fertigzustellen. Was für eine kurze Zeit für ein derartiges Werk! In diesem Sommer muss es ihm blendend gegangen sein, denn noch im November hat er – in Bezug auf die D-Dur Symphonie – den Kopf voller Scherze. An seinen Verleger Simrock schreibt er am 22. November 1877: »Die neue Symphonie ist so melancholisch, dass Sie es nicht aushalten. Ich habe noch nie so was Trauriges, Mol-

liges geschrieben: die Partitur muss mit Trauerrand erscheinen. Ich habe genug gewarnt.« An Elisabeth von Herzogenberg schreibt er: »Die neue ist aber wirklich keine Symphonie, sondern bloß eine Sinfonie, und ich brauche sie Ihnen auch nicht vorher vorzuspielen. Sie brauchen sich nur hinzusetzen, abwechselnd die Füßchen auf beiden Pedalen, und den f-moll Akkord eine gute Zeitlang anschlagen, abwechselnd unten und oben, ff und pp – dann kriegen Sie allmählich das deutlichste Bild von der ›neuen‹.« Als er allerdings am 3. Oktober Clara Schumann den ersten Satz vorspielt, ist diese hin und weg und notiert unter anderem in ihrem Tagebuch: »Mit dieser Symphonie wird er auch beim Publikum durchschlagenderen Erfolg haben als mit der ersten, so sehr diese auch die Musiker hinreißt durch ihre Genialität und wunderbare Arbeit.« Die Scherze mit dem Trauerrand kommen – denke ich – sicher aus einem sicheren, guten Gefühl der Zweiten gegenüber. Was allerdings der Verleger Simrock dachte, als er den Brief in Händen hielt, ist unbekannt.

URAUFFÜHRUNG

Die eigentliche Uraufführung war im Dezember 1877 in Friedrich Ehrbars Klaviersalon in Wien. Brahms hatte nämlich direkt nach seiner Rückkehr nach Wien einen vierhändigen Klavierauszug geschrieben. Zusammen mit Ignaz Brüll stellte er dann im Rahmen einer Privataufführung das Werk vor (das tat er übrigens bei der Dritten und Vierten ebenso). Brahms wollte das Werk ursprünglich mit dem Berliner Hochschulorchester einstudieren, das klappte nicht, also sollten die Wiener Philharmoniker die Uraufführung spielen. Man wollte das am 9. Dezember tun, hatte aber keine Zeit zum Proben, weil das Orchester mit Wagners »Rheingold« und Adalbert von Goldschmidts Oratorium »Die sieben Todsünden« zu beschäftigt war – nicht etwa, wie oft geschrieben wird, weil die Kopisten mit dem Ausschreiben der Stimmen nicht fertig geworden wären.

Am 30. Dezember war es dann aber so weit: im Großen Musikvereinssaal dirigierte Hans Richter »Die Herren« (= Wiener Philharmoniker) und führte die Symphonie mit großem Erfolg auf. Daneben standen Mendelssohns Ouvertüre »Ruy Blas« auf dem Programm sowie drei Sätze einer Serenade für Bläser von Mozart und die Orchesterfassung eines Präludiums mit Fuge von J. S. Bach. Carl Ferdinand Pohl berichtet darüber dem Verleger Simrock unter anderem: »Vorüber! Musterhafte Ausführung, wärmste Aufnahme, 3ter Satz (Allegretto) da capo, wiederholter Hervorruf. Zeitdauer der Sätze: 19, 11, 5, 8 Minuten.« Brahms selbst dirigierte seine

Zweite dann am 10. Januar 1878 im Leipziger Gewandhaus, hatte aber nur mäßigen Erfolg, weil die Bläser wohl sehr indisponiert gewesen sein müssen – im ersten Satz die Posaunen, im zweiten die Hörner –, na gut, hat man ja schon mal!

ERFOLG

Sehr groß. Die Wiener Uraufführung war praktisch schon der Durchbruch. Ab da (außer in Leipzig, aber das hat sich ja auch schnell gelegt) war dieser Symphonie der Weg geebnet. Als Joseph Joachim beim 55. Niederrheinischen Musikfest in Düsseldorf am 10. Juni 1878 die Symphonie dirigierte, notierte Clara Schumann in ihrem Tagebuch: »... die befreiten Herzen machten sich Luft in ganz unbeschreiblichem Enthusiasmus. Ich habe einen solchen Jubel bei einer Orchestercomposition selten erlebt.«

Und dass Johannes Brahms für Partitur und vierhändigen Klavierauszug 5000 Reichsthaler erhielt, darf man auch unter »Erfolg« verbuchen. Eduard Hanslick schrieb in seiner Kritik der Uraufführung: »Ein großer, ganz allgemeiner Erfolg krönte die Novität; selten hat die Freude des Publikums an einer neuen Tondichtung so aufrichtig und warm gesprochen ... Die zweite Symphonie scheint wie die Sonne erwärmend auf Kenner und Laien, sie gehört allen, die sich nach guter Musik sehnen ... Als ein unbesiegbarer Beweis steht dies Werk da, dass man (freilich nicht jedermann) nach Beethoven noch Symphonien schreiben kann, obendrein in den alten Formen, auf den alten Grundmauern ... Richard Wagner und seine Anhänger gehen bekanntlich so weit, nicht bloß die Möglichkeit neuer symphonischer Thaten nach Beethoven zu leugnen, sondern die Existenz-Berechtigung der reinen Instrumental-Musik überhaupt. Die Symphonie sei überflüssig geworden, seit Wagner sie in die Oper verpflanzt habe; höchstens Liszts ›Symphonische Dichtungen‹ in einem Satz und mit bestimmtem poetischen Programme seien lebensfähig in moderner Musik-Weltanschauung. Wenn solch unsinnige, lediglich für den Wagner-Liszt'schen Hausbedarf aufgestellte Theorie noch einer Widerlegung bedürfte, es könnte keine glänzendere geben, als die lange Reihe der Brahms'schen Instrumentalwerke und vor allem dessen zweite Symphonie.«

ANEKDOTEN

Die Scherze Brahms' über seine Symphonie sind nicht zu toppen. Eine schöne Anekdote gibt es aber dennoch: Johannes Verhulst, niederländischer Komponist und Freund Schumanns und Brahms', war bei den Proben der Zweiten in Amsterdam anwesend. Er weinte wie ein Kind und lief, noch während das Orchester spielte, zu einer ihm fremden Frau im Saal und sagte zu ihr: »Vergessen Sie doch nie das Glück, diese Musik zu hören.«

WERK
Sätze
Allegro non troppo – Adagio non troppo/l'istesso tempo, ma grazioso – Allegretto grazioso (quasi Andantino)/Presto ma non assai – Allegro con spirito

Dauer
Na ja: Hans Richter brauchte für den ersten Satz 19 Minuten bei der Uraufführung, Kurt Masur mit den New Yorker Philharmonikern 15 ... Allerdings hat Richter wahrscheinlich die Wiederholungen gespielt, was heutzutage nicht mehr üblich ist (warum eigentlich?).
Insgesamt um 40 Minuten.

Besetzung
2 Flöten
2 Oboen
2 Klarinetten
2 Fagotte
4 Hörner
2 Trompeten
3 Posaunen
Basstuba
Pauken
Violinen I und II
Bratschen
Violoncelli
Kontrabässe

HITS
Um bei dieser Symphonie über einzelne Hits schreiben zu wollen, muss ich ein bisschen frech werden, denn sie ist insgesamt ein einziger Hit. Aber es bleibt schon ein Riesen-Hit, dass die Symphonie mit einem Kontrabass-Triller anfängt! Zumindest werden die Bratschisten nicht müde, das zu behaupten.
Dann aber: keine Zeit zu schlafen, es geht Schlag auf Schlag ...
nach ca. 1'20 Minuten (ab Takt 44) die wunderschöne Geigenmelodie, von Flöten aufgegriffen und durch das ganze Orchester geführt;
direkt im Anschluss daran (eine Minute später, ab Takt 82) *das* Thema überhaupt: die symphonische Erinnerung an »Guten Abend, gute Nacht«, aber wie es Brahms weiterführt ...!;

eine Minute später (ab Takt 118) der nächste, jetzt sehr dramatische Schlag: die Geigen springen im Staccato zwei Oktaven hoch – eines der berühmtesten Tam-ta-daaas der Musikliteratur! – und leiten über ungemein rhythmische Figuren in das über, was alle Brahmsfans als typisches Brahms-Wühlen so lieben: ab Takt 134 (na ja, also nach ca. 3 1/2 Minuten) kommen die Synkopen in Klarinetten, Hörnern und Bratschen, über die Fagotte und Geigen ungeheuer spannende Melodiebögen aufbauen – da tut sich der Orchestergraben auf und die Fliege des Dirigenten hebt ab!

Dann nochmal im ersten Satz die Stelle (ab Takt 454, das sind ca. zwölf Minuten nach Beginn), wo das Horn solistisch eine Melodie zu spielen hat, die einem das Herz zerreißt, so schön ist sie. Die Streicher begleiten und dürfen uns dann ein paar Takte lang im Anschluss in den absoluten Streicherhimmel heben. Wer jemals Streicher schön fand und nicht wusste, warum: Hier ist die Antwort! Und natürlich der Schluss des ersten Satzes: so ausatmen wie Brahms können nur wenige ...

Was am zweiten Satz toll ist? Fragen Sie die Cellisten: mit glänzenden Augen werden sie Ihnen das Thema vorsingen. Und nochmal: auch hier ist der Schluss dieses überwältigend schönen Satzes ein Meisterwerk. Wie gesagt: Atem.

Der dritte und der vierte Satz lassen einem gar keine Zeit zu überlegen, wo es jetzt besonders schön war. Entweder man ist sowieso im Himmel oder man hätte erst gar nicht ins Konzert gehen sollen, weil man lieber eine symphonische Dichtung von Liszt gehört hätte.

FLOPS

Ein absoluter Flop ist natürlich, dass diese Symphonie für einen Brahms zu heiter geraten ist. Das hätte einem Hanseaten nie passieren dürfen. Außerdem erinnert sie ohnehin weniger an Beethoven als an Schubert und auch an den nur ganz entfernt und überhaupt: Wie kommt so ein Brummbär wie Johannes Brahms dazu, in mir Sonnengefühle zu wecken? Nix, nein: kein Flop zu sehen oder zu hören. An keiner Stelle dieser Symphonie.

OBACHT

Natürlich können nur gestandene Orchester diese Symphonie spielen. Gucken Sie sich nur die Klarinetten- und Geigenstimmen an, da ist so manches zu bewältigen, was ansonsten zur solistischen Literatur gehört. Und: synkopensicher müssen die Damen und

Herren sein. Es gibt einen Jazz-Kritiker – ich habe die Stelle nicht mehr gefunden, es war aber ganz bestimmt nicht Herr Behrendt –, der sagte: Jazz fängt mit Brahms an. Er meinte damit Stellen wie die, die im ersten Satz zuhauf auftauchen und er meinte damit auch die berühmte Brahms-Falle, Duolen mit Triolen zu mischen, also zwei Noten und drei Noten auf zwei Schläge gegeneinander laufen zu lassen. Im Jazz: normal. In der Klassik: turbulent. Aber göttlich, wenn's zusammengeht!

ES MEINEN

Weil Menschen gerne Bilder haben und diese Symphonie sich dagegen nicht wirklich sträubt, ist seit ihrer Uraufführung natürlich immer wieder von Sonne, Natur, Frühling, Sommer, der Heiterkeit des Wörthersees etc. die Rede. Spannender finde ich das, was der Dirigent Otto Dessoff im Sommer 1878 an Brahms über dessen Zweite geschrieben hat:
»Es gibt gewisse Dinge, die so schön sind, dass man gar nicht mehr daran denkt, um welche Kunstgattung es sich handelt, sondern bei welchem man ›die Schönheit‹ als solche vor sich zu haben glaubt; an denen kein ›Erdenrest zu tragen peinlich‹ klebt. Zu diesen gehört Deine Sinfonie und das ist meine ganze Kritik … Man vergisst das Material, weiß nicht, ob da gesungen, gespielt oder gemalt wird, sondern fühlt sich in's Schöne eingetaucht. Wenn ich dieses gewisse Gruseln kriege, auch bei ganz heiteren Stellen, dann weiß ich, dass ich es mit dem Besten zu tun habe.«

BEIKIRCHER RÄT

ANLASS

Hauseinweihung, aber der Garten ist noch nicht fertig: egal, ob es ein Hochhaus ist oder das Reihen-Eckhaus, wenn der Rasen noch nicht sprießt und die Blumen in kargen Töpfen herumstehen, noch versehen mit den dreieckigen Kärtchen aus dem Garten-Center (»nicht winterhart«!) – dann kann das ein guter Anlass sein, die Zweite aus den Anlagen rieseln zu lassen. Nachdem das Ohr ja mitsieht, wird die Kritik sich in Grenzen halten.

NUTZUNG

Die Zweite ist die ideale Symphonie für den »grünen Daumen«. Wenn Papa am Samstag den Rasen mäht und die Hecke stutzt, wird ihm diese Musik ein leichtes Herz geben, die Staccato-Stellen helfen über die Brutalität des Unkraut-Jätens hinweg und insgesamt geht die Arbeit schneller von der Hand. Möchten Sie allerdings den Herrn des Hauses länger im Garten wissen, legen Sie drinnen Wagner auf!

AUTO

Tut mir leid, diese Symphonie ist für kein Auto geeignet. Ich meine: nicht wirklich. Kein Auto kann, den Bewegungen dieser Musik angemessen, durch die Landschaft fahren. Sie ist aber ideal für Ferien im Hausboot. Wer jemals mit einem Binnenschiff im Sommer durch Südfrankreichs Kanäle geschippert ist, der weiß, was ich meine. Fünf km/h, eine Flasche Wein in der Hand, rechts und links Lavendel, Rosmarin und Blumen und Zeit – und wenn dann ein bisschen Nebel aufkommt, den vierten Satz auflegen, tja, das ist es dann!

PAUSEN-TALK

»Ja, ich weiß: Das haben Sie auf CD besser!«

»Mir fällt beim letzten Satz immer Schubert ein.«
»?«
»Der letzte Satz vom Streichquartett ›Der Tod und das Mädchen‹. Das geht dort auch so *pianissimo* los, du denkst an nichts Böses und plötzlich steht der Tod vor dir.«
»Aber bei Brahms geht es doch gut aus: in D-Dur.«
»Na ja, gut, aber: Weiß man's vorher?«

FRAUEN

»Ich wollte immer schon mal an den Wörthersee.«
»Warum?«
»Brahms hat dort seine Zweite und sein Violinkonzert geschrieben. Alban Berg hat dort sein Violinkonzert komponiert. Und jetzt, wo unser Sohn Musiker geworden ist ...«
»Was spielt er denn?«
»Rap – aber sooo süß!«

MÄNNER

»Ich liebe die zweite Symphonie, aber ich tu mich im Konzert immer schwer damit.«
»Warum das denn?«
»Och gucken Sie sich doch mal um: schnarchende Abonnenten, sachliche Architektur mit aufliegenden Heizungsrohren, High-

Tech-Glasplatten als Schallabwerfer an der Decke, Mikrophone über dem Orchester – da kommt bei mir kein Glauben auf!«
»Hätten Sie's lieber *open air*?«
»Ja – aber da hört man nix!«

BEWERTUNG

Technik

Nicht so virtuos wie Ravel oder Bartók. Dennoch fängt die Zweite erst an zu blühen, wenn die Technik Nebensache ist.

Gesamt

in Aquarell

Hier blüht die Leichtigkeit des 19. Jahrhunderts zum letzten Mal auf und weiß es auch. Der Bogen vom ersten zum letzten Satz enthält alles Glück dieser Zeit und die Ahnung der Katastrophen, die ihr folgten.

Johannes Brahms
1833–1897

Symphonie Nr. 4 e-moll op. 98

1853 also tauchte Brahms bei Schumanns auf, 1856 starb Robert Schumann. In diesen drei Jahren war kompositorisch bei Brahms nicht allzu viel passiert, er hatte mit anderem den Kopf voll: Clara, natürlich, und Geld verdienen mit Stundengeben oder mit Konzerten, außerdem hat er sich in der Zeit, die Schumann in der Klinik in Bonn-Endenich zubringen musste, aufopfernd (was ich hier nicht ironisch meine) um die Familie gekümmert, sogar die Haushaltsbücher Schumanns hat er fortgesetzt. Nun aber, nach dem Tode Schumanns, musste sich Brahms entscheiden: Bleibe ich in Düsseldorf und bei Clara und deren Kindern oder trenne ich mich von allem und fange ein eigenständiges Leben an. Letzteres ist ihm nicht leicht gefallen, denn geliebt hat er Clara schon. Nun war es so, dass Clara 1858 nach Berlin ziehen wollte und Brahms 1857 nach Detmold kam, wo er von 1857 bis 1859 jeweils von September bis Dezember angestellt war. Übrigens war Brahms nur dreimal in seinem Leben fest angestellt, und das jeweils nur kurz: in Detmold, dann in Wien als Chormeister bei der Singakademie (1863) und als artistischer Direktor der Gesellschaft der Musikfreunde, ebenfalls in Wien (Dezember 1871 bis 3. April 1874). Brahms trennte sich also von Clara Schumann und ging nach Detmold. Allerdings blieb er in tiefer Freundschaft – was nicht ausschloss, dass er sie in so manchem Brief richtiggehend maßregelte – Clara Schumann ein Leben lang verbunden. In einem Brief an sie vom 11. Oktober 1857 schrieb der 24jährige – wie ich finde, etwas zu vollmundig für sein Alter: »Leidenschaften gehören nicht zum Menschen als etwas Natürliches. Sie sind immer Ausnahme oder Auswüchse. Bei wem sie das Maß überschreiten, der muss sich als Kranken betrachten und durch Arznei für sein Leben und seine Gesundheit sorgen. Ruhig in der Freude und ruhig im Schmerz und Kummer ist der schöne, wahrhafte Mensch. Leidenschaften müssen bald vergehen, oder man muss sie vertreiben.«
Ein bisschen viel Chrysipp für einen jungen Mann, finden Sie nicht auch? Oder hat er bei Seneca abgeschrieben, um seinem Klärchen selbst im Verzicht noch zu imponieren? Zum Beispiel aus den

»Briefen an Lucilius« (75,12), wo Seneca schreibt: »Leidenschaften sind nicht zu billigende Seelenregungen, plötzlich und jäh, die,
wenn sie häufig auftreten und unbeachtet bleiben, Krankheit verursachen. Wie ein einzelner und noch nicht chronischer Schleimfluss
Husten verursacht, ein dauernder und chronischer aber Schwind-
sucht.«
Andererseits: es scheint geholfen zu haben. Er sammelt Erfahrungen als Chordirigent in Detmold und – verliebt sich. Hübsch ist sie,
jung ist sie und eine schöne Stimme hat sie auch: Agathe von Siebold, Arzttochter aus Göttingen. Allerdings ist alles ein wenig überstürzt gelaufen: 1858 verliebt er sich, Clara Schumann riecht was,
kommt mit Kindern (!) nach Göttingen zu Besuch, reist gekränkt
wieder ab, Brahms verlobt sich, um sich rasch darauf wieder zu
trennen: »Ich liebe Dich! Ich muss Dich wiedersehen! Aber Fesseln
tragen kann ich nicht!«, schreibt er Agathe. Er setzte dieser Liebe
allerdings ein grandioses Denkmal im G-Dur Streichsextett, das er
1864/65 komponierte und in dem er im ersten Satz Agathe als
a–g–a–h–e zum Seitenthema macht. Ab Mai 1859 bis 1862 war er
dann immer wieder in Hamburg, wo er insbesondere für den Hamburger Frauenchor komponierte, der ihm sehr gefiel, nicht nur
musikalisch, sondern auch privat. Diese Detmolder und Hamburger Zeit gab Brahms Gelegenheit, eine Menge auszuprobieren, was
er mit viel Vergnügen auch tat. Daneben bemühte er sich, seine
Werke verlegen zu können, was aber gar nicht so einfach war, obwohl er allmählich bekannter wurde. Der alte Herr Simrock hatte
noch den Schock des durchgefallenen ersten Klavierkonzerts in den
Knochen (1858 in Leipzig); sein Sohn Fritz, den Brahms in dieser
Zeit kennenlernte, war zwar der Moderne gegenüber wesentlich
aufgeschlossener, hatte aber im Verlag noch nicht so viel zu sagen.
Man könnte es so formulieren: er bereitet sich 1860 bis 1862 in
Hamburg auf den großen Sprung vor ... Das geht so weit, dass er sogar Sport treibt – auch ein schönes Bild: Brahms im Fitness-Studio
auf dem Aerobic-Brett! Zu welcher Musik?!? – und lernt Latein. Er
hegt aber auch große Hoffnungen: er rechnet damit, die Leitung
der Philharmonischen Konzerte zu erhalten, was einen doppelten
Effekt hätte: eine herausgehobene Stellung, und das auch noch im
geliebten Hamburg. Dass das nicht geklappt hat und statt seiner der
Sänger Julius Stockhausen diese Stelle erhielt, hat er grollend bis
ins Alter hinein den Hanseaten nachgetragen. Als dann, drei Jahre
vor seinem Tod, Hamburg ihm doch noch diese Stelle anvertrauen
will, schreibt er: »Es ist nicht vieles, was ich mir so lange und lebhaft
gewünscht hätte seiner Zeit – das heißt aber zur rechten Zeit! – es
hat auch lange gewährt, bis ich mich an den Gedanken gewöhnte,

andere Wege gehen zu wollen. – Wär's also nach meinem Wunsch gegangen, so feierte ich heute etwa ein Jubiläum bei Ihnen. Sie aber wären in dem gleichen Falle, wie eben heute, sich nach einer jüngeren, tüchtigen Kraft umsehen zu müssen. Möchten Sie diese finden und möchte sie mit so gutem Willen, passablen Können und ganzen Herzen bei ihrer Sache sein, wie es gewesen wäre – Ihr sehr und hochachtungsvoll ergebener J. Brahms.« Na, da hat er es den Fischköppen aber gezeigt! Ansonsten aber dirigierte er, gab Stunden und Konzerte und da blieb auch finanziell einiges übrig, so dass er bei der Abreise aus Hamburg für eine hübsche Anekdote sorgen konnte: »›Du, Vater‹, sagte Brahms, beim Abschiednehmen den Vater schelmisch betrachtend, ›wenn es Dir einmal schlecht gehen sollte, der beste Trost ist immer die Musik. Lies nur fleißig in meinem alten Saul, da wirst Du finden, was Du brauchen kannst.‹ Er hatte den Band reichlich mit Banknoten gespickt«, berichtet Florence May.

Brahms fuhr also nach Wien, am 8. September 1862 (zum ersten Mal), und schon passierte es: Just in dem Haus, in dem Mozart von 1784 bis 1787 wohnte, wo er »Figaros Hochzeit« und das Klavierkonzert in d-moll geschrieben hatte (das Brahms oft in Konzerten spielte), in dem man Haydn die Mozart'schen Haydn-Quartette vorspielte und in dem Beethoven Mozart vorgespielt haben soll, in diesem Haus also, das nun der Pianist Julius Epstein bewohnte, dort spielte im Oktober 1862 Joseph Hellmesberger, der berühmte Geiger, mit Brahms vom Blatt dessen g-moll Quartett. Und da soll Hellmesberger ausgerufen haben: »Das ist der Erbe Beethovens!« Da war es also heraus, das Wort, das lange Zeit zu einem Etikett für Brahms wurde. Auch wenn Hellmesberger sich später dafür entschuldigte – übrigens typisch wienerisch mit »No ja, der Wein ...!« – spricht aus diesem Satz auch eine gewisse Sehnsucht nach Weiterentwicklung, die diese Zeit hatte. Er wird in Wien gut aufgenommen und entdeckt dort eine zweite große Liebe: die Schrammelmusik. Zeitlebens hat Brahms für die Wiener Volksmusik geschwärmt und für die ungarische Damenkapelle im Prater. Das ist aber nicht erstaunlich: erstens ist es ja wirklich Musik, die sich getraut, schmalzig zu sein, die aber selten kitschig wird, zum anderen kennt man das ja, wenn die Norddeutschen einfliegen. Je s-teifer, desto träner, weil: bei dieser Musik sind sie fertig, wie jeder Heurigen-Musiker weiß. Er fährt nach diesem ersten Wien-Besuch zwar wieder zurück nach Hamburg, bekommt dort aber 1863 das Angebot, Chormeister der Wiener Singakademie zu werden. Er schreibt zurück: »Was von Wien kommt, klingt dem Musiker noch eins so schön, und was dorthin ruft, lockt noch eins so stark« – und nimmt an. Gut – es war dann nicht die pralle Pracht. Brahms war vielleicht etwas zu sehr Bach-Fan, als es die Wiener mochten; außerdem stand die Singakademie in hoffnungslos unterlegener Konkurrenz zum Singverein der Gesellschaft der Musikfreunde unter der brillanten Leitung von Johann von Herbeck (das war der Dirigent, der die »Unvollendete« von Schubert quasi entdeckte und zur Uraufführung brachte: vgl. »Andante Spumante«, S. 159 f.). Brahms konnte sich beim Chor nicht recht durchsetzen, sollte 1864 nochmal, jetzt für drei Jahre, gewählt werden, lehnte aber ab – was ein Glück! So richtig das Zeug zum Festangestellten hatte er nie, und das in jeder Hinsicht: er wollte weder beruflich noch privat jemals wirklich festangestellt sein!

Kompositorisch aber geht es jetzt steil bergauf. 1865 stirbt seine Mutter und Brahms komponiert das großartige op. 50, das »Deutsche Requiem«. Dann kommt im Jahr 1868 der verlegerische Durchbruch: Brahms veröffentlicht die »Ungarischen Tänze«, die ein ungeheurer Erfolg wurden und seinen Namen in aller Welt populär machten. Da gab es zwar Skandale, weil jeder bessere Zigeuner-Primás der »Komponist« sein wollte, der Brahms zu sein nie vorgab (er hatte deutlich in den Titel geschrieben, dass er sie »gesetzt«, also nicht komponiert hat) und der Weggefährte der ersten Konzerttournee 1853, Eduard Reményi, war der lauteste unter ihnen: alle wollten an den Tantiemen beteiligt sein. Brahms antwortete nicht auf diese Querelen, er gab 1880 zwei weitere Hefte heraus: »echte Zigeunerkinder, also nicht von mir gezeugt, nur mit Milch und Blut aufgezogen«, wie er betonte. 1872 fällt dann die endgültige Entscheidung zugunsten Wiens: im Herbst wurde er Leiter des Singvereins der Gesellschaft der Musikfreunde und Dirigent der Gesellschaftskonzerte. Er blieb das zwar nicht lang – wie gesagt: Festanstellungen waren seine Sache nicht – und trat 1875 von der Leitung des Singvereins zurück, worüber man vielleicht in Wien gar nicht mal so traurig gewesen ist, denn in seiner Ernsthaftigkeit hat er als Konzertgestalter und Dirigent die Wiener schon ein bisschen strapaziert. Fein ironisch schilderte das ein Zeitgenosse anlässlich eines Konzerts am 6. April 1873, bei dem Brahms unter anderem die Bach-Kantate »Liebster Gott, wann werd' ich sterben« aufführte und das Requiem von Luigi Cherubini: »Es fehlt in Wien nicht an einem Publikum, das die ernste Schönheit der Musik verehrt und aufsucht, aber hier so wenig wie anderswo pflegt man Konzerte eigens zu dem Zweck zu besuchen, um sich nacheinander protestantisch und dann katholisch begraben zu lassen!«

Damit nun waren die Weichen für das weitere Leben des inzwischen 39-jährigen gestellt. Seinem Vater schrieb er: »Ich muss mich endlich entschließen, meine Miete da zu bezahlen, wo ich wohnen will ... was soll ich in Hamburg? Außer Dir, wen verlange ich noch zu sehen? ... Kurz, ich sehe endlich ein, dass ich irgendwo einigermaßen zu Hause sein muss, und da meine ich, will ich mir's zum nächsten Herbst hier in Wien etwas gemütlich machen.« Und – aus rheinisch-kölscher Sicht wunderbar – ein paar Jahre später schreibt er etwas ironisch an seinen Freund Theodor Billroth zu der Frage, warum er eine Berufung nach Düsseldorf nicht angenommen hat: »Meine Hauptgründe dagegen sind auch kindlicher Natur und müssen verschwiegen bleiben. Etwa die guten Wirtshäuser in Wien, der schlechte grobe rheinische Ton (namentlich in Düsseldorf) und – und – in Wien kann man ohne weiteres Junggeselle bleiben, in einer kleinen Stadt ist ein alter Junggeselle eine Karikatur.« (zit. n. Otto Biba: »Brahms in Wien«, Hamburg 1983) Welch eine Genugtuung für Kölner Brahms-Freunde!

Brahms zog 1871 in die Wohnung Karlsgasse 4 im IV. Bezirk Wiens und blieb dort bis zu seinem Tode wohnen. Ab da beginnt das, was viele aus Brahms Leben kennen: die schöpferischen Phasen während der jeweiligen Sommeraufenthalte – und wo er überall sommers war: Bad Ischl, Lichtenthal bei Baden-Baden, Tutzing, auf der Insel Rügen, Thun, Pörtschach, Mürzzuschlag, insgesamt eine feine Auswahl –, sein Aufstieg zum anerkannten Ersten unter den deutschen Komponisten, die großen Werke ... Die neueste »Musik in Geschichte und Gegenwart« beschreibt das so: »Der Lebensweg von Brahms ist als kontinuierlicher Aufstieg in nahezu allen Bereichen, sozial, ökonomisch und künstlerisch, zu beschreiben, ein Aufstieg überdies, der als solcher und in der Art, wie er sich vollzog, ganz und gar mit den Maximen des bürgerlichen Zeitalters, in das er hineingeboren war, übereinstimmte. Er spiegelt gewissermaßen den damals herrschenden Fortschrittsglauben in der Konkretion [na ja!] des individuellen Vorankommens wieder; und die persönlichen Eigenschaften, welche den Komponisten die Leiter des Erfolgs mit nur wenigen Rückschlägen erklimmen ließen, waren die vom Bürgertum sanktionierten: Leistungswille, Selbstdisziplin, Fleiß und Sparsamkeit. Man hat Brahms zu Recht als einen in besonderem Maße bürgerlichen Künstler bezeichnet.« Gut – da vergisst Tante MGG, dass es auch eine heimliche Anarchie gibt, eine, die – wie bei Brahms – nicht direkt Ordnungen umstürzt, sondern die bestehenden Ordnungen beutelt und durcheinander schüttelt, um daraus Neues zu schaffen, worauf übrigens Arnold Schönberg als erster aufmerksam gemacht hat. In seinem Vortrag zum 100. Geburtstag von Brahms wies er 1933 darauf hin, dass die kühnen harmonischen Wendungen und die Neigung zum asymmetrischen

Periodenbau zeigen, dass Brahms in Wirklichkeit nicht der Konservative ist, für den ihn das 19. Jahrhundert hielt, sondern dass er ein fortschrittlicher Komponist war. Und 1946 schrieb Schönberg: »Als Brahms verlangte, dass der Pianist mit der einen Hand Duolen oder Quartolen spielen sollte, während die andere Hand Triolen spielte, missfiel dies den Leuten, und sie sagten, es mache sie seekrank. Jedoch war dies vermutlich der Anfang der polyrhythmischen Struktur vieler zeitgenössischer Partituren.« Brahms als Wegbereiter Schönbergs – sicher nicht auf den ersten Blick überzeugend, aber wenn man genauer hineinhört in die gewaltigen »tektonischen Platten« – komisch, dass sich Musikwissenschaftler gerne geologischer Ausdrücke bedienen! –, in die Dissonanzen, die Brahms gerne ins Blech komponiert, dann wird einem schon klar, auf wie subtile Art und Weise Brahms die ausgetretenen Pfade erneuert hat.

Er war auch in anderer Hinsicht einer der ersten »modernen« Komponisten: in wirtschaftlicher. Er lebte – die drei kurzzeitigen Festanstellungen mal außer Acht lassend – ausschließlich von Musik: von Konzerten, die er als Pianist und Dirigent gab und von den Einkünften aus dem Druck seiner Werke. Er zeigte, dass man auch in der bürgerlichen Welt, die keine Fürstenhöfe oder Erzbischöfe als Mäzene mehr kannte, aus eigener Kraft als Musiker leben konnte, ohne sich zu prostituieren. Auch darin, wie ich finde, ein Ansporn für die nachfolgenden Komponisten. Das kam auch seiner Persönlichkeit entgegen. Ungern in Abhängigkeiten lebend (bis hin zur Ehelosigkeit) kamen für ihn »Symbiosen« wie die zwischen Richard Wagner und Ludwig II. überhaupt nicht in Frage. Bezeichnend dafür ist die köstliche Ironie, mit der er zum Beispiel Georg II., dem Herzog von Meiningen, begegnete, wenn er ihm nach dem Morgenspaziergang zurief: »Ach Hoheit, ich habe vor dem Frühstück noch schnell einen kleinen Spaziergang durch die benachbarten Fürstentümer gemacht« – so gleichwertig fühlte er sich dem Oberhaupt eines, wenn auch kleinen Staates.

Übrigens: wie war das eigentlich mit dem Bart? Bis zum Jahre 1878 kennt man Brahms als blonden, langhaarigen jungen Mann. Ab 1878, da war er 45 Jahre alt, ließ sich der frisch gebackene Ehrendoktor der Universität Breslau einen Vollbart wachsen, von dem er sich nicht mehr trennte. Warum? Mode? Sicher auch. Marotte? Wäre ihm glatt zuzutrauen. Es scheint aber ein richtiger Entschluss gewesen zu sein. Von Joseph Viktor Widmann, dem Schriftsteller und Brahms-Freund aus der Schweiz, wird ein Satz überliefert, den Brahms zu diesem Thema gesagt haben soll: »Sonst sieht man aus wie ein Priester oder ein Komödiant.« Vielleicht wollte er tatsäch-

lich ernster aussehen; vielleicht wollte er sich auch nur von Wagner
unterscheiden; oder er war zu bequem, sich zu rasieren (sowas wie
Mach3 von Gillette gab es ja damals noch nicht!). Jedenfalls blieb er
beim Vollbart, auch wenn Eduard Hanslick darüber so spottete: »Er
gleicht jetzt einer seiner Variationen, in der man das Thema nur
mühsam erkennt«! Tatsächlich verlief sein Leben ab Wien – wenn
man das Äußere sieht – in ruhigen Bahnen. Der Dirigent und
Pianist macht Konzertreisen, der Naturliebhaber echauffierende
Spaziergänge bzw. Jogging-Ausflüge – wie Max Kalbeck, der erste
Brahms-Biograph, erzählt: »Da sah ich plötzlich vom Walde her
einen Mann über die Wiese auf mich zugelaufen kommen, den ich
für einen Bauern hielt. Ich fürchtete, verbotene Wege betreten zu
haben, und rechnete schon mit allerlei unangenehmen Eventualitä-
ten, als ich in dem vermeintlichen Bauern zu meiner Freude
Brahms erkannte. Aber in welchem Zustande befand er sich, und
wie sah er aus! Barhäuptig und in Hemdsärmeln, ohne Weste und
Halskragen, schwenkte er den Hut in der einen Hand, schleppte er
mit der anderen den ausgezogenen Rock im Grase nach und rannte
so schnell vorwärts, als würde er von einem unsichtbaren Verfolger
gejagt. Schon von weitem hörte ich ihn schnaufen und ächzen.
Beim Näherkommen sah ich, wie ihm von den Haaren, die ihm ins
Gesicht hingen, der Schweiß stromweise über die erhitzten Wangen herunterfloss. Seine Augen starrten geradeaus ins Leere und
leuchteten wie die eines Raubtieres – er machte den Eindruck eines
Besessenen. Ehe ich mich von meinem Schrecken erholte, war er
an mir vorbeigeschossen, so dicht, dass wir einander beinahe streif-
ten.«
Er hatte einen regelmäßigen Tagesablauf, aß gerne und viel –
wurde als Stammgast im »Roten Igel« diesbezüglich allerdings von
Bruckner übertroffen –, spielte gerne Karten, liebte Kinder über
alles, förderte Komponisten, die er für solche hielt, z. B. Dvořák,
und sorgte sogar dafür, dass auch Bruckner aufgeführt wurde, dessen Gegner er nie wirklich war. Ebenso wenig, wie er persönlich
Gegner Wagners oder Liszts war; dazu haben ihn nur die Schlachten der jeweiligen Anhänger gemacht. Der Dirigent Bernhard
Paumgartner erzählt z. B. über die feierliche Aussegnung Anton
Bruckners 1896 in der Karlskirche folgendes: »Mit allen Schlupf-
winkeln meines Reviers vertraut, war ich durch ein Seitenpförtchen
über die Sakristei in die Kirche geschlüpft. Unweit von mir stand zu
meinem Erstaunen, beinahe im Dunkel, von einem Pfeiler vor der
allgemeinen Neugierde versteckt, Johannes Brahms. Tränen ran-
nen ihm über die hageren, vom nahen Tod schon gezeichneten
Wangen in den Bart.«

Da hatte Brahms schon das Karzinom des Bauchspeicheldrüsenkopfes, das den Abfluss aus den Gallenwegen langsam zu blockieren begann, so dass sich daraus eine immer intensiver werdende Gelbsucht bildete, die schließlich zum Tode führte.»Morbus Brahms« nannten das die Wiener Ärzte noch lange nach seinem Tod. Am 7. März 1897 besuchte er das letzte Mal ein Konzert in Wien. Es wurde unter anderem seine Vierte Symphonie in e-moll gespielt. Hans Richter dirigierte. Richard Specht erinnert sich: »Hans Richter führt die Vierte Symphonie auf und macht in einer vollendeten monumentalen Wiedergabe die erste, lieblose und nachlässige Aufführung gut. Das Publikum tobt in Begeisterung. Aber da Richter nach der Loge zeigt, in der man jetzt erst den todblassen Brahms entdeckt, bricht ein Orkan los, der sich nach jedem Satz steigert; es ist ein betäubendes Rufen, Schreien, Klatschen, die Leute steigen auf die Sitze, um die Leidensgestalt des furchtbar verheerten Meisters besser zu sehen, man winkt ihm mit Tüchern und Hüten zu, immer wieder muss er an die Logenbrüstung treten, und am Schluss will der gewaltige Jubel überhaupt kein Ende mehr nehmen – die Menschen unten wissen, sie sehen Brahms zum letzten Mal, und Brahms weiß es auch.« Max Kalbeck ergänzt: »Es war wohl der größte Triumph, den Brahms in Wien erlebte.« Am Morgen des 3. April 1897, gegen halb neun Uhr, starb Johannes Brahms.

ENTSTEHUNGSZEIT
In den Jahren 1884 und 1885 verbrachte Brahms seine »Sommerfrische« in Mürzzuschlag, etwa 100 km südwestlich von Wien. Im ersten dieser beiden Sommer schrieb er den ersten und zweiten Satz, im zweiten Sommer die beiden anderen Sätze. Er selber sagte zunächst keinem was darüber, es sickerte aber doch durch, dass er an einer Vierten Symphonie arbeite. Vielleicht verriet ihn eine Stelle in einem Brief an seinen Verleger Simrock. Er schrieb am 19. August 1884: »Mein Kopist ist fleißig und schreibt alles mögliche für Sie – und andere. Sopran- und Alt-Lieder, vier Soloquartette mit Klavier, Chorlieder, Gesänge für Alt mit Bratsche, einen lustigen sechsstimmigen Chor mit Klavier. Mir scheint aber, ich nehme besseres Papier mit mehr Systemen.« Dieser letzte Satz war für Simrock der Hinweis, dass der Meister an einer neuen Symphonie sitzt und alle werden neugierig. Erst am 29. August 1885 kommt Brahms in einem Brief an Elisabeth von Herzogenberg auf die Vierte zu sprechen, da war sie wahrscheinlich schon fertig: »Dürfte ich Ihnen etwa das Stück eines Stückes von mir schicken, und hät-

ten Sie Zeit, es anzusehen und ein Wort zu sagen? Im Allgemeinen sind ja leider die Stücke von mir angenehmer als ich, und findet man weniger daran zu korrigieren?! Aber in hiesiger Gegend werden die Kirschen nicht süß und essbar – wenn Ihnen das Ding also nicht schmeckt, so genieren Sie sich nicht. Ich bin gar nicht begierig, eine schlechte Nr. 4 zu schreiben.« Und an den Freund und Dirigenten Hans von Bülow schreibt er unter anderem im September 1885: »leider ist es mit dem Klavierkonzert, das ich gerne geschrieben hätte, nichts Rechtes geworden. Ich weiß nicht, sind die beiden vorigen zu gut oder zu schlecht, aber sie sind mir hinderlich. Ein paar Entr'actes aber liegen da – was man so zusammen gewöhnlich eine Symphonie nennt.« Ist das Bescheidenheit oder Unsicherheit? Scherzhafte Koketterie jedenfalls ist da nicht zu spüren. Vielleicht wollte er dieses jüngste Kind nicht ungeschützt in die Welt lassen, wer weiß.

URAUFFÜHRUNG
Wie schon bei der zweiten und dritten Symphonie, stellte Brahms auch seine Vierte erst mal privat in Wien seinen Freunden vor – in einer Fassung für Klavier zu vier Händen. Er spielte wieder – wie bei der Vorstellung der zweiten Symphonie – mit Ignaz Brüll. Eduard Hanslick, der begnadete Musikkritiker und Theodor Billroth, der Brahms-Freund und Chirurg, auch ein Musikkenner von hohem Rang – als junger Student hatte er in Göttingen sogar Jenny Lind bei Konzerten begleitet –, durften umblättern. Außerdem waren anwesend: der Dirigent Hans Richter, der Musikkritiker Gustav Dömpke, der Klavierbauer Friedrich Ehrbar, in dessen Räumen alles stattfand, und Carl Ferdinand Pohl, der sich als Autor einer Haydn-Biographie einen Namen gemacht hat. Max Kalbeck, ebenfalls anwesend, berichtet: »Es war alles wie vor zwei Jahren bei der Probe zur Dritten Symphonie und doch wieder ganz anders. Nach dem wundervollen Allegro, einem der gehaltreichsten, aber auch gedrungendsten und knappsten Brahms'schen Sätze, erwartete ich, dass einer der Anwesenden wenigstens in ein lautes Bravo ausbrechen würde. Meine Wenigkeit glaubte damit den älteren und berufeneren Freunden des Meisters nicht vorgreifen zu dürfen. Richter murmelte etwas in seinen blonden Bart hinein, was Weithörigen für einen Ausdruck der Zustimmung gelten konnte, Brüll räusperte sich und rückte schüchtern und verlegen auf seinem Sessel hin und her, die anderen schwiegen hartnäckig, und da auch Brahms nichts sagte, so trat eine ziemlich lähmende Stille ein. Endlich gab Brahms mit einem knurrigen: ›Na, denn man weiter!‹ das

Zeichen zur Fortsetzung, da platzte Hanslick nach einem schweren Seufzer, als ob er sich erleichtern müsste, und doch fürchtete, zu spät zu kommen, noch schnell heraus: ›Den ganzen Satz über hatte ich die Empfindung, als ob ich von zwei schrecklich geistreichen Leuten durchgeprügelt würde.‹ Alles lachte, und die beiden spielten fort. Das fremdartig klingende, melodiegesättigte Andante gefiel mir ausnehmend gut, und ich ermannte mich, da wieder keiner mit der Sprache herausrückte, zu irgendeiner dröhnenden Banalität, die womöglich noch unangenehmer wirkte als das beängstigende Stillschweigen. Das verstruwwelte, grimmig-lustige Scherzo aber kam mir in dem Verhältnis zu den vorhergegangenen Sätzen allzu unbedeutend vor, und der gewaltige Passacaglia des Finales, die Krone aller Brahms'schen Variationensätze, schien mir kein rechter Abschluss für die Symphonie zu sein. Obwohl der freundliche Eigentümer des Etablissements hinterher bei einem opulenten Nachtmahle in liebenswürdigster Weise den Wirt machte, auch noch mancherlei Anmutiges in Scherz und Ernst vorgebracht wurde, kam es doch zu keiner, der Weihe des Abends würdigen Stimmung. Jedem von uns schien etwas Unausgesprochenes auf dem Herzen zu liegen, das nicht herunter wollte. Als ob wir uns verabredet hätten, über alles, nur nicht über die Symphonie zu sprechen, umgingen wir den heiklen Gegenstand und begnügten uns damit, den Autor hochleben zu lassen.«

Am 25. Oktober 1885 kam es dann in Meiningen – bei Herzog Georg II., der übrigens Vorläufer von Konrad Adenauer war, weil er in Cadenabbia am Lago di Como, wo Adenauer Boccia spielte, die Villa Carlotta gebaut hat; sollten Sie mal da sein: unbedingt angucken, ist einmalig! – zur Uraufführung und zwar mit vollem Erfolg. Brahms selbst dirigierte das Meininger Hoforchester und ging mit ihm anschließend auf Tournee, um seine Vierte aufzuführen: am 3. November 1885 in Frankfurt, am 6. in Essen, am 8. in Elberfeld, am 11. in Utrecht, am 13. in Amsterdam, am 14. in Den Haag, am 21. in Krefeld, am 23. in Köln und am 25. November in Wiesbaden.

ERFOLG

Allen Aufführungen war großer Erfolg beschieden. Das Publikum war begeistert und die Presse ebenso. Man erkannte die Bedeutung der Vierten als wichtigem symphonischen Werk. Einen – neben den großartigen Lobeshymnen auf die Symphonie – hübschen Schlenker machte der Rezensent der »Neuen Musikzeitung« (Köln), der schrieb: »Wie in seinen großen Werken überhaupt, liegt indes auch im Wesen dieser bedeutungsvollen Novität eine gewisse

Unnahbarkeit; nicht leicht und nicht auf den ersten Blick erschlie-
ßen sich uns ihre Schönheiten und beim Anhören derselben ist uns
das von Louis Ehlert in Bezug auf Brahms gebrauchte Wort eingefallen: ›Er schreibt nicht für das Volk, er schreibt für ein Parterre
von Königen.‹«

ANEKDOTEN
Bei so ernster Musik gibt es nichts zu lachen! Oder doch? Die erste
Aufführung der Vierten in Wien unter Hans Richter war eher ein
Flop. Zu wenig Proben etc. pp. führten zu einer laschen Auffüh-
rung, die durchfiel. Hugo Wolf war der geniale Wortführer der
Brahms-Gegner in Wien. Er schrieb immer wieder bissige Verrisse,
die Brahms im »Roten Igel« gerne seinen Freunden genussvoll vor-
las. Sätze wie »Dr. Brahms hat es zur Meisterschaft gebracht im
Komponieren ohne Gedanken« machten als Aphorismen Wolfs in
Wien die Runde. Den Brahms-Gegnern fiel natürlich auch zur Vierten etwas ein, und zwar zum ersten Satz, der eigentlich bloß aus
absteigenden Terzenschritten bestünde, nämlich (zur Melodie zu
singen): »Es fiel – ihm wie – dermal – nix ein!«

WERK
Sätze
Allegro non troppo – Andante moderato – Allegro giocoso/Poco meno pres-
to – Allegro energico e passionato/Più Allegro

Dauer
ca. 40 Minuten

Besetzung
2 Flöten
2 Oboen
2 Klarinetten
2 Fagotte
1 Kontrafagott
4 Hörner
2 Trompeten
3 Posaunen
Pauken
Triangel
Violinen I und II
Bratschen
Violoncelli
Kontrabässe

HITS

Also mit so sperrangelweit aufgerissenem Mund vor lauter Ratlosigkeit wie die Freunde bei der vierhändigen Klavier-Uraufführung
müssen wir vor dieser Symphonie nicht mehr sitzen. Sie wussten ja
ob der Kühnheit dieser symphonischen Architektur wirklich erstmal gar nicht, was sie sagen sollten. Uns scheint es heute fast unverständlich, dass Max Kalbeck am Tag danach Brahms den Vorschlag
machen konnte, den vierten Satz als Passacaglia gesondert zu veröf-
fentlichen, den dritten Satz wegzulassen und dafür zwei neue Sätze
zu schreiben, die weniger quer im Ohr liegen. Für so gute Ohren
wie die von Eduard Hanslick kann ich zur Entschuldigung für seine
Verlegenheit nur anführen, dass es schon etwas komisch klingt,
wenn man ausgerechnet diese Symphonie vierhändig vorgeklim-
pert bekommt. Ich weiß, wovon ich spreche, ich habe diese Version
noch im Ohr. Da schwellen natürlich keine Streicher, die Farben
sind wie die Tasten: schwarz und weiß und das war es dann. Also
brillant war in Bezug auf diese Symphonie die Idee sicher nicht, sie
in dieser Fassung vorzustellen. Sei's drum, es hatte ja keine Folgen
und Brahms hat die Sätze zum Glück alle da gelassen, wo sie hinge-
hören. Auch wenn man spätere Literatur kennt, tut man gut daran,
sich die Vierte öfters anzuhören, denn die Architektur ist schon
gewaltig (und ich bin der letzte, der behaupten könnte, sie zu durchschauen).

Dieses Feld überlassen wir aber den Profis, gucken wir doch, was es
sonst so an Schönem in dieser Symphonie gibt:

Da wäre natürlich schon mal der Anfang zu nennen, der aus dem
Nichts kommt, fast so ein bisschen nach dem Motto: »Dann fangen
wir schon mal an, mal sehen, was draus wird« – und kaum hast du
das gedacht, bist du auch schon mittendrin.

Eine überaus witzige Stelle ist Takt 80 folgende: Holz und Streicher
im pizzicato ›reden‹ miteinander quasi im verzögerten Nachschlag:
wie uns da Beethoven plötzlich anzwinkert, quasi mit umgebunde-
nem Brahmsbart, finde ich überaus geistreich.

Ab Takt 394 (nach ca. elf Minuten) variiert das gesamte Orchester
das Thema vom Anfang im Fortissimo – ein einziger Rausch!

Dass der Beginn des zweiten Satzes ein Hit ist, ist keine Frage –
darüber hinaus aber bitte ich Sie, bei diesem Satz mal darauf zu achten, wie Brahms Klarinetten und Hörner einsetzt. Mir laufen da
immer wieder wohlige Schauer den Rücken hinunter.

Dann ab Takt 41 (ca. dreieinhalb Minuten nach Beginn): die Violoncelli spielen das zweite Thema, eingebettet in den sattesten Streichersatz, den man sich vorstellen kann, das dann ab Takt 88 (nach
ca. acht Minuten) wieder aufgenommen wird: Johannes, Hut ab!

Den dritten Satz als Allegro »giocoso« zu bezeichnen, ist eine typische Brahms-Untertreibung. Die Rasanz, mit der es losgeht, um schon beim fünften Takt in ein gewaltiges Loch zu fallen, ist überwältigend, wie der ganze dritte Satz.

Der vierte Satz ist ein Variationensatz, greift also eine ehrwürdige alte musikalische Form wieder auf: die Passacaglia. Es macht Freude, wenn man mal den ganzen Satz durch schaut, was die Bässe machen, sie sind nämlich das Fundament einer Passacaglia und Brahms hält sich da richtig brav an die Bach'schen Vorgaben, allerdings auf seine Weise und nicht durchgehend. Bei den Bässen kann man aber die Stabilität dieser Figur verfolgen – falls einen das »Drumherum« verwirren sollte.

Die vierte Variation (ab Takt 34, nach ca. einer Minute) gehört zu meinen Favoriten ebenso wie die zwölfte (ab Takt 97, ca. drei Minuten) mit dem wunderschönen Flöten-Solo und die dreizehnte (ab Takt 113 bzw. nach ca. vier Minuten), die in den langen Staccati schon sehr an die »Follìa« der alten Italiener erinnert, aber *pianissimo*, von Fagotten und Posaunen vorgetragen und sanft von Bratschen und Celli nach oben arpeggierend begleitet.

FLOPS

Natürlich ist es ein Mega-Flop, dass Brahms das Thema im ersten Satz in zeitgeistiges Moll gesetzt hat. Wieviel schöner wär's mal eben, wenn wir das in Dur erleben – könnten! Pfeifen Sie das Thema doch mal in Dur, Sie werden sehen, wieviel Spaß das macht (Anmerkung: Dur ist das, was immer fröhlich klingt, äh, oder doch nicht?).

Ansonsten aber: nirgends auch nur der kleinste ›Hänger‹ in Sicht. Diese Symphonie erfordert eine ganzheitliche Entscheidung von Ihnen: entweder Sie gehen ins Konzert und hören sie sich an oder Sie bleiben zu Hause. Bei der Vierten gibt es keine »Das-Überschlafe-Ich-Mal«-Stelle. Nirgends!

OBACHT

Hier gilt das, was ich schon bei der Zweiten gesagt habe: nur exzellente Orchester dürfen sich an dieses Werk wagen. Heikle Stellen zuhauf und ständig. Ich hatte mal das Vergnügen – es ist aber nicht wirklich eines –, die Vierte von einem Laienorchester (mit professioneller Verstärkung aus der benachbarten Großstadt) erleben zu dürfen. Abgesehen davon, dass ich mich heute noch frage, welcher Teufel da den Orchestervorstand geritten haben mag, Brahms aufs

Programm zu setzen, ist es schon ein umwerfendes Erlebnis, hören
zu dürfen, wie alles aus dem Ruder geht. Hätte man davon eine Aufnahme: ich schwöre Ihnen, kein Profi-Musiker würde »die Melodie
erraten«! Übrigens: schade, dass es so eine Sendung im Fernsehen
nicht mehr gibt, oder?!

ES MEINEN

Hans von Bülow nach der ersten Probe der Vierten vor ihrer Uraufführung:
»Eben aus Probe zurück. Nr. IV riesig, ganz eigenartig, ganz neu,
eherne Individualität. Athmet beispiellose Energie von a bis z.«
Richard Strauss (der 1885 gerade die Stelle des 2. Kapellmeisters
beim Meininger Hoforchester angetreten hatte):
»Es ist schwer, alles das Herrliche, was dieses Werk enthält, mit
Worten zu definieren, man kann nur immer wieder andächtig zuhören und bewundern.«

BEIKIRCHER RÄT

ANLASS
Die Vierte ist besser als jede andere Symphonie dazu geeignet,
dann gespielt zu werden, wenn ein Orchester bei den Politikern der
Stadt oder des Landes um weitere Subventionen oder um Stellen-
anhebungen kämpfen muss: kein Politiker getraut sich was gegen
Brahms zu sagen, kaum einer kennt das Werk, aber alle zusammen
haben den Eindruck, dass Orchestermusiker ein verteufelt schwerer Beruf sein muss, der offensichtlich unterbezahlt ist. »Wenn die
etwas, was keiner versteht, so spielen können, dass es schön klingt,
dann muss man ihnen das Geld genehmigen« ist der Gedanke, den
man mit dieser Symphonie in Politikerköpfe zwingen kann.

NUTZUNG
Wenn Sie nur Dummgrütze im Kopf haben, *das* aber immerhin
wissen und deshalb im zwischengeschlechtlichen Leben sich für
das vornehme Schweigen entschieden haben (wozu ich Ihnen nur
gratulieren kann!), dann tun Sie gut daran, wenn die Angebetete
endlich Mal bei Ihnen zu Hause ist, die Vierte aufzulegen. Sie wird
dann sicher davon überzeugt sein, dass Sie über hohe innere Werte
verfügen und ein so turbulentes Gefühlsleben haben, dass es besser
ist, zu schweigen, das Licht auszumachen und sich Ihnen hinzuge-
ben. Das werden Sie dann wohl noch bringen, oder?!

AUTO
Die Vierte gehört in Autos, die intellektuell sind, aber dennoch über einen gewissen Komfort verfügen (dazu passen nämlich die ungeheuer satten Streicherklänge). Ich denke da an Saab, Volvos älterer Baujahre oder den alten BMW V8. Über Lexus ließe sich eventuell noch streiten – ich bin ihn nie gefahren.

PAUSEN-TALK
»Was sind eigentlich Quartolen?«
»Wenn Sie sie ausgetrunken haben, werden Sie's schon wissen!«

FRAUEN
»Schade, dass Brahms nie verheiratet war.«
»Glauben Sie, dass er dann so was geschrieben hätte?«
»Nein, aber diese Energie könnte ich zu Hause gut gebrauchen!«

MÄNNER
»Ab der 30. Variation im letzten Satz habe ich aufgehört zu zählen.«
»Und wie fanden Sie's?«
»Kann ich nicht sagen, ich war am Zählen.«

BEWERTUNG

Technik	🎺🎺🎺	und ein Schweißtuch
Gesamt	♪♪♪	Eines der kompaktesten symphonischen Werke der gesamten Literatur, das eine Epoche abschließt und zugleich neue Wege weist.

Johannes Brahms
1833–1897

*Konzert Nr. 2 für Klavier und Orchester
in B-Dur op. 83*

»Dieses Werk ist eines der allerbesten von Brahms.
Er selbst spielt es etwas schlampig –
Bülow spielt es sehr schön.«
(Franz Liszt, 1885)

Wie war denn nun Johannes Brahms als ausübender Musiker, als Pianist und Dirigent? Von Joseph Joachim, dem großen Geiger, gibt es immerhin eine frühe Schallplatten-Aufnahme, aus der man hinter dem Rauschen ahnen kann, wie seine Tongebung etc. wohl gewesen sein muss. Von Edvard Grieg haben wir Welter-Mignon Aufnahmen, denen wir entnehmen können, wie »kitschig« (für unsere Ohren heute) er seine Salonstücke auffasste. Von Johannes Brahms haben wir so was auch, wenn auch nur in quasi homöopathischer Dosierung: 1889 machte er eine Phonographen-Aufnahme. Er spielte Takt 13 bis Takt 72 des ersten »Ungarischen Tanzes« in freier Bearbeitung und 41 Takte der Josef-Strauß-Polka »Die Libelle«, auch das in freier Form. Das gibt es übrigens auf CD (»Tondokumente aus dem Phonogrammarchiv: Historische Stimmen aus Wien. Vol. 5: Brahms spielt Klavier. Aufgenommen im Hause Fellinger 1889. The Re-recording of the Complete Cylinder«, Wien, 1997 – für den Fall, dass Sie sich das besorgen möchten). Man hört auf dieser Aufnahme, wie rhythmisch-differenziert Brahms spielte, wobei auffällt, dass er Akkorde gerne bricht – was von vielen Zeitgenossen berichtet wird – und dass er die linke Hand immer etwas vor der rechten Hand spielen lässt, was er aber mit seinen Zeitgenossen gemeinsam hat.

Wobei schon mal auf etwas hinzuweisen wäre: Brahms hat als professioneller Konzertpianist immer wieder Konzerte gegeben; das aber heißt, dass man ungeheuer viel Zeit zum Üben aufbringen muss. Wann hat er das getan, wo er doch als Komponist immerhin einiges zu tun hatte? Man weiß zwar, dass er in der Düsseldorfer Zeit (1853 bis 1857) sein Klavierspiel in technischer Hinsicht perfektionierte (das war ja die Zeit, in der er nicht allzu viel komponierte), aber wie das später war, ist unklar. Und er muss geübt haben, sonst wäre der letzte Satz vom d-moll Klavierkonzert oder der erste vom B-Dur Konzert gar nicht zu bewältigen. Extreme technische Schwierigkeiten sind da zu überwinden, mit paarmal am Tag ein paar Skalen rauf und runter ist das bei Gott nicht getan. Er muss also, wollte ich damit sagen, auch eine ungeheure pianistische Begabung gewesen sein, was es ja gibt. Ich kenne einige Pianisten, denen geht es so: sie spielen ständig im Kopf vor sich hin – und zwar genau. Die kannst du aus dem Tiefschlaf wecken und sie sagen dir: »Moment, ich muss grad noch umblättern.« Die müssen dann natürlich jemanden an ihrer Seite haben, der ihnen den Frack anzieht – sie würden sonst glatt im Pyjama das Konzertpodium betreten! Also: man weiß es nicht. Weil ich ein Verehrer von Eugenie Schumanns (Roberts Tochter) »Erinnerungen« bin, möchte ich sie als erste erzählen lassen, wie Brahms als Pianist war: »Brahms seine eigenen Sachen spielen zu hören, war, wenn auch nicht immer befriedigend, so doch stets im höchsten Grade interessant. ›Eine geistreiche Skizze‹ nannte einmal Marie [die älteste Tochter Schumanns] treffend sein Spiel des B-Dur Konzerts. Die Themen spielte er sehr eindringlich mit eigentümlich verschobenem Rhythmus; alles Begleitende warf er nur so hin, so dass merkwürdige Licht- und Schattenwirkungen entstanden. Spielte er leidenschaftliche Stücke, so war es, als führe ein Sturmwind durch Wolken, mit kühner Unbekümmertheit herrliche Verheerung anrichtend. Bei solcher Gelegenheit empfand man, wie wenig ihm das Instrument genügte. Vom klavierkünstlerischen Standpunkt aus konnte sein Spiel nie befriedigen, ja, ich habe ihn einmal das Es-Dur Quartett meines Vaters völlig ungenießbar spielen hören. Aber das war ein Ausnahmefall; im allgemeinen beschränkte er sich in späteren Jahren auf das Spiel seiner eigenen Sachen, und dabei kam es ihm nicht auf technische Vollendung an. Einmal spielte er bei uns seine d-moll Sonate für Klavier und Violine. Da ist am Ende des dritten Satzes ein ›Tranquillo‹, und unsere Mutter sagte immer, da gehe man am Schluss wie auf Eiern. Marie und ich waren nun sehr gespannt, wie Brahms über die Stelle hinwegkommen würde, ohne sich zu verheddern. Aber siehe da, es ging ganz leidlich, denn er nahm das ›Tranquillo‹ so unglaublich langsam, dass ihm nichts passieren konnte. Vergnügt lächelten wir uns zu: Der geht auch auf Eiern, dachten wir.«

Dieser feinen Schilderung muss natürlich ein Kontrapunkt folgen. Anton Rubinstein traf in Hannover Anfang 1856 Johannes Brahms. Rubinstein spielte da unter Joseph Joachims Leitung eigene Werke und hörte auch Brahms spielen. Am 2. Februar schrieb er an Liszt:

»Was Brahms angeht, so kann ich den Eindruck, den er auf mich gemacht hat, nicht genauer bestimmen als: für den Salon ist er nicht anmutig genug, für den Konzertsaal nicht wild genug, für das Land ist er nicht einfach genug, für die Stadt nicht aufgeschlossen genug – in solche Naturen habe ich wenig Vertrauen.« Na, na, Herr Rubinstein, bei allem Respekt vor der Tastenlöwenmähne – das ist mir nicht bescheiden genug!

Nun hatte er auch eine Eigenart, die als Unart verpönt ist, auch wenn Glenn Gould sie ebenfalls hatte: »seiner damaligen Gewohnheit gemäß summte er, vor innerer Erregung bebend, die Melodie halblaut mit und hielt das Haupt tief über die Tasten gebeugt«, schreibt Albert Dietrich über den jungen Brahms in Düsseldorf. Und du sitzt davor und weißt nicht, wie du dich entscheiden sollst: gegen die Stimme oder für das Klavier. Als ich in Bozen das erste Mal Glenn Gould spielen hörte – er war Ende der 50er und Anfang der 60er Jahre regelmäßiger Gast dort –, habe ich mich zusammen mit meinen Konservatoriumskollegen in pubertärer Arroganz totgelacht über seine Haltung beim Spielen (wir sprachen ab da nur noch vom »Orang-Utan«) und sein halblautes Gesumme.

Nun muss man natürlich sehen, dass Brahms immer mehr eigene Werke spielte, also in einer Doppelfunktion auftrat: als Komponist und als Pianist. Da hört das Publikum vielleicht mit etwas anderen Ohren zu, weil einen weniger interessiert, ob da noch ein paar Noten unterm Flügel herumliegen, und mehr, wie der Komponist selber sein Werk interpretiert. Brahms muss als Pianist jedenfalls immer ganz bei der Sache gewesen sein. Richard Specht schildert das so: »Der ganze Mensch war in diesem Spiel – und das ganze Werk; man ›hatte‹ es von da an, unwiderruflich. Es war bei aller Verhaltenheit ein Singen und Wühlen, ein Lichtergleiten und Schattenhuschen, ein Lohen und Verglimmen, ein schamhaft männliches Fühlen und eine selbstvergessene, romantische Leidenschaft in diesem Spiel, wie ich es in solch unmittelbar persönlicher Art bei keinem anderen erlebt habe.« Brahms' Ruf als Pianist war dennoch schon früh so gefestigt, dass er von den Einnahmen aus den Konzerten leben konnte und wenn es mal finanziell eng wurde, wie z. B. in der zweiten Hälfte der 60er Jahre, konnte er – gerne mit Joseph Joachim – bei Konzertreisen mit gut gefüllten Sälen rechnen. Er hatte es mit zunehmendem Alter allerdings immer weniger nötig. Die Einnahmen aus den Veröffentlichungen waren beträchtlich: hatte er bis 1867 für die Rechte an einem Werk 100 bis 300 Mark von seinen Verlegern bekommen, stiegen die Summen ins Beträchtliche, bis sie sich auf 15.000 Mark bei den Symphonien beliefen. Dann tat er aber noch was: er ließ seinen Verleger Fritz Sim-

rock sich seines Geldes annehmen, der es in zinsträchtige Bank-
geschäfte anlegte. Somit hatte Brahms eine praktisch sorgenfreie
zweite Lebenshälfte.

Als Dirigent bestach Brahms durch seine Souveränität. Selbst wenn
er die linke Hand in der Hosentasche stecken ließ, war er immer
Herr des Geschehens. Hans von Bülow, selber einer der großen
Dirigenten seiner Zeit, sagte, dass er mit Ausnahme von Richard
Wagner keinen Dirigenten kenne, der so mitreißend zu dirigieren
verstünde wie Brahms. Und: er war kein Metronom-Fetischist. In
Bezug auf Metronom-Fragen beim »Deutschen Requiem« schrieb
er 1880 an Georg Henschel: »Ich denke, auch bei aller andern
Musik gilt das Metronom nicht! So weit wenigstens meine Erfahrung reicht, hat noch jeder die angegebenen Zahlen später wider-
rufen. Die, welche sich bei meinen Sachen finden, sind von guten
Freunden mir aufgeschwätzt, denn ich selbst habe nie geglaubt,
dass mein Blut und ein Instrument sich so gut vertragen.« Und
etwas später schrieb er an seinen Freund Alwin von Beckerath zum
selben Thema: »In Ihrem Fall aber, wo es sich nicht um Kopf und
Kragen handelt, kann ich Ihnen recht wohl ein Abonnement auf
Metronom-Angaben eröffnen. Sie zahlen mir was Gut's und ich lie-
fere Ihnen jede Woche – andere Zahlen; länger nämlich wie eine
Woche können sie nicht gelten bei normalen Menschen!« Von
daher war er auch großzügig, wenn es um die Interpretation seiner
Werke durch andere ging: »Machen Sie es wie Sie wollen, machen
Sie es nur schön«, soll er, wie Fanny Davies berichtet, gesagt haben,
als er gefragt wurde, wie eine Stelle zu spielen sei.

ENTSTEHUNGSZEIT

Wie man seit kurzer Zeit weiß, gibt es zwei Kalendereintragungen
von Johannes Brahms, die mit dem Klavierkonzert zu tun haben.
Am 6. Mai 1878 steht: »6. Mai Clavier-Concert B dur« und im Juni
1881 nochmal: »Clavierconcert B dur«. Weil man mehr nicht weiß,
weiß man nicht mehr; also wann z. B. Brahms was für dieses Konzert komponiert hat. Niedergeschrieben hat er das Werk dann von
Mai bis Juli 1881 in Pressbaum im Wienerwald, in der Villa von
Frau Heingartner, Brentenmaisstraße Nr. 6. Er war gerade von der
Italienreise zurückgekommen, die er mit Theodor Billroth vom
25. März bis zum 7. Mai 1881 unternommen hatte und weil er während dieser Reise seinem Freunde gegenüber kein Sterbenswort
von einem zweiten Klavierkonzert erwähnte, geht man in der Forschung davon aus, dass Brahms zwar sicherlich Skizzen hatte, das
Konzert aber tatsächlich in der kurzen Zeit vom 22. Mai bis 7. Juli

1881 geschrieben hat. Er muss mit der Arbeit sehr zufrieden gewesen sein, denn wieder begegnen wir seinem witzig-koketten Understatement. An Elisabeth von Herzogenberg schrieb er am 7. Juli 1881: »Erzählen will ich, dass ich ein ganz ein kleines Klavierkonzert geschrieben mit einem ganz einem kleinen zarten Scherzo. Es geht aus dem B dur – ich muss leider fürchten, dieses, sonst gute Milch gebende Euter, zu oft und stark in Anspruch genommen zu haben.« Und Theodor Billroth kündigte er »ein paar kleine Klavierstücke« an. Billroth war begeistert und spielte bei Gelegenheit auch gleich Fritz Simrock was vor, der sehr »optisch« reagierte und Brahms am 27. Juli 1881 schrieb: »Billroth spielte mir gleich das – famos heroische – Thema des neuen Klavierkonzerts vor – wie hübsch muss das ›gestochen‹ aussehen!! Ich freue mich sehr darauf und hoffe, Sie lassen mich bald damit beginnen.«

URAUFFÜHRUNG

Noch im Juli 1881 überlegte Brahms, das Konzert in Meiningen aufzuführen. Dort war Hans von Bülow Hofmusikintendant, ein großartiger Pianist und einer der ersten großen Dirigenten seiner Zeit. Bülow hatte im Februar 1881 in Wien einen Konzertabend mit den fünf letzten Beethoven-Sonaten gegeben und Brahms von seiner neuen Stellung in Meiningen erzählt, insbesondere aber davon, dass in Meiningen größter Wert auf solide Probenarbeit gelegt wird – was schon für damals etwas Besonderes war, heute wagt man sowas ja gar nicht mehr zu hoffen! Dabei bot er Brahms an, sich jederzeit dieses Orchesters bedienen zu können, um neue Werke auszuprobieren. Darauf kam Brahms im Juli 1881 zurück und schrieb Hans von Bülow: »Ich muss Ihnen mit einigen Worten sagen, dass ich derzeit viel an Sie und an Ihren freundlichen Vorschlag denke, gelegentlich in Meiningen gründliche Proben zu halten. Die Gelegenheit wäre da, aber es ist ein Clavierconcert, das diese Proben nötig hätte! Da kommt mir aber zu etwaigen andern bescheidenen Bedenken noch die bedeutende Scheu, gerade Ihnen ein solches Stück ›vom Blatt‹ vorzuspielen. Sie kennen ein wenig mein etwas sonderbares Verhältnis zum Clavier und als Clavierspieler, jedenfalls kennen Sie aber auch meinen Respekt vor Ihnen!« Trotz dieses Respekts vor dem Pianisten Bülow einigte man sich darauf, ab 17. Oktober zu proben. Schon am 12. Oktober hatte Brahms seinen Freunden Billroth, Hanslick, Richter und Kalbeck in der uns mittlerweile bekannten Wiener Klavierhandlung von Friedrich Ehrbar – quasi in Friedrich's Piano-Bar! – das Konzert vorgespielt, Ignaz Brüll spielte den Orchesterpart, Brahms den

Solopart. Er probte dann in Meiningen mit Hans von Bülow bis zum 22. Oktober. Der schrieb am 20. Oktober 1881 an Hermann Wolff: »Sein neues Clavierconcert ist aller aller ersten Ranges, klingt wundervoll – nb. er spielt's unnachahmlich schön – mit einer Klarheit, Präzision und Fülle, die ihm bekanntlich die ›Kritik‹ nicht zuerkennen will, die mich aber um so mehr überrascht haben. Enfin – er hat Aller Eroberung im Sturme gemacht ...«
Die öffentliche Uraufführung fand dann am 9. November in Pest statt. Alexander Erkels war der Dirigent, Johannes Brahms der Solist. Die deutsche Erstaufführung war am 22. November in Stuttgart, dann am 27. November in Meiningen unter Hans von Bülows Leitung.

ERFOLG
Zwei einander widersprechende Kritiken.
Eduard Hanslick schrieb nach dem Konzert vom 26. Dezember 1881 in Wien: »Was Brahms den Wienern diesmal an den Christbaum gehängt, ist eine Perle der Concertliteratur. Das B-Dur Concert ist in strengerem Sinne, als dies auch von anderen Concerten behauptet wird, eine große Symphonie mit obligatem Clavier. Es verdient diese Bezeichnung nicht bloß mit Rücksicht auf die ungewöhnliche Anzahl von vier Sätzen [statt der üblichen drei], sondern noch mehr wegen der vollständigen Durchdringung des Orchesters mit der Clavierstimme, welche auf jeden Monolog verzichtet und nur mit wenigen Tacten Solo in jedem Satz heraustritt, durchweg als Erster unter Ebenbürtigen. Mit einem einfachen, aber ungemein gestaltungsfähigen und prägnanten Motiv beginnt das Waldhorn allein den ersten Satz, ein Allegro non troppo im Viervierteltact. Dieses knappe Hauptmotiv entwickelt im Verlaufe des ganzen Satzes einen ungeahnten Reichtum, nicht etwa nach den trockenen Recepten einer schulmäßigen Kunst, sondern in lebendigem Blühen und Wachsen. Bewusste Kraft und heiterer überlegener Ernst bilden den Grundton dieses ausgeführtesten aller vier Sätze. Es folgt der kürzeste und energischeste Satz des Concerts, ein wild aufschäumendes Allegro passionato in d-moll, kein eigentliches Scherzo, aber dessen Stelle vertretend, worin eine fast verwegene Bravour sich kampflustig tummelt. Ein gesangvolles Violoncell-Solo leitet den dritten Satz, ein Andante in B-Dur, ein; das Clavier gönnt ihm Zeit, sich auszubreiten, und windet dann um so reichlicher die zierlichsten Tonguirlanden um den Gesang des Orchesters. Das Stück gehört nicht zu jenen grüblerischen, düsteren Andantesätzen Brahms, in deren geheimnisvoller Tiefe uns (mit Schumann zu

sprechen) ›das Grubenlicht ausgeht‹, sondern zu dessen seltenerer zweiter Art von serenadenhaft lieblichem Charakter. Der letzte Satz (Allegro moderato, B-Dur, Zweivierteltact) erscheint mir als der Gipfel des Ganzen, jedenfalls wird er es durch die unmittelbarste, hinreißende Wirkung auf das Publikum. Sein anmuthiges, melodiös geschlossenes Hauptthema, welches den Hörer sofort schmeichelnd gefangen nimmt, findet ein charakteristisches Gegenstück in dem gleichfalls gesangvollen zweiten Moll-Thema, dessen zärtlich klagende Weise auf ein ungarisches Volkslied hinweist. In einem ununterbrochen goldenen Fluss strömt dieses Finale fort bis zum raschen Abschlusse. Mit diesen dürftigen Anmerkungen ist wenig gesagt und doch schon zu viel. Reine Instrumental-Musik lässt sich nicht nacherzählen, und je gewissenhafter man es versucht, desto deutlicher wird uns die Unmöglichkeit, eine bestimmte Musik in den engen Ring einer Beschreibung oder eines Bildes einzufangen.«

Da hat er auch wieder Recht, oder?!

Demgegenüber äußert sich Hugo Wolf, Sprecher der Anti-Brahms-Fraktion – Hanslick nannte sie die »Brahminen« –, der das Konzert der »Meininger Symphonie-Kapelle« am 2. Dezember 1884 in Wien gehört hat, wie folgt:»Die zweite Nummer war: Brahms' Klavierkonzert in B-Dur, vom Komponisten selber gespielt! Wer dieses Klavierkonzert mit Appetit verschlucken konnte, darf ruhig einer Hungersnot entgegensehen; es ist anzunehmen, dass er sich einer beneidenswerten Verdauung erfreut und in Hungersnöten mit einem Nahrungs-Äquivalent von Fenstergläsern, Korkstöpseln, Ofenschrauben u. dgl. mehr sich vortrefflich zu helfen wissen wird. Mit den Augen eines löblichen Sanitäts-Kollegiums betrachtet, ist das Brahms'sche B-Dur Konzert ganz gewiß nicht zu unterschätzen – einstweilen unterliegt dessen Wertschätzung freilich noch der Begutachtung einer musikalischen Kritik, die so fromm, so human, so Brahms-vergötternd sie sich auch gibt, an wahrem Christentum der meinen noch lange nicht nahe kommt, denn ich habe, da an der Musik dieses Werkes leider nichts zu loben war, sofort auf seine, ihm innewohnende Heilkraft bezüglich einer radikalen Magenkur hingewiesen und die Nützlichkeit betont, die dem Staate im Falle einer Hungersnot aus dem Genusse des Sprudels dieser Brahms'schen Melodienquelle erwachsen dürfte. Da ferner ein Musikreferent doch zuweilen auch über Musik schreiben soll, glaubte ich, am besten zu tun, mit einem andächtigen Kreuz an dem den Qualen des Scheintodes verfallenen Werke voll trauernden Mitleides vorüberzugehen und ihm die ewige Ruhe zusamt den ewigen Freuden des Himmelreiches aus vollem Herzen zu wünschen, welches letztere aber doch so lange noch unterbleiben möge, bis sich die Musikwelt den Magen gründlich daran verdorben oder auch durch dieses Konzert so gestählt worden ist, dass wir eine Hungersnot mit Lachen und Scherzen begrüßen können.«

Herbe Worte. Komponiert hat er besser ...

ANEKDOTEN
Noch mehr? Nicht doch!

WERK
Sätze
Allegro non troppo – Allegro appassionato – Andante – Allegretto grazioso

Dauer
Karl Böhm, Wilhelm Backhaus und die Wiener Philharmoniker brauchen 48 Minuten und 13 Sekunden, und weil Herr Backhaus – was dieses Konzert angeht – einer meiner Lieblingspianisten ist und weil er in Köln auf dem Melaten-Friedhof beerdigt ist und weil ich ihn da öfters besuche, schreibe ich diese Zeit hier hin und fertig!

Besetzung
Solo-Klavier
2 Flöten
2 Oboen
2 Klarinetten
2 Fagotte
4 Hörner
2 Trompeten
Pauken
Violinen I und II
Bratschen
Violoncelli
Kontrabässe

HITS
Also ich kann mich bei diesem Konzert des Eindrucks nicht erwehren, dass da der »alte Brahms« den Tastenlöwen und insbesondere Franz Liszt zeigen wollte, was eine Harke ist. Er hat Ihnen allen entgegengehalten, dass man sehr wohl Virtuosität – und zwar von allerhöchsten Graden – mit Inhalt füllen kann. In diesem Lichte kann ich auch die Scherze von »ein ganz ein kleines Klavierkonzert mit einem ganz einem kleinen zarten Scherzo« gut nachvollziehen: da müssen doch schon beim Schreiben die Finger sich vor Lachen

geschüttelt haben. Fein, Johannes Brahms, sehr fein und *Hit* ohne Ende!

Es ist obendrein ein Konzert für – quasi – zwei Orchester, denn die orchestrale Fülle, die der Klavierpart stellenweise hat, möchte ich schon als einen Versuch Brahms' werten, hier zwei eigenständige große Klangkörper miteinander ›sprechen‹ zu lassen. Das wäre dann schon mal der zweite Stern.

Der dritte Stern ist der Anfang: Das Horn-Motiv erklingt, das Klavier greift auf, das Horn fährt fort, Klavier greift wieder auf, das Orchester greift fünf Takte lang ein, um dem Klavier nun die Bühne zu überlassen für etwas, was fast wie eine vorweggenommene Kadenz klingt (die ja in dem Konzert nicht vorkommt) und eines ganz klar macht: wo es ab jetzt pianistisch langgeht! Das ist auch gleichzeitig die Stelle, an der sich entscheidet: lass ich mich packen oder nicht. Wenn hier der Pianist bröselt: oh Gott, wie wird das enden! Wenn nicht: jucheissa und hinein in eines der schönsten Konzerte der Literatur! Das Orchester greift nun endlich das erste Thema auf und führt behutsam zum zweiten, ungemein melodiösen Thema.

Eine Stelle, die mich schon als Kind immer elektrisiert hat, ist ab Takt 159 (da sind ca. sieben Minuten vorbei) die Stelle, die jedem Pianisten die Schweißperlen auf die Stirn treibt: die stampfenden Sechzehntel im Klavier, spärlichst von den Streichern begleitet, damit man auch alles hören kann. Für mich einer der Kraft-Höhepunkte des ganzen Konzerts.

Ihr folgt direkt die »Hammer-Stelle« mit den Trillerketten in der rechten Hand, die endlich die Entspannung im Fortissimo des Orchesters findet. Grandios ist gar kein Ausdruck!

Der zweite Satz ist der, von dem Jazzer gerne sagen: »Hier swingt Brahms«, weil Kontrabässe, Celli, Bratschen und Hörner einen rhythmischen Kontrast zum Klavier legen (ab siebtem Takt), der so ›fetzt‹, dass es eine wahre Lust ist. Aber abgesehen davon ist das Thema selbst von solcher Verve, dass es einem den Atem nimmt. Ein zweiter Hit in diesem Satz ist die D-Dur Stelle ab Takt 188 (nach ca. viereinhalb Minuten): das blendet geradezu, so geht da die Sonne auf.

Das Violoncello-Solo im dritten Satz ist natürlich ein musikalischer Einfall, der keine Wünsche übrig lässt. Was aber dazu kommt, ist der einmalige Einstieg des Klaviers. Abgesehen davon, dass das den Komponisten der Virtuosenkonzerte einfach nicht eingefallen wäre (auch einem Liszt nicht), zeigt sich an solchen Stellen die souveräne Meisterschaft und Größe Brahms'. Dass das Solo-Cello und das Klavier erst am Ende des Satzes tatsächlich miteinander spielen – bis dahin spielt jeder für sich –, ist ein weiterer großartiger Einfall, der mir jedesmal ans Herz geht. Vom Schluss ganz zu schweigen, wo sich einmal mehr Brahms' unübertroffene Meisterschaft im Ausatmen-Lassen zeigt.

Der vierte Satz – orchestral wie der erste, die beiden dazwischen könnte man fast als Kammermusik bezeichnen – ist zwar ein rasanter ›Feger‹, das aber mit einer Leichtigkeit, die großartig ist. Eine Kleinigkeit möchte ich hervorheben: Am Anfang spielen Klavier und Bratschen. Hören Sie doch einmal genau hin, was die Bratschen zu spielen haben (es sind nur acht Takte, danach können Sie wieder aufs Klavier gucken, wenn Sie wollen): es sind nur ein paar Töne (jeweils drei) und obendrein in kleinen Intervallen, simpel wie eine Volksliedbegleitung, aber: wenn man sich die wegdenkt, wäre die Wirkung des Themas nur die halbe. Genial!

Die Stelle ab Takt 64 (nach gut einer Minute) ist ebenfalls ein Hit: fast wienerisch fällt das Orchester ein mit einer geradezu tänzerischen Melodie. Eine Hommage des Brummbärs an sein geliebtes Wien.

FLOPS

Wenn Sie zu den Klavier-Fetischisten gehören, die nur interessiert, ob der Solist es packt oder nicht: gehen Sie doch lieber in ein Liszt-Konzert! Hier gibt es kaum Stellen zum Überschlafen, also diese berühmten langen Orchesterstellen, wo der Solist nie weiß, was er tun soll, bis er wieder dran ist. Hier sind die Orchesterstellen kurz, Solist und Orchester haben praktisch ständig alle Hände voll zu tun und auch Sie haben keine Verschnaufpause. Also von Flops in diesem Sinne kann man hier nicht reden. Von Flops in musikalischem Sinne auch nicht. Nirgends hat Brahms geklaut, nie sich gehen lassen nach dem Motto: »Was soll ich da groß Stimmen ausschreiben, das hört sowieso keiner«. Es gibt eine kleine Stelle, die könnte man als Schumann-Stelle bezeichnen, sie erinnert etwas an den Beginn des a-moll Konzerts für Klavier und Orchester von Robert Schumann, nämlich im ersten Satz die Takte 202–204. Einfach zuhören, dann fällt es Ihnen schon auf.

Ansonsten: bedaure!

OBACHT

Oje, oje! Fast in jedem Takt – was den Solisten angeht – sind Obachts drin. Ob das die Oktaventriller sind, die Läufe, die rhythmischen ›Schweinereien‹, wo einem seekrank wird, wie die Zeitgenossen gerne anmerkten, die unglaublichen Arpeggi, die Stellen, wo man die Hände so weit auseinander hat, dass man nur noch blind treffen muss, denn das Auge reicht da nicht mehr hin – das Konzert hat alles, was einen Pianisten in die Alpträume verfolgt. Und dennoch ist es, wenn es gut gespielt wird, von einer Selbstverständlichkeit, dass man den Eindruck hat: klar, geht ja gar nicht anders. Natürlich klingt es auch nur dann, wenn es vom Interpreten beherrscht wird. Wobei es dabei gar nicht immer darauf ankommt, ob einer alle Noten spielt (so ganz in Brahms'schen Sinne!), wenn er nur den Atem hat und die Spannung hält. Die Aufnahme mit Wilhelm Backhaus und Karl Böhm sowie den Wiener Philharmonikern ist da geradezu der Klassiker: im ersten Satz die Stelle ab Takt 159 spielt Backhaus mit einer derartigen Kraft, dass es einem wirklich egal ist, wenn da eine Schaufel voller Noten unter den Flügel fällt. Er spielt sie so grandios wie kaum ein anderer! Allein das wäre ein Grund, sein Grab »om Melaten« ab und an zu besuchen und ihm ein Blümchen hinzulegen.

Obachts beim Orchester sind dieselben wie immer bei Brahms: er verlangt schon viel von seinen Musikern!

ES MEINEN

»Ich wollte gestern in Duisburg das Mendelssohn-Violinkonzert spielen, kam aber nicht dazu: das ganze Konzertpodium war noch voll mit den Noten, die der X. beim Brahms-Klavierkonzert unter die Pedale hat rutschen lassen. Bis wir die weggefegt hatten, waren die Leute schon gegangen!«
(ungenannt bleiben wollender weltberühmter Geiger).

»Brahms' Schaffen ist die Melancholie des Unvermögens«, schrieb Friedrich Nietzsche in »Der Fall Wagner«. Zumindest dieses Klavierkonzert kann er nie gehört haben.

»In einem einzigen Tschinellenschlag Liszts drückt sich mehr Geist und Empfindung aus als in allen Brahms'schen Symphonien und Serenaden zusammengenommen«
(Hugo Wolf).

BEIKIRCHER RÄT

ANLASS

Anlässe, dieses Werk aufzuführen, können sein: Abfahrt aus dem Urlaubsort in aller Herrgottsfrühe (wg. Horn-Anfang) im viel zu vollgeladenen Auto über holprige Straßen (ab Takt 159 ff. erster Satz auf ›repeat‹ drücken!); Eröffnung einer Teststrecke bei Steinway, um die Tournee-Tauglichkeit von C- und D-Flügeln zu erproben: natürlich »Halb-Playback«, der Pianist spielt auf dem Sattelschlepper, das Orchester kommt vom Band.

NUTZUNG
Wenn die Nacht lange gedauert hat, die Gäste gegangen sind, die Temperatur angenehm ist, der Schuss, auf den Sie es schon den ganzen Abend abgesehen haben, noch da ist und der Morgen langsam graut: raussetzen, B-Dur Konzert auflegen und in die aufgehende Sonne gucken. Spätestens nach dem zweiten Satz sind Sie beide wieder voll wach und aufnahmebereit für den dritten. Der vierte begleitet Sie dann beide in wundervoller Heiterkeit in ein Leben, das Sie ab jetzt teilen werden. Wenn nicht: geben Sie mir ihre Telefonnummer!

AUTO
Ausschließlich für Off-Roads geeignet. Allerdings nicht für die Prol-Abteilung Pajero oder so, sondern ab Land-Rover aufwärts – falls Sie einen Blick für das Schöne auf der Erde haben. Im ersten Satz hinfahren, im zweiten ankommen, im dritten die exquisite Lichtung genießen und im vierten in der Sonne liegen!

PAUSEN-TALK
»Sagen Sie, was machen denn die Putzfrauen schon auf der Bühne, das Publikum ist doch noch gar nicht draußen?«
»Die fegen die liegen gebliebenen Noten zusammen!«

FRAUEN
»Brahms war zwar Junggeselle, aber er muss doch was mit Frauen gehabt haben.«
»Wie kommen Sie denn darauf?«
»Na, *der* dritte Satz!«

MÄNNER
»Für mich ist das ja ein Handwerker-Konzert.«
»Wie bitte?«
»Ja sicher: Wenn einer das spielen kann, dann kann er auch mit bloßen Händen einen Wanddurchbruch machen. Was das an Materialkosten spart! Ich muss mal mit so einer Konzertagentur telefonieren. So ein Pianist wird ja nicht jeden Abend spielen, oder?!«

BEWERTUNG

Technik

mit Pressluft-
hammer

Extrem schwierig für
den Solisten. Aber er
muss obendrein eine
Kraft haben, die sich
gewaschen hat!

Gesamt

Eines der packendsten
und schönsten Konzer-
te der gesamten Litera-
tur.

Johannes Brahms
1833–1897

Konzert für Violine und Orchester
D-Dur op. 77

»Brahms, der nur schwer die kleinste Beschränkung
seiner persönlichen Freiheit verträgt, wäre vielleicht
nicht der glücklichste Ehemann geworden.«
(Eduard Hanslick)

Brahms war sein Leben lang Junggeselle, dennoch haben Frauen in
seinem Leben eine große Rolle gespielt. Wie war das denn und wie
haben Frauen über ihn gedacht? Immerhin gab es eine stattliche
Anzahl von Frauen, in die er und die in ihn verliebt waren. Warum
ist er Single geblieben? Um gleich eine Antwort vorwegzunehmen,
lassen wir ihn doch selbst zu Worte kommen. Am 11. August 1887
schrieb er an Freifrau Helene von Heldburg, die Gemahlin des Her-
zogs von Sachsen-Meiningen: »Ich brauche absolute Einsamkeit,
nicht sowohl um das mir Mögliche zu leisten, sondern um nur überhaupt an meine Sache zu denken. Das liegt an meinem Naturell, es
ist aber auch sonst einfach zu erklären ... Wer nun, wie ich, Freude
am Leben und an der Kunst außer sich hat, der ist nur zu geneigt,
beides zu genießen – und Andres zu vergessen. Es möchte auch
wohl das Richtige und Gescheiteste sein. Aber, grade jetzt, da ein
neues größeres Werk vor mir liegt, freue ich mich doch ein wenig
seiner und muss mir sagen: ich hätte es nicht geschrieben, wenn ich
mich am Rhein und in Berchtesgaden noch so schön des Lebens
gefreut hätte.« Das sieht schon sehr danach aus, dass er – wie viele
Kreative es tun – sein praktisches Leben seiner Kunst unterordnete.
Gerade weil er auch ein hilfsbereiter, eher weicher und extrem kin-
derlieber Mann war, hat er sicher befürchtet, dass er als Ehemann
und möglicherweise Vater mehr Zeit, als ihm als Komponist recht
wäre, der Familie widmen würde. Natürlich heißt die Quittung für
so eine Entscheidung Einsamkeit – F. A. E. = Frei, aber einsam? Nee!
E. A. F. = Einsam, aber frei! – was nicht immer schön ist. »Es tut mir
doch manchmal Leid, nicht geheiratet zu haben. Jetzt müsste ich
einen Jungen von zehn Jahren haben«, sagte er 1875 zum Sänger
Georg Henschel und das klingt nicht gerade freudig beschwingt.

Wer waren also die Frauen, die in Frage gekommen wären? Zunächst einmal natürlich Clara Schumann, die große Liebe des 20-jährigen Brahms. Dann aber kamen Agathe von Siebold, Ottilie Hauer, Elisabeth von Herzogenberg, Julie Schumann, Hermine Spies, Alice Barbi – und das sind beileibe nicht alle Namen, die ihm wichtig waren. Von Agathe von Siebold und der aufgelösten Verlobung war schon früher die Rede (vgl. Symphonie Nr. 4). Jahre später war er offensichtlich in Julie Schumann verliebt, allerdings ohne der wesentlich Jüngeren was davon zu sagen. Als dann Clara Schumann ihm 1869 erzählte, dass ihr Töchterchen Julie den italienischen Grafen Marmorito heiraten werde, war er entsetzt. Clara wunderte sich natürlich darüber und hätte möglicherweise gar nichts gegen eine Verbindung der beiden gehabt; »doch er dachte ja nie an Heiraten, und Julie hatte nie Neigung für ihn«, vertraute sie ihrem Tagebuch an. Elisabeth von Herzogenberg, Ehefrau des Komponisten Freiherr Heinrich von Herzogenberg, war ebenfalls eine Frau, in die Brahms sehr verliebt gewesen sein muss. Hier hat er es allerdings gut geschafft, einem anderen Gefühl Raum zu geben: dem der Freundschaft. Tatsächlich wurde Frau von Herzogenberg eine enge Freundin, an die er sich (siehe ebenfalls 4. Symphonie) immer wieder wandte, wenn es um seine Musik ging, weil er sich darauf verlassen konnte, dass die sehr musikverständige Freundin und Pianistin ihm die Wahrheit sagte. Völlig hingerissen war er zum Beispiel, als ihm Elisabeth auf dem Klavier den ersten Satz seiner Zweiten Symphonie vollständig aus dem Gedächtnis vorspielte – nachdem sie sie erst zweimal gehört hatte! Und sie wusch ihm auch ganz gehörig den Kopf, wenn es nötig war. So, als Brahms sich Herzogenberg gegenüber über einen Kritiker lustig machte, der ein Quartett von Herzogenberg gelobt, Brahms' B-Dur Quartett aber fertig gemacht hatte, indem er äußerte, dass sich damit der Kritiker ganz von selbst eine Blöße gegeben habe. Da wird sie aber zur Furie und schreibt Brahms: »Sie ... erzählen es nicht etwa einem aufgeblasenen Menschen, den es von Selbstüberhebung zu kurieren gilt, sondern einem, der sich nicht würdig fühlt, Ihnen die Schuhriemen zu lösen ... Ich weiß, Sie meinen es nie sehr schlimm in solchen Momenten – es sitzt Ihnen ein Geschöpf im Nacken, mit dem Sie, gottlob, sonst nicht intim sind, und flüstert Ihnen so ein paar Worte ein, mit denen Sie aber einem anderen recht zur unrechten Zeit weh tun können – wüssten Sie wie, Sie ließen's für immer sein!« Da hat der alte Brummbär aber einen feinen Satz roter Ohren verpasst bekommen!
Dann gab es die Sängerin Ottilie Hauer in Wien. 1863 lernte Brahms sie kennen. Sie sprach von ihrem »Bräutigam« und er

muss auch nicht abgeneigt gewesen sein. Denn als ein Herr Eduard Ebner sich Fräulein Ottilie verlobte, schrieb Brahms resigniert-erleichtert an Clara Schumann, dass er mit Ottilie »weiß Gott, dummes Zeug gemacht hätte, wenn nicht zu Weihnacht jemand sie rasch zum Glück geangelt hätte«! Zwischendurch hat sich sogar Mathilde Wesendonck um Brahms bemüht – Sie wissen schon, Wagner und so, und zwar, nachdem das Wagner-Erlebnis abge-klungen war – und keine Vertonungen der Wesendonck'schen Gedichte mehr zu erwarten waren, möchte ich mal vermuten. Es gibt Briefe, in denen sie Brahms 1867 dringend zu sich in die Nähe von Zürich einlädt, mit sehr koketten Formulierungen, wie z. B.: »Während des Musikfestes wird die Familie Stockhausen in unse-rem Hause zu Gaste sein, ich leider abwesend. Das grüne Vogel-nestchen in der Nähe aber mit dem Einsiedler Pförtchen bleibt davon unberührt, und ich werde Sorge tragen, es vor meiner Abrei-se nach St. Moritz so einzurichten, dass eine frohe Schwalbe dort jederzeit ein bescheidenes Unterkommen finden kann.« Nachti-gall, ick hör dir trapsen! Und ein Jahr später: »Ich möchte nicht in diesem Jahrhundert gelebt haben, ohne Sie wenigstens freundlich und dringend gebeten zu haben, an unserem Herde zu rasten.« Unser Johannes blieb aber standhaft. Vielleicht ahnte er, dass die süßen Töne gar nicht ihm galten, sondern dem Wunsch entspran-gen, auch noch von Brahms vertont zu werden. Hätte sie doch damit die beiden Antipoden, deren Anhänger einander mit Gift und Galle bespien, in ihrer Person vereinigen können!

Dann gab es eine Aachenerin, Luise Dustmann-Meyer, Sängerin in Wien, die von ihrem »Hansi« sprechen durfte. Mehr allerdings weiß man nicht darüber. Und es gab Hermine Spies. Sie sang Brahms-Lieder, bevor sie ihn 1883 in Krefeld kennenlernte und war vom mittlerweile 50jährigen nicht minder entzückt. Sie muss Brahms sehr gefallen haben und er ihr auch, sprach sie doch von ihrer »Johannes-Passion«. Aber auch hier weiß man nicht, ob da wirklich mehr war als eine gegenseitige Faszination. Alice Barbi lernte er gegen Ende seines Lebens kennen. Die außergewöhnlich schöne und hervorragende Sängerin hat Brahms tief ergriffen. Als er sie im April 1892 seine Lieder singen hörte, war er hingerissen. »Ich wuss-te gar nicht, wie schön meine Lieder sind. Wenn ich jung wäre, würde ich jetzt lauter Liebeslieder schreiben!«, soll er ihr gesagt haben. Als sie am 21. Dezember 1893 im Bösendorfersaal ihr letztes Konzert (vor ihrer Heirat) gab, erschien Brahms höchstpersönlich und begleitete die Sängerin am Flügel. Er spielte so weich und ange-regt, wird berichtet, dass Stimme und Klavier eine einmalige Sym-biose eingehen konnten. Schad, dass es davon keine Aufnahmen gibt. Und es gab die anderen Frauen, davon nur eine hübsche Geschichte. Brahms trank seinen Mokka nach dem Abendessen oft in einem Kaffeehaus an der ehemaligen Elisabethbrücke, wo sich nachts die Musiker aus Oper und Konzert nach der Arbeit ein Stelldichein gaben. Und wo die »Damen« auf Kundensuche waren. Dort soll, so erzählt Max Graf, damals angehender Jurist und Musikstudent, zu später Stunde folgendes vorgefallen sein: eine dieser Damen – Brahms hatte sie wohl gekannt – kommt mit zwei Strizzis leicht beschickert in das Lokal und ruft ihm zu: »Professor, spiel uns etwas auf, wir möchten gerne tanzen!« Und Brahms erhob sich, setzte sich ans verstimmte Pianino und spielte über eine Stunde lang Tanzmelodien aus den 50er Jahren – den 1850er Jahren natürlich, da gab es noch kein »Only You« oder so! So was tut man nicht, wenn einem diese Welt völlig fremd ist, möchte ich mal dazu sagen. Schön, dass er das getan hat!

Wie sahen die Frauen Johannes Brahms? Dazu möchte ich Ethel Smyth zu Wort kommen lassen. Sie war eine englische Komponistin und Frauenrechtlerin, die Brahms 1879 kennenlernte und die auf recht originelle, aber natürlich auch kämpferisch-kritische Art den Komponisten schildert.

»Ich hatte Brahms' Musik verehrt, seit ich die ersten Töne davon hörte; noch heute geht mir das mit manchen seiner Werke so; also war ich prädestiniert dafür, den Mann genauso zu mögen. Ich kann zwar nicht sagen, dass ich ihn unsympathisch fand, aber seine Persönlichkeit hat mich weder beeindruckt noch angezogen, und ich konnte nie verstehen, warum seine Anhänger eine solch überzogene Meinung von seinem Intellekt hatten. Er war gewöhnlich eher wortkarg und sprunghaft, und es war eigentlich recht schwierig, mit ihm eine Unterhaltung zu führen. Nur nach dem Essen löste sich allmählich seine Zunge, und er ließ einige Einblicke in seine Seele zu. Angeregt durch zahllose Tassen sehr starken schwarzen Kaffees war er dann bereit, über Literatur, Kunst, Politik, Sitte und Moral und über alles Mögliche zu reden. Obwohl er nie etwas Dummes sagte, kann ich mich beim besten Willen nicht daran erinnern, dass er bei einer dieser Gelegenheiten irgendetwas Herausragendes von sich gegeben hätte. Und wenn sein jüngstes Bonmot über Bismarck, Poesie oder selbst Musik voller Verehrung herumgereicht wurde und ich es zu hören bekam, schien es mir jeweils nicht mehr und nicht weniger als das, was jedermann hätte sagen können ... Wer ihn mit Lili Wach, Frau Schumann und ihren Töchtern oder anderen Verwandten seiner großen Vorfahren umgehen sah, lernte ihn von seiner besten Seite kennen, so sanft und respektvoll führte er sich ihnen gegenüber auf; zu Frau Schumann benahm er sich geradezu wie ein Sohn der alten Schule ... Sein Umgang mit den übrigen Vertreterinnen des weiblichen Geschlechts – oder, um das hässliche Wort zu benutzen, das ihm dauernd über die Lippen kam, den ›Weibsbildern‹ – war weit weniger bewundernswert. Wenn sie ihm nicht gefielen, war er unheimlich verlegen und ungnädig; waren sie hübsch, so hatte er die unangenehme Angewohnheit, sich in seinem Stuhl zurückzulehnen, die Lippen zu schürzen, sich über den Bart zu streichen und sie anzustarren wie gefräßige Jungen ein Stück Torte. Viele Menschen betrachteten das als reizendes Verhalten und hielten es für ein Zeichen dafür, dass der große Mann bester Laune war, doch mich ärgerte es genauso wie seine Witze über Frauen und seine dauernden Spötteleien über die Frau an sich, die [...] weder über Verstand noch über auch nur eine gute Idee verfüge ... Ich muß allerdings sagen, dass sein Geschmack in Humorfragen einiges zu wünschen übrig ließ, und kann dazu einen ›Scherz‹ als Beispiel anführen, den er sich mit meinem Namen machte [Ethel Smyth], den alle Deutschen Schwierigkeiten haben auszusprechen und den meine Waschfrau, wie ich ihm naiv erzählte, ›Schmeiß‹ aussprach. Nun gibt es im Deutschen das Verb ›schmeißen‹, ein umgangssprachliches, doch recht harmloses Wort. Dann gibt es jedoch ein altdeutsches Wort, ›Schmeiss‹, das etwas Unappetitliches bezeichnet; und eine bestimmte schreckliche Fliege, die scheußliche Orte heimsucht, nennt man ›Schmeißfliege‹. Da Brahms immerzu Bemerkungen machte über meine schnellen Bewegungen, fand er das Wortspiel unwiderstehlich und gab mir den Spitznamen ›die Schmeißfliege‹.«

Der Autorin verdanken wir übrigens einen kleinen, sympathischen Hinweis: dass Brahms davon überzeugt war, jeder Mensch sei einem bestimmten Instrument ähnlich. Sie selbst wurde von ihm »die Oboe« genannt, worunter man sich wirklich etwas vorstellen kann! Eugenie Schumann schrieb in ihren Erinnerungen den Satz, mit dem ich hier abschließen möchte: »Seine wenigen Fehler lagen an der Oberfläche. Unbekümmert trug er sie zur Schau, es der Welt überlassend, den leichten Schleier zu heben und darunter das Herz von lauterem Gold zu entdecken.«

ENTSTEHUNGSZEIT

Vermutlich im Frühjahr 1878, in seinem zweiten Pörtschacher Sommer. Jedenfalls schrieb er am 21. August 1878 dem Geiger Joseph Joachim, er wolle ihm einige Violinpassagen schicken, merkte aber am nächsten Tag, dass der ohne Partitur mit der Violinstimme allein wenig anfangen konnte. Konfusion total. »Die ganze Geschichte hat vier Sätze«, schrieb er und plante Mitte Oktober eine Probeaufführung mit dem Hochschul-Orchester in Berlin, die aber offensichtlich nicht stattfand. Joachim wollte dann die Uraufführung im Neujahrskonzert im Gewandhaus Leipzig sehen, wurde aber mit einer Postkarte vom 23. Oktober 1878 von Brahms zurückgepfiffen: »Bestimmtes kann ich den Augenblick nicht sagen, zumal ich doch über Adagio und Scherzo gestolpert bin.« Er gab also die viersätzige Version auf und machte das Durcheinander vollständig, indem er Joachim die Uraufführung des jetzt dreisätzigen Konzerts für eine Österreich-Ungarn-Tournee anbot, wo doch Joachim genau diese Tournee verschoben hatte, weil er das Konzert an Neujahr in Leipzig uraufführen wollte. Brahms scheint also, alles in allem, etwas unzufrieden gewesen zu sein und wollte das Konzert möglicherweise deshalb nicht in Leipzig vorstellen, wo ja die Presse und eine quasi europäische Aufmerksamkeit auch alle Schwächen sofort wahrgenommen hätten. Dann überließ er alles Joachim: »In Pesth wär's eigentlich lustig! Sehr recht ist mir auch, wenn wir es hier gemütlich am Klavier betrachteten und Du es ganz gelegentlich probierst. Kurz, mache was Du willst.« Nun plante Joachim einen Mammut-Abend mit a. Beethovens Violinkonzert, b. Gesang, c. zwei Sätzen aus Bachs Solosonate C-Dur, d. Joachims Kleist-Ouvertüre und f. Brahms' Violinkonzert. Da hatte nun Brahms was dagegen und schrieb: »Beethoven dürfte wohl nicht vor meinem kommen – natürlich nur, weil beide aus D-Dur gehen.« Und erst am 19. Dezember 1878 fällte Joachim schließlich die Entscheidung: »Ich will es riskieren, wenn Du recht nachsichtig sein willst, es am 1ten in Leipzig zu spielen: es sind wirklich ungewohnte Schwierigkeiten darin.« Brahms fährt daraufhin am ersten Weihnachtstag nach Berlin. Weil aber Joachim am 28. Dezember 1878 in Berlin noch ein Konzert zu geben hat – u. a. mit Viotti's schönem a-moll Konzert für Geige und Orchester und seinem eigenen Violinkonzert »in Ungarischer Weise« – blieben für die Proben zur Uraufführung praktisch drei Tage: ein heißer Ritt über den Bodensee!

URAUFFÜHRUNG

1. Januar 1879 im Gewandhaus Leipzig im Rahmen des Neujahrs-konzertes.

ERFOLG

In Leipzig war der Erfolg bescheiden – kein Wunder, bei der knappen Vorbereitung. Zwar schrieb die Presse, dass das Werk gelungen sei und sich neben Beethoven und Mendelssohn sehen lassen

könne: »Brahms hat ein solch drittes Werk im Bunde geschaffen.«
Das Publikum reagierte aber eher gedämpft. Allerdings kam auch
einiges zusammen: Die Orchestermusiker wollten »immer mehr
Dich hören als meine Noten spielen. Sie sehen immer seitwärts am
Pult vorbei; sehr fatal, aber begreiflich«, wie Brahms beobachtete.
Das Konzert selber entsprach auch nicht den Hörgewohnheiten des
damaligen Publikums. Pablo de Sarasate, der große Geigenvirtuose, meinte, man möge ihn doch nicht für so geschmacklos halten,
mit der Geige in der Hand dazustehen und zuzuhören, wie die
Oboe die einzige Melodie des Stücks vortrage! Und Brahms selbst
war an diesem Abend auch alles andere als gelassen. Durch einen
Besuch war er gehindert gewesen, sich rechtzeitig umzuziehen und
stiefelte mit Frack und grauer Straßenhose auf das Podium. Er hatte
von der Hose – er wollte ja die Frackhose anziehen – schon die
Hosenträger abgeknöpfelt, jedoch vergessen, sie wieder anzuknöp-
feln. Also stand er mit rutschender Hose und herausquellendem
Hemd vor Musikern und Publikum, was sicher eine feine Voraussetzung für das Gelingen des Konzerts gewesen sein muss!
Wir wissen aber, dass sich das Konzert dann doch sehr schnell
durchgesetzt hat. Schon Hanslick schrieb 14 Tage später in der Kritik des Konzertes vom 14. Januar 1879: »Brahms' Violin-Concert
darf wohl von heute ab das bedeutendste heißen, was seit dem
Beethoven'schen und Mendelssohn'schen erschien.«

ANEKDOTEN
S. o. – doch halt! Eine Anmerkung ist zu machen. In diesem Sommer 1878 fällte Brahms eine folgenschwere Entscheidung (vgl. Symphonie Nr. 4), die sein Aussehen bis heute geprägt hat: er ließ sich
den Vollbart stehen, von dem er sich nie mehr getrennt hat. Inwieweit das mit dem Violinkonzert, über dem er gerade saß, zu tun hat,
mögen barbieristisch geschulte Musikwissenschaftler erörtern!

WERK
Sätze
Allegro non troppo – Adagio – Allegro giocoso, ma non troppo vivace/Poco
più presto

Dauer
Gute 40 Minuten

Besetzung
Solo-Violine
2 Flöten

2 Oboen
2 Klarinetten
2 Fagotte
4 Hörner
2 Trompeten
Pauken
Violinen I und II
Bratschen
Violoncelli
Kontrabässe

HITS

Der Ausspruch von Brahms, in Kärnten flögen die Melodien nur so herum, man müsse sich hüten, keine zu zertreten, passt auf das Violinkonzert wie angemessen. Das Konzert ist natürlich insgesamt ein Hit, so melodienreich und so geigerisch wie es ist. Die Zeit, die sich Brahms lässt, bis endlich die Geige ›auftritt‹ (im 90. Takt), ist ein weiterer grandioser Aspekt. Damit aber nicht genug: bis die Geige dann endlich das Hauptthema in angenehm hoher Lage (der fünften) spielt – und da sind gute vier Minuten bereits vergangen! –, darf sie in Akkorden, Doppelgriffen, Oktaven und Läufen zeigen, was sie kann, ohne in plumpe Virtuosität abzugleiten – das ist vom Feinsten, wie man heute gerne sagt.

Weil der erste Satz – wie überhaupt das ganze Konzert – eine unglaubliche Dichte hat, wo alles in einer Weise miteinander verwoben ist, wie man es bis dahin in einem Violinkonzert nicht kannte, möchte ich nur auf zwei meiner Lieblingsstellen kurz hinweisen: Eine ist der Ruhepunkt (nach ca. acht Minuten, ab Takt 234), wo die Geige die Oktave hat, vom e auf dis/f sinkt, das wiederholt, um dann die wunderschöne Dezime dis/fis zu greifen; die andere Stelle ist die gefürchtete »Nonenstelle« (ab Takt 348, bzw. nach ca. elfeinhalb Minuten), wo die Geige in riesigen Sprüngen die Kantilene dramatisiert.

Der zweite Satz, auf den sich die spöttische Äußerung Pablo de Sarasates bezieht, ist einer der schönsten lyrischen Sätze, die ich kenne; und der dritte Satz ist sowieso ein Hit.

FLOPS

Tja, da muss man sagen: das ganze Konzert ist geklaut! Und zwar von Beethoven! Auf der ganzen Linie, aber natürlich in keiner Note! Es ist geklaut in der Stimmung, im Gefühl, in der Atmosphäre – alles wie bei Beethoven, nur ganz anders. Und da kann ich nur sagen: Prima! Dass das gelungen ist, finde ich fast schon abartig beeindruckend. Nicht umsonst ist Joachim bei der Planung der Uraufführung auf die Idee gekommen, beide Konzerte an einem Abend zu spielen! Ansonsten und im Ernst: wo soll denn, bitte schön, bei diesem Konzert ein Flop sein? Alles passt zusammen und fließt, keine Note zuviel und alles wunderbar. Hut ab und danke schön, Herr Brahms!

OBACHT
Natürlich ist es kein leicht zu spielendes Konzert. Zwar hat sich die Geigentechnik weiterentwickelt, also gehören Passagen wie die »Nonenstelle« heute nicht mehr zu denen, die man für kaum bewältigbar hält, es hat aber seine speziellen technischen Tücken in unüblichen Intervallen und Sprüngen, und vor allem im Atem, den ein Solist haben muss.
Das Orchester hat zu tun, aber nicht so, dass man danach erschöpft in der Kantine der Philharmonie zusammenbräche.

ES MEINEN
»Und wenn du zehnmal das Bruch-Konzert schon spielen kannst, heißt das nichts. Brahms braucht Reife und basta! Außerdem sind für die Dezime in der ersten Lage deine Finger zu klein.« (Der bedeutende Geiger Leo Petroni zum unbedeutenden Geigen-Schüler Konrad Beikircher im Herbst 1963)
»Im ganzen: ein Musikstück von meisterhaft formender und verarbeitender Kunst, aber von etwas spröder Erfindung und gleichsam mit halbgespannten Segeln auslaufender Phantasie.«
(Eduard Hanslick in der Konzertkritik vom 14. Januar 1879)
Solche Sätze muss Brahms gemeint haben, als er über Hanslick urteilte – und sie waren enge Freunde!: »Ich glaube, dass Hanslick zu meiner Musik niemals ein wirkliches Verhältnis gehabt hat.«

BEIKIRCHER RÄT

ANLASS
Jeder verregnete Sonntagvormittag, in dessen Tagesprogramm der Besuch einer literarischen Matinée steht (junge Lyriker lesen ihre Erstlinge): das Violinkonzert auflegen und dann in der Badewanne den ersten Satz hören, beim zweiten Satz entspannt auf dem Bett liegen und beim dritten sich zu einem Glas Champagner anziehen.

Sie werden aufgeräumtester Stimmung alles bewältigen, was die Matinée an Schrecken zu bieten hat.

NUTZUNG

Da ist ein Wort zu Violinkonzerten überhaupt fällig, denn Violinkonzerte taugen wie kaum eine andere Musik – außer Klavier solo – zur Verführung. Nur: Welches Konzert passt zu wem? Das ist so: mit Beethoven verführt man die ›grande dame‹, die scheinbar unnahbar klassische schöne Frau ohne Alter; mit Mendelssohn die Ehefrau (siehe dort), mit Sibelius die Kulturamtsleiterin, mit Berg die bleiche 17jährige, deren Gedichte man danach lesen muss, mit Paganini die Puffmutter, mit Tschaikowsky die Dolmetscherin und mit Brahms die Rassige. Wollte ich nur mal gesagt haben.

AUTO

Ausschließlich für den offenen Landauer geeignet. Alles Geschlossene wäre der Musik und ihrem Atem abträglich, genau wie hohe Geschwindigkeiten.

PAUSEN-TALK

»Sagen Sie, Herr Professor, Brahms wollte doch ein zweites Violinkonzert schreiben, nicht wahr?«
»Ja.«
»Dann spiele ich lieber das.«
»Aber er hat es doch nie geschrieben!«
»Eben.«

FRAUEN

»Im zweiten Satz liebe ich insbesondere diese hübsche Seitenmelodie, welche die Geige zu spielen hat.«
»Und die Hauptmelodie?«
»Na, die spielt doch mein Mann. Er ist – Oboist!«

MÄNNER

»Ich hab das Konzert mal von einer Bratsche gehört, aber natürlich eine Quinte tiefer, in G-Dur. Schön!«
»Aber das war doch von Max Bruch.«
»Genau! Und es war auch in Moll und es war auch keine Bratsche! Genau!«

BEWERTUNG

Technik	🎺🎺🎺	für den Solopart
	🎺🎺	für das Orchester
Gesamt	🎺🎺🎺 mit Lorbeer und einer Flasche Champagner	Es ist eines der schönsten Konzerte für Violine und Orchester aller Zeiten und entlässt einen in prickelndster Stimmung.

Modest Mussorgsky
1839–1881

Bilder einer Ausstellung
(Orchestrierung von Maurice Ravel)

»Niemand hat so sehr und so zart und tief das Gute
in uns ausgesprochen wie er; er ist einmalig und
wird es immer bleiben durch seine absichtslose,
von aller trockenen Methodik freien Kunst.«
(Claude Debussy, 1901)

»Mussorgsky ist der bedeutendste musikalische
Bahnbrecher Russlands im 19. Jahrhundert ...
Er entzog sich jedem akademischen Drill, miss-
achtete den Zwang der Musikpraxis und kannte
nur ein Ziel: Wahrhaftigkeit des künstlerischen
Ausdrucks.«
(Reclam Konzertführer, 15. Auflage 1994)

Erlauben Sie mir eine Abweichung vom bisher geübten Prinzip,
Ihnen locker-informativ in *meiner* Sprache etwas über das Leben
des jeweiligen Komponisten zu erzählen: ich möchte Modest Mussorgskys autobiographische Skizze hier vollständig abdrucken.
Nicht nur, weil so etwas selten ist, nicht nur, weil es natürlich ein
Dokument ist, sondern vor allem, weil hier ein vom Leben Ge-
schundener, Ausgepfiffener, dem Trunke Erlegener – ein Jahr vor
seinem Tod – beinahe verzweifelt versucht, sich positiv darzustellen. Einer, der alles weniger nötig gehabt hätte als das, einer, der
musikalisch so konsequent wie kaum ein anderer seinen musikalischen Weg ging: immer noch geistern die ›Bearbeitungen‹ seiner
Komponisten-Kollegen durch die Notenblätter, immer noch scheut
man sich, den »rohen« Mussorgsky im Original aufzuführen, weil
er Zuhörer verschreckt und so gar nicht gefügig ist. Einer, der
gleichzeitig natürlich geliebt werden wollte, was nicht wirklich
klappte, einer, der schließlich an diesen Konflikten scheiterte, um
erst lange nach seinem Tod als wirkliches Genie – »Urgestein«
würde man heute wohl eher sagen – geschätzt zu werden. Übrigens
hat einer der »Bearbeiter« das Dilemma eingesehen: Anatolij Lja-

dow, der mit der Herausgabe der Werke Mussorgskys beauftragt
war, erkannte das Vergebliche der Bemühungen, das »Dilettanti-
sche« an Mussorgskys Werken (jawohl! So hat man das damals
gesehen!) durch akademisch korrekte Bearbeitungen leichter ins
Ohr zu träufeln und schrieb: »Es ist leicht, Mussorgskys Sprache zu
reinigen; wenn man es aber getan hat, stellt man fest, dass damit
auch der ganze Schmelz verschwunden ist.«
Wenn Sie genau hinhören, werden Sie auch zwischen den Zeilen
dieser autobiographischen Skizze lesen können. Mussorgsky schrieb
sie 1880 in der Er-Form für die erste Auflage von Riemanns Musik-
lexikon. Dass er nicht alle Daten korrekt wiedergegeben hat – z. B.
ist er nach unserem Kalender am 21. März 1839 und nicht, wie er
schreibt, am 16. März geboren –, finde ich nicht wichtig. Die korrekten Daten kann man heute in seinen Biographien nachlesen. Wo es
mir nötig erschien, habe ich mir einige kommentierende Anmerkungen erlaubt.

*»Modest Mussorgsky. Russischer Komponist. Geboren am 16. März 1839
im Distrikt Toropez (Gouvernement Pskow) als Abkömmling einer alten Familie. Unter dem unmittelbaren Einfluss der Kinderfrau lernt er
die russischen Volksmärchen kennen. Aus dieser Bekanntschaft mit dem
Geiste des russischen Volkslebens rührte auch der Hauptimpuls zu musikalischen Improvisationen, mit denen er bereits begann, bevor er die ele-
mentarsten Regeln des Klavierspiels erlernt hatte. Den ersten Unterricht
im Klavierspiel erhielt Mussorgsky von seiner Mutter.*
*Das Lernen ging so rasch und erfolgreich vonstatten, dass er bereits als
Siebenjähriger kleinere Stücke von Liszt spielen konnte. Als er neun Jahre
alt war, spielte er bei einer großen Gesellschaft im Hause seiner Eltern das
große Konzert von Fields.* (John Field, 1782–1837, war ein virtuoser
irischer Pianist und Komponist; der Schüler von Clementi lebte von
1802–1832 in St. Petersburg und Moskau. Seine Klavierkompositio-
nen waren Vorbild für Chopin, der seinerseits gerne mit John Field
verglichen wurde)
*Sein Vater, ein glühender Musikliebhaber, beschloss, die Fähigkeiten des
Kindes zu fördern, so dass Anton Herke* (bei ihm hat auch Tschaikowsky Klavier studiert) *in Petersburg um die weitere musikalische Unter-
weisung des Knaben gebeten wurde. Prof. Herke war mit seinem Schüler
so zufrieden, dass er den Zwölfjährigen in einem bei der Staatsdame Rju-
mina zu Wohltätigkeitszwecken veranstalteten Hauskonzert das Rondo
von Herz spielen ließ* (Henry Herz, gefeierter deutscher Klaviervirtu-
ose jener Zeit). *Der Erfolg und der Eindruck vom Spiel des jungen Musikers waren so stark, dass Prof. Herke, der sonst in der Bewertung seiner
Schüler einen sehr strengen Maßstab anzulegen pflegte, ihm ein Exem-*

plar von Beethovens As-Dur Sonate schenkte (welche, sagt Mussorgsky allerdings nicht: op. 26 oder op. 110?).

Der dreizehnjährige Mussorgsky trat sodann in die Gardeunterfähnrichsschule ein und genoss dort die Auszeichnung einer besonders liebenswürdigen Aufmerksamkeit durch den inzwischen verstorbenen Zaren Nikolai. In jener Zeit komponierte Mussorgsky ein kleines Klavierstück, welches er seinen Kameraden widmete. Dieses Stück wurde von seinem Vater mit Unterstützung von Prof. Herke veröffentlicht. Es handelte sich um das erste Werk des jungen Komponisten, das im Druck erschien.

Während der Schulzeit suchte Mussorgsky des öfteren seinen Religionslehrer Vater Krupsky auf, der ihm dabei half, ein tieferes Verständnis für das Wesen der älteren griechisch-orthodoxen und katholischen Kirchenmusik zu entwickeln (hierzu merken allerdings einige Zeitgenossen an, dass damit nicht viel her gewesen sein kann, denn Krupsky sei nicht besonders kompetent in dieser Hinsicht gewesen).

Mit 17 Jahren wurde Mussorgsky in das Preobrashenski-Regiment aufgenommen. Hier machte ihn sein Kamerad Wanljarski mit dem genialen Dargomyshski bekannt, in dessen Hause Mussorgsky auch mit den herausragenden russischen Komponisten César Cui und Mila Balakirew zusammenkam.

(Alexander Dargomyshski, 1813–1869, Komponist der Oper »Russalka«, hatte starken Einfluss auf das russische Musikdrama und die Entwicklung einer nationalen Musik in Russland. Milij Balakirew, 1837–1910, gehörte mit Cui, Rimsky-Korsakow und Borodin neben Mussorgsky zum berühmten »mächtigen Häuflein«, der Gruppe der Fünf, deren Ziel die Erneuerung der russischen Musik durch Einbeziehung folkloristisch-nationaler Elemente war. Sie sahen sich in Gegnerschaft zum »akademischen« Kompositionsstil eines Tschaikowsky.)

Der letztgenannte übernahm es, mit dem inzwischen neunzehnjährigen Mussorgsky die ganze Entwicklungsgeschichte der Musik durchzugehen. Hierzu wurden Beispiele aus der Musikliteratur herangezogen und ein streng folgerichtiges System von systematischen Analysen aller grundlegenden Musikschöpfungen der westeuropäischen Komponisten in ihrer historischen Aufeinanderfolge eingehalten. Dieses Studium beinhaltete auch immer wieder die klangliche Darstellung der entsprechenden Werke auf zwei Klavieren.

Balakirew machte Mussorgsky mit der Familie von Wladimir Stassow, dem in Russland maßgeblichsten Kenner der Künste und berühmten Musik- und Kunstkritiker, sowie mit der Schwester des genialen Begründers der russischen Musik, Michail Glinka, bekannt. Durch Cui lernte Mussorgsky den berühmten polnischen Komponisten Moniuszko kennen (Stanislaw Moniuszko, 1819–1872, schrieb an die 300 Lieder und

24 Opern, unter anderem »Halka«, *die polnische Nationaloper die-*
ser Zeit). Bald darauf schloss Mussorgsky Freundschaft mit einem weite-
ren begabten Komponisten, dem heute bekannten Professor des Peters-
burger Konservatoriums Nikolai Rimsky-Korsakow. Diese Annäherung
an den Kreis der begabtesten Musiker, die ständigen Gespräche und die
fest geknüpften Verbindungen zu einem weiten Kreis von russischen
Gelehrten und Literaten, darunter zu Wladimir Lamanski, Iwan Tur-
genjew, Nikolai Kostomarow, Dmitri Grigorowitsch, Konstantin Kawe-
lin, Alexej Pissemski, Fjodor Dostojewski und Taras Schewtschenko,
regte den Geist des jungen Komponisten ganz besonders an und gab ihm
eine ernste, streng wissenschaftliche Richtung.
Als Resultat dieser glücklichen Verbindungen erschienen eine Reihe von
Kompositionen aus dem russischen Volksleben, während aus der im Hau-
se Ljudmilla Schestakowas zustandegekommenen freundschaftlichen Ver-
bindung zu Prof. Wladimir Nikolski (Historiker und Literaturwissen-
schaftler) *die unmittelbare Anregung entsprang, eine große Oper »Boris*
Godunow« nach dem Stoff unseres großen Puschkin zu schreiben.
Im Kreise der Familie des Geheimrats Purgold, eines großen Kunstfreun-
des, wurde die Oper »Boris Godunow« unter Beteiligung seiner beiden
Nichten Alexandra und Nadeshda Purgold, zweier ernstzunehmender
und begabter Musikerinnen, vor einer großen Gesellschaft aufgeführt, bei
der die großen Sänger und Sängerinnen Petrow, Platonowa, Kommissar-
shewski und der stellvertretende Theaterdirektor Lukaschewitsch anwe-
send waren (Nadeshda Purgold wurde später die Gattin Rimsky-Korsa-
kows). Bei dieser Gelegenheit wurde an Ort und Stelle entschieden, drei
Bilder aus dieser Oper auch szenisch aufzuführen, obwohl die Oper als sol-
che kurz zuvor von der Theaterdirektion zurückgewiesen worden war.
Unter Beteiligung der berühmten Sängerin Darja Leonowa wurde die
Oper durch die Initiative der oben genannten Bühnenkünstler schließlich
als Ganzes zu Aufführung gebracht und hatte einen starken Erfolg. Der
Eindruck auf Publikum, Sänger und Orchestermusiker war überwälti-
gend. Der Erfolg dieser Oper war ein voller Triumph des Komponisten.
Unmittelbar nach dieser Oper wurden unter der Mitwirkung des Kriti-
kers Wladimir Stassow und der Professoren Wladimir Nikolski und Ni-
kolai Kostomarow gleichzeitig zwei weitere Opern konzipiert: die »Cho-
wanstschina« und der »Jahrmarkt von Sorotschinzy« (nach Gogol). Als
Erholung von dieser Arbeit komponierte Mussorgsky ein Album von Ton-
bildern (gemeint sind die »Bilder einer Ausstellung«) *nach einer Aus-*
stellung mit Werken des genialen Architekten Hartmann, ferner eine
»Danse Macabre Russe« (fünf Bilder) *nach Texten des mit dem Kompo-*
nisten befreundeten Dichters Graf Golenistschew-Kutusow und einige
Romanzen auf Worte des Grafen Alexej Tolstoi.
Im Jahre 1879 bekam Mussorgsky von der berühmten russischen Sänge-

rin Darja Leonowa das Angebot zu einer großen Konzerttournee durch Russland, in die Ukraine, auf die Krim sowie in die Don- und Wolgagebiete. Diese sich über drei Monate hinziehende Konzertreise gestaltete sich zu einem wahren Triumphzug der beiden großen russischen Künstler: des begabten Komponisten und der bekannten Sängerin. Unterwegs fasste der Komponist den Entschluss, die bis dahin noch nicht in Musik gesetzte Schöpfung Goethes »Das Lied Mephistos im Auerbach Keller« zu vertonen (hatte zwar Beethoven schon getan, wusste Mussorgsky aber offenbar nicht!). *Die Eindrücke der Reise durch die Krim fanden ihren Niederschlag in zwei Capriccios für Klavier (»Die Ruderboote« und »Gursuf am Aju-dag«), die bereits im Druck erschienen sind. Dann folgte das große musikalische Bild »Sturm auf dem Schwarzen Meer«, welches von Mussorgsky selbst sehr oft gespielt wurde* (dieses Stück ist bis heute leider verschollen). *Die beiden großen Opern »Chowanstschina« und »Der Jahrmarkt von Sorotschinzy« sind bereits fertiggestellt und erscheinen im Druck, ebenso eine große Orchestersuite über mittelasiatische Themen* (diese Suite ist ebenfalls bis heute verschollen). *Einige der originellsten Tonbilder für Gesang: »Schöne Sanischna«, »Die Waise«, »Der Spottvogel« und »Hopak«* (Worte: Schewtschenko) *haben das besondere Gefallen des mit dem Komponisten befreundeten Herrn von Madeweis erregt und wurden von ihm mit einem Anschreiben des Komponisten der Bibliothek in Straßburg zur Aufbewahrung übergeben* (wo bis heute beides nicht gefunden wurde!). *Weder im Charakter seiner Kompositionen noch in seinen musikalischen Ansichten gehört Mussorgsky zu irgendeinem der existierenden musikalischen Kreise. Die Formel seiner künstlerischen profession du foi ist: Die Kunst ist kein Selbstzweck, sondern ein Mittel für das Gespräch mit den Menschen. Unter diesem Leitprinzip stand seine gesamte Schaffenstätigkeit. Ausgehend von der Überzeugung, dass die Sprache des Menschen durch streng musikalische Gesetze geregelt wird (Virchow, Gervinus), sieht Mussorgsky die Aufgabe der Musik hauptsächlich darin, die Diktion der menschlichen Sprache und nicht nur Gefühlsstimmungen in musikalischen Klängen wiederzugeben. Er erkennt an, dass auf dem Gebiet der Kunst die Gesetze nur von Reformern wie Palestrina, Bach, Gluck, Beethoven, Berlioz und Liszt erschaffen wurden, hält aber diese Gesetze nicht für unumstößlich, sondern wie die gesamte geistige Welt für evolutionierend und in Veränderung begriffen. Beeinflusst von diesen Ansichten, die er sich über Aufgaben und Charakter des Schaffens selbst erarbeitet hatte, war der Komponist ein ganzer …«*

Hier bricht leider die »Autobiographische Skizze« ab (aus dem Russischen übersetzt von Bärbel Bruder, erschienen in: »Modest Mussorgsky. Zugänge zu Leben und Werk«, Berlin 1995).

Als Psychologe darf ich sagen: Wollte man ein Beispiel für fehlendes Selbstbewusstsein und für den Wunsch, Anerkennung zu finden bei einem großen Künstler suchen, hier hätte man es gefunden. Es tut einem angesichts der wunderbaren Musik, die Mussorgsky geschrieben hat, richtig weh, zu sehen, wie er sich mit der ständigen Nennung berühmter und angeblich berühmter Namen aufzuwerten versucht. Erst gegen Ende der Skizze spricht endlich ein Künstler zu uns, der sich seines Wertes bewusst ist; erst im letzten Absatz. Am 28. März 1881 ist er in Petersburg an den Folgen mehrerer Schlaganfälle gestorben.

ENTSTEHUNGSZEIT

Innerhalb weniger Wochen hat Mussorgsky im Juni/Juli 1874 die »Bilder einer Ausstellung« geschrieben – als Komposition für Klavier. Jetzt können alle Orchester- und Ravel-Fans auf mich einschlagen: für mich ist diese Urfassung wesentlich intensiver als die orchestrierte. Am 22. Juli 1874 war das Werk beendet, es erschien aber erst 1886 im Druck – fünf Jahre nach dem Tod Mussorgskys. Sie entstand unter dem Eindruck des Todes seines Freundes Viktor Hartmann am 23. Juli 1873 und der Ausstellung seiner Werke im Frühjahr 1874. Der Tod ging Mussorgsky unglaublich nahe. Er schrieb am 2. August 1873 seinem Freund Wladimir Stassow:
»Mein lieber, mein teuerster Freund! Welch entsetzlicher Schmerz! Warum sollen Hunde und Katzen leben und Menschen wie Hartmann müssen sterben. Ich erinnere mich an seinen letzten Besuch in Petrograd, Vittyushka [Koseform von Viktor] und ich hatten bei Molas vergeblich auf Euer Gnaden gewartet und gingen weg. Da lehnte sich Vittyushka plötzlich an die Mauer, gerade gegenüber der Annenkirche, und wurde ganz bleich. Ich kenne solche Zustände aus eigener Erfahrung und fragte ihn (ganz ruhig): ›Was ist los?‹ – ›Ich kann nicht atmen‹, antwortete Vittyushka. Da ich die Nervosität und das Herzklopfen der Künstler aus Erfahrung kenne, sagte ich (immer noch mit der gleichen Ruhe): ›Bleib ein Weilchen stehen, mein Lieber, dann gehen wir weiter.‹ Das war alles, was wir sagten, über eine Sache, die unseren lieben Freund für immer unter die Erde gebracht hat. Was für ein Narr ist doch der Mensch im allgemeinen! Wenn ich mir jetzt diese Unterhaltung ins Gedächtnis rufe, komme ich mir ganz erbärmlich vor, dass ich mich wie ein Feigling benommen habe. Weil ich fürchtete, Hartmann zu erschrecken, habe ich mich wie ein dummer Schuljunge verhalten. Generalissimus, glauben Sie mir: ich habe Hartmann gegenüber wie ein wahrhafter Narr gehandelt. Hilflos, wie ein Tölpel, der nicht

die Kraft hat, zu helfen. Ein Mensch, und was für ein Mensch, fühlt sich krank und man schiebt das beiseite mit so lächerlichen Worten wie ›mein Lieber‹. Man spielt den Kaltblütigen und fertigt ihn ab mit abgeschmacktem Alltagsgeschwätz. Die Eigenliebe steht im Vordergrund – eine Münze ohne jeden Wert. Ich erinnere mich noch gut an diesen Vorfall und ich kann ihn nicht so bald vergessen – vielleicht werde ich weiser dadurch.«

Der Tod des Freundes ging ihm äußerst nahe, doch seine Gedanken reichten weit über die Trauer hinaus. Viktor Hartmann lebte von 1834 bis 1873, war ein hervorragender Architekt – der die national-russischen Elemente in der Architektur wiederentdeckte – und ein mittelmäßiger Maler. Seine Freunde organisierten im Frühjahr 1874 eine Retrospektive, in der 400 Bilder, Architekturskizzen und Kostümentwürfe gezeigt wurden. Nicht alle Bilder, die Mussorgsky »vertont« hat, waren in der Ausstellung zu sehen; der Komponist kannte sie aus der Werkstatt des Künstlers. Die zehn Bilder werden bei Mussorgsky durch die »Promenade« verbunden. Wladimir Stassow schreibt darüber: »Der Komponist hat sich selbst dargestellt, wie er hin und her geht, manchmal stehenbleibt, dann rasch weitergeht, um näher an ein Bild heranzutreten. Manchmal stockt sein Gang – Mussorgsky denkt voll Trauer an den toten Freund.« Mussorgsky dazu an Stassow: »Mein geistiges Abbild erscheint in den Zwischenspielen. Bis jetzt halte ich es für gelungen.«

Dass Maurice Ravel die »Bilder« orchestrierte, geht auf einen Auftrag zurück. Serge Kussewitzky, der russische Dirigent, der das Bostoner Symphonie-Orchester von 1924 bis 1949 zu dem Klangkörper formte, der Weltruhm erlangte, kam 1920 nach Paris. Er gründete dort die »Concerts Symphonieques Kussewitzky« und gab als deren Chef Ravel den Auftrag, die »Bilder« zu instrumentieren. Am 19. Oktober 1922 wurde diese Fassung das erstemal aufgeführt. Ravel hatte, nebenbei bemerkt, ein ausgezeichnetes Gespür für die Musik Mussorgskys – und deren Verfälschung durch Rimsky-Korsakow. 1913 schrieb er anlässlich der Aufführung des »Boris Godunow«: »Sicher ist das noch nicht der echte Mussorgsky den man uns geboten hat ... Wann werden wir endlich dies geniale Werk in seiner Originalgestalt zu sehen bekommen?« Ravel versuchte in seiner Instrumentierung so eng wie möglich am Original zu bleiben. Er ließ lediglich zwischen den Stücken sechs und sieben die Wiederholung der »Promenade« weg.

Es gibt übrigens noch andere Orchestrierungen der »Bilder einer Ausstellung«: eine 1886 von Michael Tuschmalov aus der Kompositionsklasse von Rimsky-Korsakow, eine 1922 vom finnischen Komponisten Leo Funtek, eine 1924 vom italienischen Komponisten

Leonidas Leonardi, eine 1942 vom Dirigenten Walter Goehr und noch einige mehr, unter anderem natürlich die populäre Rockfassung von Emerson, Lake und Palmer.

URAUFFÜHRUNG
Wann die Urfassung uraufgeführt wurde, ist unbekannt.

ERFOLG
Was die Uraufführung betrifft: keine Erkenntnisse. Ansonsten aber hat, wie jeder weiß, die Komposition sowohl in der Klavierfassung als auch in der Ravel-Fassung die Welt davon überzeugt, dass es sich bei den »Bildern« um eines der großen Werke in der Musik handelt.

ANEKDOTEN
s. o.

WERK
Sätze
Promenade
1.   Gnomus
Promenade
2.   Il vecchio castello
Promenade
3.   Die Tuilerien
4.   Bydlo
Promenade
5.   Ballett der Küchlein in ihren Eierschalen
6.   Samuel Goldenberg und Schmuyle. Zwei polnische Juden, der eine reich, der andere arm.
Promenade
7.   Marktplatz in Limoges
8.   Catacombae. Sepulcrum romanum
Promenaden-Variation: »Cum mortuis in lingua mortua«
9.   Die Hütte auf Hühnerfüßen (Baba-Jaga)
10.   Das Bohatyr-Tor in Kiew.

Dauer
30 bis 35 Minuten – wie immer: ohne Gewähr!

Besetzung
1 Pikkolo-Flöte
2 Flöten
2 Oboen
1 Englisch-Horn

2 Klarinetten
1 Bassklarinette
1 Altsaxophon
2 Fagotte
1 Kontrafagott
4 Hörner
3 Trompeten
3 Posaunen
1 Basstuba
Pauken
Kleine Trommel
Große Trommel
Becken
Triangel
Xylophon
Schellen
Ratsche
Peitsche
Tamtam
Glockenspiel
Glocke in Es
Celesta
2 Harfen
Violinen I und II
Bratschen
Violoncelli
Kontrabässe

HITS

Die »Bilder« sind für jeden psychologisch oder tiefenpsychologisch geschulten Menschen, der darüber seine Liebe zur Musik nicht vergessen hat, eine Offenbarung. Diese Komposition ist geradezu das Abbild dessen, was in einem Menschen während des Reifungsprozesses passiert. Man braucht keinen Freud, Adler oder C. G. Jung mehr zu lesen, um beispielsweise zu wissen, was Angst und ihre Überwindung bedeutet. In dieser Musik spürt man es und hat davon ein tieferes Wissen, als man sich jemals anlesen könnte. Die Verklärung im letzten Bild, dem Bohatyr-Tor, kann man auch religiös sehen – zumal ja orthodox-russische Farben erklingen; in jedem Fall ist es aber ein Durchbruch in einen Bereich, in dem Angst vor dem Tode überwunden ist und das Akzeptieren der Endlichkeit einen grandiosen Ausdruck findet. Bevor ich aber in meiner Begeisterung für die »Bilder« ins Nebelreich transzendiere, zurück zu Ravel. Seine Orchestrierung ist schon ein Hit, selbst wenn einem (wie mir) die Klavierfassung mehr zusagt. Die Farben, die Ravel gefunden hat, sind einmalig, diese Arbeit zeigt einmal mehr, dass er unbedingt ein Großmeister des Instrumentierens war. Das geht ja schon in den ersten Takten mit dem Blechbläsersatz los, wozu man nur das sagen kann, was die Italiener zu einem guten Wein sagen: »Questo vino non scherza – dieser Wein macht keine Scherze«. Ohne jeglichen Kompromiss stellt Ravel hier von Anfang an klar, wo's langgeht! Überhaupt ist im ganzen Werk die Behandlung der Bläser ein Meisterwerk. Mit kleinen Kniffen zaubert Ravel Wirkungen, die plötzlich eine neue Dimension auftun, z. B. im »Gnom«, wenn in den Takten 29 bis 36 zuerst die Bratschen, dann die Celli und dann die Violinen auf dem Griffbrett ein Glissando eine Oktave rauf und dann eine runter zu rutschen haben, *pianissimo* versteht sich: da spürt man plötzlich das Dämonische in dieser Karikatur. Auch wenn das eine »Erfindung« von Ravel ist, die in der Klavierpartitur nicht steht, ist es eine exzellente Idee. Im »vecchio castello« das Altsaxophon diese unendlich wehmütige Troubadour-Melodie spielen zu lassen, gehört auch zu den großen Einfällen eines Genies. Der Bläsersatz (Blech und Holz) mit Unterstützung durch die Kontrabässe in den »Catacombae« erzielt eine Wirkung, die der Absicht Mussorgskys sicherlich perfekt entspricht; genauso wie der Einsatz der Harfe im »Cum mortuis in lingua mortua«. Und wie in den beiden letzten Bildern Ravel mit dem Orchester umgeht, darüber braucht man kein Wort mehr zu verlieren.

Natürlich ist insgesamt die Frage zu stellen, ob das Ganze nicht zu breit, zu dick aufgetragen ist. Das kann aber nur jeder für sich selbst entscheiden. Ich finde, dass die »Bilder« in der Ravel'schen Fassung von ihrer ursprünglichen Kraft nichts einbüßen – dennoch gefällt mir die Urfassung für Klavier besser. Was meinen Sie, warum der Pianist Lars Vogt das Vorwort zu diesem Buch geschrieben hat – er ist einer derjenigen, die die »Bilder« grandios zu gestalten vermögen! Glauben Sie mir nicht? Dann hören Sie sich doch mal seine Interpretation an (bei EMI 2002)!

FLOPS

Ich habe nur einen Flop anzumerken, der allerdings, wie mir scheinen will, ein ziemlicher Hammer ist: im »Bydlo« schreibt die Urfassung gleich zu Beginn *fortissimo* vor; zu Recht, denn der Ochse ist ein schweres Tier, das einen noch schwereren Karren zu ziehen hat – wie wir alle, wenn wir vor dem Karren hängen, den zu ziehen uns das Leben aufgetragen hat. Ravel lässt das Ganze *pianissimo* losgehen! Gut: er war von eher schmächtiger Statur und Körperkräfte waren nicht das beeindruckendste Merkmal seiner Gestalt. Aber trotzdem: Maurice! Was haben Sie sich dabei gedacht?!

OBACHT

Na ja, wie immer bei Ravel: er geht (für seine Zeit, aber soooo lange ist das ja auch nicht her) an die Grenzen dessen, was ein Orchester zu leisten in der Lage ist. Zumal man sich ja auch mal vorstellen muss: Wenn z. B. die Bratschen vor den Tuben, Posaunen und Trompeten sitzen, ja glauben Sie, dass die überhaupt noch mitbekommen, was das Holz bläst oder die Geigen streichen? Die hupen denen ja glatt die Noten vom Pult! Bei solchen »dicken« Instrumentierungen ist so mancher Orchestermusiker ziemlich auf sich alleine angewiesen, falls er überhaupt hört, was er selber spielt! Dass da Werke wie die »Bilder« koordiniert gespielt werden können, gehört für mich zu einem der kleinen Wunder, denen wir in der Musik zum Glück immer wieder begegnen!

ES MEINEN

Michel Dimitri Calvocoressi:
»Mussorgskys angeborene Fähigkeit, auf die wesentlichen Dinge zuzugehen und kühn und klar von Punkt zu Punkt fortzuschreiten, war derart ausgeprägt, dass er sich wohl mit Riesenschritten einem neuen Typ der musikalischen Kunst genähert hätte – wenn er im gleichen Maße Sinn für die Instrumentalmusik und Neigung zur Bildung neuer Formen besessen hätte. Verwurzelt in der Volksmusik seiner Heimat, ausgehend von dem modalen Prinzip, von dem sich die westliche Musik immer mehr entfernte, hätte er ebenso reife, komplexe und in jeder Hinsicht vollkommene Formen hervorbringen können, wie wir sie in der westlichen Symphonie und Sonate haben – von diesen jedoch ebenso verschieden wie beispielsweise das elisabethanische Drama von der Tragödie Corneilles und Racines. Das ist zwar eine Utopie, doch sie könnte längst Wirklichkeit geworden sein, wenn auch in Russland seit Jahrhunderten die Kunst der Komposition von einer kontinuierlichen Reihe genialer Komponisten ausgeübt worden wäre.«
Tja, Herr Calvocoressi, mag ja sein. Aber spricht da aus Ihnen nicht ein wenig sehr der Wunsch, Mussorgsky möchte weniger »russisch« und ein bisschen mehr »westlich« komponiert haben? Diese Meinung war jahrzehntelang vorherrschend (deshalb habe ich sie hier zitiert) und es ist an der Zeit, damit Schluss zu machen. Mussorgsky gilt es wieder zu entdecken – und zwar in seiner ursprünglichen Form. Wollt ich nur nochmal gesagt haben.

BEIKIRCHER RÄT

ANLASS

Die »Bilder« passen zu monumentalen Anlässen genauso wie zu kleineren, denen ich hier den Vorzug geben möchte: wenn die Lego-Burg endlich aufgebaut ist, die Männchen alle in Position sind, Kids und Papi auf dem Boden liegen und die Schlacht endlich losgehen kann: dann wird mit den »Bildern« das Spiel auf dem Teppichboden zum reinsten Hollywood-Vergnügen. Versuchen Sie's und Sie werden sehen, dass die »Pänz« sogar auf Harry Potter verzichten! Musik kann wahre Wunder vollbringen!

NUTZUNG

Natürlich kann jeder tiefenpsychologisch orientierte Psychotherapeut die »Bilder« auflegen, um die einzelnen Therapie-Fortschritte musikalisch zu untermalen. Sollte sich dann beim Patienten der berühmte »Widerstand« regen – wenn sich ein Klient gegen die Veränderungen in seiner Person, welche die Therapie mit sich bringt, sträubt – und finanzielle Argumente vorschiebt – die Therapie sei zu teuer, die Kasse bezahle nicht und woher solle er viermal die Woche 200.- pro Sitzung hernehmen, oder was sonst noch an Unverschämtheiten dem Therapeuten gegenüber aufgefahren wird: flott den »Bydlo« aufgelegt, dann spürt auch der dickfelligste Klient, wie schlecht es dem Therapeuten geht, wird Mitleid für ihn entwickeln, das Geld überweisen und schon läuft der Laden wieder! In diesem Fall bekommt natürlich das Bohatyr-Tor eine Farbe, die stark ins Finanzielle geht – aber wen kümmert die Kunst, wenn das Konto wieder stimmt!

AUTO

Weniger Autos, mehr Planwagen sind die adäquaten Verkehrsmittel für die »Bilder«. Aber wann hat man schon mal die Gelegenheit, damit zu fahren und dabei auch noch die »Bilder« hören zu können? Also: sorry. Dieses Werk hat im Auto nichts verloren!

PAUSEN-TALK

»Das habe ich ...«

»Boh, des Stück is ja hammehadd, so ebbes hab'sch ja noch nie ghört, des is ja der absolute Bringer is des ja!«
»Sind Sie denn das erste Mal im Konzert?«
»Ei sische!«

»Was machen Sie denn sonst so?«
»Ei ich bin Mettlä!«
»Wie bitte?«
»Mettlä!«
»Was ist das denn?«
»Ich bin Bass in unsern Heavy-Metal-Band!«
»Drum!«
»Naa, net drum, Bass!«

FRAUEN
»Ich gehe schon mal nach Hause vor, das Zelt aufbauen.«
»Warum das denn?«
»Na, für meinen Mann, damit der Luft kriegt.«
»???«
»Er spielt Basstuba. Und nach dem Ravel muss der immer erst mal
unters Sauerstoffzelt!«

MÄNNER
»Die Orchesterfassung – gut. Aber warum spielt das denn keiner in
der Fassung für zwei Klaviere?«
»Was sind Sie denn?«
»Klavierhändler, was sonst.«

BEWERTUNG

Technik	🎺🎺🎺	… weil es wirklich schwer ist.
Gesamt	für die Komposition	… weil dieses großartige Werk in der Urfassung für Klavier intensiver ist, auch wenn die Ravel'sche Fassung ein Klassiker für jedes Orchester bleiben wird, das zeigen will, was es kann (zu unserer Freude).
	🎵🎵 für die Orchestrierung	

Pjotr Iljitsch Tschaikowsky
1840–1893

Symphonie Nr. 6 h-moll op. 74 »Pathétique«

Nach dem Tode Tschaikowskys kümmerte sich sein Bruder Modest
um den Nachlass. Es war schnell klar, dass man da ein Archiv zu
machen hat, ein Museum und was da halt alles zu tun ist, wenn ein
Künstler dieses Formats gestorben ist. Er muss ja quasi für die
Nachwelt und die Forschung ›aufbereitet‹ und zugänglich gemacht
werden. Das hat Modest Tschaikowsky getan: er gründete das
Tschaikowsky-Haus-Museum in Klin (heute staatlich) und leitete es
bis 1916. Er sortierte also das vorhandene Material, die Noten, die
Partituren, die Tagebücher etc. und sammelte die Briefe ein, um sie
später herausgeben zu können. Wer kann da (als enger Verwandter)
der Versuchung widerstehen, das eine oder andere »geradezurü-
cken« oder aus den Briefen und Materialien zu entfernen? Tatsächlich hat schon Anatol seinem Bruder Modest am 6. Dezember
1893 – also kurz nach dem Tod Tschaikowskys – geschrieben:
»Was Klin betrifft, so will ich selbst, dass niemand außer Dir oder
mir die übriggebliebenen Papiere und Briefe anrührt, bevor nicht
die vernichtet sind, die – in welchem Grade auch immer – sein
Andenken kompromittieren könnten.« Klarer kann man nicht
mehr ausdrücken, wohin die Reise gehen soll. Nun ist es leicht,
hundert Jahre später zu sagen, sowas sei ein Verbrechen an der Forschung und damit den »Tätern« den wissenschaftlichen Fehde-
handschuh ins Gesicht zu werfen. Diese Dinge hat es immer schon
gegeben – denken Sie an die bodenlosen Aktivitäten von Nietzsches
Schwester oder – andere Baustelle – der Witwe Karl Mays, und man
muss auch ein wenig Verständnis für sie haben. Forschung, schön
und gut, aber die Hinterbliebenen leben ja noch und hängen da ja
auch mit drin. Homosexualität war damals zumindest diskrimi-
niert – und strafbar obendrein –, was wunder, dass Anatol und
Modest sich mit Tusche und Schere bewaffnet hingesetzt haben,
um die »zweifelhaften« Stellen aus den Briefen zu entfernen. Ihre
Methoden waren: »Ausstreichung, Ausschraffierung, dichte Ver-
tuschung, Ausschneiden mit der Schere, Herausreißen mit der
Hand, Benutzung von Bleistift, verschiedenfarbiger Tinte und
Tusche«, wie ein frustrierter Historiker berichtet. Sokolov ist einer

der Detektive, die sich über die Briefe hergemacht – vor allen Dingen über die ausgestrichenen Stellen – und in minutiöser Kleinarbeit eine ganze Reihe sensationeller Entdeckungen gemacht haben.
Die Brüder und andere Verwandte haben also »zensiert«, sicher nicht nur, um ihren eigenen Ruf zu schützen – Modest z. B. war ebenfalls homosexuell –, sondern um das Andenken des Komponisten »sauber« zu halten. Das führte dazu, dass man bei der Interpretation Tschaikowskys auf Gerüchte, Vermutungen etc. angewiesen war. Das hatte Folgen; denn seine Musik barg offenbar immer wieder enge Zusammenhänge zu seinem Leben; so gilt seine Sechste Symphonie als eine, der er sein Leben als Programm zugrunde gelegt haben soll. Weil man also jahrzehntelang nicht wusste, ob Tschaikowsky seine vermutete Homosexualität offen leben konnte, ob sie ihm überhaupt bewusst war, legte man in seine »Nervenkrisen«, seine Heirat, die Motive dazu und sein »ruhiges« Leben ab den 8oer Jahren häufig mehr hinein als drin war. Jede Kleinigkeit wurde gleich als Depression, Verzweiflung oder Suizidabsicht gesehen; in Russland selbst ging das bis in die 8oer Jahre des 20. Jahrhunderts so, was mit einem Regierungsdekret von 1940 zusammenhängt (anlässlich Tschaikowskys 100. Geburtstag). Ab da durfte auch nicht ein einziges negatives Wort über ihn gedruckt werden, erst recht nicht über die unaussprechliche Tatsache seiner Homosexualität. Wüstes Zeug, wohin man hörte, wurde daraufhin über den Komponisten verbreitet. Erst seit der Perestroika haben wir Zugang zu Quellen, die uns ein etwas klareres Bild Tschaikowskys zeigen: Es war nicht so, dass er kaum darum wusste, homosexuell zu sein; es war auch keineswegs so, dass er sich deshalb lebenslang in Konflikten befand; von lebenslanger Scham und Qual kann ebenfalls nicht die Rede sein. »Er sah seine Homosexualität als eine natürliche, unabänderliche Veranlagung, für die er sich nicht zu schämen brauchte. Aber er litt darunter, Nahestehende eventuell mit seinem ›schlechten Ruf‹ zu belasten, so dass er seine Homosexualität verbarg«, bringt es Kadja Grönke auf den Punkt. Und da sind wir bei den durchgestrichenen Stellen aus seinen Briefen – insbesondere bei den Briefen an Anatol und Modest, seine Brüder. Daraus wird nämlich deutlich, dass Tschaikowsky sich absolut klar war über seine Homosexualität und dass er sie lebte; dass er aber das Problem hatte, sie nicht nach außen zeigen zu dürfen. Eine dieser »Stellen« möchte ich Ihnen nicht vorenthalten. Damit erklärt sich auch der »Persönlichkeitswandel« der 8oer Jahre, als er plötzlich souverän die Gesellschaft von Menschen suchte und sich nicht mehr zurückzog. Offensichtlich hatte er nun

einen Weg gefunden, mit dem gesellschaftlichen Druck zurechtzu-
kommen, was ihn freier und ausgeglichener machte. Am 19. Januar
1877 – russisch-julianischer Zeit, also am 31. Januar unserer Rechnung – schrieb er an Modest (die »gestrichenen« und jetzt erst ent-
zifferten Stellen habe ich kursiv gesetzt, den Brief zitiere ich in voller Länge):

»Lieber Modja!

Ich danke Dir für Deinen schönen Brief, den ich vorige Woche
erhielt. *Ich habe mich hingesetzt, um Dir zu schreiben; denn ich habe
das Bedürfnis, meine Gefühle einer mitfühlenden Seele mitzuteilen.
Wem, wenn nicht Dir, soll ich das süße Geheimnis meines Herzens
anvertrauen! Ich bin v e r l i e b t – wie ich schon lange nicht mehr verliebt
war. Errätst Du, in wen?* Er [= der Geiger Josef Kotek, s. Violinkon-
zert] *ist von mittlerer Größe, blond, hat wunderbare braune Augen (die
nebelhaft umflort sind, wie das oft bei Kurzsichtigen ist). Er trägt ein
pince-nez, manchmal eine Brille, was ich nicht leiden kann. Er kleidet
sich sehr sorgfältig und sauber, trägt ein dickes goldenes Kettchen und
immer hübsche Manschettenknöpfe aus Edelmetall. Seine Hand ist nicht
groß, aber in ihrer Form ganz ideal. Sie ist so entzückend, dass ich ihr
gern einige Entstellungen und unschöne Details verzeihe, die davon her-
rühren, dass die Enden der Finger häufig Saiten berühren. Er spricht
stark durch die Nase, wobei im Timbre der Stimme Zärtlichkeit und
Herzlichkeit mitklingen. Er hat einen leicht südrussischen und sogar polnischen Akzent; denn er wurde im polnischen Storona geboren und hat
dort seine Kindheit verbracht. Aber dieser Akzent ist während eines sechs-
jährigen Aufenthalts in Moskau sehr moskauisch geworden. Insgesamt,
d. h. wenn man diesen Akzent mit der Zärtlichkeit seines Timbres und
seinen reizenden Lippen, auf denen ein flaumig-blondes Bärtchen zu
sprießen beginnt, zusammen nimmt, dann ergibt sich etwas Entzücken-
des. Er ist sehr klug, sehr musikbegabt und überhaupt mit einer schönen
Natur begabt, die von jeder Gemeinheit und Unanständigkeit weit entfernt ist.*

*Ich kenne ihn schon sechs Jahre. Er gefiel mir immer, und ich hatte mich
schon einige Male ein wenig in ihn verliebt. Das waren Anläufe meiner
Liebe. Jetzt habe ich einen Anlauf genommen und mich endgültig und
bis über beide Ohren verliebt. Ich kann nicht sagen, dass meine Liebe
ganz rein wäre. Wenn er mich mit seiner Hand streichelt, wenn er, den
Kopf an meine Brust geneigt, daliegt und ich mit meiner Hand über seine
Haare streiche und sie heimlich küsse, wenn ich ganze Stunden seine
Hand in meiner halte und wenn ich vergehe im Kampf mit dem Verlangen, ihm zu Füßen zu fallen und diese Füße zu küssen – dann tobt in
mir die Leidenschaft mit unvorstellbarer Stärke, meine Stimme zittert
wie bei einem Jüngling, und ich rede irgendwelches dummes Zeug. Indes-*

sen bin ich weit entfernt von dem Wunsch nach einer körperlichen Vereinigung. Ich fühle, dass ich, wenn das geschähe, ihm gegenüber kälter würde. Es wäre mir widerwärtig, wenn dieser wunderbare junge Mann sich dazu erniedrigen würde, mit einem gealterten und dickbäuchigen Mann zu schlafen. Wie abstoßend wäre das, und wie ekelhaft würde ich mir selbst! Das muss nicht sein.

Für mich muss es nur eins geben: Er soll wissen, dass ich ihn unendlich liebe und dass er ein guter und nachsichtiger Despot und Abgott sein soll. Mir war es unmöglich, meine Gefühle für ihn zu verbergen, obwohl ich mich anfangs sehr darum bemühte. Ich sah, dass er alles bemerkte und mich verstand. Übrigens, kannst Du Dir vorstellen, wie geschickt ich darin bin, meine Gefühle zu verbergen? Meine Manier, den Gegenstand meiner Liebe mit den Augen zu verschlingen, verrät mich immer. Gestern verriet ich mich vollends. Das kam so. Ich saß bei ihm. (Er wohnt in Hotelzimmern, sehr sauber, nicht einmal ohne Luxus.) Er schrieb das Andante aus seinem Konzert an seiner choräischen Stelle; ich saß neben ihm und tat so, als ob ich läse, während ich tatsächlich damit beschäftigt war, die verschiedenen Details seines Gesichtes und seiner Hände zu betrachten. Aus irgendeinem Grunde musste er nach dem Tisch greifen und fand dort den Brief eines seiner Kameraden, der im Sommer geschrieben worden war. Er begann ihn noch einmal zu lesen; dann setzte er sich ans Klavier und spielte ein kleines Stück in Moll, das dem Brief beigelegt war. Ich: Was ist das? Er (lächelnd): Das ist ein Brief von Porubinskij und ein Lied ohne Worte, das er geschrieben hat. Ich: Ich hatte nicht erwartet, dass P. so nett schreiben kann. Er: Und ob. Er besingt doch darin seine Liebe zu mir. Ich: Kotek! Lassen Sie mich um Gottes Willen diesen Brief lesen. Er (gibt mir den Brief und setzt sich neben mich): Lesen Sie. Ich begann den Brief zu lesen. Er war voller Details über das Konservatorium und seine Schwester, die im Sommer hierher gekommen war, um ins Konservatorium einzutreten. Am Ende des Briefes erregte folgende Stelle meine besondere Aufmerksamkeit. ›Wenn Du endlich kommst, wird meine Sehnsucht nach Dir ein Ende haben. Alle meine Liebesabenteuer mit Frauen habe ich aufgegeben; alles ist mir zuwider und lästig geworden. Ich denke nur an Dich allein. Ich liebe Dich, als wärest Du das reizendste junge Mädchen. Meine Sehnsucht und meine Liebe habe ich in dem beigelegten Lied ohne Worte zum Ausdruck gebracht. Um Gottes Willen, schreibe mir. Als ich Deinen freundlichen letzten Brief las, empfand ich das größte Glück, das es bisher in meinem Leben gegeben hat.‹

Ich: Ich wusste nicht, dass Porubinskij Sie so sehr liebt. Er: Ja. Das ist eine so selbstlose und reine Liebe! (Listig lächelnd und mit der Hand mein Knie streichelnd ((Das ist seine Art)).): Nicht so, wie Ihre Liebe ist!!! Ich (himmelhochentzückt, dass er meine Liebe erkennt): ›Vielleicht

ist meine Liebe ja eigennützig, aber Sie können überzeugt sein, dass
100.000 Porubinskijs Sie nicht so lieben können werden wie ich!‹
Ich muss Dir sagen, dass gestern der Tag vor seiner Abreise nach Kiew
war, wo er bald ein Konzert geben wird. Nach dem Geständnis schlug er
vor, aus der Stadt herauszufahren, um zu Abend zu essen. Es war eine
bezaubernde Mondnacht. Ich mietete eine Troika, und wir flogen dahin.
Ich kann Dir nicht die 1000 Details berichten, die mir eine unbeschreibliche Seligkeit verursachten. Ich hüllte ihn ein, umarmte ihn, schützte ihn.
Er klagte über Kälte an der Nasenspitze. Ich hielt die ganze Zeit mit der
bloßen Hand den Kragen seines Pelzes fest, um diese für mich heilige Spitze zu wärmen. Das Erfrieren meiner Hand verursachte mir
Schmerz und gleichzeitig das überaus süße Bewusstsein, für ihn zu leiden. In Strel'nja, im Wintergarten, traf ich die Gesellschaft von Lenin,
Rivol und tutti quanti. Mein Gott, wie erbärmlich erschienen sie mir in
ihrem zynischen und prosaischen Laster! Von dort fuhren wir nach Jar
und aßen in einem separaten Raum zu Abend. Nach dem Abendessen
wollte er schlafen und legte sich auf ein Sofa, wobei er meine Knie als Kis-
sen benutzte. Mein Gott, welche Fülle der Seligkeit war das! Er machte
sich in freundlicher Weise über meine Zärtlichkeit lustig und sagte
immer wieder, meine Liebe sei nicht das Gleiche wie die Liebe Porubinskijs. Meine sei eigennützig und nicht rein. Seine Liebe sei selbstlos und
rein. Wir sprachen von dem Stück, das er mir für sein Konzert in der großen Fastenzeit zu schreiben befahl. [Vermutlich handelt es sich hier
um den »Valse-Scherzo« op. 34 für Violine und Klavier, das Tschaikowsky Anfang 1877 komponiert und Kotek gewidmet hat.] Er sagte
immer wieder, er würde böse werden, wenn ich dieses Stück nicht schrie-
be. Um drei Uhr fuhren wir weg. Ich erwachte heute mit der Empfindung
eines erlebten Glücks und ganz und gar ohne die Ernüchterung der
Gefühle, die mich früher am Morgen häufig bereuen ließ, dass ich am
Abend zuvor zu weit gegangen war. Ich ertrug heute meinen Unterricht
außergewöhnlich leicht, war mit den Schülern nachsichtig und freundlich und witzelte und scherzte zu ihrem Erstaunen so sehr, dass sie sich
vor Lachen kugelten. Um elf Uhr rief er mich aus dem Unterricht heraus,
um sich zu verabschieden. Wir verabschiedeten uns, aber ich beendete
den Unterricht früher und eilte an die Kursker Bahn, um ihn noch einmal zu sehen. Er war sehr freundlich, fröhlich und lieb. Um 1 1/2 h ent-
führte ihn der Zug. Ich bin nicht unzufrieden, dass er wegfuhr. 1) wird er
bald wiederkommen. 2) muss ich unbedingt meine Gedanken sammeln
und mich beruhigen. Die ganze letzte Zeit habe ich absolut nichts
getan und war überhaupt bei niemandem, außer bei denen, die auch
er besucht. Silovskij und Kondrat'ev sind beide böse auf mich. 3) bin ich
froh, dass ich Gelegenheit haben werde, ihm zu schreiben und all das
zum Ausdruck zu bringen, was auszusprechen mir nicht gelang. Indes-

sen habe ich mir ein sehr kühnes Unternehmen vorgenommen. Ich will im März nach Paris fahren und dort ein Konzert geben. Ich bin sogar in direktem Kontakt zu Colonne (dem Präsidenten der Gesellschaft *des jeunes artistes*) und anderen Personen getreten. Aber für wieviel Geld werde ich all das tun? Geldangelegenheiten sind schrecklich: ich stecke über beide Ohren in Schulden. Übrigens – spucken wir darauf. Modja, ich küsse Dich herzhaft. Kolja und seine Frau waren hier; sie beklagten sich sehr über Dich. Du seiest ihnen in letzter Zeit ausgewichen, aus Angst, sie würden die Schulden für das Porträt einfordern. Bemühe Dich, möglichst schnell zu bezahlen. Dieser Brief darf um Gottes Willen nicht Alina unter die Augen kommen. Kolja drücke ich zärtlich ans Herz. Merci für seinen wunderbaren Brief.

P. Tschaikowsky«

Jetzt lesen Sie doch mal nur die nicht kursiv gedruckten Zeilen! Das sind diejenigen Informationen, die bis vor ein paar Jahren bekannt waren! Sehr mager, oder?! Der überwiegende Rest ist zwar, zugegeben, homosexueller Gefühlskitsch in Reinkultur – Rosa von Praunheim und seine Freunde sagen zu sowas »camp«. Aber sagen Sie selbst: Schreibt so einer, der nicht weiß, ob er homosexuell ist oder nicht? Dass das damals bedrückend gewesen sein muss, auf jeden Fall weit entfernt von einer Freiheit des persönlichen Lebens, ist natürlich klar. Aber wer so schreibt, denkt nicht unbedingt an Selbstmord oder vergattert sich hinter Nervenkrisen – die er als sensibler Mensch sicherlich ab und an hatte, aber kaum in einem Ausmaß, das nicht mehr normalpsychologisch zu erklären wäre. Wer so schreibt – und es gibt noch andere Stellen, in denen es drastischer zugeht, wenn es sich um Zufallsbekanntschaften oder Liebeleien handelt –, hat einen klaren Blick für sich und sein Leben. Übrigens gibt es auch einen Brief, in dem er über seine Absicht zu heiraten berichtet und klar ausdrückt, dass er dies »nicht nur für mich, sondern auch für Dich und für Tolja und für Sascha und für alle, die ich liebe« tun wolle. Auch da: ein klarer Blick. Dass er seine Kräfte, das auszuhalten – und die Kräfte seiner Frau, nur mit einer platonischen Liebe zufrieden sein zu sollen –, überschätzt hat, ist menschlich. Sein »Suizidversuch«, als er sich mit der Absicht ins kalte Wasser stellte, eine Lungenentzündung zu bekommen und daran zu sterben, ist eine eher hysterische Verhaltensweise. Das tut einer, der nicht mehr aus und ein weiß, der aber niemandem – auch sich selbst nicht – die Schuld daran geben möchte und der sozusagen auf ein Schicksal hofft, das ihn vor aller Augen entschuldigt. Nicht schön. Aber nicht so selten, wie man denken möchte.

Das zur momentanen Tschaikowsky-Forschung ...

ENTSTEHUNGSZEIT

Am 4. Februar 1893 begann Tschaikowsky mit der Arbeit an seiner Symphonie in h-moll. Vorher, im Herbst 1892, hatte er eine Symphonie in Es-Dur skizziert, verwarf aber diese Pläne zugunsten der »neuen«. Am 24. März hatte er die Skizzen beendet. Von Reisen unterbrochen, konnte er sich erst im Juli an die Instrumentierung machen, die am 12. August beendet war. Am 20. Juni schickte er die Partitur seinem Verleger Jürgenson, da stand das Datum der Uraufführung schon fest. Am 11. Februar 1893 schrieb er über die Vierte seinem Neffen: »Während der Reise [nach Odessa] kam mir der Gedanke zu einer neuen Symphonie, diesmal einer Programm-Symphonie, aber mit einem Programm, das für jeden ein Rätsel bleiben soll – man mag daran herumrätseln, muss sich aber damit begnügen, dass sie einfach ›Programm-Symphonie‹ heißen wird. Dieses Programm ist zutiefst subjektiv, und während ich auf der Reise im Geiste den Entwurf machte, habe ich oft bitterlich geweint.«

URAUFFÜHRUNG

Die Uraufführung fand am 28. Oktober 1893 in St. Petersburg statt. Am Pult stand der Komponist selbst. Es war sein letztes Konzert – neun Tage später starb er.
Auf dem Programm dieses Konzerts standen:
I.   die h-moll Symphonie,
II. Ouvertüre zu »Karmozina« von Laroš,
III. Klavierkonzert Nr. 1 b-moll op. 23 mit der Pianistin Adele aus der Ohe,
IV. Tänze aus »Idomeneo« von Mozart.

ERFOLG

Da sollte man etwas trennen: Uraufführung am 28. Oktober und zweite Aufführung am 18. November 1893, zwölf Tage nach Tschaikowskys Tod, ebenfalls in St. Petersburg. Die Wirkung dieser Symphonie war natürlich bei beiden Aufführungen völlig unterschiedlich. Wenn Sie die Symphonie kennen, werden Sie sich leicht vorstellen können, wie der letzte Satz wirkt, wenn man weiß, dass dies sein letztes Werk war und er soeben gestorben ist. Das Programm dieses zweiten Konzerts war:
I.   Die Sechste Symphonie,
II. Das Violin-Konzert mit Leopold Auer als Solisten,
III. Arioso des Onegin aus »Eugen Onegin«,
IV. Die Fantasie-Ouvertüre »Romeo und Julia«.

Bei der Uraufführung wurde Tschaikowsky zwar herzlich empfangen – mit dreimaligem Tusch des Orchesters! –, man war aber etwas irritiert von der Symphonie, die statt eines glorreichen Schlusssatzes in Dur ein Adagio lamentoso aufweist. Dennoch waren die Kritiken der Uraufführung wohlwollend, wenn auch etwas zurückhaltend:

»Die neue Sinfonie ist zweifellos unter dem Einfluss der Reise durch fremde Länder geschrieben; in ihr ist viel Scharfsinn, Erfindungsreichtum in der Verwendung orchestraler Farben, Grazie (insbesondere in den beiden Mittelsätzen), Eleganz; an Inspiration aber tritt sie hinter seine anderen Sinfonien zurück. Es ist kaum notwendig, von der Orchesterbehandlung zu sprechen; auf diesem Gebiet hat Herr Tschaikowsky längst den ersten Platz unter den zeitgenössischen Komponisten eingenommen. Wenn man dem Komponisten etwas vorwerfen kann, dann sind es gewisse Längen im ersten und letzten Satz.« Schreibt die »Novoe Vremja«. Dieselbe Zeitung schrieb nach der Aufführung am 18. November: »Ihr letzter Satz, das Adagio lamentoso, das mit jähen, von tiefem Kummer und Schmerz erfüllten Akkorden endet, erschien wie das letzte ›Lebewohl‹ des unvergessenen Komponisten. Der Eindruck wurde unbeabsichtigt dadurch verstärkt, dass vor dem Publikum, hinter dem Orchester eine von tropischen Pflanzen umgebene weiße, bleiche Büste Tschaikowskys aufgestellt worden war.« Dieselbe Zeitung hat einen Tag nach dieser Rezension eine weitere nachgeschoben, in der zu lesen ist: »Dies Adagio, in seiner Art ein Trauermarsch, muss man zu den besten Schöpfungen des Komponisten von ›Romeo und Julia‹ rechnen.«

Selbst Eduard Hanslick fand neue Töne der Kritik, als er über die erste außerrussische Aufführung der Sechsten 1895 in Wien zu berichten hatte: »Welch traurige triviale Kosakenlustigkeit mussten wir uns in den Finales seiner Serenade op. 48, seines Violinkonzerts, seines D-Dur Quartetts oder im dritten Satz seiner Suite op. 53 gefallen lassen. Nichts dergleichen in seiner Symphonie, welche, im Charakter durchaus westeuropäisch, eine edlere Gesittung und innigeren Herzensanteil verrät.«

ANEKDOTEN

Ach ja, wie kam es zur Bezeichnung »Pathétique«? Modest Tschaikowsky erzählt uns die Geschichte: »Er wollte sie nicht einfach mit einer Nummer versehen, und wollte sie auch nicht ›Programm-Sinfonie‹ nennen, wie zuerst geplant. ›Wie kann ich sie Programm-Sinfonie nennen, wenn ich das Programm nicht verraten will?‹ Ich schlug vor, das Werk ›Tragische Sinfonie‹ zu nennen, aber das gefiel ihm nicht. Dann verließ ich das Zimmer und ließ ihn in Verlegenheit zurück. Da kam mir plötzlich der Titel ›Pathétique‹ in den Sinn. Ich ging zurück und – ich besinne mich, als ob es erst gestern gewesen wäre – nannte ihm dieses Wort noch in der Tür stehend. ›Ausgezeichnet, Modja, bravo, pathétique‹ rief er, und in meiner Gegenwart schrieb er auf die Partitur den Namen, den die Sinfonie nun immer tragen wird.«

Unter »Anekdoten« möchte ich auch die Beschreibung der Sechsten Symphonie abdrucken, die Modest Tschaikowsky im April 1907 dem Pressburger Stadtarchivar Johan Batka gegeben hat – weil ich mir denke, dass jeder, der ein Gefühl für Musik hat, das nicht braucht und weil diese Beschreibung andererseits einem starken damaligen Bedürfnis entsprach, diese Symphonie »verstehen« zu wollen. Also:

»Sie fragen mich nach einer Erklärung der ›Pathétique‹ – aber leider, lieber Freund, kann ich es Ihnen niemals so mitteilen, wie es mein Bruder im Kopfe hatte. Er hat das Geheimnis mit sich ins Grab genommen. Wenn Sie aber jenes Programm hören wollen, das ich mir gebildet habe und das, wie mir scheint, nach all dem, was ich von meinem Bruder auch darüber erfahren habe, zweifellos die wahrscheinlichste Deutung enthält, dann schreibe ich es folgendermaßen nieder:

Der erste Teil stellt sein Leben dar, jene Mischung aus Schmerzen, Leiden und der unwiderstehlichen Sehnsucht nach dem Großen und Edlen, einerseits von Kämpfen und Todesängsten, andererseits von göttlichen Freuden und himmlischer Liebe zum Schönen, Wahren und Guten in allem, was uns die Ewigkeit an Himmelsgnaden verspricht. Da mein Bruder die längste Zeit seines Lebens ein ausgesprochener Optimist war, beendete er auch den ersten Satz mit dem Wiedererklingen dieses zweiten Themas.

Der zweite Satz stellt meiner Meinung nach die flüchtigen Freuden seines Lebens dar – Freuden, die den gewöhnlichen Vergnügungen anderer Menschen nicht zu vergleichen sind und die infolgedessen in dem ganz ungewöhnlichen Fünfvierteltakt ausgedrückt werden.

Der dritte Satz schildert die Geschichte seiner musikalischen Entwicklung. Sie war nichts als Tändelei, eine Art Zeitvertreib und ein Spiel am Beginn seines Lebens – bis zu zwanzig Jahren –, dann aber wird er immer ernster und endet schließlich ruhmbedeckt. Das drückt der Triumphmarsch am Schluss aus.

Der vierte Satz stellt seinen Seelenzustand während der letzten Lebensjahre dar – die bittere Enttäuschung und den tiefen Schmerz

darüber, dass er erkennen musste, wie selbst sein Künstlerruhm vergänglich und nicht imstande ist, sein Grauen vor dem ewigen Nichts zu lindern, jenem Nichts, das alles, was er liebte und zeit seines Lebens für ewig und ausdauernd hielt, unerbittlich und für immer zu verschlingen droht.
Von dieser ganzen Erklärung kann ich allerdings nur den Sinn des letzten Satzes durch Dokumente bestätigen. Mein Bruder sprach von alldem mehrmals in seinen Briefen.«

WERK
Sätze
Adagio/Allegro non troppo – Allegro con grazia – Allegro molto vivace – Finale/Adagio lamentoso

Dauer
Gut 45 Minuten – Furtwängler nahm sich fast 49 Minuten Zeit, aber damals hatte man davon ja noch genug!

Besetzung
2 Flöten
Pikkoloflöte
2 Oboen
2 Klarinetten
2 Fagotte
4 Hörner
2 Trompeten
3 Posaunen
Basstuba
Pauken
Becken
Große Trommel
Tamtam
Violinen I und II
Bratschen
Violoncelli
Kontrabässe

HITS
Die ganze Symphonie hindurch gibt es für mich zwei spezielle Hits: wie Tschaikowsky mit Bratschen und Celli umgeht und was er mit den Bläsern macht. Ich finde das ganz außerordentlich spannend, achten Sie mal drauf. Die Symphonie ist außerdem geradezu eine Orgie an Basstönen, die kein Lautsprecher wiedergeben kann. Wenn man dieses Werk *wirklich* hören will, *muss* man ins Konzert, anders geht es gar nicht – was ein weiterer Hit ist!

Im ersten Satz gehört die Vorbereitung des Themas in der Einleitung und das Thema selbst ab Takt 19 zu *den* Stellen (Empfehlung:
Furtwängler und die Berliner in der Aufnahme vom Herbst 1938 –
er zaubert eine Spannung, die einen fast zerreißt)!
Das zweite Thema ist natürlich auch ein Reißer (ab Takt 89, also
nach ca. vier bis viereinhalb Minuten). Es kommt geradezu wie
Verdi daher, entwickelt sich und hat seine schönste Färbung, wenn
es Flöten, Geigen und Bratschen in Oktaven gleichlaufend spielen –
Gänsehaut. Und ganz fertig bin ich, wenn die Klarinette über dem
Pianissimo der Streicher das Thema nochmal ausklingen lässt,
bevor im Allegro vivo das Orchester *fortissimo* wieder zum ersten
Thema zurückkehrt (ab Takt 153, ungefähr nach neun Minuten).
Kurz vor dem Schluss greift die Klarinette nochmal das zweite
Thema auf, jetzt über dem Pianissimo von Flöte, Fagott und Hörnern – eine weitere ***-Stelle – um in den sich aushauchenden
Schluss dieses Satzes überzuleiten.
Dass der zweite Satz im 5/4 Takt »läuft«, ist jedem, dem Dave Bru-
becks »Take five« immer schon zu anspruchslos war, ein Vergnügen. Das Thema aber, bitte schön, auch!
Im dritten Satz ist Hit, wie lange sich Tschaikowsky Zeit lässt, das
ganze Orchester das eigentliche Marschthema spielen zu lassen:
ganze 228 Takte – was gut und gerne sechs Minuten bedeutet! Bis
dahin lässt er es immer wieder über den geisterhaft im Staccato
dahinspielenden Geigen ab und zu mal aufklingen. Dann aber
kommt es daher, dass es eine Freude ist!
Der vierte Satz hat diesen unglaublich kompakten Streichersatz
gleich am Anfang, was aber angesichts der Dramatik dieses Satzes
keine herausragende Rolle spielt. Der Atem, der uns hier berührt,
ist so existentiell, dass ich keine Details herauskramen mag. Für
mich gehört dieser Satz – und von ihm aus gesehen die ganze Symphonie – zu den wenigen ganz großen Werken, die nicht nur den
individuellen Tod ausdrücken, sondern den Untergang einer ganzen Epoche. Die drei Orchesterstücke von Alban Berg, »La Valse«
von Ravel und eben die Sechste Symphonie tragen gnadenlos und
unwiederbringlich eine Zeit zu Grabe, die nur oberflächlich gesehen eine »goldene« war. Ob Petersburg oder Wien: unter der
Gemütlichkeit herrschte die Gewalt, unter dem Glanz lebte das
Angesicht des Todes. Diese drei Werke haben der Zeit die Maske
heruntergerissen, ohne einen Ausweg zu lassen: alle drei enden im
Nichts. Und sie tragen auch die Tonalität zu Grabe. Tschaikowsky
am wenigsten hörbar; aber auch die Sechste lässt das Ende der tona-
len Musik ahnen. Hanslick hat das schon richtig gesehen, wenn er
etwas polemisch schrieb: »verliert leider gegen den Schluss hin

jedes Maß dafür, was ein normales Ohr an Lärm und Ausdehnung eines Stückes ertragen kann.«

FLOPS

Man könnte sagen: ein großartiger Flop ist, die Sechste überhaupt eine Symphonie zu nennen. Sie ist eine Oper, und zwar eine revolutionäre: eine Oper ohne Gesang! Nicht nur die »Verdi-Stellen« im ersten Satz (s. o.) legen das nahe, oder viele »Puccini-Momente« (Bratschen!) durchgängig. Diese Symphonie ist so bildhaft – selbst wenn jeder andere Assoziationen haben dürfte –, dass Bühnenbild, Sänger und Vorhang überflüssig werden. Und das ist natürlich ein gewaltiger Flop – wenn man in Begriffen absoluter Musik denkt. Wenn man aber dasitzt, diese Musik hört und die Aufs und Abs seines Lebens »illustriert« sieht – ja warum denn nicht?!

OBACHT

Ähnlich wie Ravels »La Valse« ist Tschaikowskys Sechste technisch gesehen ein verteufelt schwer zu spielendes Werk, wenn auch nicht so schwierig wie Ravels Komposition. In allen Instrumenten sind hohe Schwierigkeiten zu bewältigen, von der Pauke ganz zu schweigen: spielen Sie mal einen 5/4-Takt, mit nur zwei Schlegeln – fünf geteilt durch zwei: da sind Sie im Bereich der Dezimalzahlen, und das bringt den Dirigenten zum Kollaps!

ES MEINEN

Nikolai Kaschkin:
»Auf jeden Fall ist die Symphonie pathétique eines der bedeutendsten Werke ihres Verfassers, das beweist, dass wir ihn gerade zu der Zeit verloren, wo sein Talent den höchsten Punkt seiner Entwicklung und vollsten Reife erreicht hatte.«
Richard H. Stein:
»Hätte Tschaikowsky nichts weiter geschrieben als diese letzten fünfundzwanzig Takte [des letzten Satzes], so wäre er gleichwohl einer der größten Komponisten unserer Zeit. Wir werden das alle einmal durchleben, was Peter Iljitsch hier so erschütternd zum Ausdruck bringt. Nicht so groß vielleicht, nicht so tragisch vielleicht, aber auch unser Sehnen wird das Glück der Befreiung im Augenblick der letzten irdischen Qual empfinden.«

BEIKIRCHER RÄT

ANLASS

Natürlich ist die Sechste *das* Werk für Heldentod und Staatsbegräbnis, bis hin zu Grabreden wie die, welche ich einmal im Ruhrgebiet erlebt habe, als nach einem Grubenunglück einer zu Grabe getragen wurde. Sein Vorgesetzter, Steiger und zwanzig Jahre Kumpel des Beerdigten, verstieg sich in seiner Rede zum verzweifelten Ausruf: »Willi, Du bist nicht tot, dat war ein Unfall!«. Und dann die Sechste!

NUTZUNG

Man kann den letzten Satz nutzen, um den Weg von der Grabkapelle zum Grab abzugehen: mehr Zeit als dieser Satz dauert, sollte auf keinen Fall benötigt werden, um den Verblichenen abzusenken. Es ist die ideale Zeit: zehn Minuten können auch noch Opa zugemutet werden, und Tante Christl mit der Gehhilfe schafft es ebenfalls. Man kann es auch in der Psychoanalyse nutzen: dem Klienten an einer der ersten Sitzungen das Werk vorspielen und gucken, an welchen Stellen er unruhig wird. Das sind die Stellen, die jene Momente in seinem Leben bezeichnen, an denen es sich lohnt, ein bisschen nachzugraben. Nicht zu heftig, sonst dauert die Analyse zu kurz und das ist schlecht für den Umsatz!

AUTO

Ich kenne keinen Bestattungs-Fahrer, der nicht die Sechste im CD-Player vorrätig hätte. Vor allen Dingen, wenn man mit den lang gestreckten Limousinen mit den lila Vorhängen und den gekreuzten Palmenwedeln auf den Fenstern über die Autobahn preschen muss, um einen »Kunden« abzuholen, ist sie ideal: Reichweite knapp eine Stunde, lebhaft und schön, aber man bleibt doch im Thema!

PAUSEN-TALK

»Das habe ich auf CD besser.«
»Wieso? Gehen Sie immer mit dem Walkman auf Beerdigungen?«

FRAUEN

»Also ich finde, man kann die Menschen auch mit Gewalt in die Verzweiflung treiben.«
»Aber es ist doch eine schöne Symphonie!«
»Ja schon, aber es ist Mai. Der Frühling ist da, wir haben Urlaubspläne und dann sowas.«

»Ja, warum sind Sie denn dann ins Konzert gegangen?«
»Ich bin Abonnentin.«
»Und Ihr Mann?«
»Der ist bei seinem Chef: Grillfest.«
»Aber Tschaikowsky sagt doch nix anderes …«
»Wie?«
»Na, dass eben alles zusammenhängt.«
»Dann hab ich heute aber das schlechtere Ende erwischt!«

MÄNNER
»So isser, der Russe!«
»???«
»Steppe, Militärmarsch und immer ein Auge auf dem Sarg.«
»Dann wären wir doch besser in die Oper gegangen.«
»Wieso? Was läuft denn da?«
»Schwanensee.«
»Och nee, das läuft ja auf dasselbe hinaus!«

BEWERTUNG

Technik		Es gibt schwerer zu spielende Literatur, aber die Sechste gehört schon in die »Meisterklasse«.
Gesamt	mit Partezettel	Es ist die Symphonie, die wie keine andere greifbar ein Zeitalter zu Grabe trägt und dennoch individuell fassbar bleibt.

Pjotr Iljitsch Tschaikowsky
1840–1893

Konzert für Klavier und Orchester Nr. 1 b-moll op. 23

Tschaikowsky »war keineswegs der bedeutendste
Komponist seiner Zeit, doch seine Kunst hat eine
besondere kommunikative Qualität. Er bleibt
die meistbesuchte Touristenattraktion der
russischen Musik.«
(Glenn Gould)

»Tschaikowskys Musik, die nicht für jeden spezifisch
russisch klingt, ist im Grunde oft russischer als die
Musik, der man seit langem das Etikett des pittoresk
Moskowitischen verliehen hat.«
(Igor Strawinsky)

Es gibt – wie bei allen slawischen Namen – fast unzählige Möglichkeiten, den Namen zu schreiben, ich habe mich für »Tschaikowsky«
entschieden, weil es die häufigste Transkription ist. Die Schreibweise, die man im schnoddrigen Berlin gegen Ende des 19. Jahrhunderts bevorzugte: »Tschaikoven«, schien mir doch etwas abseitig zu
sein!
Bei Tschaikowskys Leben stehen wir vor dem Phänomen, dass in
das unglaubliche Dickicht von Gerüchten, Vermutungen, Unter-
stellungen und Phantasien erst in den letzten Jahren etwas Licht
gedrungen ist. Insbesondere die Arbeiten von Alexander Poznansky haben erheblich dazu beigetragen, dass wir in wichtigen Punk-
ten nicht mehr auf Vermutungen angewiesen sind. Wie sollte aber
auch jemand wie er offen über sein Leben sprechen können, wenn
das gleichbedeutend gewesen wäre mit Strafverfolgung und Verurteilung? Ist es doch gerade mal ein paar Jahre erst her, dass in
Deutschland der § 175 aufgehoben wurde, von einem Ende der sozi-
alen Ächtung von Homosexuellen sind wir noch ziemlich weit entfernt. Wenn dann noch dazukommt, dass jemand eine herausgehobene öffentliche Stellung hat, obendrein nur ein sehr dünnes
Nervenkostüm und das in einer Gesellschaft, die zwar heimlich
vieles toleriert, gleichzeitig aber mit erheblicher Aggressivität auf

die Aufrechterhaltung eines soliden Scheins erpicht ist – dann haben wir doch schon die wichtigsten Voraussetzungen zur Erklärung von Widersprüchen im Leben eines Künstlers. Erstaunlich ist eigentlich nur, mit welcher Energie die Biographen und Interpreten Tschaikowskys – immerhin alle aus dem 20. Jahrhundert – nach individuellen Erklärungen suchen, statt mit offenen Augen erstmal die gesellschaftlichen Spannungen anzuschauen, in denen ein homosexueller Komponist in jener Zeit gelebt haben muss, der sogar heiratet, um einer möglichen »Enttarnung« vorzubeugen. Es hagelt Bezeichnungen wie »Neurastheniker«, »Psychopath«, »Depressiver mit suizidalen Tendenzen«, dass einem ganz schlecht davon wird, mit welcher Leichtfertigkeit diese Etiketten verteilt werden.

Am 25. April bzw. 7. Mai (unserer Zeitrechnung) 1840 kam Pjotr Iljitsch Tschaikowsky auf die Welt. Papa Ilja Petrowitsch Tschaikowsky war sowas wie Ingenieur (im metallurgischen Bereich), mit wechselnden Berufstätigkeiten und erstaunlich wenig Verständnis für ein sensibles Kind wie den kleinen Peter. Er hatte in zweiter Ehe Alexandra Andrejewna Assier geheiratet und mit ihr sechs Kinder gezeugt. Pjotr Iljitsch war der zweite; Bruder Modest, zu dem der Komponist zeitlebens eine sehr innige Beziehung hatte und der die erste umfassende Biographie geschrieben hat, kam zehn Jahre später als Zwilling (die andere »Hälfte« hieß Anatol) 1850 auf die Welt. Man wohnte in Wotkinsk im östlichen Russland, nicht weit von der sibirischen Grenze, und führte ein angenehmes Leben. Musik spielte allerdings kaum eine Rolle. Es war zwar ein Klavier vorhanden, das fungierte aber mehr als Gläserablage denn als Instrument; und wenn Musik gewünscht wurde, schmiss man den CD-Player an, nämlich das »Orchestrion«, ein Wunderwerk jener Zeit: sowas wie ein Musikautomat, der Orchesterstücke wiedergeben konnte. Papas Orchestrion enthielt Opernnummern von Rossini, Donizetti und Bellini, vor allem aber Mozarts »Don Giovanni«. Vielleicht liegen da schon die Wurzeln für das, was Strawinsky die »große, melodische Kraft« Tschaikowskys nannte und die Begeisterung, die er zeitlebens für Mozart und insbesondere den »Don Giovanni« hegte. Noch als Erwachsener (1878) schrieb er einmal seiner Brieffreundin Nadeshda von Meck: »Den ›Don Juan‹ liebe ich so, dass ich jetzt, in diesem Augenblick, da ich darüber schreibe, vor Erregung und Rührung weinen möchte. Ich bin gar nicht imstande, ruhig darüber zu sprechen.« Als Pjotr fünf Jahre alt war, kam eine Gouvernante in die Familie, Fanny Dürbach aus Frankreich, ein Glücksgriff für den Kleinen. Sie merkte ziemlich schnell, was für eine außerordentliche Begabung der Junge war – allerdings hielt sie die starke Neigung

Peters zur Musik für außerordentlich gefährlich und versuchte, sie zu unterbinden. Das hat aber der großen Zuneigung, die der Junge zu ihr empfand, keinen Abbruch getan. Als Modest Tschaikowsky sie 1894 in Montbéliard in Frankreich besuchte, sagte sie: »Man hatte ihn deshalb so lieb, weil er selbst alle lieb hatte. Seine Empfänglichkeit war geradezu grenzenlos und man musste ihn sehr vorsichtig behandeln ... Das war ein ›Porzellan‹-Kind. Die geringste Bemerkung, ein einziges Scheltwort (von Strafen konnte bei ihm keine Rede sein), wie es bei anderen Kindern unbeachtet zu bleiben pflegt, nahm er sich sehr zu Herzen und konnte dadurch so verstimmt werden, daß es geradezu beängstigend war.«

Seine Hartnäckigkeit, mit der er am Klavier klebte, überzeugte schließlich die Mama, die selber etwas Klavier spielen konnte, so dass sie dem Kleinen Unterricht gab. Modest Tschaikowsky erzählt: »Er konnte schon als fünfjähriger Knabe auf dem Piano alles nachspielen, was er von dem Orchestrion gehört hatte, und zeigte überhaupt so viel Lust zum Klavierspiel, dass man ihn oft gewaltsam vom Instrument fortziehen musste; aber auch dann setzte er auf dem ersten besten Gegenstand das Trommeln mit den Fingern fort. Eines Tages trommelte er so heftig auf einer Fensterscheibe und ließ sich durch dieses stumme Spiel derart hinreißen, dass das Glas zersprang und ihn an der Hand verwundete. Von nun an schenkten die Eltern der unüberwindlichen Neigung des Jungen größere Beachtung und beschlossen, ernstlich für seine musikalische Entwicklung zu sorgen.« Mit acht Jahren kam der erste Schock: man zog nach Moskau, Fanny Dürbach wurde entlassen. Darüber hinaus hatte der Umzug der Mama so zugesetzt, dass sie die Erziehung der Kinder den Händen der Tochter ihres Mannes aus erster Ehe, Zinaida, anvertraute – »einer gleichgültigen, egoistischen Person, über die niemand etwas Gutes zu berichten wusste«, wie Everett Helm es ausdrückt. Pjotr reagierte darauf mit Depressionen, ständiger Übelkeit und »Sich-Querlegen«. »Er ist launisch ... nichts interessiert ihn ... er ist faul, tut nichts«, schreibt seine Mama an Fanny Dürbach, der Peter auch ständig verzweifelte, übertriebene Briefe schreibt. Günstigerweise zog die Familie 1849 wieder in den Osten nach Alapajew in der Provinz Perm (schon wieder dicht an der sibirischen Grenze), und da pendelte sich alles wieder ein, weil es allen gut ging. Leider hielt das nicht lang, denn der Papa beschloss, dass Peter Jurist werden sollte. Zu diesem Behufe reiste Mama mit Pjotr Anfang September 1850 nach St. Petersburg. Er sollte an der Schule für Jurisprudenz einen zweijährigen Vorbereitungskurs machen und danach an der Rechtsschule die Studien fortsetzen. Man kann sich vorstellen, was es für ein Kind, dem seine

Mutter alles bedeutet, heißt, wenn die Mama aus der fremden Stadt wieder abfährt und ihn alleine zurücklässt. Er ist schreiend dem Wagen nachgelaufen und hat sich an die rollenden Räder geklammert! Er selbst sah diesen Augenblick später als einen der schrecklichsten seines Lebens.

Er war jetzt also auf der Schule, es sollte aus ihm ein zukünftiger Beamter des Justizministeriums werden. Nun kann man von einem Zehnjährigen natürlich nicht erwarten, dass er sagt:»Mach ich nicht, bin Musiker, will Musiker werden und zwar hauptberuflich!« Er hat es vielleicht noch nicht mal gedacht. Er nahm zwar – nachdem 1852 die Familie ebenfalls nach St. Petersburg zog, man also wieder beisammen war – Klavierunterricht (1855–1858) bei Rudolf Kündiger, einem Klaviervirtuosen aus Nördlingen, der später auch die Zarin Maria Feodorowna unterrichtete; aber das war anscheinend auch schon alles, was sich musikalisch in dieser Zeit tat. Im Mai 1859 wurde er als Titularrat aus der Schule entlassen und beim Justizminister angestellt. Alles schien in die Richtung zu laufen, dass da ein musikalisch hoch begabter junger Mann sich für das solide Leben entschieden hatte und Musik als angenehmes Hobby betreiben würde; da überraschte er alle mit einem radikalen Entschluss: im September 1862 tritt er ins Petersburger Konservatorium ein, um hauptberuflich Musiker zu werden. Konsequenterweise trennte er sich auch gleich vom bisherigen Bekanntenkreis – dem Adel stand er eh immer schon eher spöttisch gegenüber, auch dem eigenen! –, zumal die späteren Honoratioren und Mitschüler Peters Musik eher als gesellschaftliche Unterhaltung ansahen – mehr nicht. Eine zeitlang blieb er noch Beamter, dann tat er den Sprung in sein richtiges Leben (kommt mir irgendwie bekannt vor!). Peter musste also für sich selbst sorgen, was sicher nicht verkehrt war. Ein Onkelchen kommentierte seine Entscheidung:»Dieser Peter! Dieser nichtsnutzige Peter! Nun hat er die Jurisprudenz mit dem Dudelsack vertauscht!« Er studierte bei Nikolai Zaremba und bei Anton Rubinstein, der hatte als internationaler Klavier-Star das Petersburger Konservatorium gegründet. Hier freundet er sich auch mit Hermann Augustowitsch Laroche an, der später einer der führenden russischen Musikkritiker wird und Tschaikowskys enger Freund bis zu dessen Tode blieb. Laroche berichtet Kurioses aus dieser Zeit:»So gern wie als Pianist betätigte sich Tschaikowsky auch als Laiensänger. Er hatte eine kleine, für mein Ohr jedoch sehr angenehme Bariton-Stimme und sang mit überaus reiner Intonation: manchmal versuchte ich ihn aufs Glatteis zu führen, indem ich ihn beim ›Là ci darem‹ in As-Dur oder in B-Dur begleitete und ihn nötigte, scheinbar in A-Dur zu singen; doch er ließ sich nicht ein einziges Mal beirren. Geradezu bemerkenswert war seine Liebe für den italienischen Koloraturgesang. Beim Vokalisieren sang er sehr rein und ohne Stockungen. Möglicherweise erklärt das, warum er gern, wenngleich auch halb im Spaß, sein sängerisches Repertoire mit Arien und Duetten aus ›Semiramide‹ und ›Otello‹ usw. zu schmücken pflegte.« Natürlich komponierte er da das eine oder andere, unter anderem einen »Tanz der Mägde«, der in Kiew uraufgeführt wurde – von Johann Strauß (Sohn), der zu der Zeit gerade eine Russland-Tour machte! Das war auch das erste Mal, dass ein Werk von Tschaikowsky öffentlich aufgeführt wurde. Kompliment! 1865 erhielt er das Diplom vom Petersburger Konservatorium und ab 1866 war er selber Lehrer für Musiktheorie am Moskauer Konservatorium (und blieb es für zwölf Jahre), das soeben vom Bruder Anton Rubinsteins, Nikolaj G. Rubinstein, gegründet wurde. Nikolaj nahm sich überhaupt des jungen Dozenten an: er kleidete ihn ein und besorgte ihm ein Zimmer. Nikolaj Rubinstein muss ein recht exzessiver Lebemensch gewesen sein, der Frauen, ein volles Glas und kurze Nächte liebte und Tschaikowsky dabei immer an seiner Seite sehen wollte, aber Tschaikowsky selbst war ein überaus gewissenhafter Lehrer. »Obwohl er also ungern unterrichtete, zeigte er auch hier jene außerordentliche Gewissenhaftigkeit und Ehrlichkeit, die für ihn im Privatleben, in der Öffentlichkeit und in seiner künstlerischen Betätigung typisch waren. Er verfasste sogar ein Lehrbuch [hier irrt Laroche: es waren zwei: ein »Leitfaden zum praktischen Studium der Harmonielehre«, 1872, und ein »Kurzes Handbuch der Harmonielehre zum Studium der russischen Kirchenmusik«, 1875!], das aufgrund seiner übersichtlichen Darstellung und der anschaulichen Beispiele bei den Studenten viel Anklang fand.«

Er unterrichtete also und komponierte, unter anderem die erste Symphonie »Winterträume«, für die er sich sehr gequält haben soll; er hatte sie ja neben der Lehrtätigkeit zu schreiben, also waren die Nächte kurz. »Nach jener Symphonie ist nicht eine einzige Note seiner Kompositionen nachts entstanden«, schreibt Modest Tschaikowsky. Im Sommer machte er Auslandsreisen oder war auf dem Lande, gerne bei seiner Schwester Sascha und ihrem Mann. Naturfreund war er sein Leben lang, außerdem konnte er sich in der ländlichen Einsamkeit vom Stress des Stadtlebens erholen – und sicher auch vom Stress des Doppellebens, das er in der Stadt zu führen gezwungen war. Da passierte 1868 etwas Eigenartiges: In Moskau gastiert Désirée Artôt, eine hervorragende dramatische Sopranistin mit einem italienischen Opernensemble. Tout Moskau ist hin und weg, auch Tschaikowsky. Nikolai Kaschkin erinnert sich: »Soweit mir bekannt, war Tschaikowsky nur ein einziges Mal verliebt, und zwar in Désirée Artôt, doch auch das, so schien mir, war eher ein Tribut an die begabte Künstlerin, die obendrein eine elegante, kluge Frau war. Das Ganze ereignete sich in der Spielzeit 1868–69, und zu Beginn ging alle Initiative beim Flirten von Mlle. Artôt aus. Tschaikowsky begann erst später die Waffen zu strecken und war schließlich von ihr so bezaubert, dass er um ihre Hand anhielt. Hätte sie ihn erhört, wäre er – wie ihm der gehässige Nikolaj Rubinstein sagte – nicht dem Schicksal entgangen, ihr zeitlebens Mantel und Gummischuhe nachtragen zu dürfen.« Das legte sich aber bald, und schon Anfang 1869 heiratete die Schöne in Warschau den spanischen Bariton Mariano de Padilla y Ramos. Pjotr scheint nicht unglücklich darüber gewesen zu sein und blieb den beiden über die Jahre hin freundschaftlich verbunden.

Er komponierte in den nächsten Jahren die ersten Meisterwerke: die Ouvertüre zu »Romeo und Julia«, das erste Streichquartett mit dem sagenhaften »Andante Cantabile«, das bis heute ein Welthit ist. »Niemals in meinem Leben habe ich mich so geschmeichelt und so stolz über meine schöpferische Befähigung gefühlt wie in dem Augenblick, da Leo Tolstoi neben mir mein Andante hörte und ihm Tränen über die Wangen liefen«, schrieb er dazu in sein Tagebuch; außerdem die Zweite und die Dritte Symphonie, das Ballett »Schwanensee« und so weiter. Er machte Reisen, hörte in Paris als Musikkritiker (ca. fünf Jahre lang hat er Kritiken geschrieben) Bizets »Carmen« und war davon völlig überwältigt; sah in Bayreuth den »Ring« und kommentierte: »Also das ist es, was die Reform Wagners erstrebt! Früher war man bemüht, die Leute durch die Musik zu erfreuen – heutzutage jedoch quält man sie.« Er lernte – brieflich – 1876 Nadeshda von Meck kennen, mit der er einen der intensivsten Briefwechsel haben wird, die ein Künstler je führte. 1877 aber – da war er 37 Jahre alt – fasste er einen Entschluss, der den Biographen ein Rätsel nach dem anderen aufgegeben hat: er heiratete. Er hatte, wie er Frau von Meck schrieb, den Brief eines Mädchens erhalten, Antonina Iwanowna Miljubkowa. Sie schreibt ihm, dass sie ihn liebe, man sieht sich und – heiratet völlig überstürzt und zur Überraschung aller. An Nadeshda von Meck schrieb er die Wahrheit: »Ich heirate ohne Liebe, weil die Verhältnisse es erfordern und weil ich nicht anders handeln kann.« Das konnte natürlich nicht gut gehen: der Homosexuelle, der zur Tarnung heiratet und eine Frau, die – wie einfach gestrickt sie immer gewesen sein mag – ganz andere Ziele verfolgt – gesellschaftlichen Aufstieg, Nähe zur Berühmtheit etc. Schon nach drei Monaten endete es in der Katastrophe. Tschaikowsky erzählte Nikolai Kaschkin: »Tagsüber versuchte ich noch zu Hause zu arbeiten, doch die Abende wurden mir unerträglich. Da ich es nicht mehr wagte, irgendwohin zu Bekannten oder sogar ins Theater zu gehen, unternahm ich jeden Abend einen ausgedehnten Spaziergang und schlenderte stundenlang ziellos durch entlegene, unbelebte Moskauer Straßen. Das Wetter war wenig einladend – es war kalt und fror nachts ein wenig –, und in einer dieser Nächte gelangte ich an das menschenleere Ufer der Moskwa, wo mir plötzlich der Gedanke kam, es müsse möglich sein, sich durch eine sehr starke Erkältung zu töten. Deshalb ging ich – in der Dunkelheit von niemandem bemerkt – fast bis zur Gürtellinie ins eiskalte Wasser und harrte dort solange aus, wie ich die von der Kälte hervorgerufenen Gliederschmerzen auszuhalten vermochte. Ich stieg mit der festen Überzeugung aus dem Wasser, dass ich nun durch Lungenentzündung oder irgendeine andere Erkältung dem Tode verfallen sei. Zu Hause erzählte ich, ich hätte an einem nächtlichen Fischangeln teilgenommen und sei zufällig ins Wasser gefallen. Meine Natur erwies sich jedoch als so robust, dass dieses Eisbaden keinerlei Spuren hinterließ.«

Gott sei Dank, Pjotr Iljitsch! Da merkte er denn auch selbst, dass er sich mit der Heirat zu viel zugemutet hatte, konnte sich aber als einer, der anderen Menschen nicht wehtun möchte, nur durch Fremdhilfe lösen: Er bat seinen Bruder, ihm unter fremden Namen ein Telegramm zu schicken, das ihn, Pjotr Iljitsch, dringend nach Petersburg bitten sollte. So kam's, Tschaikowsky fuhr nach Petersburg, wurde dort kurz krank – »Nervenkrise« wie es dann immer heißt – und war die Ehe los. Er ließ sich zwar nie von seiner Ehefrau scheiden, hat sie aber seitdem nie mehr gesehen. Ist das nett, Pjotr Iljitsch?

ENTSTEHUNGSZEIT

In nur zwei Monaten, im November und Dezember 1874, komponierte Tschaikowsky sein grandioses erstes Klavierkonzert. Er hatte in dieser Zeit (1871) eine eigene kleine Wohnung und sich freundschaftlich aus dem gemeinsamen Haushalt mit Nikolaj Rubinstein gelöst. Bis dahin hatte er zwei wenig erfolgreiche Opern geschrieben (»Der Wojewode« und »Der Opritschnik«) und war an zwei weiteren Opern gescheitert (»Undine« und »Mandragora«). Mit den zwei Symphonien, den beiden Streichquartetten, der Ouvertüre »Romeo und Julia«, Klavierstücken, Liedern und der Bühnenmusik zu Ostrovskijs »Schneeflöckchen« aber hatte er sich bereits einen Namen als einer der ersten seiner Generation gemacht. Im November schrieb er seinem Bruder Anatol, er wollte unbedingt, »dass

Rubinstein es in seinem Konzert spielt«. Er meinte damit Nikolaj Rubinstein, der – wie sein weitaus berühmterer Bruder Anton – ein ausgezeichneter Pianist war. Am 24. Dezember 1874 traf er sich mit Rubinstein und spielte ihm – der Orchesterpart war für ein zweites Klavier skizziert – das Konzert vor – mit vernichtendem Erfolg. »›Nun?‹, fragte ich, als ich mich vom Klavier erhob. Da ergoss sich ein Strom von Worten aus Rubinsteins Mund ... Mein Konzert sei wertlos, völlig unspielbar. Die Passagen seien so bruchstückhaft, unzusammenhängend und armselig komponiert, dass es nicht einmal mit Verbesserungen getan sei. Die Komposition selbst sei schlecht, trivial, vulgär. Hier und da hätte ich von anderen stiebitzt. Ein oder zwei Seiten vielleicht seien wert, gerettet zu werden; das Übrige müsse vernichtet oder völlig neu komponiert werden.« Natürlich reagierte er trotzig: »Ich will nicht eine Note ändern; ich will es drucken, genau so, wie es ist« und widmet das Werk einem anderen großen Pianisten und Dirigenten: Hans von Bülow. Die Geschichte, er hätte das Konzert erst Nikolaj Rubinstein gewidmet, das dann in der Partitur durchgestrichen und »Hans von Bülow« hingeschrieben, stimmt nicht. Das Werk war ursprünglich gar nicht Rubinstein, sondern Sergej Iwanowitsch Tanejew gewidmet, einem damals erst achtzehnjährigen Musikstudenten des Konservatoriums, den Tschaikowsky später stark förderte. Bülow aber war hin und weg von Werk und Widmung und antwortete am 13. Juni 1875 aus Hall in Tirol: »Ich bin stolz auf die Ehre, die Sie mir mit der Widmung dieses kapitalen Werkes gemacht haben, das in jeder Einzelheit bewundernswert ist ... Es ist so originell in seinen Ideen, ohne jemals gesucht zu sein, so nobel, so kraftvoll, so interessant im Detail ... Kurz, das ist ein Juwel, und Sie verdienen den Dank aller Pianisten.«

URAUFFÜHRUNG

Hans von Bülow hat die Noten 1875 in die USA mitgenommen und das Werk am 25. Oktober 1875 in der Music Hall von Boston unter der Leitung von Benjamin Johnson Lang uraufgeführt. Die russische Erstaufführung fand am 1. November des gleichen Jahres in St. Petersburg statt, Solist war Gustav G. Kross – aber das war wohl nicht gerade eine Drei-Sterne-Aufführung. Zu schnelle Tempi und ein schlechter Dirigent brachten den Komponisten zur Verzweiflung. Dagegen war die Moskauer Erstaufführung am 21. November mit Sergej Tanejew – dem ursprünglichen Widmungsträger – ein voller Erfolg. Dirigent war – Nikolaj Rubinstein. Tschaikowsky schrieb dazu als sein eigener Konzertkritiker: »Eine bessere Interpretation dieses Werkes ... kann sich der Komponist gar nicht wünschen.«

ERFOLG

Es hat wohl ein bisschen gedauert, bis das Konzert zu *dem* Klavierkonzert-Renner geworden ist. Von der Uraufführung berichtet Hans von Bülow in einem Brief an Klindworth: »Die Aufführung unter dem Amerikaner Lang, den ich als Dirigenten improvisiert und gleich berühmt gemacht, war recht ordentlich, gestern bei der Wiederholung sehr feurig ... Die Kritik ist etwas tappend täppisch, aber sie wird sich mehr noch zu Tschaikowskys Gunsten wenden, sobald der Erfolg in New York und Philadelphia sich bestätigt haben wird.« In New York ging es dann wohl sehr gut, es »hat entschieden durchgeschlagen«, wie von Bülow schreibt. Schön. Zur zögerlichen Kritik in Europa, speziell in Deutschland, schrieb Tschaikowsky an den in England lebenden Pianisten Frits Hartvigson, der das Konzert dort aufführte: »Ich weiß sehr wohl, dass noch viel Zeit vergehen wird, bis die musikalischen Größen Deutschlands zugeben werden, dass ein in Moskau lebender Russe das Recht hat zu komponieren. Nicht jeder kann die Weitsicht, die Unparteilichkeit und die Güte Bülows haben.« Zur europäischen Erstaufführung am 1. November 1875 in St. Petersburg schrieb Hermann Laroche in der Zeitung »Golos« den legendären Satz: »Schon bald nach den ersten Akkorden des Klavierkonzerts von Herrn Tschaikowsky, dessen Solopart Herr Kross übernommen hatte, erfasste auch die Hörer das Gefühl, nun endlich von Liszt befreit zu sein.«

Schnell wurde das Konzert beliebt – die Aufführung bei der Pariser Weltausstellung 1878 mit Nikolaj Rubinstein war dann der endgültige Durchbruch –, um schließlich zu dem Ruhm zu kommen, der Attila Csampai in seinem Konzertführer zu dem Satz verleitete: »So ist etwa die Auftaktfloskel, mit der die Hörner drohend das Konzert eröffnen ... ein musikalischer Topos geworden, der an Eindringlichkeit seinesgleichen in der Musikgeschichte sucht – an Bekanntheit dürfte ihm nur Beethovens ›Schicksalsmotiv‹ aus der Fünften überlegen sein.«

ANEKDOTEN

Dazu ist wohl genug gesagt. Ein kleiner Querverweis: György Kurtág hat in seinem phänomenalen Klavierwerk »Jatekok«, einer Hinführung zum Klavierspiel, eine Komposition »Hommage an Tschaikowsky« geschrieben, das in freier Form die Anfangsakkorde des Soloparts aus dem Konzert Tschaikowskys aufgreift – mit Armen und Fäusten wird da das Klavier zum Gaudium des Schülers gedroschen, aber immer streng in der Rhythmik des Originals. Ein feiner und geistreicher Spaß, wie ich finde!

WERK
Sätze
Allegro non troppo e molto maestoso/Allegro con spirito – Andantino semplice/Prestissimo/Tempo I – Allegro con fuoco

Dauer
Richter, Karajan und die Wiener brauchen 36 Minuten und 11 Sekunden; Martha Argerich, Abbado und die Berliner genau 32 Minuten (live aufgenommen!). Suchen Sie sich eine Ihnen entsprechende Zeit aus!

Besetzung
Solo-Klavier
2 Flöten
2 Oboen
2 Klarinetten
2 Fagotte
4 Hörner
2 Trompeten
3 Posaunen
Pauken
Violinen I und II
Bratschen
Violoncelli
Kontrabässe

HITS
Der Anfang! Jeder kennt ihn, jeder findet ihn grandios, und das ist er auch – wenn der Pianist seine Tastatur kennt und weiß, wohin er zu treffen hat.

Das Konzert hat viele Stellen, die man in der Comic-Sprache als »Brrrochchch!«-Stellen bezeichnen würde, z. B. ab Takt 62 im ersten Satz: nach einem Pizzicato-Hintereinanderhergelaufe von Orchester und Klavier setzen die Streicher mit dem ersten Thema ein und das Klavier hämmert im fff in punktierten Akkorden nach oben – sauschwer, aber sehr effektvoll! Solche Stellen liebt vor allem das englische Abo-Publikum.

Zum »Allegro con spirito« im ersten Satz ist ein kleiner Vermerk zu machen: das Thema, das ab Takt 120 – da sollten ca. viereinhalb bis fünf Minuten gelaufen sein – das Klavier in hellen Oktaven spielt, ist einem ukrainischen Volkslied entnommen (dem Leiergesang von Blinden) – vielleicht kannte das Nikolaj Rubinstein und sagte deshalb, Tschaikowsky hätte »stiebitzt«. Aber schön ist es trotzdem! Ansonsten erfreuen wir uns an den Wahnsinnsläufen in Oktaven beim Klavier, an den grandiosen Steigerungen im Orchester und kommen in diesem Satz kaum zu Atem.

Der zweite Satz hat eine schöne Melodie in der Flöte, der Hit ist aber der schnelle Zwischenteil, das »Prestissimo«, wo in den Streichern ein damaliger Schlager zitiert wird: »Il faut s'amuser, danser et rire« (»den mein Bruder Anatolij und ich Anfang der 70er Jahre beständig sangen«, wie Modest Tschaikowsky berichtet).

Der dritte Satz ist natürlich wieder ein russischer Hammer, wobei das erste Thema, mit dem der Satz losgeht, auf eine ukrainische Volksweise »Komm heraus, Ivanku« zurückgeht.

FLOPS

Gott ja, ein paar Volkslieder rhythmisch aufpeppen, durcheinander mischen, jeden Finger des Pianisten in Beschäftigung halten und zwar schnell, ist noch kein Klavierkonzert – könnte man sagen. Außerdem ist für viele kulturelle Geschmacksträger ein Flop, dass dieses ein Konzert ist, das allen gefällt, also muss man da schon mal die Nase rümpfen. Ich tue es nicht. Ich liebe es seit meinem sechsten Lebensjahr ... Also, wenn Sie mich fragen: Kein Flop zu sehen.

OBACHT

Na ja: Warum gehen Sie denn ins Konzert, wenn ein Pianist das b-moll spielt? Natürlich um zu sehen, ob er's packt, bzw. mit der Bereitschaft sich berauschen zu lassen, wenn er's packt. Pianistisch gesehen gehört dieses Konzert zur Extremliteratur, sozusagen *free-climbing* auf schwarzen und weißen Tasten. Inzwischen ist es allerdings nicht mehr so, wie Laroche über die Erstaufführung in St. Petersburg berichtete: »Das Soloklavier bleibt sogar bei geschicktester Setzart zu kraftlos, um es mit diesem Orchester aufnehmen zu können. Es tritt in den Hintergrund und wird zum Begleitinstrument. Die Schuld daran trägt ausschließlich der Komponist, und auch der begabteste und wohlwollendste Solist kann dieses Werk nicht retten.« Tja, da hätte er aber mal Svjatoslav Richter hören sollen! Bei den Pianisten, die heute dieses Konzert spielen, ist eher die Frage, ob man das Orchester nicht noch etwas verstärken sollte. Natürlich gehören mittlerweile die Konzertflügel, auf denen man das b-moll spielt, zu der »Heavy-Metal«-Abteilung der Instrumentenbauer. Es ist kein Konzert für einen feinen Broadwood aus dem

19. Jahrhundert. Wer weiß, auf welchem Spinett Herr Kross am
1. November 1875 das Konzert in St. Petersburg gespielt hat.
Im Orchester sind keine Obachts, die über den Standard guter
Orchester hinausgehen würden.

ES MEINEN

Joseph Sittard, hanseatischer Komponist und Musikkritiker, meinte in einem Artikel von 1888 über Tschaikowsky, er verletze in seinem Klavierkonzert »die künstlerischen Grenzen fast durchgängig.
Die Gesetze des Maßes, der Ordnung und des Wohlklanges sind
hier zeitweilig vollständig aufgehoben.«
Hugo Riemann: »Der erste Komponist, der den Ruhm der russischen Musik weit über die Grenzen seines Vaterlandes hinaustrug,
ohne dabei aber ein nationaler Komponist zu sein.«

BEIKIRCHER RÄT

ANLASS

Natürlich der handfeste Ehekrach mit fliegender Hardware: so trivial es wäre, zu fliegenden Tellern die CD der »Einstürzenden Neu-
bauten« aufzulegen, so stilvoll ist es, sich dieses Konzerts zu bedienen. Allein der Akt, die CD herauszusuchen und aufzulegen, setzt
schon eine gewisse Zielgerichtetheit voraus, die erst dem platzierten
Wurf seine Verve verleiht. Zumal dieses Konzert die Umkehrung
ermöglicht: ist es ansonsten ratsam, erst mit den Kleinteilen – Des-
sert-Tellerchen, Mokkatassen etc. – zu beginnen, damit man nach
der Versöhnung beim Mittagessen nicht von Papptellern essen
muss, gestattet das b-moll Konzert den großen Auftakt mit drei La-
dungen Schüsseln. Natürlich im Rhythmus: Horn beginnt, mit
dem Orchestertutti kommt der erste Stapel, dann der zweite, dann
der dritte. Ab da dem Klavier folgen! Im zweiten Satz kann man
reflektierenden Gedanken – vielleicht sogar Sätzen – freien Lauf
lassen, um im dritten locker und tänzerisch den Porzellanbruch
zusammenzufegen.

NUTZUNG

Arbeitgeber können das Konzert zur Leistungssteigerung nutzen:
rhythmisierte Arbeitsabläufe sind schneller als nicht strukturierte.
Bei Abbrucharbeiten großen Stils zum Beispiel lässt sich das Konzert ganz hervorragend zu lustvoll-rhythmisiertem Umgang mit
Abrissbirne, Presslufthammer und Hacke nutzen.

AUTO

Was bisher niemand wusste: der erste Satz wird schon seit Jahrzehnten von Testfahrern – unvergessen der Autotest im WDR-Hörfunk jeden Samstagvormittag, mit dem legendären Ritornell-Satz bei Befahren der Holperstrecke zum Stoßdämpfertest: »W-w-w-w-ir b-b-b-efind-d-d-en un-n-ns jetz-z-z-zt auf d-d-der Holp-p-p-perstreck-k-k-ke ...« – als musikalische Untermalung des öden Streckenfahrens genutzt. Der erste Satz, wie gesagt, bei der Holperstrecke, der zweite beim Landstraßentest und der dritte (3/4 Takt!) beim Slalomfahren zwischen den Gummihütchen (Elchtest). Das Umfallen des A-Benz-Modells hatte übrigens, wie Insider wissen, nichts mit Fahrgestellfehlern zu tun; der Testfahrer wollte nur am Ende der Strecke den CD-Player ausmachen, der ausgestreckte Arm führte jedoch zu einer derartigen Gewichtsverlagerung innerhalb des Wagens, dass er umkippte. Aber sag das mal den Käufern!

PAUSEN-TALK

»Das habe ich auf CD ...«
»Und ich habe die besseren Boxen!«

»Wussten Sie, dass man dieses Konzert in San Francisco nicht spielen darf?«
»Warum das denn?«
»Es kann 6,2 Punkte auf der nach oben offenen Richter-Skala erreichen – dann sinkt die Stadt in die St. Andreas-Spalte!«

FRAUEN

»Und Sie sagen, Tschaikowsky war homosexuell?«
»Ja sicher, weiß doch jeder.«
»Schade – was für ein Mann!«

MÄNNER

»Ich bin ja beruflich zweimal in der Woche in Bergheim*. Da nehme ich immer das Tschaikowsky-Konzert mit. Und wenn ich reinfahre: Fenster auf und volle Pulle b-moll! Die Augen sollten Sie sehen!«

---

* Bergheim gilt im Rheinland als Hauptstadt der Schnäuzer, Goldkettchen und tiefergelegten Mantas mit 20.000-Watt-Anlagen.

BEWERTUNG

Technik Orchester

mit Über-
lebens-Pack
Solo-Klavier

Gesamt
mit Sauer-
stoffzelt
Es ist *das* Virtuosen-
Konzert, ohne sich in
Virtuosität zu erschöp-
fen. Allerdings muss
nach gelungenen Auf-
führungen der Solist/
die Solistin sofort
unters Sauerstoffzelt!

Pjotr Iljitsch Tschaikowsky
1840–1893

Konzert für Violine und Orchester D-Dur op. 35

Tschaikowsky war ein unglaublich fruchtbarer Briefeschreiber. Kaum ein Musiker des 19. Jahrhunderts hat so viele Briefe geschrieben wie er. Er hat außerdem jeden Brief, den er bekam, beantwortet. Über 5000 Briefe sind auf diese Weise zusammengekommen. Weil es damals aber üblich war, den Erhalt eines Briefes zu bestätigen, wissen wir, dass er über 6000 Briefe geschrieben hat. Ein erheblicher Teil davon ging an Nadeshda von Meck. Fast 14 Jahre lang – 1890 brach Frau von Meck den Briefwechsel ab – verband die beiden via Brief eine Intimität und Freundschaft, wie sie selbst bei miteinander lebenden Partnern nur selten zu finden ist; und es verband sie eine etwas skurrile Absprache: einander niemals zu sehen. Ob Nadeshda das allerdings wirklich wollte, sei erstmal dahingestellt. Nadeshda Philaretowna von Meck, geb. Frolowsky, wurde 1831 geboren (1894 ist sie gestorben), war also neun Jahre älter als Tschaikowsky. Ihre Mutter stammte aus der Familie Potemkin – Sie wissen schon: die Dörfer. Als ihr Mann, mit dem sie elf Kinder hatte, 1876 starb, war sie 45 Jahre alt. Übrigens starb ihr Mann nicht ganz zufällig, wie es scheint: Eine Enkelin Nadeshdas, Galina von Meck, erzählt in ihrem 1973 erschienen Buch »As I Remember Them«, dass das elfte Kind, das ihre Oma bekam, Ludmilla, nicht von Herrn von Meck war, sondern von dessen Sekretär. Vier Jahre lang wusste der Ehemann nichts davon. Als er aber 1876 nach St. Petersburg fuhr, wo er wie gewöhnlich bei seiner verheirateten Tochter abstieg, eröffnete diese ihrem Papa, dass Ludmilla nicht von ihm sei. Ein paar Stunden später erlag Herr von Meck einem Herzschlag! Damit aber nicht genug, erzählte die gleiche Tochter Jahrzehnte später der bereits schwerkranken alten Mutter, warum ihr Mann damals so plötzlich in Petersburg gestorben war – was der auch nicht gerade aus dem Krankenlaken geholfen haben dürfte. Ein feines Töchterchen, nicht wahr.

Nun aber zurück zu Nadeshda. Nach dem Tode ihres Mannes war sie eine steinreiche Frau: zwei Eisenbahnlinien gehörten ihr, Länder und Güter drum herum und ein riesiges Vermögen. Sie zog sich aus der Gesellschaft zurück, hatte aber eine große Leiden-

schaft: Musik. Als Nikolaj Rubinstein ihr 1876 eine Komposition Tschaikowskys vorspielte (»Der Sturm«), wollte er Geld für sein Moskauer Konservatorium bekommen, sie aber war von der Musik des jungen Komponisten so hingerissen, dass sie »voll auf Tschaikowsky abfuhr« – wie meine Kinder sagen würden. Sie hatte immer Musiker um sich, mit denen sie musizierte (sie war eine ganz passable Pianistin), so auch den Geiger Josef Kotek, Theorieschüler Tschaikowskys – und Jahre später den jungen Claude Debussy, den sie Bussy nannte! Durch Kotek bestellte sie bei Pjotr Iljitsch eine Komposition für Geige und Klavier – gegen ein ungewöhnlich hohes Honorar, weil sie dem Komponisten helfen wollte, dem sie sich wesensverwandt fühlte und der anscheinend ein armer Teufel war. Das wird der Nikolaj gar nicht gerne gesehen haben, dass da das Geld an ihm vorbeifloss! Jedenfalls schrieb sie Tschaikowsky einen Brief, er schrieb zurück und ab da war jeden Tag Post angesagt. Kurz darauf setzte sie ihm eine jährliche Rente von 6000 Rubeln aus, um ihren Wunsch zu helfen, in geregelte Bahnen zu lenken. Tschaikowsky war natürlich heilfroh, weil es ihm, der oft in Geldnöten war, zur Unabhängigkeit verhalf. Nur: deshalb hat er sicher nicht den Briefwechsel gesucht. Der Briefwechsel ist vielmehr eine unglaublich intensive – wenn auch platonische – Beziehung. Vor allen Dingen tauschten die beiden sich natürlich über Musik aus, was für Nadeshda bestimmt etwas Aufregendes hatte: so nahe an der Seele eines Komponisten sein zu können; darüber hinaus aber über alles, was den beiden wichtig war, bis auf eines: Tschaikowsky hat ihr nie offen geschrieben, dass er homosexuell war. Gesehen haben sie sich nie – was beiden von Anfang an wichtig war. Ein einziges Mal wäre es fast dazu gekommen (als Nadeshda sich nicht an eine Zeitabsprache hielt). Ob bei Nadeshda im Laufe der Zeit mehr dazugekommen ist und sie sich doch eine Verbindung mit dem Mann wünschte, der sich wie keiner sonst in ihrem Leben befand – darüber mögen die Exegeten spekulieren. Natürlich gibt es Sätze in ihren Briefen, die das nahelegen: »Die ganze vergangene Nacht träumte ich von Ihnen, Sie waren so gut – mein Herz flog Ihnen entgegen ... Welches Glück ist es, zu fühlen, dass ich Sie bei mir habe, que je vous possède ... Wenn Sie nur wüssten, wie ich Sie liebe. Das ist keine Liebe mehr, das ist Anbetung, Vergötterung, Verehrung ...« Aber immer nur Post ist ja auf die Dauer auch nicht das Gelbe, oder?
Die neue Unabhängigkeit nutzte Tschaikowsky, um seine Lehrtätigkeit am Konservatorium aufzugeben und als freier Komponist zu leben. Er machte Reisen über Reisen und komponierte. Immer mal wieder in Geldsorgen – die ihn aber nie bedrückt haben –, weil er

wie ein Grandseigneur lebte, in feinen Hotels, immer wieder anderen half, sich elegant kleidete und großzügige Trinkgelder gab, stürzte er sich in die Arbeit und genoss ansonsten seine wachsende Bekanntheit, vor allen Dingen außerhalb Russlands. Dirigenten wie Hans von Bülow trugen viel zu seiner Popularität bei. »Das ist wohl der einzige deutsche Musiker, der die Möglichkeit zugibt, dass russische Tonschöpfer sich mit Deutschen messen könnten ... Es gilt als unpassend, wenn ein Russe mit seinem Namen in den deutschen Programmen erscheint. Übrigens, es stört mich wenig. Ich glaube daran, dass auch meine Zeit kommen wird, allerdings wohl erst lange nach meinem Tode«, schrieb er Nadeshda von Meck. Einige waren vielleicht etwas neidisch, was dazu führte, dass er als »Westler« empfunden wurde, wozu das »Mächtige Häuflein« einiges beitrug. Das »Mächtige Häuflein« war eine Gruppe Petersburger Komponisten, der Borodin, Mussorgsky, Cui, Rimsky-Korsakow und Balakirew angehörten. Sie hatten eine sehr negative Einstellung zur traditionellen kompositionstheoretischen Ausbildung, hielten das für Akademismus, der einer neuen, genuin russischen Musik abträglich sei. Tschaikowsky war anderer Meinung und lebte das auch. Allerdings trank man zusammen (und Tschaikowsky vertrug viel, wie Zeitgenossen berichten) und verhielt sich auch ansonsten wesentlich verträglicher, als das zur selben Zeit die Liszt/Wagner-Anhänger und die »Brahminen« taten. Mit dem Erfolg veränderte sich plötzlich das Verhalten Tschaikowskys in der Öffentlichkeit. War er bis dahin eher scheu und zurückhaltend, gab er sich nun gelassen und heiter und trat überhaupt auf wie einer, der Menschen liebt, gerne unter ihnen ist, aber weiß, was er wert ist. Er sorgte für Bedingungen, unter denen er gut komponieren konnte (Häuschen in der Natur etc.); Hermann Laroche drückte das 1893 so aus: »Tschaikowsky war eine sehr feine Natur. Die völlige Ausgeglichenheit, nach der seine traurige und erregte Muse oft so vergeblich suchte, bestimmte sein Leben und seine Seele. Alles in ihm war schön, angefangen von seinem bewundernswerten Vermögen, sich seine Zeit einzuteilen und auch nach schwerster und erregendster Arbeit wie ein ›Freizeitmensch‹ auszusehen, bis hin zu seinem Talent, Charaktere, Gedanken und Absichten anderer Menschen zu erkennen und im Gespräch alles zu vermeiden, was diesen fremd und unverständlich erscheinen mochte.« Und sein Bruder Modest schrieb über die letzten zehn Jahre: »Er braucht nun keine Stütze mehr. Selbständigkeit in allen Einzelheiten seines Lebens wird jetzt sein Hauptbedürfnis. Die Pflichten der öffentlichen Tätigkeit außer dem Komponieren schrecken ihn nicht, sondern locken ihn, weil er sich ihnen gewachsen fühlt ... Er flieht die

Menschen nicht mehr, er kommt allen entgegen, denen er nicht
nur als Mensch, sondern auch als öffentliche Persönlichkeit teuer
ist ...«
1886 entdeckte er gar, dass er dirigieren kann. Er machte Konzerttourneen als Dirigent und ging so darin auf, dass sich viele wun-
dern. Im September 1890 bekam er von der – was er nicht weiß –
kranken Nadeshda einen Brief, in dem sie ihm mitteilt, Zahlungen
einstellen zu müssen, weil sie große Verluste erlitten habe; gleichzeitig bat sie ihn, sie nicht zu vergessen und zuweilen an sie zu
denken (der Brief ist leider verschollen). Das war der Abbruch der
langen Freundschaft. Was wirklich hinter diesem Abbruch der
Beziehung stand – man weiß es nicht. Er komponierte 1893 –
neben anderem – die große Sechste Symphonie, deren Uraufführung in St. Petersburg er am 28. Oktober dirigierte. Er wohnte bei
seinem Bruder Modest. Am 3. November fühlt er sich schlecht, am
6. November stirbt er an der Cholera. So weit, so traurig, weil er sich
da noch voller Kraft fühlte; wenn nicht plötzlich – aus heiterem
Himmel sozusagen – plötzlich wieder die alte Geschichte aufge-
taucht wäre, Tschaikowsky habe sich das Leben genommen: er sei
dazu von einer Gruppe früherer Rechtsschulkameraden gezwungen worden, weil diese die Ehre ihrer Rechtsschule, die durch
Tschaikowskys Homosexualität besudelt worden sei, wiederherstel-
len wollten. Diese Geschichte, die als Gerücht immer schon herum-
geisterte, tauchte 1980 in einer russischen Emigrantenzeitung in
den USA wieder auf, Hauptvertreterin dieser Version von Tschaikowskys Tod war Aleksandra Orlova. Es ist dem russischen Historiker Alexander Poznansky zu danken, dass er in seinem Buch
»Tschaikowskys Homosexualität und Tod – Legenden und Wirklichkeit« (Schott-Verlag 1998) damit aufgeräumt hat. Hier würde es
zu weit führen, darüber zu berichten; aber ich kann Ihnen sagen,
das ist wie ein Krimi ...! In Petersburg grassierte die Cholera. Am
1. November aß Tschaikowsky im Restaurant Lejner zu Abend –
Makkaroni. Man stellte ihm Wasser hin, wovon er wohl getrunken
haben muss. Am nächsten Morgen ging es los: Magen, Durchfall
etc. Man schickte nach Dr. Lew Bertenson, der sofort asiatische
Cholera diagnostizierte. Man bekam in der Behandlung die Cholera
selbst wohl in den Griff, nicht aber die Folgen: Er ist wohl an Urä-
mie, akutem Nierenversagen gestorben. Das würde auch erklären,
dass die Leiche Tschaikowskys keinerlei Choleraspuren aufweist,
wie berichtet wird. Am 6. November um zwei Uhr nachts begann
die Agonie, um drei Uhr nachts starb Pjotr Iljitsch Tschaikowsky,
einer der größten Komponisten des 19. Jahrhunderts.

ENTSTEHUNGSZEIT

Im Frühjahr 1878 weilte Tschaikowsky in Clarens bei Montreux, am östlichen Nordufer des Genfer Sees. Er wohnte mit Bruder Modest und dessen taubstummem Schüler Nikolaj Konradi in einer schlichten Pension – aber ein Klavier war da. Nun kam auch noch der Geiger und frühere Schüler Tschaikowskys, Josef Kotek zu Besuch. Man spielte, musizierte und ließ es sich gut gehen. Unter anderem spielten die beiden Musiker auch Lalos »Symphonie espagnole«, was dem Komponisten viel Vergnügen bereitete. Aus der Stimmung dieses Konzertes heraus setzte sich Tschaikowsky an die Konzeption eines eigenen Violinkonzerts, das er in nur elf Tagen, vom 17. bis zum 28. März in Particellform entwarf. Die Ausarbeitung der Partitur war bereits am 11. April abgeschlossen. Dazu schrieb Tschaikowsky:

»Ich habe die Abschrift des 1. Satzes des Konzerts beendet und spielte es am Abend. Modest und Kotek waren beide hingerissen. Ich war sehr froh über die Ovation, die sie mir gaben. [...] Kotek hat die Violinstimme des Konzerts abgeschrieben, und wir spielten es vor dem Essen. Der Erfolg war sowohl für den Spieler wie für den Komponisten enorm. Tatsächlich spielte Kotek, als ob er unmittelbar eine Aufführung vor sich hätte ... Am Abend spielte er das Andante, das viel weniger gefiel als der 1. Satz. Ich bin wirklich nicht sehr zufrieden mit mir selbst. [...] Ich habe ein neues Andante geschrieben, mit dem meine beiden strengen, aber wohlwollenden Kritiker zufrieden sind ... Mit welcher Liebe befasst er sich mit meinem Konzert! Unnötig zu sagen, dass ich ohne ihn nichts hätte tun können. Er spielt es wundervoll.«

Das rausgeschmissene Andante wurde später als »Méditation« für Violine und Klavier, op. 42 Nr. 1 veröffentlicht. Er hätte nun das Konzert gerne Kotek gewidmet, unterließ dies aber, »um Gerüchte verschiedener Art zu vermeiden« – wie er an seinen Verleger Jürgenson schrieb –, was seinen Grund hatte, denn Kotek war in seinen Studienjahren mit Tschaikowsky offensichtlich liiert. Er entschied sich für Leopold Auer, den großen Geiger und Joachim-Schüler. Leopold Auer erzählt in seiner Autobiographie:

»Tschaikowsky suchte mich eines Tages in St. Petersburg auf, um mir ein Violinkonzert zu zeigen, das schon gestochen und zur Verbreitung bereit war und die Widmung trug: ›A Monsieur Leopold Auer.‹ Tief gerührt von diesem Zeichen der Freundschaft, dankte ich ihm warm und nötigte ihn, sich ans Klavier zu setzen, während ich, daneben sitzend, mit fieberhaftem Interesse seine etwas ungeschickte Wiedergabe der Partitur auf dem Klavier verfolgte. Ich konnte bei diesem ersten Hören kaum den ganzen Gehalt des Wer-

kes erfassen, ich war aber sofort ergriffen von der lyrischen Schönheit des 2. Themas des ersten Satzes, und dem Charme des schwermütigen zweiten Satzes, der ›Canzonetta‹. Er ließ die Noten bei mir gegen mein Versprechen, das Werk zu studieren und bei erster Gelegenheit zu spielen. Als ich jedoch die Partitur genauer studierte, empfand ich, dass trotz des großen, inneren Wertes, eine gründliche Revision nötig war; denn es war in verschiedenen Teilen gar nicht violinmäßig und nicht für die Eigenart des Streichinstruments. Ich bedauerte sehr, dass der Komponist mir die Partitur nicht gezeigt hatte, bevor sie zum Stich ging, und beschloss, sie einer Revision zu unterziehen, die sie besser spielbar machen würde, und sie dann dem Komponisten vorzulegen. Ich wollte diese Arbeit sobald als möglich ausführen; aber vieles hinderte mich daran, und ich entschloss mich, sie für kurze Zeit beiseite zu legen. [...] Wirklich verschob ich die Revision so lange, dass nach zweijährigem Warten der Komponist, sehr enttäuscht, die ursprüngliche Widmung zurückzog. Ich gab offen zu, dass ich zu tadeln und er in seinem Recht sei.«
1893 allerdings spielte Auer das Werk dann doch, lange nach dessen Uraufführung, und die versprochene Revision hat er auch durchgeführt. »So habe ich – nach einer langen Verzögerung, die mir Tschaikowskys Manen vergeben mögen – das Wort gehalten, das ich dem großen russischen Komponisten vor langer Zeit gegeben hatte.«
Tschaikowsky hat das Werk Adolf D. Brodskij gewidmet – Auer scheint das verschmerzt zu haben!

URAUFFÜHRUNG
Adolf D. Brodsky war es schließlich, der anbiss, sich nicht von der angeblichen Unspielbarkeit schrecken ließ und am 4. Dezember 1881 im Rahmen eines Philharmonischen Konzerts in Wien unter der Leitung von Hans Richter das Violinkonzert uraufführte. Brodsky schrieb nach der Uraufführung an Tschaikowsky: »Die Herren Philharmoniker beschlossen, alles *pianissimo* zu begleiten, um nicht ›zu schmeißen‹.« Na, das wird dem Konzert aber gut getan haben, was?!

ERFOLG
Tschaikowsky hatte das Pech, dass der Rezensent für die »Neue Freie Presse« ausgerechnet Eduard Hanslick war, für den Tschaikowsky ein Repräsentant der »Zukunftsmusiker« war, die es zu

bekämpfen galt. Sein sarkastischer Humor hat sich in dieser Kritik zu Sätzen verstiegen, die wie keine anderen mit Hanslick in Verbindung bleiben: »Der russische Componist ist sicherlich kein gewöhnliches Talent, wohl aber ein forciertes, geniesüchtiges, wahl- und geschmacklos produzierendes ... ein seltsames Gemisch von Originalität und Rohheit, von glücklichen Einfällen und trostlosem Raffinement ... Da wird nicht mehr Violine gespielt, sondern Violine gezaust, gerissen, gebläut ... Das Adagio mit seiner weichen, slavischen Schwermut ist wieder auf dem besten Wege, uns zu versöhnen, zu gewinnen. Aber es bricht schnell ab, um einem Finale Platz zu machen, das uns in die brutale, traurige Lustigkeit eines russischen Kirchweihfestes versetzt. Wir sehen lauter wüste, gemeine Gesichter, hören rohe Flüche und riechen den Fusel. Friedrich Vischer behauptet einmal bei Besprechung lasziver Schildereien, es gebe Bilder, ›die man stinken sieht‹. Tschaikowskys Violin-Concert bringt uns zum erstenmal auf die schauerliche Idee, ob es nicht auch Musikstücke geben könne, die man stinken hört.«

Danke verbindlichst, Herr Hanslick, aber: das war g'fehlt! Denn: es hat sich durchgesetzt als eines der bedeutendsten Violinkonzerte überhaupt, und das nicht nur wegen seiner Virtuosität!

ANEKDOTEN
Einmal mehr: s. o.!

WERK
Sätze
Allegro moderato – Canzonetta. Andante – Finale. Allegro vivacissimo

Dauer
35 bis 40 Minuten

Besetzung
Solo-Violine
2 Flöten
2 Oboen
2 Klarinetten
2 Fagotte
4 Hörner
2 Trompeten
Pauken
Violinen I und II
Bratschen
Violoncelli
Kontrabässe

HITS

Da kann man in Bonsai-Ungarisch eigentlich nur sagen: »Ist sich ainer Gai-gär, ist sich Konzert non-plus-ultraaa. Ist sich ainer Kloviar-Spielär, hot er Zeit fir Schodän-Frai-dä!« Oder, um gleich den Besten aller Interpreten zu benennen: »Wenn Oistrach steh-gai-gärt, Stimmung ist geh-staigärt!«

Ein schöner Einfall ist schon mal, dass einer ein Violinkonzert von den Violinen – und zwar solo! – anfangen lässt. Da weiß der Abonnent gleich: Oha, das wird wahrscheinlich ein Violinkonzert; Liebelein, hier hast du schon mal ein Taschentuch!

Und kann sich ein Geiger einen traumhafteren Einstieg in ein Konzert wünschen als den in diesem? Da kann er doch schon in den ersten Takten alles geben. So erotisch, wie Oistrach oder sein Bewunderer (ich auch, und zwar von beiden) Frank Peter Zimmermann diesen Einstieg zelebrieren – mit dieser winzigen, ich bin fast versucht zu sagen: klitoralen Verzögerung vom tiefen a als Vorhalt auf das fis, der ersten Note vom eigentlichen Thema über dem Pizzicato der Celli! –, da bleibt doch kein Wunsch mehr offen, oder?!

Dann das wunderschön fließende zweite Thema, wieder nur im Streichersatz, ab Takt 69 (da sollten ca. dreieinhalb Minuten vorbei sein, wenn es schön ist), das so geigerisch daherkommt und einen russischen Himmel auftut, dass man bedauert, diese Sprache nicht zu sprechen und gleichzeitig weiß, dass es nicht nötig ist, wenn man solche Töne hört.

Von den geigerischen Drahtseilakten ganz zu schweigen, die einen sowieso das ganze Konzert über in Atem halten – falls man nicht vorne in der ersten Reihe und zwar rechts sitzt, von wo aus man den Geiger zwar sehen, aber nur die Kontrabässe und Bläser hören kann – auch reizvoll, aber vom Gesamteindruck doch weitgehend isoliert!

Der zweite Satz ist eine wunderschöne melancholische Melodie, die für mich ein Echo ostgalizischer jiddischer Melodien ist, wie in Mussorgskys »Bildern einer Ausstellung« das Stück »Samuel Goldenberg und Schmuyle«. Nur: Hier ist es keine Parodie, hier sind der Geist, die Melancholie und die Sehnsucht melodisch eingefangen in einer Wärme, die einen ganz tief berührt.

Ich denke, Tschaikowsky hat absichtsvoll diese Assoziation erreichen wollen: der Dialog der Solo-Violine mit der Klarinette in den Takten 69 bis 73 spricht für jeden, der diese jiddische Musik kennt, eine absolut klare Sprache.

Der fulminante dritte Satz mit seinen großartigen Ruhepunkten (z. B. ab Takt 196, nach ca. drei Minuten im Wechsel von Oboe und Klarinette) ist für den, der sich ohne vorgefertigte Konzepte emotional auf Musik einlassen kann, ein einziger Hit.

192 Pjotr Iljitsch Tschaikowsky

FLOPS

Da wüsste ich nur eine Stelle: die ist sowas von Giuseppe Verdi, dass es einem die Schuhe auszieht. Im ersten Satz kommt ab Takt 127 (das dürfte nach ca. sechseinhalb Minuten sein) die Stelle, an der das ganze Orchester grandios im Fortissimo das Hauptthema aufgreift und spielt. Da schmettern Oboen, Klarinetten, Fagotte, Hörner und Trompeten sowas von Triumphmarsch daher, das ist schon nicht mehr feierlich, auch wenn es sehr effektvoll ist. Pjotr Iljitsch, welcher Teufel hat Sie denn da geritten?!

OBACHT

No bitte, der Solo-Part. Ich habe eine Aufführung des Konzerts in X. erlebt, wo der ohnehin unbeliebte Geigenchef des örtlichen Konservatoriums den Solopart spielte. Weil er einerseits zeigen wollte, dass er es kann, andererseits aber dem Konzert in keiner Weise gewachsen war, hat er sich mit seinem Holz sowas von im Orchester verkrümelt, dass man die Bratschen für die Solisten hätte halten können. Und da zeigte sich, dass das Konzert ohne Violine, sagen wir mal: als Symphonie, durchgefallen wäre.

Das Orchester hat ein paar heikle Stellen, aber sie gehen nie über das hinaus, was ein vernünftiges Orchester leisten können muss.

ES MEINEN

Frank Peter Zimmermann: »Von all den Violinkonzerten, die ich in meinem Repertoire habe, hat es die meisten Noten – es sind wirklich extrem viele.«

Gianni Carpi, nachdem ihm von Freunden abgeraten wurde, das Konzert außerhalb der eigenen vier Wände zu spielen: »Eppure lo farò! – Und ich werde es trotzdem tun!«

BEIKIRCHER RÄT

ANLASS

Die Geigenbogen-Hersteller fürchten das Konzert wie den Teufel. Zu oft schon haben sie erlebt, dass große Geiger zum Bogentesten Passagen aus diesem Konzert verwendet haben. Es ist quasi *der* Anlass – außer im Konzert – es zu spielen. Hält der Bogen bis zur *stretta* des ersten Satzes: gut. Aber welcher Bogen hält das schon aus? Einer unter hundert. Nur: die neunundneunzig zerbrochenen haben ja auch, jeder für sich, ein Vermögen gekostet!

NUTZUNG
Sollten Sie jemals in einem der zwei Straßencafés in Kaunas sitzen und von der geballten Anwesenheit baltischer Schönheiten überwältigt sein: Geige herausholen und den zweiten Satz Tschaikowsky spielen. Sie werden sie pflücken können! Andererseits: Wer sitzt jemals in Kaunas im Straßencafé und wer kann schon so Geige spielen? Also: vergessen Sie's!

AUTO
Ideal für die Go-Kart-Bahn – außer der von Familie Schumacher in Kerpen, da läuft nur Techno! Natürlich nicht der erste oder zweite Satz, aber der dritte. Solange die Geige das Thema ankündigt, im Eisen bleiben, dann aber yeah! Vollgas und ab. Die Geigenläufe sind der Turbo, den Sie brauchen, um zu gewinnen!

PAUSEN-TALK
»Hab ich auf CD ...«

»Erinnern Sie sich an die Aufführung des Konzerts damals in New York in der UNO?«
»Sie meinen in der Carnegie Hall?«
»Nein, nein, in der UNO.«
»Wann?«
»Na, so Anfang 6oer Jahre. Wissen Sie nicht mehr? Wie Chruschtschow vor Begeisterung mit dem Schuh den Takt aufs Rednerpult geschlagen hat?«

FRAUEN
»Ich wüsste nur einen, der das Konzert geigerisch noch toppen kann.«
»Toppen? Um Gottes willen, wer denn?«
»André Rieux!«
»'tschuldigung, ich muss mal ganz schnell raus.«

MÄNNER
»Ich hab dat Konzecht mal im Zirkus jehört.«
»Wie bitte?«
»Ja, im Zirkus. Un dat war einmalig, kann ich Ihnen sagen.«
»Ja hat denn da das Orchester überhaupt Platz gehabt?«
»Quatsch, Orchester! Dat hat der Klohn mit der Kinderjeije jespillt und der zweite Klohn hätt dä auf der dicken Trumm bejleitet. Also: Karneval wor do nix jäje!«

BEWERTUNG

Technik für den Solisten

und ein
Schweißtuch

 für das Orchester

Gesamt 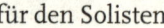 Es ist *das* virtuose Vio-

und ein Herz
mit Schnurrbart

linkonzert, auf das das
19. Jahrhundert nach
Paganini gewartet
hatte. Dass es nicht
nur virtuos geworden
ist, sondern eine
melancholische (des-
halb das Herz) Männ-
lichkeit (deshalb der
Schnurrbart) und eine
grandiose Musikalität
hat, danken wir dir
ewig, lieber Pjotr
Iljitsch.

Leoš Janáček
1854–1928

Sinfonietta

»Ich blicke nie zurück, immer nur vorwärts.«
(Leoš Janáček mit 72 Jahren)

Es ist ja meistens so: Du kennst jemanden ein paar Jahrzehnte lang, weißt, was er tut, kennst seine Familie und seine Freunde, weißt, wo er was gerne trinkt, ob er lieber zu Hause hockt oder gesellig ist, weißt, wie du ihn zu nehmen hast und über welche seiner »Entenfüßchen« (Heinrich Heine) du dich mit anderen amüsierst, kurz: Du hast ein bestimmtes Bild von ihm, machst den Rahmen drum herum und sagst: »So und so ist der.« Alles schön und gut und in 90 % aller Fälle mag das ja auch alles hinhauen. Was machst du aber, wenn einer so um die 60 Jahre alt geworden ist und plötzlich dermaßen Gas gibt, dass du nur noch Kondensstreifen siehst? Er entwickelt Energie und Genie, was du bis dahin vielleicht geahnt, aber ihm nicht wirklich zugetraut hättest? Viele Möglichkeiten gibt es dann nicht: Du bist vielleicht sprachlos und willst es gar nicht glauben – wer korrigiert schon gern lang gehegte Meinungen über jemanden? Du schämst dich darüber, dass du ihm nicht schon immer mehr zugetraut hast, du rettest dich vielleicht in ein halbherziges »Ich habe es ja immer schon gesagt« – um doch noch, wenn auch nur trittbrettmäßig, dabei sein zu können – oder du freust dich für ihn mit, dass es endlich geklappt hat. Was natürlich die schönste Reaktion ist.

So einer war Leoš Janáček, der in künstlerischer Hinsicht ein Leben gelebt hat, dass einem der Kiefer tiefer hängt vor lauter Bewunderung. Ab 1916, da war er 62 Jahre alt, dem Jahr, in dem seine Oper »Jenufa« am Nationaltheater in Prag Premiere hatte und ein Triumph ohnegleichen war, hat er seine Kräfte so was von freisetzen können, dass er in einem Schaffensrausch ohnegleichen ein Meisterwerk nach dem anderen schreiben konnte. Sicher auch deshalb, weil er als reifer Künstler nunmehr alles, was er sich bis dahin angeeignet hatte, bündeln und umsetzen konnte.

Im Ostzipfel Mährens ist er am 3. Juli 1854 geboren, in Hukvaldy. Papa war ein gebildeter Lehrer, die Mama entstammte einem Tuch-

machergeschlecht. Weil da zwar eine schöne mittelalterliche Burg –
die zu renovieren dem Erzherzog Rudolf von Habsburg, Erzbischof
von Olmütz und Freund Beethovens, s. ›Andante Spumante‹, zu
teuer war – Hukvaldy aber ansonsten ein weltvergessenes Nest war,
wuchs die Familie zur stattlichen Anzahl von 14 Kindern. Das übersteigt natürlich auch das Budget eines Lehrers, selbst wenn er angesehen ist; also wurde Leos mit elf Jahren ins Augustinerstift nach
Brno (Brünn) gebracht, wo er bei Pavel Křížkovský, einem bekannten Komponisten, Musikunterricht bekam. Er hatte im Chor zu singen und bekam dafür Kost und Logis, lag dem Papa damit schon
mal nicht mehr auf der Tasche. An der deutschen Realschule und
dann an der slawischen Lehrerbildungsanstalt machte er seine Ausbildung und wurde 1872 nach der Reifeprüfung Hilfslehrer an
dieser Anstalt. Dann Chorleiter in Alt-Brünn, Chormeister beim
Handwerkerverein Svantopluk; studierte an der Prager Orgelschu-
le, die er mit Auszeichnung (Gesang, Klavier- und Orgelspiel) 1875
abschloss. Nun provisorischer Musiklehrer an der Lehrerbildungsanstalt in Brno, beginnt zu komponieren. Neben der Tagesarbeit
leitet er den Chor des Philharmonischen Vereins Beseda und gibt
Zdenka Schulz, seiner späteren Ehefrau, Klavierunterricht – dann
am Konservatorium in Leipzig und Wien (1879/1880). Von dort
kehrt er aber eher enttäuscht nach Brno zurück, wird 1880 ordentli-
cher Musiklehrer an der LBA und am Brünner Gymnasium. Als er
im gleichen Jahr Zdenka Schulz heiratete, war er 26 Jahre alt; sicher
haben damals alle gedacht: »No fein, das ist der Leoš, der möchte
jetzt Musiklehrer und ein solider Ehemann werden, dann dirigiert
er ein bisschen die Männerchöre, schreibt vielleicht einmal eine
Fanfare für den 75. Jahrestag der Vereinsgründung, trinkt seine
zwei, drei Krügel Bier pro Tag und wird mit ein paar schönen Krän-
zen dann zu Grab getragen.« Kam aber anders.
Die Ehe ging nicht wirklich gut, obwohl die beiden bis zu seinem
Tode ein Ehepaar blieben (Zdenka starb 1938): Leoš war einge-
fleischter Tscheche und privat von einer gewissen Schroffheit, um es
mal vornehm auszudrücken. Sie, die Tochter deutscher Eltern,
musste Tschechisch lernen und durfte nur in dieser Sprache mit
ihrem Mann verkehren, selbst deutsche Bücher zu lesen, verbot er
ihr, und ihre Eltern durften sie nur besuchen, wenn er nicht da war.
Am Tag vor ihrer Niederkunft wollte er, dass sie beim Umzug in die
neue Wohnung mit anpackt, und als am nächsten Tag (15. August
1882) Töchterchen Olga zur Welt kam, machte er der siebzehnjähri-
gen Mutter eine Szene darüber, dass es kein Junge geworden sei.
1888 kam dann doch ein Sohn zur Welt, Vladimir; Leoš vergöttert ihn
über alle Maßen, der Kleine stirbt aber mit zwei Jahren, als ihn das

Schwesterchen Olga mit Scharlach infiziert hat. Olga stirbt, 11-jährig, 1903, was Janáček in eine Krise stürzt, die er aber kreativ bewältigen kann – die dramatischen und hymnischen Schlussszenen der »Jenufa« sind das Echo dieses Erlebnisses. Die Ehe läuft schon im zweiten Jahr auseinander, Zdenka zieht mit Töchterchen Olga vom Haustyrannen zu ihren Eltern, kommt nach zwei Jahren aber wieder zurück und bleibt schließlich bis zu seinem Lebensende bei ihrem Mann – eine Art bürgerliches Arrangement, unter dem sie im Juli 1916 einen Selbstmordversuch unternahm. Er hat ihr aber eine Unmenge von Briefen geschrieben, genau so wie seiner Muse im Alter, Kamila Stösslová, was jedoch alles noch der wissenschaftlichen Auswertung harrt. Es scheint die beiden mehr verbunden als abgestoßen zu haben; selbst als er mit Kamila eine intensive Beziehung hatte, ist Zdenka nicht ausgezogen. Nun ist im Alter aus dem früheren Tyrannen ja auch ein anderer Mensch geworden; bewundern wir also die Geduld der Ehefrau mit einem aufbrausenden, ungerechten und etwas sehr nationalistischen Mann.

Trotz vielfältiger Belastungen komponierte er nun die ersten größeren Werke und lernte 1885 als Gesangslehrer am Gymnasium dessen Direktor näher kennen, František Bartoš. Der war Sammler mährischer Volkslieder und stieß damit in Janáček etwas an, das weit reichende Folgen hatte: zum einen das Interesse an Volksliedern, zum anderen das an Sprache. Nun sammelte Janáček Volkslieder, gab Sammlungen heraus und machte sich in der Tschechei quasi einen Namen als Folklore-Spezialist. Gleichzeitig entdeckte er ein Phänomen, das viele schon beschäftigt hat, bei ihm wurde es aber beinahe zu einer Manie: Er entdeckte, dass Volkslieder ihre Melodie aus der Sprache, dem Klang und dem Rhythmus von Silben schöpfen, und er begann nun, Sprache, Sätze und Wörter zu studieren, um die ihnen innewohnende Musikalität herauszuschälen. In einem Interview sagte er später: »Wissen Sie, es war sonderbar – wenn mir jemand etwas sagte, verstand ich seine Worte vielleicht nicht recht, aber der Tonfall! Ich wusste gleich, was in ihm steckt: ich wusste, was er fühlt, ob er lügt, ob er erregt ist, und wenn er dann mit mir sprach – es war ein konventionelles Gespräch –, fühlte ich, hörte ich, dass er im Innern vielleicht heimlich weinte. Die Töne, der Tonfall der menschlichen Rede, überhaupt jedes lebenden Geschöpfs, besaßen für mich die tiefste Wahrheit. Und sehen Sie: das war mir eine Lebensnotwendigkeit.«

Jan Raček, Herausgeber der Artikel Janáčeks zu diesem Thema und Fachmann, schildert das so: »Melodische Färbungen der Sprache, diese winzigen und zufälligen Charakteristika des klanglichen und rhythmischen Laufes der menschlichen Redeweise, sammelte Janá-

ček planmäßig, fast sein ganzes Leben lang, als Beweismaterial für die lebendige Sprache verschiedener Gegenden und verschiedener Volksschichten. Von diesen Sprechmelodien zeichnete Janáček unerschöpfliche Mengen auf. Er sammelte sie, wo immer er sich befand, sei es auf belebter Großstadtstraße oder in der idyllischen Stille ländlicher Natur unter einfachen Leuten. Hier muss man die Wurzeln für Janáčeks Musikstil suchen, denn er wertete sie durch einen höheren Stilisierungsprozess in neue gedankliche Gebilde der musikdramatischen Sprache um. Diese Sprechmelodien bedeuten ihm mehr als nur einen Ausdruck des Charakter-Temperamentes. Er findet in ihnen nicht nur den natürlichen Rhythmus und den melodischen Duktus der gesprochenen Sprache, sondern hört in ihnen auch Reflexe zarter seelischer Regungen, Einflüsse der Umgebung und des Klimas. Er bemüht sich, in ihnen alle Affekte menschlicher Natur zu erfassen, Freude, Gram, Leidenschaft, selbst geringste innere Spannung oder Lockerung. Janáček notierte die Sprechfärbungen an Ort und Stelle, wo er sie hörte. Wenn wir seinen handschriftlichen Nachlass durchschauen, staunen wir, worauf er sie überall aufzeichnete. Es sind nicht nur schmale Papierstreifen, Notizbüchlein, sondern auch Zeitungen, verschiedene Zeitschriften, Bücher, Ansichtsarten, Briefe, Theaterprogramme und Libretti, auf welche er eilig, mit Bleistift oder Feder, melodische und rhythmische Äußerungen der menschlichen Sprache skizzierte. Oft waren auch des Meisters Manschetten mit Sprechmelodien beschrieben, die er zufällig bei eiligen Spaziergängen auf der Straße oder in der Natur gehört hatte. Janáček schätzte diese kleinen Aufzeichnungen sehr, denn sie boten ihm reiches Studienmaterial, aus welchem die melodische Invention und die gerafft rhapsodische Musiksprache seiner Werke entsprangen.«
Und Max Brod erzählt: »Einmal ging ich mit dem Meister durch den Park ... ›Die Kompositionslehre‹, sagte er, ›wird um ein neues Kapitel bereichert werden müssen. So wie man heute Kontrapunkt, Harmonie, Formen übt und studiert, so muss der junge Opernkomponist auch – gewissermaßen nach der Natur zeichnen lernen. Das Skizzieren realer Sprechmelodien ist gleichsam das Aktzeichnen der Musik. Natürlich fällt es mir nicht ein, einen guten Aktzeichner mit einem schaffenden Künstler zu verwechseln. Aktzeichnen ist und bleibt Vorschule, Handwerk. Aber, wie mir scheint, notwendiges Handwerk, notwendige Vorschule.‹«
Ich stelle das hier deshalb so ausführlich dar, weil es für das Verständnis von Janáčeks Musik wichtig ist. Tatsächlich sind in seinen Opern diese ungewohnten, wundervoll natürlichen Melodieeinfälle immer wieder von unglaublicher Überzeugungskraft. Bei der »Jenu-

fa« muss man das Tschechische gar nicht sprechen, um dennoch verstehen zu können, was die Personen auf der Bühne einander sagen. Hier ist plötzlich das alte Problem:»Eignet sich Deutsch, Tschechisch, Russisch etc. überhaupt für das Lied und die Oper?« aufgehoben, weil es einer neuen Lösung zugeführt wird. Als einer, der selbst in der Sprechsprache immer wieder nach solchen Phänomenen fahndet – am Beispiel des Rheinischen und da auch mehr im kabarettistischen Bereich, aber nicht minder ernst gemeint –, fühle ich mich ganz an der Seite eines Komponisten, dessen Musik ich (nicht nur wegen dieses Konzepts!) verehre. Zum Glück kommt neben die wissenschaftliche Arbeit Janáčeks sein musikalisches Potenzial, das aus diesen Forschungen nie ein theoretisches Herumkomponieren gemacht hat. Der Workaholic arbeitete immer intensiver: Er forschte, er notierte, er unterrichtete, er dirigierte, er schrieb, er reiste, er – komponierte. Die ersten Opern entstehen, die »Lachischen Tänze« für Orchester – bitte, liebe Orchestermusiker, öfter spielen! –, die Kantate »Amarus«, »Jenufa« natürlich, das Chorwerk »Elegie« auf den Tod der Tochter Olga, die er krank aus Petersburg – wo sie zur Ausbildung war – nach Hause geholt hatte, um nur einige zu nennen. Und immer noch gilt er eher als Experte für das Volkslied und Chormusik denn als genialer Komponist.

Weil er gegen Smetana polemisierte (seine Musik war ihm zu wenig am Tschechischen ausgerichtet) und Dvořák in alle Himmel hob (damit war er auch ein bisschen der Urheber der zeitweiligen Grabenkämpfe zwischen den Anhängern dieser beiden Großen) und überhaupt als starrsinniger Trotzkopf galt, wurde er nicht viel aufgeführt. In Brno spielte man zwar – mit Erfolg – die »Jenufa«, in Prag wurde sie aber zwölf Jahre lang abgelehnt, weil dort ein »Parteigänger« Smetanas das Sagen hatte. Schließlich aber wendete sich das Blatt und am 26. Mai 1916 wurde sie endlich in Prag aufgeführt. Das war der endgültige Durchbruch des Komponisten. Das war endlich die Initialzündung, die der kämpferische Janáček brauchte, um »durchzustarten« – mit 62 Jahren! Jetzt entstanden alle die großen Werke, die wir von ihm kennen, jetzt konnte er offenbar alles zusammenbündeln, was er sich bis dahin erarbeitet und was er erlebt hatte. In geradezu schöpferischem Rausch komponierte er ein Werk nach dem andern: die Opern, die Orchesterwerke, die Kammermusik. Viele Biographen weisen auf die große Rolle hin, die in diesem letzten Lebensabschnitt Kamila Stösslová gespielt hat, als Freundin, Geliebte und Mentorin. Ich meine: mag ja sein und gegönnt sei es ihm von Herzen. Ich glaube aber, dass einer, der immer an sich geglaubt hat, sich einfach toll auf das kreative Surfbrett stellen kann, wenn er erlebt, dass die Welt ihn bestätigt. Was muss das für ein Gefühl für Janáček gewesen sein, in den letzten Jahren das erleben zu dürfen! Dazu kam ja noch, dass er, der tschechische Nationalist – auf Deutsch klingt das leider ein bisschen negativ; für die Tschechen war die Proklamation eines eigenen Staates die Befreiung vom jahrhundertelangen Joch der k. u. k. Diktatur! – nach dem Ersten Weltkrieg das Werden des eigenen Nationalstaates erleben konnte, was ihn tief bewegt hat. Er wird nun geehrt, macht Reisen und komponiert mit 72 noch Werke wie die »Glagolitische Messe« und die »Sinfonietta« – was für ein Elan, was für eine Energie!

Am 12. Juni 1928 erlag er im Krankenhaus von Ostrava (Mährisch-Ostrau) den Folgen einer Lungenentzündung.

Wenn man so ein Leben sieht, kann man doch Hoffnung haben (wenn man – wie ich – 56 Jahre alt ist) – oder?!

ENTSTEHUNGSZEIT

1926 wurde Janáček von einer Zeitung (»Lidové noviny«) öffentlich gebeten, zum bevorstehenden 65jährigen Jubiläum des Turnerverbandes »Sokol« eine Komposition beizusteuern. Er selbst war von Jugend auf Mitglied bei den roten Hemden gewesen, für diese Botschaft also mehr als empfänglich und wollte eine Fanfare schreiben. Daraus wurde aber unter der Hand in kürzester Zeit die »Sinfonietta« – ein Meisterwerk. Das Werk hat Überschriften, die Rätsel aufgaben: 1. Fanfaren. 2. Burg. 3. Das Königin-Kloster. 4. Straße. 5. Rathaus. Janáček gab verschiedene Erläuterungen zu diesen Titeln. Er wolle »den freien tschechischen Menschen von heute zum Ausdruck bringen, seine geistige Schönheit und Freudigkeit, und auch seine Kraft und seinen Mut, durch Kampf zum Sieg zu schreiten.«

Und 1927 erinnerte er daran, dass das Brünn seiner Jugend eine deutsche Stadt gewesen sei, nun aber sei daraus eine tschechische Metropole geworden, »und da sah ich mit einem Mal die Stadt in wunderbarer Verwandlung. In mir verschwand die Abneigung gegen das düstere Rathaus, der Hass auf den Hügel, in dessen Eingeweiden einst soviel Schmerz brüllte [gemeint ist die Festung Spielberg, die unter der k. u. k.-Fuchtel einen berühmt-berüchtigten Ruf hatte], es schwand der Widerwille gegen die Straße und was in ihr wimmelte. Über der Stadt der zauberhafte Glanz der Freiheit, der Wiedergeburt des 28. Oktober 1918! Ich blickte mich in dem Glanz um, ich gehörte ihm an. Und das Geschmetter der sieghaften Trompeten, die heilige Ruhe des Königin-Klosters unten im Hohlweg, die nächtlichen Schatten und die Atemzüge des grünen Berges und die Vision des gewissen Aufschwunges und der Größe unserer

Stadt wurden aus dieser Erkenntnis in meiner Sinfonietta neu geboren, aus meiner Stadt Brno!«

URAUFFÜHRUNG
26. Juni 1926 in Prag

ERFOLG
Durchschlagend und gleich nach der Uraufführung quasi weltweit. Von der Uraufführung habe ich leider keinen Pressebericht gefunden – ich kann allerdings auch nicht Tschechisch!

ANEKDOTEN
Ob die Mitglieder des »Sokol« dazu auf dem Stufenbarren geturnt haben oder nur mit Hanteln durch das Stadion gelaufen sind, ist leider nicht überliefert. Mit Sicherheit falsch ist jedoch das Gerücht, dass Janáček selbst mit seinen 72 Jahren sich ins rote Trikot und die graue Jacke der »Sokols« gezwängt haben soll!

WERK
Sätze
I. Allegretto – II. Andante – III. Moderato – IV. Allegretto – V. Andante con moto/Allegretto

Dauer
22 bis 25 Minuten (wenn's besonders feierlich gemacht wird!)

Besetzung
4 Flöten (4. auch Pikkolo)
2 Oboen (2. auch Englisch-Horn)
3 Klarinetten
Bassklarinette
2 Fagotte
4 Hörner
9 Trompeten in C
3 Trompeten in F
2 Basstrompeten
4 Posaunen
2 Tenortuben
Basstuba
Pauken
Schlagzeug
Glocken
Harfe

Violinen I und II
Bratschen
Violoncelli
Kontrabässe

HITS

Glanz origineller Fanfaren gleich zu Beginn – no, wenn das nicht leuchtet! Und: der erste Satz ist zwar kräftig und laut, aber nicht martialisch oder gar militärisch. Ein originelles Thema, wie ich finde – deshalb kommt es ja auch im fünften Satz nochmal in voller Pracht daher!
Im zweiten Satz haben die Klarinetten eine schöne Begleit-Figur (32stel!), die sich später in den Streichern wiederholt, und die dazu »gehörige« Melodie finde ich auch sehr, sehr fein.
Im dritten Satz ist natürlich schon ein Hit, dass sich Janáček geradezu eine Flamenco-Steigerung leistet (kurz vor Schluss des Satzes) – und das mit tschechischen Turnern!
Im vierten Satz gefällt mir das von der Trompete vorgetragene Tanz-Thema ausnehmend gut und der fünfte Satz mit seiner Wahnsinns-Steigerung ist natürlich die Krönung des Ganzen. Eine wundervoll dichte Musik, bei der man aber immer jede Stimme hören kann, so transparent komponiert Janáček.

FLOPS

Tja, lieber Leoš, und der ganze Aufwand für ein paar Turner? Also ich weiß es ja nicht. Ich persönlich habe nie gerne geturnt, aber ich möchte jetzt auch keinen Vorurteilen Vorschub leisten, wenn ich sage, dass bei dieser Musik der durchschnittliche Holm-Artist vom Barren fällt! Und weiter: was ist, wenn bei schlechtem Wetter das Fest im Saal stattfindet? Bei diesen Fanfaren in so einer massiven Blech-Besetzung geht ja in jeder Halle der Stuck fliegen.

OBACHT

Aufgabe: Es baue sich eine Klasse aus dem Mädchengymnasium vor dem Orchester auf und beiße in dem Moment, wo der Dirigent die Arme hochwirft, sichtbar in (jeweils) eine Zitrone. An dem, was dann mit den Bläsern passiert, kann man hören, wie die »Sinfonietta« klänge, würde sie nicht von Fachkräften gespielt! Will sagen: schon eher schwierig und gespickt voll mit Obachts. Dazu kommt, dass im zweiten Satz immer wieder Taktwechsel kommen, die

schon ins Taschenrechnerische gehen: vom 4/8 Takt geht es über
12/8 in 13/8 über, von dort über 3/4 wieder in 13/8, dann über 2/4 in
4/4, gefolgt von 13/8, an die man sich mittlerweile schon gewöhnt
hat, diese führen über 4/8 zu 4/4, dann nochmal 13/8 um schließlich im 2/4 Takt den Atem auszuhauchen. Soviel Füße kann man
gar nicht haben, wie man braucht, um das alles schlagen zu können!

ES MEINEN
Ludvík Kundera:
»In seinen Kompositionen schlägt stets der jähe Pulsschlag des
Lebens, es gibt ständige Erregung. Deswegen beruhigen seine Kompositionen nicht, sie peitschen auf – sie können vielleicht missfallen – deswegen fordern sie gegen sich so viele Gegner heraus – aber
sie können nicht kalt lassen.«
Albert Prazák:
»In seinem Werke erklingt mir der Widerhall Mährens, so wie Böh-
mens Widerhall in Smetanas Kompositionen. Ich halte ihn für den
größten Musik-Regionalisten Mährens.«

BEIKIRCHER RÄT

ANLASS
Spielen Sie die »Sinfonietta« um Gottes willen nicht bei einem Tur-
ner-Fest. Heutzutage sind die Menschen nicht mehr so robust wie
vor 80 Jahren, sie würden in den Ringen hängen bleiben und andere schreckliche Dinge mehr könnten geschehen. Die »Sinfonietta«
ist das geeignete Werk, im Garten oder auf dem Balkon die Grill-
Saison anzukündigen: das geht mit Blech-Fanfaren los – das kennt
der Nachbar von James Last und der Olympiade, wo sich die Fanfaren auch immer leicht gedopt anhören, also wird er sich schon nicht
aufregen; und wenn sich das Werk so peu à peu steigert, macht er
sowieso die Fenster zu. Damit schlägt man zwei Fliegen mit einer
Klappe: man kann endlich seinen Janáček da hören, wofür er
ursprünglich geplant war: draußen! Und der Nachbar hat eh schon
die Fenster zu, also wird ihn auch der Qualm nicht mehr stören.

NUTZUNG
Man kann – vor allem den zweiten Satz – hervorragend zu den Bemühungen auf dem Hometrainer nutzen. Man muss nur gucken,
dass man die Rhythmuswechsel synchron hinkriegt zu den Mo-

menten, wo das Band vom Heimrad durchdreht. Dann aber entstehen bestimmt hervorragende Bewegungserlebnisse mit hohem Fitness-Effekt – in wunderschöner akustischer Umgebung!

AUTO
ŠKODA! Und dann von Bayerisch Eisenstein ab in den Böhmerwald Richtung Mähren. Und wenn Sie sich dann verirrt haben und im Wald nicht mehr weiter wissen, fragen Sie doch den gemächlich herumstehenden Tschechen, wo es nach Karlsbad geht. Fenster auf, »Sinfonietta« leise laufen lassen, und einfach nur zuhören:
»No, is das eine Freide, nach Karlsbad, no, das möcht jetzt aber ganz schön ieberfillt sein, her ich, das Karlsbad, und wenn da einer kain Zimmer vorbestellt hat in Hotel, möchts ihm gehen wie weiland dem Doležal aus Vyšovo, wie der nach sieben Jahren, was er auf die Bestellung gewartet hat, den neuen Tatraplan geliefert bekommen hat, no was sind schon sieben Jahre? Gestern noch Hochzeit gefeiert und heite möcht schon der erste Schultag sein für die Kinder, das ist, weil heite keiner mehr Zeit hat ...«

PAUSEN-TALK
»Das hab ich auf CD ...«
»Aber bitte nicht von Ernst Mosch, oder!«

»Wussten Sie, dass Janáček seine Melodik, diese wunderschönen kleinen Melodien, die so typisch für ihn sind, alle aus der Sprache, dem gesprochenen Wort abgeleitet hat?«
»Ich habe davon gehört. Aber, sagen Sie, würde das heißen, dass man das auch rückführen könnte?«
»Wie meinen Sie das?«
»Na, dass man die Melodien wieder auf die Worte, die Sätze zurückführen könnte, die ihnen zugrunde liegen?«
»Das müsste möglich sein.«
»Und was würde dann die Sinfonietta als Text uns sagen?«
»Ich kann kein tšechiš.«

FRAUEN
»So sind sie, die Böhmen: kräftig, männlich und immer ein bisschen tänzerisch!«
»Aber Janáček war doch Mähre.«
»Dann das Ganze eben in Moll!«

MÄNNER

»Dat es schön, vor allem am Anfang, ewwer für uns nit jeeignet.«

»Warum dat dann net?«

»Bei esu enem Rhythmus fällt jedes Funkemariechen dem Tanz-major glatt aus der Hand!«

BEWERTUNG

Technik

Es ist nicht leicht, aber die »Sinfonietta« ist auch von B-Orchestern gut zu bewältigen (ich wollte mal ein bisschen Hoffnung machen!).

Gesamt

mit Buchteln

Die »Sinfonietta« ist ein heiteres Meisterwerk und hätte drei Dirigier-stäbe verdient, aber weil der Anlass ein Turnfest war ...!

Gustav Mahler
1860–1911

Symphonie Nr. 4 in G-Dur

»Mahlers Musik erzwingt, gewissermaßen
unduldsam, eine Entscheidung. Man ist dem ›Ton‹,
in dem sie redet, einem ›Ton‹, in dem Zynismus
und Sentiment, Untröstlichkeit und Trost
ineinander übergehen, entweder verfallen oder
empfindet Unbehagen und Widerstreben.
Ein Mittleres, eine laue, zögernde Zustimmung,
ist nahezu ausgeschlossen.«
(Carl Dahlhaus)

»Möglichst viel leisten und von anderen möglichst
viel geleistet wissen: das will er.«
(Siegfried Lipiner)

Hämorrhoiden und Migräne – ein Leben lang hat Gustav Mahler
darunter gelitten, wobei die Hämorrhoiden geradezu das zentrale
körperliche Thema für ihn waren. Er selber sprach von seinen
»unterirdischen« Schwierigkeiten, dreimal musste er in diesem Bereich operiert werden; wer weiß, wovon hier die Rede ist, der weiß
auch, wie massiv die betroffene Region das Körpergefühl beherrschen kann – andauernd, über Jahre, nicht nur in kurzzeitigen
Anfällen. Ob man daraus nun – wie es ein Psychoanalytiker tat –
eine Vorliebe für gestopfte Trompetentöne in den höchsten Lagen
(in der 7. Symphonie) ableiten kann – ein sicherlich hoch interessie-
render Ansatz –, mag dahingestellt bleiben. Sooo direktmechani-
sche Zusammenhänge zwischen Biographie und Werk sind dann
doch eher selten (außer bei Beethovens Fünfter, s. »Andante Spumante«). Zu Mahlers Leben und seinen Schwierigkeiten, als Komponist anerkannt zu werden – wo ja die Nachwelt gerne nase-
rümpft: »Dass die das damals nicht gesehen haben – tz,tz,tz!« –
könnte man einen Vergleich anstellen: Nehmen wir mal an, Sir
Simon Rattle wäre Komponist. Selbst wenn er sich aufführte – würden wir uns nicht schwer tun, beides zu sehen? Geben Sie es zu:
uns zu entscheiden (für eins *oder* das andere), läge näher. So massiv

ist das Schubladen-Bedürfnis. Socken liegen eben nicht bei Schuhen, so viel sie auch miteinander gemeinsam haben mögen!
Gustav Mahler ist am 7. Juli 1860 im böhmischen Dörfchen Kališt zur Welt gekommen. Er war das zweite von insgesamt zwölf Kindern, sechs sind allerdings früh verstorben. Über die Eltern, Bernhard und Marie, geb. Hermann, sagt der Komponist:»Sie passten so wenig zueinander wie Feuer und Wasser. Er war der Starrsinn, sie die Sanftmut selbst.« Mag ja sein, dass das stimmt, ich habe die beiden nicht persönlich gekannt, aber in dieser Äußerung vermisse ich etwas den Respekt vor einer großartigen Leistung, von der Gustav profitieren konnte: Bernhard Mahler war der Sohn einer jüdischen Hausiererin. Ärmste Verhältnisse, Korb auf dem Rücken und über die Dörfer ziehen, das war seine Jugend. Dann kaufte er sich ein Fuhrwerk und schaffte es schließlich, sich mit einer kleinen Schnapsbrennerei selbständig zu machen. Um den Kindern eine bessere Ausbildung zu ermöglichen – er selbst war sehr bildungsbeflissen und wurde der »Kutschbockgelehrte« genannt, weil er immer las –, zog er nach Iglau (heute: Jihlava), wo Gustav zur Schule ging. Dass einer starrsinnig ist, der starrsinnig dieses Lebensziel verfolgt hat, liegt ja auf der Hand. Der Vater hat zudem die ersten musikalischen Äußerungen (der Vierjährige machte schon auf allem, dessen er habhaft werden konnte, Musik, der Achtjährige soll über 200 Volkslieder im Kopf gehabt haben) als Talent erfreut wahrgenommen und ein Klavier gekauft, um es zu fördern. Hat man ja auch nicht alle Tage, oder! Zwei Seiten hat eine andere Geschichte, die Alma Mahler-Werfel erzählt: Papa nimmt den kleinen Gustav mit in den Wald. Ihm fällt ein, dass er was zu Hause vergessen hat. Er befiehlt dem Kleinen, sich da auf den Baumstumpf zu setzen und sich nicht zu rühren, er käme gleich wieder. Zu Hause ist aber der übliche Teufel los. Stunden später vermisst man plötzlich den kleinen Gustav. Papa rennt in den Wald – mittlerweile dämmert es schon – und findet Gustav brav auf dem Baumstamm sitzen – wie »eben«, ohne Angst, ihn mit ruhig-versonnenem Blick anschauend. Die eine Seite ist die Fähigkeit, zu träumen; vielleicht hat das Kind gar nicht gemerkt, wieviel Zeit verronnen ist; die andere Seite ist der Gehorsam oder – wahrscheinlich – die Angst vor dem Vater. Daraus könnte man schon eine Reihe von Schlussfolgerungen für das Werk und die Persönlichkeit ziehen, wenn nicht noch ein bisschen mehr Leben dazugekommen wäre.
Der Schuljunge hat zwei Leidenschaften: Lesen und Musik. Bei Herrn Brosch lernt er Klavierspielen und gibt mit zehn Jahren ein erstes Konzert; die Zeitung berichtet vom »künftigen Klaviervirtuosen«. Man schickt ihn zwei Jahre nach Prag, holt ihn aber 1872 wie-

der zurück: in der Schule hat es nicht geklappt und die Unterbringung bei Familie Grünfeld war auch nicht das Gelbe vom Ei.«In der Schule war Gustav fahrig, zerstreut, einer seiner Lehrer am Gymnasium nannte ihn das leibhaftige Quecksilber, oft in seine eigenen Gedanken vertieft, wie versonnen und der Wirklichkeit entrückt, was ihm den Tadel seiner Lehrer zuzog. Wenngleich er es oft, wie ein kleiner Tyrann, verstand, seinen Willen den Geschwistern und den Spielkameraden aufzuzwingen, war der Grundzug seines Wesens ein hoher Gerechtigkeitssinn, der ihn weder Unrecht tun, noch leiden ließ, andererseits aber wieder Duldsamkeit, Menschenliebe und Mitleid mit Armut und Elend; er konnte in den späteren Jahren seiner Jugendzeit keinem Bettler begegnen, ohne ihm Almosen zu spenden. Diese Charakterzüge, die sich bei ihm schon in der Jugend zeigten, blieben ihm sein ganzes Leben zu eigen«, schreibt Theodor Fischer, Spielgefährte, Schulfreund und Kommilitone in Wien. Der junge Gustav traf in dieser Zeit auf Gustav Schwarz, Gutsverwalter und Musikliebhaber, und spielte ihm vor. Schwarz erkannte sofort das enorme Talent und redete dem Papa zu, den Jungen nach Wien zu schicken. Der »starrsinnige« Papa fuhr denn auch im September 1875 mit Herrn Schwarz und Gustav nach Wien und meldete ihn am Konservatorium an. Er blieb zwar externer Schüler des Gymnasiums in Iglau (wo er 1878 denn auch die Matura machte), mauserte sich aber im Konservatorium zum Star. Schon im ersten Jahr gewann er mit einer Schubert-Sonate den Hauptpreis, 1878 schloss er die Studien mit »vorzüglich« ab. Heute, wo wir wissen, dass er ein exzellenter Musiker war, war es ja nicht anders zu erwarten! Wintersemester 1878: Gustav Mahler inskribiert sich an der Uni Wien in den Fächern Philosophie, Geschichte, Musikgeschichte und Musikästhetik – da wird er sicher auch Vorlesungen des legendären und auch für dieses Buch notorischen Eduard Hanslick gehört haben! (vgl. den Anhang) Und er hörte bei Anton Bruckner, nebst Wagner *das* musikalische Idol Mahlers. »Bruckner kam meist mit Mahler in den Hörsaal und verließ ihn, von Mahler begleitet; wie denn der ehrwürdige Meister, nach Guido Adlers gutem Wort, Mahlers ›Adoptiv-Lehrvater‹ genannt werden kann«, wie Paul Stefan berichtet. Zeitlebens hat sich Mahler als Dirigent für Bruckners Musik eingesetzt und 1910 hat er von seinem Konto 50.000 Kronen abgehoben, um damit die Herausgabe der Werke Bruckners durch einen Wiener Verlag zu ermöglichen! Hut ab, eine große Tat! Wie ja überhaupt Gustav Mahler sich als Dirigent immer für die Avantgarde, für zeitgenössische Musik eingesetzt hat. Hier ist sein Verdienst nicht hoch genug einzuschätzen.
Bis 1880 hielt er sich als Student mit Klavierstunden über Wasser

und reichte – schließlich fühlte er sich ja als Komponist – »Das klagende Lied«, eine Kantate, beim Wettbewerb um den Wiener Beethoven-Preis ein. In der Jury saßen Johannes Brahms und Eduard Hanslick. Sie konnten als dezidierte Wagner-Gegner (vor allem Hanslick) den wagnerähnlichen Klängen nicht viel abgewinnen und lehnten ab. Eine herbe Enttäuschung – klar. Nicht nur deshalb stand Mahler vor der Entscheidung: Was tun? Er war diplomierter Musiker, ein exzellenter Pianist, er war angehender Komponist – und er war ohne Job. Es ging ihm nicht anders als Generationen von Absolventen vor und nach ihm. Von irgendwoher muss Geld kommen, die Kunst hat ja auch nichts davon, wenn ihre Jünger verhungern. Sein Klavier-Professor Julius Epstein sagte ihm, was man jedem guten Schüler sagen würde: Hauptsache anfangen, egal wo: »Sie werden bald andere Stellungen finden.« Also unterschreibt Mahler einen Fünfjahresvertrag bei dem Agenten Gustav Lewy –bei dem auch Johann Straß unter Vertrag stand! –; Lewy soll für 5 % der jeweiligen Gage für Engagements als Dirigent besorgen (5 %! Das waren noch Zeiten!). Ab hier beginnt die steile Karriere eines großen Dirigenten und Musikers. Zunächst Kurkapellmeister im oberösterreichischen Thermalbad Hall, kam er im Herbst 1881 als Kapellmeister an das »Landschaftliche Theater« Laibach im Herzogtum Krain, bei den Slowenen also – oder, wie man in Kärnten und in Haiders Umgebung gerne sagt: bei die Tschuschen. Mit ungeheurer Energie stürzte sich Mahler in das Leben eines Hauses, in dem der Kapellmeister praktisch alles zu dirigieren hatte, was verlangt wurde – eine gute Schule! Weil es ein kleines Haus war, musste sicherlich viel improvisiert werden – der Chor bestand aus 14 Stimmen, das Orchester aus 18 Musikern! –, man spielte dennoch Verdis »Il Trovatore« (wahrscheinlich in k. u. k.-deutscher Fassung), »Ernani«, »Die lustigen Weiber von Windsor«, »Martha« und Johann Strauß. Die Presse wurde ihm immer zugeneigter, weil man bemerkte, dass »er es wirklich ernst nimmt mit seiner schweren Aufgabe«. Olmütz schloss sich an: ab Mitte Januar 1883 war Mahler Kapellmeister am königlich-städtischen Theater, Fassungsvermögen: 1000 Zuschauer! Mit den Olmützer Quargeln hatte er aber seine liebe Not: die abgebrühten Provinz-Musikanten lassen den »Idealisten« erstmal locker abtropfen (»Dös hammer no nia so g'macht – do könnt jo jeder kumman!«), dann aber »tun sie mir doch manches zulieb« (wie er schrieb) – aus Mitleid, wie er sarkastisch vermerkte. Wagner wollte er hier nicht aufführen, er beschränkte sich auf Flotow, Bizet, Meyerbeer, Verdi.
Zum Glück ging dem Theater schon im März das Geld aus, Mahler ging zurück nach Wien, um dort die Frage beantworten zu müssen,

ob er sich denn ein Leben in Kassel vorstellen könne. Immerhin
hatte schon Beethoven vom damaligen König von Westfalen, Napo-
leons Bruder Jerôme, einen »Ruf« dorthin bekommen (s. »Andante
Spumante«); der Name der Stadt wird Mahler also nicht unbekannt
gewesen sein. Er unterschrieb und war ab 1. Oktober 1883 für drei
Jahre nach Kassel verpflichtet als Zweiter Kapellmeister. Im Sommer 1883 war er zuhause in Iglau und sah in Bayreuth den »Parsi-
fal«. Natürlich hat ihn das begeistert – das Festspielhaus war ja
noch neu und sicher standen da noch nicht die grässlichen »Event-
Zelte«, wo man sich nach dem ersten Akt die Würschtln und den
Champagner für die Pause nach dem zweiten bestellen kann, damit
man im dritten erlesen aufstoßen kann –, er schreibt den schönen
Satz: »Als ich, keines Wortes fähig, aus dem Festspielhause hinaus-
trat, da wusste ich, dass mir das Größte, Schmerzlichste aufgegan-
gen war, und dass ich es unentweiht mit mir durch mein Leben tra-
gen werde.« Im Anschluss an Bayreuth wanderte er auf den Spuren
Jean Pauls durch Wunsiedel und Umgebung – bravo, sagt Konrad
Beikircher, ein großer Jean-Paul-Verehrer. Jetzt also Kassel! Dort
gab es einen Herrn Treiber, der sich als »Erster« natürlich die
Sahneschnittchen vorbehielt und Mahler die »Krümel« überließ:
Lortzing, Weber, Donizetti, Marschner, Nessler und Boieldieu.
Keine schlechte Musik, aber halt kein Mozart oder Wagner. Mahler
war unglücklich. Zwar erkannten ihn alle als den besseren an, doch
Treiber war nicht aus dem Sattel zu heben. Also schrieb er an Hans
von Bülow, er möge ihn mitnehmen und seinen Schüler werden
lassen: »und wenn ich das Lehrgeld mit Blut bezahlen müsste.« Der
aber antwortet nicht und gibt den Brief – Herrn Treiber. Das war
nicht schön, Herr von Bülow, nicht schön!
Mahler schreibt dann nach Prag (1884): »Können Sie über kurz
oder lang einen jungen, energischen Dirigenten gebrauchen, der –
ich muss nun wohl mein eigener Lobredner sein – über Kenntnis
und Routine verfügt und auch nicht ohne Fähigkeit ist, einem
Kunstwerke und den mitwirkenden Künstlern Feuer und Begeisterung einzuhauchen?« Prag sagte zu, und nachdem im Sommer
1885 die Situation in Kassel sich unerträglich zuspitzte, kündigte er
und ging als Erster Kapellmeister ans dortige Deutsche Theater
nach Prag. Endlich konnte er Mozart und Wagner dirigieren und
fühlte sich in Prag so wohl, dass er einen Vertrag mit Leipzig, den er
zum 1. August 1886 unterschrieben hatte, wieder rückgängig
machen wollte: weil dort »meiner gewiss der peinlichste Rivalismus
mit Nikisch harrt«.
So kam es auch. Leipzig bestand auf dem Vertrag, Mahler ging dorthin und Arthur Nikisch und er gingen einander aus dem Weg. »Mit

seiner Person habe ich nie etwas zu tun; er ist kalt und verschlossen gegen mich – ob aus Eigenliebe oder aus Misstrauen – was weiß ich!« Durch Vermittlung seines Freundes Guido Adler bekam er das glänzende Angebot, zehn Jahre lang artistischer Direktor der Königlichen Oper in Budapest zu werden. Da waren natürlich Mulatschak und ein kräftiges *Egeszsegedre!* fällig. Von Oktober 1888 bis März 1891 war er kräftigst tätig, studierte eine Menge Opern ein (viele von Richard Wagner), war so begeistert von Budapest, dass er sich verpflichtete, Ungarisch zu lernen, was wichtig war, weil man beschlossen hatte, dem Sprachwirrwarr in der Oper (Italienisch, Deutsch, Französisch, Ungarisch – alles nebeneinander!) ein Ende zu setzen und nur noch ungarisch singen zu lassen. Er brachte mit intensiver Probenarbeit die Oper wieder auf Vordermann. Allerdings: Wagner auf Ungarisch? »Wenn ich doch nur schon wieder ein deutsch gesungenes Wort hören könnte! Sie glauben nicht, wie ich die Sehnsucht danach kaum ertrage«, schrieb er in einem Brief. Im Dezember 1890 dirigierte er den »Don Giovanni«; im Publikum saß der von Freunden widerwillig mitgezerrte Johannes Brahms, der keinem Dirigenten zutraute, diese Oper gestalten zu können. Am Ende rief Brahms: »Aber das ist ja ein Teufelskerl!«, ging hinter die Bühne und überschüttete Mahler mit Lobesworten. »Ich halte dies für den größten Erfolg, der mir bisher zuteil wurde«, schrieb er stolz an Richhard Heuberger. Am 26. Dezember 1890 dirigierte er Pietro Mascagnis »Cavalleria rusticana« (die erst am 17. Mai 1890 in Rom uraufgeführt worden war!), so dass diese Aufführung internationale Beachtung fand und der Oper zum europäischen Durchbruch verhalf! Allerdings mit dem Originaltitel – denn ob der ungarische Titel, der in Budapest auf dem Theaterzettel stand: »Parasztbecsület«, die Welt wirklich neugierig gemacht hätte, wage ich zu bezweifeln (so sehr ich Ungarn liebe).
Privat hatte Mahler allerdings nicht wirklich viel zu lachen in der Zeit: 1889 starben Vater und Mutter sowie seine Schwester Leopoldine. Er hatte nun für vier Geschwister zu sorgen, was er auch brav tat. Das hieß: Geld schicken, Geld schicken, Geld schicken! Er war ja der Arrivierte in der Familie, und die anderen die jüngeren Geschwister – willse machen! Im Januar 1891 wurde Graf Géza Zichy Intendant der Oper, der machte klar, dass es auch ein Opernleben ohne Mahler geben kann – nämlich unter seiner eigenen Leitung – und Mahler handelte eine Abfindungssumme von 25.000 Gulden aus! Man weint ihm nach und realisiert erst viel später, dass er es war, der die Oper Budapest wirklich aufgebaut hatte. Graf Zichy erklärte später das Zerwürfnis so: »Mahler war ein viel zu bedeutendes Talent mit viel zu genialem Einschlage, um ein halb-

wegs guter Direktor sein zu können« – was man halt so sagt, wenn man gefragt wird, warum man so einen habe gehen lassen. Mahler ging nach Hamburg, ab 1. April 1891 war er am dortigen Stadttheater Erster Kapellmeister. Zwar kam es auch hier zu Spannungen mit dem Direktor und dem Regisseur, doch ist das im Opernleben eher Alltag als Ausnahme. In Hamburg geschah die endgültige Reifung des Dirigenten Gustav Mahler zu einem der großen Musikgestalter. Es war, als ob »alles, was er gestaltete, gleichsam neu geboren werde«, wie Paul Stefan schreibt; seine unerbittliche Werktreue und hohe Gestaltungskraft ließen Schlampereien nicht zu, seine Aufführungen waren Legende. Im Sommer 1892 kam dann das Ereignis, das Mahlers Ruf als Dirigent international festigte. Die Oper Hamburg gab ein Gastspiel in London mit »Tristan«, dem ganzen »Ring« und »Fidelio«. Es muss triumphal gewesen sein! Den »Fidelio« reicherte er mit der 3. Fassung der Leonoren-Ouvertüre an, damals eine Neuerung, die ihm die Kritik verübelte, das Publikum aber bejubelte. Paul Dukas, der Komponist, schwärmte von diesem »Fidelio«, in dessen Verlauf Mahler »die dritte Leonoren-Ouvertüre dirigierte, den Genius Beethovens auf so wunderbare Weise erfassend, dass ich die Empfindung hatte, bei der Urschöpfung dieses erhabenen Stückes anwesend zu sein.« Damit wurde Mahler weltweit zu einem Begriff – als Dirigent. Der Komponist stand da ziemlich hintenan.

Weil er in der Spielzeit enorm viel zu tun hatte, verlegte er das Komponieren auf die Sommerferien, was den Zeitgenossen sicher ganz gut gefiel, hatten sie doch so ihren Dirigenten in den Spielzeiten jeweils für sich! Das alles zermürbte unseren Gustav dann aber sehr, er sprach von der Tretmühle in Hamburg, vom Zuchthaus, von der Strafanstalt. Kurz: er kündigt, ohne zu wissen, wie es weitergeht, und wieder passiert das Wunder: Wien! Am 8. Oktober 1897 ist er Direktor der Wiener Hofoper. Vorher war er noch schnell zum Katholizismus übergetreten, hatte er ja sein Judentum auf dem Wege nach Wien für das »Hindernis aller Hindernisse« gehalten. Allerdings hatte er immer schon ein Faible für den Katholizismus und seine Mystik gehabt. Man könnte jetzt über dieses Kapitel »Hofoper« mit seinen Intrigen (Wien!) und Fußangeln viel schreiben, tatsächlich gibt es darüber eine stattliche Literatur. Ich möchte hier nur festhalten, dass Gustav Mahler in den Jahren bis 1907 nicht nur für Wien einen Glanzpunkt darstellte; er hat der Oper Wien Weltgeltung verschafft und Maßstäbe gesetzt, die heute noch nachwirken! Sein Ziel, äußerste musikalische und darstellerische Wahrhaftigkeit zu erreichen, hat er radikal umgesetzt (und darüber haben sich beileibe nicht alle gefreut), sowohl musikalisch wie auch als Regisseur. Das heutige »Regietheater« ist ohne ihn nicht denkbar. Er hat die besten Solisten nach Wien geholt und bei den Herren Philharmonikern einen Probenstandard durchgesetzt, den diese sich vorher nicht hätten träumen lassen (und gegen den sie sich ja auch heftig gewehrt haben). Er schrieb: »Ich rechne es mir als mein größtes Verdienst an, dass ich die Musiker dazu zwinge, genau das zu spielen, was in den Noten steht«; Mahler war also lange vor Toscanini einer der ersten, denen Werktreue über alles ging. Inwieweit er damit die Kunst des Dirigierens auf neue Beine stellte, vermag ich nicht zu beurteilen, zumal es auch Gegenläufigkeiten gab: Er ließ (ab 1898 durfte er auch Konzerte der Philharmoniker dirigieren, nicht mehr »nur« Oper!) Beethovens Streichquartett f-moll op. 95 von sämtlichen Streichern des Orchesters aufführen, und bei der »Neunten« verstärkte er Bläser und Vortragszeichen, was ihm ganz übel vermerkt wurde. Auf Widerspruch reagierte er despotisch, weil er glaubte, eine befriedigende Aufführung gelinge nur »durch den Terrorismus, durch den ich jeden Einzelnen zwinge, aus seinem kleinen Ich herauszufahren und über sich selbst hinauszuwachsen«. Da kam natürlich »unten« an den Pulten keine Liebe auf!

1902 lernte er eine junge Komponistin (Schülerin von Zemlinsky!) kennen: Alma Maria Schindler. Am 9. März 1902 heirateten die beiden. Töchterchen Maria Anna kam im selben Jahr, Töchterchen Anna Justina 1904 zur Welt. Wie jeder weiß, ging diese Ehe auf und ab. Er habe sich nicht genug um Alma gekümmert, sie immer wieder Augen für andere Männer gehabt. Vielleicht hatte Sigmund Freud, den Gustav Mahler 1910 konsultierte, recht, wenn er kurz und bündig feststellte: »Ich kenne Ihre Frau. Sie liebte ihren Vater und kann nur den Typus suchen und lieben. Ihr Alter, das Sie so fürchten, ist gerade das, was Sie Ihrer Frau anziehend macht ... Sie lieben Ihre Mutter, haben in jeder Frau deren Typus gesucht. Ihre Mutter war vergrämt und leidend, dies wollen Sie unbewusst auch von Ihrer Frau.« Das hat funktioniert: Gustav konnte seine Eifersucht und Angst überwinden und fand zu einer tieferen, neuen Beziehung zu Alma. Aber dazu gibt es wirklich genügend leicht lesbare Bücher – inklusive Alma Mahler-Werfels Autobiographie – und was die Briefe anbetrifft, sollte man abwarten, was die neueren Forschungsarbeiten ergeben (man ist zur Zeit – ähnlich wie bei Tschaikowsky – dabei, sie mit kriminologischen Methoden zu »entfälschen«). 1907 war die Liebe der Wiener zu Mahler am Ende. Während einer Tournee nach Berlin, Amsterdam und Frankfurt setzte eine Pressekampagne ein, die das Ziel hatte, ihn aus der Hofoper zu entfernen. Das traf sich prima mit Mahlers eigener Opern-

Müdigkeit; und wieder geschah das kleine Wunder, diesmal ein Angebot aus Amerika an den Dirigenten. Allerdings traf ihn in diesem Sommer ein furchtbarer Schlag: Maria Anna starb an Diphtherie, noch nicht fünf Jahre alt. Und bei ihm wurde ein Herzleiden diagnostiziert, an dem er später starb. Beides veränderte Mahlers Persönlichkeit nachhaltig. Leo Slezak beschrieb es 1910 so: »Mit Wehmut suchte ich den Feuergeist von einst. – Er war milde und traurig geworden.«

Am 15. Oktober 1907 dirigierte er zum letzten Mal an der Wiener Hofoper (»Fidelio«) und fuhr in die USA. Er war Dirigent an der »Met«, im Sommer jeweils in Europa (unter anderem in Toblach im Pustertal im Holzhäuschen der Familie Trenker, das ich bestens kenne, weil ich just in diesem Wäldchen mit der Marianischen Kongregation Bozen immer im Zeltlager war – und in Mahlers Holzhäuschen war unsere Küche untergebracht). Er dirigierte auch seine eigenen Werke und war überhaupt – soweit es seine Gesundheit zuließ – unermüdlich. Schließlich kehrte er im April 1911 nach Europa zurück und starb am 18. Mai in Wien. Er wurde in Grinzing neben seinem Kind Maria Anna beigesetzt. Auf einem der Kränze stand: »Der Reiche, der uns in die tiefste Trauer versetzte: den heiligen Menschen Gustav Mahler nicht mehr zu besitzen, hat uns fürs Leben das unverlierbare Vorbild seines Werkes und seines Wirkens hinterlassen.« Das war der Kranz von Arnold Schönberg und seinen Schülern.

ENTSTEHUNGSZEIT

1892 hat Gustav Mahler das Orchesterlied »Das himmlische Leben« komponiert, das den vierten Satz dieser Symphonie bildet. Es ist ein Gedicht aus »Des Knaben Wunderhorn«. Schon bei seiner Dritten hatte er vor, dieses Lied den Schlusssatz bilden zu lassen, dazu kam es aber nicht. Im Sommer 1899 skizzierte er in Aussee die ersten Gedanken zur Vierten. »Es ist also wirklich seine Vierte Symphonie, die Mahler so vor Torschluss in den Schoß gefallen!«, schreibt Natalie Bauer-Lechner gegen Ende dieses Sommerurlaubs in ihr Tagebuch. »Nachdem er nämlich mit der Vollendung der ›Revelge‹ alle Arbeit vor lauter Störungen schon aufgegeben hatte, merkten wir ihm plötzlich an, dass er doch wieder in eine Komposition geraten sei, und zwar, wie es Anschein und Andeutungen verrieten, war es diesmal kein kleines, sondern ein größeres Werk, das die Qual der Unruh des Ortes und das noch näher gerückte Ferienende sich verstärkt dem Armen fühlbar machten.« Mahler nahm die Skizzen mit. Er schrieb: »In einer einzigen Rolle packte ich die paar für niemand zu entziffernden Skizzen zusammen, warf sie in das letzte Fach meines Schreibtisches und sah sie nicht an, ja konnte nicht daran denken ohne den stechendsten Schmerz.« Am 5. August 1900 aber steht im Tagebuch: »Mahler ist mit der Vierten heute fertig geworden«. Zu den drei Sätzen von 1899/1900 ist »Das himmlische Leben« als Schlusssatz dazu gekommen. Die Partiturreinschrift ließ allerdings auf sich warten. Neben dem Opernbetrieb blieb ihm nicht die Zeit, sich konzentriert darauf zu stürzen. Im Dezember 1900 ist er am zweiten Satz, arbeitet ihn um und hat jetzt die Idee, die Solo-Geige insgesamt einen Ton höher stimmen zu lassen, »damit die Geige schreiend und roh klinge, ›wie wenn der Tod aufspielt‹«. Am 12. Oktober 1901 hielt er mit den Philharmonikern eine Leseprobe, wohl um zu gucken, wie es denn so klingt – bevor es gedruckt wird. Es wurde aber schnell ein »intensives Probieren vom ersten Takte an« daraus, wie die Geigerin Natalie Bauer-Lechner notierte.

URAUFFÜHRUNG

Am 25. November 1901 dirigierte Mahler die Uraufführung der Vierten in München. Ihr folgten Aufführungen am 16. Dezember 1901 in Berlin und am 28. Januar 1902 in Wien.

ERFOLG

Absolut geteilt. In München kam es zu Pfiffen, weil man sich von den z. T. einfachen Melodien verschaukelt fühlte. Außerdem klang sie so ganz anders als Mahlers Zweite und sie entbehrte eines Programms. Das »Fremden-Blatt« aus Wien schrieb am 13. Januar 1902: Mahler befleißige »sich nach Kräften einer klaren musikalischen Aussprache, ja er kokettierte mit schlichter, altväterischer Melodik, als wäre er nicht bei Anton Bruckner, sondern direkt bei Vater Haydn in die Schule gegangen, lange freilich hielt er das Plätschern in dem klassischen Zuckerwasser nicht aus; mit einem Satz stack er dann plötzlich in den hypermodernsten, klanglichen Morasten und Schwefelpfühlen.«
Und die »Neue Musikzeitung« schrieb am 19. Dezember 1901: »Bei diesem fortwährenden Wechsel von mitunter geradezu gesucht erscheinender Einfachheit und höchstem Raffinement, dieser Verquickung von Elementen aus der Wiener Volksmusik und heterogensten Stimmungsmomenten mit allerlei, die Ausdruckscharakteristik direkt bis zur Karikatur treibenden Instrumentaldetails, Tonfarbenmischungen und Orchesterwitzen [!!] wussten viele wohl

nicht, ob Mahler sich mit seinen Hörern nur spaße oder ob der Gegenstand seiner Symphonie wirklich von einer der musikalischen Schilderung adäquaten Beschaffenheit sei.«
Ich schwöre Ihnen: wäre er nicht auch Dirigent gewesen, sondern »nur« Komponist: die Redakteure hätten anders geschrieben! Andererseits: Bruno Walter und Richard Strauss waren begeistert und dirigierten die Vierte alsbald auch!

ANEKDOTEN
Alma Mahler erinnert sich, dass sie über die Vierte zu ihrem Verlobten Gustav gesagt habe, das kenne sie von Haydn besser. Aber das Problem hatten die beiden ständig miteinander. Er nahm sie – in ihren Augen – als Künstlerin nicht ernst, dafür hielt sie ihn für einen schlechten Komponisten.

WERK
Sätze
Bedächtig. Nicht eilen – In gemächlicher Bewegung. Ohne Hast – Ruhevoll – Sehr behaglich

Dauer
ca. 55 Minuten

Besetzung
Solo-Sopran
4 Flöten (3. und 4. auch Pikkolo)
3 Oboen (3. auch Englisch-Horn)
3 Klarinetten (3. auch Bassklarinette)
3 Fagotte (3. auch Kontrafagott)
4 Hörner
3 Trompeten
Pauken
Große Trommel
Triangel
Schelle
Glockenspiel
Becken
Tamtam
Harfe
Violinen I und II
Bratschen
Violoncelli
Kontrabässe

HITS

Also da ist zunächst zu sagen, dass sich die ganze Symphonie –
wenn man einen Sinngehalt suchen möchte – vom letzten Satz her
erschließt, dem Lied für Sopran und Orchester. Fangen wir also am
Ende an. Zunächst der Text aus der Sammlung »Des Knaben Wunderhorn«:

»Wir genießen die himmlischen Freuden,
d'rum tun wir das Irdische meiden.
Kein weltlich' Getümmel
hört man nicht im Himmel!
Lebt alles in sanftester Ruh'!

Wir führen ein englisches Leben!
Sind dennoch ganz lustig daneben!
Wir tanzen und springen,
wir hüpfen und singen!
Sankt Peter im Himmel sieht zu!

Johannes das Lämmlein auslasset,
der Metzger Herodes drauf passet!
Wir führen ein geduldig's,
unschuldig's, geduldig's,
ein liebliches Lämmlein zu Tod!

Sankt Lukas den Ochsen tät schlachten
ohn' einig's Bedenken und Achten;
Der Wein kost' kein' Heller
im himmlischen Keller;
die Englein, die backen das Brot.

Gut' Kräuter von allerhand Arten,
die wachsen im himmlischen Garten!
Gut' Spargel, Fisolen,
und was wir nur wollen!
Ganze Schüsseln voll sind uns bereit!

Gut' Äpfel, gut' Birn' und gut' Trauben,
die Gärtner, die alles erlauben!
Willst Rehbock, willst Hasen,
auf offener Straßen
sie laufen herbei!

Sollt ein Fasttag etwa kommen,
alle Fische gleich mit Freuden angeschwommen!
Dort läuft schon Sankt Peter
mit Netz und mit Köder
zum himmlischen Weiher hinein!
Sankt Martha die Köchin muss sein!

Kein' Musik ist ja nicht auf Erden,
die uns'rer verglichen kann werden.
Elftausend Jungfrauen
zu tanzen sich trauen!
Sankt Ursula selbst dazu lacht!

Cacilia mit ihren Verwandten
sind treffliche Hofmusikanten!
Die englischen Stimmen
ermuntern die Sinnen,
dass alles für Freude erwacht.«

Pralles Leben also im Jenseits, wenn auch mit irritierenden Momenten, wenn's ans Lämmlein- oder Ochsenschlachten geht. Derber süddeutscher Humor – die typisch bayerische doppelte Verneinung: »Kein weltlich' Getümmel hört man nicht im Himmel«! –, der Himmel sei die Fortsetzung des irdischen Lebens mit allem, was dazu gehört. Nur wie kommentiert Mahler musikalisch das Gedicht! Alles gipfelt im letzten Satz, in dem »Alles für Freude erwacht«, das Orchester erstarrt aber geradezu in Totenruhe, ein Instrument nach dem anderen fällt weg, zuletzt das Englisch-Horn, und es bleiben drei Totentakte: die Harfe schlägt viermal das Kontra-E an, wie eine Uhr, die gleich stehen bleibt, der Kontrabass hält das E noch einen Moment länger, dann stirbt auch er. Ein Erwachen im Himmel nach diesen Tönen rückt ins Unwahrscheinliche. Selbst der Glauben daran, so empfindet man, ist gestorben.
Und das alles nach so einem ersten Satz: Heiter kommt der Schlitten mit Geläute daher und ein wunderschönes Thema in den Geigen nimmt uns gefangen. Das ist ein großer Hit-Anfang, kein Zweifel. Die Stelle (Takt 37, nach ca. 1'45), wo die Celli dann das breite Seitenthema anstimmen, ist auch eine von den ganz feinen! Peu à peu kommen etwas andere Akkorde; was wie Haydn losgeht, erfährt gaaanz langsam Verfremdungen, was für mich auch zu den schönen Stellen gehört (sonst hätte ich mir wirklich lieber Haydn angehört!). Im zweiten Satz ist für mich – und da war ich als Kind schon fasziniert, wie ich die Vierte das erstemal hörte – der Hit die Solo-Violi-

ne. Sie muss alle vier Saiten einen Ton höher stimmen, damit es fahler wirkt; und tatsächlich: es bekommt allein dadurch etwas von einem Totentanz. Die Melodie, die die Geige zu spielen hat, lässt ahnen: das geht nicht gut aus! Es ist ein Scherzo, aber eines mit Skelett und Totenschädel. Von daher mag ich auch die folkloristischen Elemente, die Ländler, die plötzlich auftauchen.

Der dritte Satz ist ein kunstvoll gebauter Variationen-Satz, was natürlich schön ist, wenn einer Musik studiert hat. Für uns finde ich das Thema einen Hit (gleich am Anfang) – und wie die Kontrabässe es begleiten. Die Motive im Bass kehren immer wieder – so dass ich als Kind dachte, das sei das Thema dieses Satzes; die Melodie im Cello ist mir erst viel später aufgegangen.

FLOPS

Also da muss ich erst mal sagen: es ist immer heikel, wenn ein Komponist modische Zeiterscheinungen gleich in die Partitur mit hineinschreibt; denn dann getraut sich keiner, es anders zu spielen. Ich meine hier das *portamento*. Portamento ist bei den Streichern etwas, was um 1900 bis zum Exzess gespielt wurde: man greift einen höheren Ton nicht einfach mit dem zuständigen Finger, sondern gleitet langsam hinauf. Das gibt so was Schluchzendes. In der Partitur schreibt Mahler das sehr oft vor. Am schlimmsten im zweiten und dritten Satz. Wenn die Streicher das wirklich tun, dann klingt im zweiten Satz der Ländler tatsächlich so, als käme jetzt gleich Hans Moser um die Ecke und sänge seinen Hit »In der Kellergassn« – ein Lied zum Steinerweichen. Und im dritten Satz wird dieser Kitsch gar zum Ärgernis. Mir geht da jedes Gefühl flöten, wenn ein Orchester sich diesen Vorschriften Mahlers hingibt. Ich bin sicher, er hat das deshalb extra notiert, weil *portamento* damals ein Mittel war, ein echtes Gefühl auszudrücken. Heute ist das anders, das Mittel ist verschlissen wie der Herz-Schmerz-Reim, der ja auch toll war, als er das erstemal erfunden wurde. Ansonsten finde ich den breiten Schluss des dritten Satzes etwas bemüht; aber bitte, da will ich niemandem dreinreden.

OBACHT

Na ja, interpretationsmäßig halt. Mahler wird nicht umsonst entweder begeistert gespielt oder noch begeisterter nicht gespielt. Celibidache soll in einem seiner legendären Musikkurse auf die Frage, warum er nie Mahler dirigiere, gesagt haben: »Wollten wir nicht über Musik reden?« Andererseits hat einer meiner anderen Lieblingsdirigenten, Klaus Tennstedt, mit den Londoner Philharmonikern den ganzen Mahler aufgenommen – für mich genau so maßgeblich wie die Beethoven-Symphonien, von Leibowitz dirigiert. Daran sieht man, dass der Spruch von Carl Dahlhaus, den ich ganz oben drüber gesetzt habe, zutrifft. Denn das zweite Obacht bei Mahler ist eines für den Zuhörer: Gehen Sie nur hin, wenn Sie Mahler mögen – Sie werden sonst nicht viel von dem Abend haben. Einer der mir ganz nahen Menschen, ein Musikkenner allerersten Ranges, sagt dazu: »Also diese ständige Trauermarscherei bei Mahler – ich halt das nicht mehr aus!« Wie gesagt, so kann man es auch sehen.

ES MEINEN
Theodor W. Adorno (zur vierten Symphonie von Mahlers):
»schüttelt nichtexistente Kinderlieder durcheinander«.
Arnold Schönberg:
»Statt viele Worte zu machen, täte ich vielleicht am besten, einfach zu sagen: ›Ich glaube fest und unerschütterlich daran, dass Gustav Mahler einer der größten Menschen und Künstler war.‹«

BEIKIRCHER RÄT

ANLASS
Natürlich kann die Schlittenfahrt im Winter nicht der Anlass für die Vierte sein. Da gibt es passendere Stücke, die »Petersburger Schlittenfahrt« zum Beispiel, am besten vierhändig am Klavier vorgetragen, da hat man ja auf jedem Schlitten Platz und den Haflingern vorne machen die paar Kilo mehr auch nichts mehr aus. Die Vierte muss nach Toblach. Nur dort, finde ich, ist der richtige Ort, sie zu spielen. Bei diesem Werk ist für mich ein Ort also der Anlass. Es muss ja nicht im Holzhäusl der Familie Trenker sein, wo an der Wand noch Bleistiftnotizen Mahlers zu entziffern sind; außerdem hätten da Solistin, Dirigent und Orchester nicht genug Platz. Aber dieser Ort, wo es zu den Tragödien zwischen Mahler, Alma und dem angereisten Adolf Loos kam (wie gesagt: Gustav war ja im Holzhäusl!), der um Alma warb, der Ort, der den majestätisch-ruhigen Blick auf die Schlucht von Schluderbach und die dahinter geahnten Dolomiten zulässt (im November!), der Ort, der die Wasserscheide zwischen Rienz (fließt in die Etsch und nach Italien) und Drau (fließt in die Donau, nach Wien und ins Schwarze Meer) ist und der Ort, wo die Mahler-Festspiele stattfinden – dieser Ort ist es einfach! Außerdem können Sie nach Bruneck fahren, sich dort

nach mir erkundigen und das ein oder andere aus meiner Kindheit erfahren – fragen Sie aber Ältere, ich bin ja nicht mehr der Jüngste!

NUTZUNG
Den vierten Satz kann man nutzen, wenn ein Geistlicher gar zu breit vom Paradies predigt. Die ganze Symphonie kann man nutzen, um die Erben, die im Wartezimmer beim Notar auf die Testamentseröffnung warten, schon mal heiter darauf einzustimmen, dass vielleicht noch was da, alles Irdische jedoch Tand ist!

AUTO
Wenn Sie die Vierte auflegen und im Auto sind, sollten Sie schon durch österreichische oder böhmische Landschaften fahren. Es sollte Wald da sein, schon mal eine Lichtung, es sollte eine Strecke sein, die zwischendurch auch schnelles Fahren ermöglicht, und das Wetter sollte beides haben: Wolken und Sonnenschein. Dann passt die Vierte perfekt. Aber nur dann. Schon der bayerische Wald verbietet sich wegen der grausligen Umgehungsstraße von Zwiesel, der Westerwald wegen der Schwerindustrie, auf die man im falschen Moment stoßen kann und die Schwäbische Alb wegen der Sprache.

PAUSEN-TALK
»Das habe ich auf …«
»Wieso? Celibidache hat doch nie …«

»Für mich is Mahler wie Johann Strauß, nur bissl langsamer.«
»Aber ich bitte Sie: die Dissonanzen, die gewaltigen Ausmaße der Symphonien …«
»Ach, wissen'S, des war damals halt die Zeit!«

FRAUEN
»Und seiner Frau hat seine Musik nicht gefallen?«
»Das schreibt sie jedenfalls.«
»Dann war sie keine richtige Frau!«

MÄNNER
»Hat einer eigentlich mal untersucht, wie oft Mahler dieses Winter-Schlittenmotiv in seinen Werken verwendet hat?«
»Nee, warum auch?«
»Der hat doch fast alles im Sommer komponiert! War dem ständig kalt oder was?«

BEWERTUNG

Technik   🎺 bis maximal 🎺 🎺   Die Vierte gehört nicht zu den technisch wirklich schwierigen Werken.

Gesamt   🎺 🎺 🎺
          mit Lilien   Die Vierte ist eine großartige Symphonie – sehnsuchtsvoller ist die Hoffnung auf ein Paradies noch nie enttäuscht worden!

Claude Debussy
1862–1918

La Mer
3 Esquisses Symphoniques

»Staunende Masse! Seid ihr nicht imstande, Akkorde
zu hören, ohne nach ihrem Pass und ihren besonderen
Kennzeichen zu fragen? Woher kommen Sie?
Wohin gehen Sie? Muss man das unbedingt wissen?
Hört sie an; das genügt! Wenn ihr sie nicht kapiert,
lauft zum Direktor und sagt ihm, dass ich euch
die Ohren verderbe!«
(Claude Debussy, am Klavier in der Kompositionsklasse Guiraud zu seinen Kollegen, um 1880)

»Ich schreibe Dinge, die erst die Enkel im zwanzigsten
Jahrhundert verstehen werden.«
(Claude Debussy)

»Und außerdem ist der Staub der Vergangenheit
nicht immer ehrwürdig.«
(Claude Debussy)

Ahhh, Debussy! Ahhh, Fronkreisch! Ahhh, l'Öhmpressionisme! –
und zack! und fertig ist die Schublade, in die wir »unseren« Debussy gestopft haben! Drehen wir den Spieß mal um: empfinden Sie
Richard Strauss als typisch »deutsche« Musik? Denken Sie dabei
zwangsläufig auch an Klimt oder Hodler? Wäre Ihnen sicher zu
pauschal, gell! Bei Debussy gilt sowas als normal. Warum eigentlich? Haben wir Deutschen die Musik gepachtet, dass wir die Musik
deutscher Komponisten als Musik schlechthin, diejenige anderer
aber als jeweils nationale Musik empfinden? Natürlich war Claude
Debussy Franzose und bekannte sich dazu, nur ist seine Musik deswegen nicht national oder gar impressionistisch, auch wenn Ähn-
lichkeiten zu Bildern von Monet oder Degas durchaus auf der Hand
liegen. Beim Etikett »Impressionist« darf man ja nicht vergessen,
von wem das kam: Die Altherrenriege des Konservatoriums in Paris
hat ihn als Impressionisten abgestempelt, was bedeutete, dass sie

Debussy als ästhetischen Revoluzzer abtat, denn er war einer, der sich nicht an den Katalog der klassischen Formen halten wollte.

Das ging schon im Kompositions-Unterricht los, 1880 bei Guiraud am Konservatorium in Paris: Debussy spielte am Klavier eine Reihe von Quinten- und Oktavenparallelen, was jedes Lehrbuch der Harmonie quasi schon im Vorwort als unakzeptabel scheußlich verurteilt. Entsprechend fragte Guiraud:

»Halten Sie das wirklich für annehmbar?«

Debussy: »Nicht nur für annehmbar. Es gefällt mir ausgezeichnet. Finden Sie nicht auch, dass es recht gut klingt?«

Guiraud: »Mag sein, dass es gar nicht so übel klingt. Nichtsdestoweniger ist es unerlaubt: Sie kennen die Regeln.«

Debussy: »Die einzige Regel, die es für mich gibt, lautet: ›Erfinde und notiere, was einem musikalischen Ohr Freude macht.‹«

So erzählt es Maurice Emmanuel und sagt damit eigentlich schon alles. Debussy hat sich immer nur an eigene »Regeln« gehalten: »... frage niemanden um Rat, außer den Wind, der vorüberbraust und uns die Geschichte der Welt erzählt.« Vielleicht kommt das alles daher, dass er nicht aus einer Musikerfamilie stammt und sich gegen ein Desinteresse gegenüber Musik und Kunst durchsetzen und damit die familiären Regeln einer kleinen Kaufmanns-Familie brechen musste.

Er wurde am 22. August 1862 in Saint-Germain-en-Laye geboren und erhielt den Namen Achille Claude. Papa Manuel-Achille und Mama Victorine, geb. Manoury, ließen den Kleinen allerdings erst zwei Jahre später taufen, am 31. Juli 1864, was deshalb interessant ist, weil so etwas damals extrem selten war. Das nun hat dazu geführt, zu spekulieren, Debussy sei gar nicht das Kind seiner Eltern, sondern die Frucht einer Liaison zwischen dem Bankier Achille Arosa und der Schwester des Herrn Papa. Wieso allerdings jemand, der einen Steingut- und Porzellanladen hat, den Bankert – tja, so nannte man das früher! – eines Bankiers als legitimes Kind aufziehen soll, bleibt schleierhaft, es sei denn, man hätte Dokumente aus der Kreditabteilung vorliegen ... Im Ernst: kümmern wir uns nicht drum, es ändert keinen Ton an der Musik Debussys. Tatsache bleibt, dass er selber nie über seine Kindheit gesprochen hat, er wird schon gewusst haben, warum. Papas Laden lief nicht besonders, er gab ihn auf und zog über Clichy 1864 nach Paris, wo er Buchhalter bei einer Eisenbahngesellschaft wurde. Er war wohl ein recht netter Herr Papa im Gegensatz zur Mutter: sie muss ein despotischer Besen gewesen sein und hatte eine lockere Hand (»Oh, ich erinnere mich noch an alle Ohrfeigen, die du mir gegeben hast«), gab die anderen vier Kinder einer Tante in Obhut, nur Claude musste bei ihr bleiben. Schade, denn sie hatte so gar kein Verständnis für den musischen Kleinen. Zum Glück war da noch der Bankier. Bei ihm – dem möglichen Papa! – verbrachte der Kleine in Cannes und Saint-Cloud, wo er oft hingeschickt wurde, schöne Zeiten in Luxus und Eleganz. 1870 darf der achtjährige Claude Madame Mauté de Fleurville vorspielen und das war der entscheidende Augenblick: Madame, Chopin-Schülerin, erkannte sofort das Talent, sprach: »Dieses Kind muss Musiker werden« und wollte ihn unterrichten und für seine musikalische Ausbildung sorgen. Ich küsse Ihre Hand, Madame! Den Eltern war es recht und sie machte ihre Arbeit gut, denn schon 1872, mit zehn Jahren, kam der Kleine auf das Konservatorium. Dass das zwar gute Ausbildung bedeutete, ist schon klar; dass es aber auch triste Mauern, Drill ohne Ende und Trübsal heißt, weiß jeder, der in solchen Mauern jemals Unterricht bekommen hat. Er schafft es aber ganz gut. Er gewinnt zweite und erste Preise in Klavier, er wird schon als der künftige Virtuose gehandelt, aber – er wehrt sich dagegen. Nicht laut, das war wohl sowieso nicht seine Art, sondern innerlich.

Die Preise blieben aus, 1879 schrieb eine Zeitung: »Debussy entwickelt sich zurück« und meinte damit den Klaviervirtuosen. Er spielte Bach zum Ärger seines Lehrers nicht als technische Übung, sondern als Musik; wie er überhaupt sehr eigenwillig war. Weil er – was die Virtuosenperspektive angeht – als Versager gilt, sagt seine Mama den legendären Satz: »Ich hätte lieber einen Schlangenknoten zur Welt gebracht, als dieses Kind der Schande aufgezogen«. Werfen wir den Mantel des Schweigens über diese Frau und diese Zeit und halten uns an einen Satz Strawinskys, der sagte: »Mein Gott, wie schön spielt dieser Mann Klavier!« Debussy wurde als Pianist nämlich berühmt für seinen wunderbar weichen Anschlag und seine exzellente Pedaltechnik, mit der er Wirkungen hervorrief, die anderen versagt blieben. 1880 war es dann soweit: Konservatorium ade, was jetzt? Da bahnt sich eine Verbindung an, die weit weg von Frankreich führt: auf Vermittlung seines Klavierlehrers kommt Debussy als Privatpianist zu Nadeshda von Meck. Jawohl, zu *der* von Meck, die wir von Tschaikowsky kennen (s. dort alles Nähere über die Meisterin des Briefwechsels!). Er weilt insgesamt drei Sommer lang bei Nadeshda von Meck und ihrer Familie als privater Pianist, im dritten Sommer (1882) dann aber mehr als quasi Familienmitglied, bis er sich in die Tochter verliebt: da wird er von Nadeshda um Abreise gebeten. Was sie sich selbst mit Tschaikowsky nicht gestattete, konnte sie ihrer Tochter doch nicht erlauben, oder?! Als Kompositionsschüler am Konservatorium in Paris bewarb sich Debussy natürlich brav um den berühmten »Prix du Rome«, dessen Gewinn

als Entrée in die erlauchte Musikwelt galt. In der Zeit allerdings brö-
ckelte schon der Ruhm des Preises: zu konservativ, zu verkalkt
waren diejenigen, die ihn vergaben (s. auch Bizet in »Andante Spumante«). Es ging nicht mehr um originelle Kompositionen, sondern um den Beweis, dass man überkommene Kompositionsfor-
men und -regeln anwenden konnte. Alle haben sich damit schwer
getan, und selten ist aus denen, die ihn gewonnen haben, was geworden. 1905 kam es dann endlich zum Skandal und Rücktritt der
alten Herren vom Geschäft, als Ravel (s. ebenfalls »Andante Spumante«) den fünften Anlauf zum Preis nahm und wieder abgelehnt
wurde.

1884 jedenfalls gewann Debussy mit der Kantate »L'enfant prodi-
gue« den ersten Preis – keiner hatte gemerkt, wie sehr er die Jury
austrickste, indem er ihre Regeln so anwandte, dass es schon fast
wieder eine Parodie war. Ein Journalist, Charles Darcour, merkte es
und schrieb: »Der Wettbewerb dieses Jahres hat einen sehr begabten jungen Musiker bekannt gemacht, einen Studierenden, der
seine Mitschüler durch seine jetzigen Arbeiten vielleicht nicht über-
trifft, aber schon mit den ersten Takten seiner Komposition beweist, dass er aus anderem Stoff gemacht ist. Und das ist besonders
wertvoll in einer Zeit, in der jedermann Talent hat, aber keiner eine
Persönlichkeit ist ... Herr Debussy ist ein Komponist, der höchstes
Lob ernten ... und den schwersten Angriffen ausgesetzt sein wird.
Jedenfalls ist der Preis seit vielen Jahren keinem so viel verspre-
chendem Musiker zuerkannt worden. Der junge Komponist muss
nun seinen eigenen Weg finden inmitten der Beifallskundgebun-
gen und des Zetergeschreis, die er beide zweifellos auslösen wird.«
Wahre Worte und eine exzellente Einschätzung! Wie nicht anders
zu erwarten, wird die ganze Rom-Geschichte ein Riesen-Flop. Er
muss hin in die Villa Medici, distanziert sich dort aber demonstrativ
von dem ganzen Preisträgerhaufen, der die Nase hoch trägt und
hauptberuflich von der eigenen Wichtigkeit überzeugt ist. Er setzt
sich an einen eigenen Tisch, empfindet das Ganze als Kerker; ihn
interessiert auch Rom nicht und nicht Italien. Doch er liefert brav
ab, was die Herren in Paris als Rechtfertigung für den Rom-Aufent-
halt verlangen: eine symphonische Ode »Zuleima«, dann »Printemps« für Chor und Orchester, die Kantate »La Damoiselle élue«
und eine »Fantaisie pour piano et orchestre«. 1889 kommt es
darüber zum Eklat: beim Abschlusskonzert der Rom-Preisträger
wollten die Herren Akademiker nicht, dass man »Printemps« auf-
führt – es hat ihnen nicht gefallen. Debussy sagt nun: entweder
alles oder nichts!, verbietet, überhaupt aufgeführt zu werden und
kommt auch nicht zur Preisverleihung.

Damit war er nun frei für sein eigenes Leben, das er in vollen Zügen genoss: man spricht da von seiner »Bohème-Phase«. Er lebt mit Gaby (Gabrielle Dupont) zusammen, Verkäuferin oder Putzfrau war sie, man weiß es nicht genau, jedenfalls verdient sie sauer das Geld, das sie beide ausgeben – er vor allem für Dinge, die sie sicher kaum nachvollziehen kann: eine Statuette, ein Flacon für Parfum, hübsche Dinge also, die man nie braucht – aber schön sind sie doch! – und hält wohl auch seine dauernden anderen Liebesabenteuer aus, denn der schöne Claude lässt in der Zeit nix anbrennen. Andererseits: Gucken Sie sich doch das Portrait an, das Marcel Baschet in Rom gemalt hat, da kann man in doppeltem Sinne sagen: »Ein Bild von einem Mann!« Möglicherweise war auch Camille Claudel eines dieser Abenteuer, die Bildhauerin (Rodins Geliebte), der ihr Bruder das Leben so schwer gemacht hat, dass sie schließlich in der Psychiatrie elend verkümmert ist; ich würde es der Künstlerin und Frau von Herzen gegönnt haben! Er suchte recht selbstbewusst seinen eigenen Weg: er mied Musikerkreise – bei einer Hochzeit gibt er als Trauzeuge den Beruf »Gärtner« an! – und bewegte sich hauptsächlich unter Dichtern, Künstlern und Literaten. Er muss geahnt haben, dass er nur aus der Avantgarde heraus zu Anregungen kommen konnte, die ihn sich entpuppen ließen. Und die Avantgarde war in seiner Umgebung nicht in der Musik angesiedelt. Man ließ ihn in Ruhe, denn er hatte ja noch nichts Rechtes aus seiner Welt vorgelegt. Bei der Weltausstellung 1889 in Paris hörte er russische Komponisten und asiatische – speziell: javanische – Musik. Das beeindruckte ihn sehr. Noch Jahre später (1913) schrieb er: »Die javanische Musik indes pflegt eine Kunst des Kontrapunkts, neben der die von Palestrina nur ein Kinderspiel ist. Und wenn man, frei von europäischen Vorurteilen, den Reiz ihres Schlagzeugs hört, muss man unbedingt feststellen, dass es bei uns nur barbarischer Zirkuslärm ist«. 1891 lernte er Erik Satie kennen, mit dem er bis zum Schluss eine enge Beziehung unterhielt. Es brodelte in Debussy und endlich, 1894, war sein erstes unvergängliches Meisterwerk geschrieben: »L'Après-midi d'un faune«. Unter der Leitung von Gustave Doret wurde es am 22. Dezember 1894 bei der Société Nationale uraufgeführt – nach entnervend langen Proben und immerwährenden Korrekturen durch den Komponisten. Es gab zwar geteilte Meinungen, aber so starken Beifall, dass Doret das Werk wiederholte! Er hat Affären über Affären; so schreibt er in einem Brief vom 9. Februar 1897 (ausgerechnet an den Skandalautor Pierre Louÿs): »Gaby mit ihren stählernen Augen hat in meiner Tasche einen Brief gefunden, der keinen Zweifel bestehen lässt über ein ziemlich weit fortgeschrittenes Liebesverhältnis mit allen erforderlichen romanhaften Umstän-

den, die ein Herz von Stein rühren könnten. Es geht weiter! ...
Drama! ... Tränen ... ein wirklicher Revolver und das ›Petit Journal‹
als Berichterstatter ... das ist alles barbarisch, nutzlos und ändert
absolut nichts; man kann weder die Küsse eines Mundes noch die
Zärtlichkeiten eines Körpers wie mit einem Radiergummi auslö-
schen. Das wäre sogar eine hübsche Erfindung: ein Radiergummi,
der den Ehebruch austilgt.« Immer noch nicht erfunden, Herr
Debussy! Dass das alles zur Trennung führt: klar. Nach der Trennung heiratet er – Gabys Freundin, Lily Texier, Schneiderin aus dem
Burgund, das war am 19. Oktober 1899. Am Tag der Hochzeit soll er
morgens noch Klavierstunde gegeben haben, um das erste Mittagessen bezahlen zu können! Und immer noch nicht der Durchbruch als
Komponist. Er schreibt – als »Monsieur Croche« – eine Reihe Artikel, die von einer subtilen Feinsinnigkeit sind und sich insgesamt
gegen erstarrte Musikvorstellungen wenden. Am 9. November
1900 werden »Nocturnes«, »Nuages« und »Fêtes« uraufgeführt und
und wurden ein Erfolg bei Publikum und Presse. Nun war er auch
breiteren Kreisen bekannt, hatte aber immer noch kein Geld.
Gleichzeitig arbeitete er seit geraumer Zeit an der Oper »Pelléas et
Mélisande«, die am 30. April 1902 in Paris uraufgeführt wurde. Bis
es aber dazu kam, lief ein regelrechter Krimi ab, inklusive Gericht
etc. pp., der in die Operngeschichte eingegangen ist. Höhnische
Flugblätter wurden anonym am Eingang verteilt, die Musik war völlig ungewohnt, überhaupt lief die ganze Stimmung darauf hinaus,
dass das Publikum nur auf eine Chance wartete, die »Stelle zum
Lachen« zu finden. Die ergab sich, als Mélisande zu singen hatte:
»Ich bin nicht glücklich«, worauf das Publikum tobend antwortete:
»Wir auch nicht!« Debussy hatte sich zwar im Zimmer des Direk-
tors eingeschlossen, doch er scheint nicht wirklich am Boden zer-
stört gewesen zu sein. Da lernt er 1904 Emma Bardac kennen, eine
Dame der großen Pariser Gesellschaft. Es ergibt sich was ..., Lily,
seine Frau, kommt dahinter, schießt sich eine Kugel in die Brust;
Claude, vorgewarnt, rettet sie und bringt sie ins Krankenhaus, geht
aber danach wieder zu Emma und zieht zu Hause aus. Das war
natürlich *der* Stoff für Paris! Was für ein Ekel, dieser Debussy, herzlos, kalt und berechnend (Emma war wohlhabend!). Man sammelte
für Lily, was natürlich bedeutete, sich gegen Debussy zu stellen.
Außer Louis Laloy und Erik Satie spendeten alle, was dazu führte,
dass Debussy seinerseits mit allen brach. Richtig so! Er machte dann
seiner Lily klar, dass es vorbei ist, ließ sich 1905 scheiden und lebte
ab da mit Emma zusammen, die er am 20. Januar 1908 heiratete; da
war ihr gemeinsames Kind Claude-Emma zweieinviertel Jahre alt
und schon die »Chou-Chou«, der die »Childrens corner« gewidmet

ist. Da Emma unabhängig von ihrem Exmann Vermögen besaß, hatte Debussy endlich ein Leben frei von finanziellen Sorgen.
Damit waren jetzt alle Weichen gestellt: Wo bleibt denn nun der große Wurf, das Meisterwerk, der »Jahrhunderttitel«? Hier ist er: »La Mer«, uraufgeführt am 15. Oktober 1905 in Paris. Nur: es wird – wie die Oper – noch gar nicht als Meisterwerk gesehen. Man ist verwirrt ob der neuen Klänge; Pierre Lalo meint, er höre, fühle und sehe darin kein Meer. Durchschlagender Erfolg ist also nicht. Es muss aber auch nicht die gelungenste Aufführung gewesen sein; von den Debussysten wird die 1908, unter Debussy selbst, als die eigentliche Uraufführung angesehen. Es kommen Konzertreisen: 1908 und 1909 nach England, 1910 nach Wien und Budapest, wo er eigene Werke dirigiert, 1911 nach Turin, 1913 nach Russland. Es entstehen noch die »Préludes« (1910), die Ballette »Le martyre de Saint-Sébastien« (1911) und »Jeux« (1913 von der Truppe Diaghilews uraufgeführt), das wunderbare Kinderballett »La boîte à joujoux« (1913) und die sooo sehr unterschätzte Sonate für Violine und Klavier (1917). Sein Krebsleiden, das er seit 1909 mit sich herumschleppen muss, lässt ihn aber nicht mehr los. Er stirbt standesgemäß – es ist der Todestag Beethovens! – am 26. März 1918 als ein Komponist, der von den Kollegen hoch geschätzt wurde – »ein musicians musician«, würde man heute wohl sagen –, der auch einige Ehrungen abbekam; dem aber das große Erlebnis, seine Werke erfolgreich zu sehen, kaum zuteil wurde.
Dass er zeitweise – im Gegensatz zu Ravel – als Vertreter einer eher konservativen Richtung gesehen wurde, gehört mit zu den rätselhaften Einschätzungen, denen er ein Leben lang ausgesetzt war. Seine Form – Musikwissenschaftler bitte weghören –, dynamisch zu komponieren, in dem Sinne, dass für ihn die Dynamik, die Bewegung von Klangfarben, von Klang schlechthin, bestimmend war, war absolut neu. Für mich ist Debussy der erste, dem es gelungen ist, Atem, organische Bewegung – bzw. genauer: das, was er empfindet, wenn er an Atem denkt – musikalisch umzusetzen. Wobei er nie programmatisch, tonmalerisch, beschreibend wird – deshalb ist in »La Mer« ja auch das Meer als solches weder zu hören noch zu sehen! –, sondern einfach fließt. Man könnte, wenn es nicht so missverständlich wäre und etwas verquast klänge, sagen: Debussys Thema ist die Musik selbst, so sehr verlässt er klassische Formen und Hörgewohnheiten zugunsten von Bewegungen, die aus dem Klang heraus wie von selbst entstehen. »La Mer« hat mit dem realen Meer soviel zu tun wie die Muschel mit dem »Meeresrauschen«, das sie, ans Ohr gehalten, erzeugt. »La Mer« beschreibt in Musik, was er empfindet, wenn er an Meer denkt. Damit ist auch

klar, dass er weder der Natur-»Maler« noch der Impressionist als Augenblicks-Eindruck-Festhalter ist. Karl Valentin hätte das sicher verstanden und besser erklären können; es ist dies alles nicht weit weg von seinem »Ententraum«: die Realität ist nur die Vorstellung von ihr, die Gefühle auch, also auch die Natur ...

ENTSTEHUNGSZEIT

Kurz nach der Uraufführung von »Pelléas et Mélisande« arbeitete Debussy an den Skizzierungen für »La Mer«. Am 12. September 1903 schrieb er an Jacques Durand, seinen Verleger: »Was würden Sie hierzu sagen:

La Mer
Trois Esquisses Symphoniques pour orchestre
I Mer belle aux Iles Sanguinaires
II Jeux des vagues
III Le vent fait danser la mer.

Daran arbeite ich nach unzähligen Erinnerungen, und ich versuche, es hier zu beenden. Was glauben Sie, welch scheußliches Wetter hier herrscht! Der Wind, der das Meer tanzen läßt, hat er nicht die Bäume von Bel-Ebat vernichtet?«

Mit »Iles Sanguinaires« sind Sardinien und Korsika gemeint. Aus dem Burgund schreibt er an den Komponisten und Dirigenten André Messager: »Sie wussten vielleicht nicht, dass ich für die schöne Laufbahn eines Seemanns ausersehen war, und dass nur die Zufälle des Daseins mich auf eine andere Bahn geführt haben. Nichtsdestoweniger habe ich für *sie* [die See] eine aufrichtige Leidenschaft bewahrt. Sie werden nun sagen, dass der Ozean nicht gerade die burgundischen Rebhügel umspült ...! und das Ganze einem Atelierstück ähnlich werden könnte; aber ich habe unzählige Erinnerungen – meiner Ansicht nach ist das mehr wert als eine Wirklichkeit, deren Zauber ja im Allgemeinen recht auf unserem Denken lastet.« Dieser letzte Satz, so meine ich, ist *der* Schlüssel überhaupt zur ästhetischen Welt Debussys, zu »La Mer«!

Die Arbeit an »La Mer« zog sich bis März 1905 hin. Er schrieb natürlich dazwischen auch andere Sachen, hatte die Trennung und Scheidung von seiner Ehefrau unter Dach und Fach zu bekommen und war mit Emma Bardac zusammengezogen, hatte also alle Hände voll zu tun. Und dennoch: mittendrin schrieb er sowas wie »La Mer«! Anfang März schreibt er seinem Verleger: »Mein lieber Freund, seien Sie beruhigt: La Mer ist fertig« – und weil der Verleger so lange warten musste, kriegt er das Ganze auch gleich gewidmet: »A Jacques Durand – 1905« steht auf der gedruckten Partitur.

URAUFFÜHRUNG

In den Concerts Lamoureux dirigierte Camille Chevillard am 15. Oktober 1905 die Uraufführung von »La Mer«. Sein Dirigat (und die Probenarbeit davor) muss nicht sehr überzeugend gewesen sein, denn alle Debussy-Freunde sind sich einig darüber, dass erst die Aufführungen am 19. und 26. Januar 1908 unter Claude Debussy in den Concerts Colonne das Werk richtig zur Geltung brachte.

ERFOLG

Bei der Uraufführung durchaus geteilt. Pierre Lalo, Sohn des Komponisten Édouard Lalo, Musikkritiker bei »Les Temps«, schrieb: »Die drei Stücke von La Mer, stammten sie von irgend jemand anderem als von Debussy, hätten mich bezaubert; durch den Vergleich mit ihm selber fühle ich mich jedoch entzaubert ... Wieso diese Enttäuschung? ... mir scheint, dass Debussy ... empfinden *wollte*, als dass er wahrhaft tief und natürlich empfunden hat. Zum ersten Male hatte ich beim Hören eines malerischen [!] Werkes von Debussy den Eindruck, als hätte ich nicht die Natur, sondern eine Reproduktion der Natur vor mir; eine wunderbar verfeinerte, einfallsreiche und kunstfertige Reproduktion gewiss, aber eben doch eine Reproduktion ... Ich höre, ich sehe, ich fühle das Meer nicht.« Yeahhh, Bingo! Richtig gesehen, nur die falschen Schlüsse daraus gezogen, möchte ich dazu sagen. Debussy hat sich so über diese Kritik geärgert, dass er Herrn Lalo antwortete:
»Mein lieber Freund,
Sie sagen – indem Sie das schwerste Geschütz bis zum Ende aufbewahren –, dass Sie das Meer in diesen ›drei Skizzen‹ weder sehen noch fühlen. Das ist eine starke Behauptung, und wer wird deren Wert bestätigen? ... Ich liebe das Meer, ich habe es mit dem leidenschaftlichen Respekt, den man ihm schuldet, angehört. Wenn ich schlecht übertrug, was es mir vorschrieb, so geht das den einen so wenig an wie den anderen. Und Sie gestehen mir zu, dass nicht alle Ohren auf dieselbe Weise wahrnehmen. Im Ganzen genommen, lieben und verteidigen Sie Traditionen, die für mich nicht mehr existieren, oder zumindest nur noch als Bezeichnung einer Epoche, in der sie auch nicht alle so schön und gültig waren, wie man gerne annimmt. Und außerdem ist der Staub der Vergangenheit nicht immer ehrwürdig. Claude Debussy.«
Danke, Claude Debussy, das hat gesessen und das ist ehrlich. Und das ist ganz Debussy!

ANEKDOTEN
Nein. Die Uraufführung war ja nicht ein Skandal wie »Le Sacre du Printemps« oder Alban Bergs »Orchesterstücke«; man hat Debussy lediglich nicht ganz folgen können!

WERK
Sätze
I.   De l'aube à midi sur la mer
II. Jeux de vagues
III. Dialogue du vent et de la mer

Dauer
Um die 25 Minuten

Besetzung
2 Flöten
Pikkolo
2 Oboen
Englisch-Horn
2 Klarinetten
3 Fagotte
Kontrafagott
4 Hörner
3 Trompeten
2 Kornette
3 Posaunen
Tuba
3 Pauken
Becken
Triangel
Große Trommel
Tamtam
Glockenspiel
2 Harfen
Violinen I und II
Bratschen
Violoncelli
Kontrabässe

HITS
Da hauen sich musikwissenschaftliche Seminare und Kompositionskurse die Notenschlüssel und die Nächte um die Ohren, um dann zu Sätzen zu kommen wie: »Dass die Anwendung der herkömmlichen Begriffe wie ›Thema‹ und ›Motiv‹ ... auf die Debussysche Melodik problematisch ist, bedarf kaum einer Erläuterung.« Aber ich soll Ihnen jetzt und hier doch sagen, wo und warum und was ein Hit ist – bei diesem Werk ist das nicht möglich, ausgeschlos-

sen, Feierabend, fertig, Basta! Entweder Sie empfinden wie ich den
Rausch des Ein- und Ausatmens in Farben, die keiner von uns vorher je gehört oder erlebt hat – und ich weiß, wovon ich rede, ich bin
ein Kind der 68er Freiheit, was *yellow sunshine* ist, weiß ich und
anderes mehr! –, oder Sie setzen sich bitte wieder an Ihre Steuererklärung. So eine Musik hat es bis dahin nicht gegeben und auch
nachher war anderes. Dass diese Musik die Komponisten, die nicht
konstruieren, sondern *hören*, was ein Sonnenuntergang ist (um ein
Bild Debussys zu verwenden), bis heute anspricht, ist klar. Wiewohl
auch das ein Trugschluss wäre, denn »konstruiert« ist diese Musik
natürlich auch; und zwar mit einem Raffinement, wie es selten zu
finden ist: es stehen Noten da, er hat gezählt und in Triolen gepackt,
er hat Bewegungen vollkommen überlegt gegeneinander geführt, er
hat die Celli (16!) geteilt und sie einen unglaublichen Rausch spielen
lassen (im ersten Satz nach ca. fünf Minuten), er hat jedem Einzelnen da unten im Orchester gesagt: »Jetzt machst du das und jetzt
hast du Pause, aber pass auf!, noch eine Viertelpause und eine 16tel
und dann hast du eine Sextole zu bringen, dass es nur so schwirrt«,
und das allen gleichzeitig. Aber: er hat keine Sekunde lang das
Gesamtbild aus den Augen verloren, das entstehen muss! Ravel hat
raffiniert orchestriert, Strawinsky war auch kein Schlawiner in der
Hinsicht, Alban Berg gehört hier zu den Größten; aber was Debussy
in »La Mer« gelungen ist, bleibt ein Solitär in der Konzertliteratur.
Und nie hat es Längen, immer hält es dich fest im Taumel der Bewegung. Diese Musik ist, als hätte einer versucht, die Brandung zu cho-
reographieren – und es geschafft. Und trotz all dieser Konstruktio-
nen, trotz all dieses Raffinements, trotz all dieses Schauens darauf,
wie alles wohl wirken möge, hat diese Musik eine Unschuld, als ent-
stünde das Meer jetzt, in meinem Kopf, zum ersten Mal. Sprachlos
bin ich da, weil das nicht mehr in Sprache auszudrücken ist. Schluss.

FLOPS
Seekrank? Petersilie hat nichts genutzt? Antiemetica auch nicht?
Dann ist »La Mer« der Super-Flop für Sie, gell?!
Aber sonst: kein Flop in Sicht.

OBACHT
Na ja, seemännische Erfahrung sollten die Musiker schon haben,
bevor sie dieses Werk spielen – Scherz beiseite: »La Mer« ist höl-
lisch schwer. Es gestaltet sich das Ganz nur, wenn die Einzelteile
ineinander greifen. Dieser Satz ist trivial und trifft auch auf Stamitz

zu, und Böswillige könnten sagen: »Wenn da mal etwas schief geht – wer hört es denn?« Denen halte ich aber gerne entgegen: mag man es auch nicht hören, fühlen wird man es auf jeden Fall! Bei »La Mer« können Sie Dirigenten-Studien betreiben. Bei manchem stehen Sie auf Holzplanken im Tsunami und der Untergang ist Ihnen gewiss; dirigiert ein Musikhochschul-Absolvent, wird es wohl beim »Bay-Watch« bleiben ... »La Mer« klappt nur, wenn Sie einen Kapitän auf dem Kutschbock haben, der sein Schiff dem blanken Hans zum Trotz durch alle Fährnisse s-teuern kann. »La Mer« is nix für Amateure!

ES MEINEN
»S-türmisch die Nacht,
die See geht hoch!
S-teuermann, halt die Wacht!«
(ungenannt bleiben wollender Bonner Klarinettist zum ungenannt bleiben wollenden amerikanischen Dirigenten bei der ersten Probe von »La Mer«).

»Noch nie hat ein Architekt daran gedacht, einem anderen Architekten Vorwürfe zu machen, weil er die gleichen Steine verwendet. Er wird höchstens Anstoß nehmen, wenn er am Werk eines Kollegen den gleichen Grundriss entdeckt. In der Musik ist es gerade umgekehrt; hier kopiert ein moderner Komponist kaltblütig die Formen eines klassischen Werks, und kein Mensch stößt sich dran. Im Gegenteil, man beglückwünscht ihn sogar! (Die Ehrfurcht vor der Tradition geht recht seltsame Wege.) Benutzt er aber einen angeblich bekannten Akkord, erhebt sich sogleich die Stimme des Volkes und es ertönt der Ruf: ›Haltet den Dieb!‹«
(Claude Debussy)

BEIKIRCHER RÄT

ANLASS
Schiffbruch. Man sollte in die Schwimmwesten einen CD-Player einbauen, auf dass – wenn die Schwimmweste sich mit genügend Wasser so vollgesogen hat, dass die verbleibende Lebensdauer nur noch 25 Minuten beträgt – plötzlich »La Mer« ertönt. Aber bitte in einer »gültigen« Interpretation. Ich schlage vor: Jean Martinon dirigiert das Orchestre National de l' O. R. T. F. (EMI CD 5726672). Wie Wolfram Goertz in seinem empfehlenswerten Büchlein »Klassik

scheibchenweise« (Düsseldorf: Droste Verlag, 2000) zu Recht schreibt, ist diese Aufnahme »in ihrer kompromisslosen Deutlichkeit bis heute unübertroffen«.

NUTZUNG
»La Mer« kommt extrem gut in der Verhaltenstherapie, Abteilung »Implosion« – das ist die Abteilung, wo man den Schlangenphobiker fünf Stunden in die Schlangengrube sperrt, damit er merkt: »Och, die tun mir ja gar nix!« Seekrank? Kein Problem: fünf Schnäpse, dann ab aufs Wasserbett und »La Mer« aufgelegt! Nach der Sitzung können Kreuzfahrten gebucht werden (was ein Glück, dass der Therapeut da zufälligerweise über Verbindungen verfügt ...!).

AUTO
Wie bitte? Auto? Nicht dass ich wüsste. Nicht mal Amphibienfahrzeuge wären richtig.

PAUSEN-TALK
»Das hab ich auf CD ...«
»Wie: und Sie haben den Schiffbruch überlebt?«

FRAUEN
»Wäre ich Delphin: ›La Mer‹ wäre die erste CD, die ich mir kaufen würde – und die einzige, die mir dabei hülfe, die Menschen zu verstehen!«

MÄNNER
»Wissen Sie, was mir bei ›La Mer‹ einfällt?«
»Noch nicht.«
»Man muss es live hören. ›La Mer‹ auf CD ist wie Salzwasser-Aquarium. Du ahnst zwar was, aber es bleibt im Glas!«

BEWERTUNG
Technik  weil es so viel verlangt!

Gesamt »La Mer« ist reine Musik. Und eine der schönsten, die je komponiert wurde!

Richard Strauss
1864–1949

Also sprach Zarathustra
Tondichtung frei nach Nietzsche op. 30

»Von den lebenden, bekannt gewordenen deutschen
Komponisten ist er der am meisten Bemerkbare«
(Ferruccio Busoni)

»Jetzt nagle ich eine Orchesterdichtung: ›Also sprach
Zarathustra‹ zusammen; wenn sie gelingt, so kenn' ich
viele, die sich darüber ärgern werden –
dass sie's so gar nicht verstehen!«
(Richard Strauss an Karl Henckell am 5. Januar 1896)

»Meine Herren, diejenigen unter Ihnen, die verheiratet sind, sollen bitte so spielen, als seien sie verlobt!«
(Richard Strauss vor der Aufführung der Symphonischen Dichtung »Don Juan«)

Ein stabiles Regal muss man schon haben, will man die gesammel-
ten Werke von Richard Strauss ständig zur Verfügung haben. In
den 85 Jahren, die er lebte, hat er viel komponiert und wenig davon
wird nicht mehr aufgeführt. Daneben hat er als einer der erfolg-
reichsten Dirigenten seiner Zeit fast die ganze Welt bereist – was
ja auch Zeit kostet. Der (bis 1909) gefeierte Avantgardist wurde
geschmähter Reaktionär (er hat ja die Tonalität nie verlassen), um
schließlich zum modernen Klassiker zu werden. In der »Salome«
(1905) hat er – quasi nebenbei – die Dekadenz eines ganzen Jahrhunderts geköpft, im »Intermezzo« (1923) den eigenen Ehestreit
auf die Opernbühne gestellt; wie keiner hat er, der Bürgerliche, die
bürgerliche Welt bis in die letzten Winkel hinein musikalisch aus-
geleuchtet und sich gegen sie gewehrt – mit genau den Mitteln, die
ihre eigenen waren, weshalb er absurderweise ausgerechnet von ihr
gefeiert wurde. Er hat sich um das Los der Komponisten gekümmert (Stichwort GEMA), hat sich selbstlos für »sperrige« Kollegen
eingesetzt (Mahler, Reger, Schönberg u. a.) und er hat – leider – mit
den Nazis kooperiert – allerdings ist er 1935 vom Amt des Präsiden-

ten der Reichsmusikkammer zurückgetreten, als die Oper »Die schweigsame Frau« abgesetzt wurde: weil er darauf bestand, dass der Name des Librettisten, Stefan Zweig, genannt wird. Viel Ambivalenz im Leben eines großen Künstlers.
Wie es sich anließ, dieses reiche Leben, nachdem er am 11. Juni 1864 in München als Sohn eines der besten Hornisten seiner Zeit, Franz Joseph Strauss, und der Tochter des Pschorr-Konzerns, Josephine, zur Welt kam, möchte ich ihn selber erzählen lassen (zit. aus: Richard Strauss »Betrachtungen und Erinnerungen«, hrsg. v. Willi Schuh, Piper Verlag München 1989):

»Von meiner ersten Jugend berichtet meine Mutter, dass ich auf den Klang des Waldhorns mit Lächeln, auf den Ton einer Geige mit heftigem Weinen reagierte. Mit viereinhalb Jahren bekam ich den ersten Klavierunterricht durch meines Vaters Freund Tombo. Derselbe war erster Harfenist im Münchener Hoforchester und der erste, der die Harfenstimme der ›Walküre‹ bewältigt hat. – Violine studierte ich beim ›Vetter‹ Benno Walter, Klavier später bei Niest. Ich war aber immer ein schlechter Schüler, da das notwendige ›Üben‹ mir immer wenig Spaß machte, dagegen habe ich gerne vom Blatt gelesen, um möglichst viel Neues kennen zu lernen. Habe später auch gut Partitur gespielt. ›Tristan‹ und Liszts Faustsinfonie (für den guten Alexander Ritter) waren meine Paradestücke. Ich habe es daher auch nie zu einer reinlichen Technik (besonders der linken Hand) gebracht. Freund Thuille, der ›Pädagog‹, witzelte: aus dem Nebenzimmer kann ich Richards Fingersätze angeben. Dagegen habe ich – in etwas freier Weise, nie notengetreu – gut Lieder begleitet, da man mir einen guten Anschlag nachrühmte. Auch mein Kammermusikspiel war ordentlich. Vor dem schwierigen Chopin und Liszt mussten meine ungeübten Finger Halt machen. Als mir Bülow auftrug, zum Einstand der Meininger ein Mozart'sches Konzert (c-moll) zu spielen, musste ich an dem an sich nicht schwierigen, aber mit seiner simplen Skalentechnik für mich und meine linke Hand doch sehr peinlichen Stück ein halbes Jahr büffeln, ohne es jedoch einwandfrei zu bewältigen. Dazu kam die Angst vor Bülow, der selbst dirigierte, aber so nachsichtig war, mir nach dem ersten Satz – zu dem ich auch eine Kadenz geschrieben hatte – zu sagen: ›Wenn Sie nichts Besseres wären, könnten Sie auch Klavierspieler werden.‹ Dazu war es natürlich zu spät, aber Bülows gütige Aufmunterung brachte mich doch glücklich über die beiden letzten Sätze weg.
Meine ersten Kompositionsversuche (als Sechsjähriger) waren ein Weihnachtslied, zu dem ich zwar selbst die Noten ›malte‹, aber meine Mutter schrieb den Text darunter, da ich noch nicht so klein

schreiben konnte, ferner die sog. ›Schneiderpolka‹. Dann folgten
Klaviersonaten, Lieder, Stücke für Waldhorn und Klarinette, später
auch Chöre und Orchesterstücke, nachdem ich bei Mayer etwas
instrumentieren gelernt hatte. Nach der von Levi 1881 im Odeon
gespielten d-moll Sinfonie folgte noch eine nicht üble (von der
›Coriolan‹ beeinflusste) c-moll Ouvertüre, bis ich dann mit dem Es-
Dur Festmarsch langsam ›in Druck‹ überging.

Nachdem das von Benno Walter aus der Taufe gehobene A-Dur
Quartett von Breitkopf & Härtel abgelehnt worden war, trat in mein
Leben Eugen Spitzweg, der sich um die Förderung und Druckle-
gung manches anerkannte Verdienst erwarb, wenn er auch stets
jammerte, dass die Sachen ›nicht gingen‹ und deshalb mit Honora-
ren nicht freigiebig war. Zu den Druckkosten der f-moll Sinfonie
steuerte mein guter Vater noch 1000 Mark bei, die aber bald zu-
rückerstattet wurden. Aus Chronistengewissenhaftigkeit nenne ich
hier die Honorare für meine ersten Werke: Ein Heft zu fünf Liedern
200 Mark, ›Aus Italien‹ 500 Mark, ›Don Juan‹ 800 Mark, ›Tod und
Verklärung‹ 1600 Mark, ›Guntram‹ 5000 Mark (dazu ›Eulenspiegel‹ 1000 Mark), ›Zarathustra‹ 3200 Mark, ›Don Quixote‹ 5000
Mark, alle inklusive Originalmanuskript.

Meine erste Konzertreise ging nach Wien, wo ich Benno Walter
mein (in Unterprima in ein Klassenheft hineingeschriebenes) Violinkonzert begleitete und von Hanslick das erste und einzige Lob
erhielt. Als ich zwanzig Jahre später mit meiner lieben Frau dort
einen Liederabend gab, nannte er meine Frau meine ›bessere Hälfte‹. Sie hat auch meine Lieder mit einem Ausdruck und einer
Poesie vorgetragen, wie ich sie nie mehr gehört habe. ›Morgen‹,
›Traum durch die Dämmerung‹, ›Jung Hexenlied‹ hat ihr niemand
auch nur annähernd nachgesungen. 1883 spendierte mir Papa während des Winters einen Aufenthalt in Berlin. Auf der Heimreise
besuchte ich mit einer Empfehlung von Levi den alten Reinecke,
der aber schon eine Aufführung der c-moll Ouvertüre mit höflich
sächsischem Lächeln ablehnte. Der brave Radecke hat sie dann in
Berlin dirigiert, in demselben Konzertsaal des Opernhauses, in
dem ich von 1898 an 37 Jahre meine Proben abhielt [...]

Am ersten Oktober [1885] traf ich als Kapellmeister in Meiningen
ein und übernahm, nachdem Bülow infolge des Zerwürfnisses mit
Brahms seine Demission gegeben, von November bis 1. April [1886]
allein die Hofkapelle [...]

In den Oktober fällt auch meine Begegnung mit Brahms, der
gekommen war, seine von Bülow einstudierte e-moll Sinfonie aus
der Taufe zu heben. Bei den Proben gab es folgendes merkwürdige Ereignis. Bülow war bei einer ungenau bezeichneten Stelle im

Zweifel, ob sie crescendo und accelerando oder diminuendo und calando gespielt werden sollte und verlangte Brahmsens Entscheidung, nachdem er ihm die Stelle zweimal auf verschiedene Art vordirigiert hatte. Bülow: ›Also, wofür entscheidest du dich?‹ Brahms: ›Ja, man kann sie einmal so, einmal auf die andere Weise spielen.‹ Allgemeine Verblüffung – Bülow schnitt eine Fratze. Das nennt man ›Musik als Ausdruck‹.
Während des Oktobers musste Bülow auf drei Tage verreisen und ich war allein mit Brahms, täglich im ›Sächsischen Hof‹. Er war ganz angenehm, besonders belesen, ohne durch besondere ›Genialität‹ zu glänzen. Ich verdanke ihm immerhin die Anregung, dass er nach Anhören der f-moll Sinfonie, die ihm ganz gut gefallen hatte, mir riet, auf kontrapunktische Spielereien, die sich auf dem Dreiklang aufbauen, zu verzichten. Dies war mir ein wertvoller Wegweiser fürs ganze Leben [...]
In einem Brahms zu Ehren gegebenen Konzert, in dem er seine Akademische Festouvertüre dirigierte, schlug Bülow Becken, ich große Trommel. Wir beide kamen, da wir das Pausenzählen nicht gewohnt waren, beständig heraus. Bülow rannte immer wieder zu den Trompeten: ›Wo sind wir?‹ Ich legte mir abends die Partitur aufs Pult und las mit [...]
Das Hauptereignis des Meininger Winters war für mich die Bekanntschaft mit Alexander Ritter, der im Orchester an der ersten Geige mitspielte [...] Er lud mich in sein Haus, in dem ich geistige Anregung fand, die den entscheidenden Ausschlag gab für meine künftige Entwicklung. Durch die Erziehung hafteten mir noch immer manche Vorurteile gegen das Wagner'sche und besonders das Lisztsche Kunstwerk an, ich kannte kaum Richard Wagners Schriften. Mit ihnen und Schopenhauer machte mich Ritter in erklärender Ausdauer bekannt und vertraut, bewies mir, dass der Weg vom ›Ausdrucksmusiker‹ Beethoven (›Musik als Ausdruck‹ von Friedrich von Hausegger contra ›Vom musikalischen Schönen‹ von Hanslick) über Liszt führe, der mit Wagner richtig erkannt hatte, dass mit Beethoven die Sonatenform bis aufs Äußerste erweitert worden – bei Anton Bruckner, dem ›stammelnden Zyklopen‹, platzt sie tatsächlich, besonders in den Finales – und bei seinen Epigonen, besonders bei Brahms, ein leeres Gehäuse geworden war, in dem bequem Hanslicks tönende Floskeln Platz hatten, deren Erfindung nicht allzu viel Phantasie und wenig persönliche Gestaltungskraft erfordern. Daher bei Brahms und Bruckner besonders in den Übergangsphasen so viel Leerlauf.
Neue Gedanken müssen sich neue Formen suchen – dieses Liszt'sche Grundprinzip [...] wurde mir von da ab der Leitfaden für meine

eigenen sinfonischen Arbeiten [...] ›Macbeth‹ musste auf Bülows Rat erst umgearbeitet werden, um richtigen Stilprinzipien des echten Programmmusikers zu entsprechen. Es gibt nämlich gar keine sog. Programmmusik. Dies ist ein Schimpfwort im Munde aller derer, denen nichts Eigenes einfällt. Ebenso wird das Wort Kitsch mit Vorliebe von denen gebraucht, die, wie der Fuchs nach den Trauben schielend, neidisch über den ›Effekt‹ sind, den so eine ›Tannhäuser‹- oder ›Oberon‹-Ouvertüre oder Schillers ›Räuber‹ machen ...«

Nun ja, ein mitreißender Erzähler war er nicht gerade – aber dafür haben wir »O-Ton« zur wichtigsten, prägenden Zeit des Komponisten und Dirigenten Richard Strauss.

Von Meiningen ging er als Dritter Kapellmeister an die Hofoper nach München (1886) und 1889 nach Weimar, als Dritter Großherzoglicher Kapellmeister. In Weimar lernte er Pauline de Ahna kennen, die von ihm hochgeschätzte Sängerin, die er im September 1894 heiratete. In Weimar taucht übrigens das erste Mal eine Passion auf, die ihn beherrschte. »Das Theater und Kartenspielen« hätten ihn »fast ganz in Anspruch« genommen, schreibt er. Kartenspielen: er soll Konzerte verlegt haben, um auf eine besonders attraktive Kartenrunde nicht verzichten zu müssen! Die Verlobung am 10. Mai 1894, zwei Tage vor der Uraufführung der Oper »Guntram«, in der Pauline die Freihild zu singen hatte, geschah übrigens unter kuriosen Umständen: bei der Probe gab es einen Riesenkrach, Pauline schmiss dem Dirigenten Richard Strauss die Noten vor die Füße und rauschte in die Garderobe ab. Richard begab sich sofort zur Garderobe: Riesengebrüll, Zeter und Mordio und dann – Stille. Schließlich kam Richard Strauss heraus und traf den Orchestervorstand, der sich über das Benehmen der Sängerin entsetzt zeigte und vorschlug, in Zukunft nie wieder eine Oper zu spielen, in der sie mitwirkte. Da strahlte Strauss und sagt: »Das schmerzt mich sehr, denn ich habe mich soeben mit Fräulein de Ahna verlobt.«

Er holte sich in Weimar eine schwere Lungenentzündung, von der er sich nicht recht erholte, so dass ihm Onkel Georg Pschorr 5.000 Mark für eine Reise nach Griechenland und Ägypten stiftete. Fast ein Jahr war er unterwegs (1892/93) und kam pumperlgsund wieder zurück. Mittlerweile hatte er als Dirigent einen Namen. Er durfte die Berliner Philharmoniker dirigieren, in Bayreuth 1894 den »Tannhäuser« und er wurde Kgl. Kapellmeister an der Hofoper in München. Er leitete dort auch Orchesterkonzerte und war obendrein Leiter der Philharmonischen Konzerte in Berlin. Bei den Berlinern war nach dem Tode Hans von Bülows im Februar 1892 die Stelle des Chefs vakant geworden; Strauss war die Interimslösung, durfte dirigieren, verdiente viel Geld damit, musste dann aber doch einem – als Dirigenten – Größeren Platz machen: Arthur Nikisch wurde 1895 »GMD« der Berliner. Richard war damit wieder auf seine 7000 Mark begrenzt, die ihm in München bezahlt wurden. Strauss machte sich Hoffnungen, GMD in München zu werden und nicht »bloß« Hofkapellmeister zu bleiben; der Intendant wollte aber nicht ihn, sondern Felix Weingartner. Strauss machte ausgedehnte Konzerttourneen (1897/98: Barcelona, Paris, Brüssel, Madrid), wo er erste Lorbeeren als Komponist einheimsen konnte – in Barcelona wird sein »Don Juan« so stürmisch gefeiert, dass er ihn wiederholen muss – und das nach »Eroica« und »Meistersinger«-Vorspiel! In diese Zeit fallen auch seine großen Orchesterkompositionen, die seine virtuose Meisterschaft in der Behandlung dieses großen Klangkörpers zeigen – höchstens übertroffen von den »Metamorphosen« für 23 Solostreicher, die er im Jahre 1946 schrieb. Am 1. November 1898 endete seine Münchner Zeit, er trat an diesem Tage sein Amt als Erster Kgl.-Preußischer Hofkapellmeister in Berlin an – als Nachfolger von Felix Weingartner. Dafür lehnte er ein lukratives Angebot (40.000 Mark) aus den USA ab: »Amerika kann ich in zehn Jahren auch noch abgrasen, jetzt ist es wichtiger, meinen Namen in Europa noch mehr in die Höhe zu bringen«, schrieb er seinem Vater. Weil er in Berlin kein Konzertorchester zur Verfügung hat, mit dem er zeitgenössische und eigene Werke aufführen konnte – bei den Berlinern ist Nikisch, und das Ensemble der Hofoper dirigierte in Konzerten bis 1908 Felix Weingartner –, machte Richard Strauss etwas sehr Originelles: Er gründete ein Orchester, das Berliner Tonkünstlerorchester. Das war zwar mühselig, aber er konnte mit diesem Ensemble eigene Werke und Gustav Mahler aufführen, dessen Symphonien ihm gefielen. 1904 machte er dann doch eine Nordamerika-Tournee, bei der es zu dem legendären Konzert im Kaufhaus Wannemaker in New York kam. Zwei Matineen dirigierte er in der leer geräumten Verkaufsetage und kassierte dafür 1000 Dollar. Riesengezeter in Deutschland – auf das er pfiffig in der »Berliner Allgemeinen Musikzeitung« am 20. April 1904 antwortete: »Wahre Kunst adelt jeden Saal, und anständiger Gelderwerb für Frau und Kind schändet nicht einmal den Künstler.« Sprach's und schrieb an der »Salome« weiter, die am 9. Dezember 1905 als op. 50 in Berlin uraufgeführt wurde. Ab da begann die großartige Laufbahn eines der spannendsten Opernkomponisten der Musikgeschichte – dafür gibt's aber Opernführer.

Mit dem Jahre 1905 hörte praktisch Strauss' symphonisches Herz
auf zu schlagen – ja doch: »Metamorphosen«, »Vier Letzte Lieder«,
»Hornkonzert«, aber eben kaum mehr; was ja auch kein Beinbruch
ist bei *den* Opern!
Wie? Anekdoten? Wo bleibt der bärbeißige Aphoristiker? Ich bitte
Sie: »Meine Herren, Sie kennen die Partitur, ich kenne die Partitur
– also bis heut' Abend« – natürlich, aber Hand aufs Herz: Kannten
Sie seine Jugend-Erinnerungen? Ich habe ihnen den Vorzug vor der
eigenen Darstellung gegeben, weil sie ein *authentisches Bild* von ihm
zeichnen.

ENTSTEHUNGSZEIT
Im Februar 1894 hatte Richard Strauss die ersten Ideen zum Zarathustra. Im Sommerurlaub 1895 (mit Ehefrau Pauline) in Cortina
d'Ampezzo gewann das Werk langsam an Gestalt, am 7. Dezember
begann er mit der fortlaufenden Niederschrift der Komposition in
der Klavierskizze, die im Juli 1896 fertig war. Parallel hatte er aber
seit Februar auch schon an der fertigen Partitur gearbeitet, so dass
am 24. August 1896 die autographe Partitur abgeschlossen war.
Warum Nietzsche? Einen Philosophen vertonen? Sollte »Also sprach
Zarathustra« das ›Magnificat‹ für Nietzsche werden? In seiner Autobiographie gibt es eine bezeichnende Notiz:
»Als ich in Ägypten mit Nietzsches Werken bekannt geworden, dessen Polemik gegen die christliche Religion mir besonders aus dem
Herzen gesprochen war, wurde meine seit meinem fünfzehnten
Jahr mir unbewusste Antipathie gegen diese Religion, die den Gläu-
bigen vor der eigenen Verantwortung für sein Tun und Lassen
(durch die Beichte) befreit, bestärkt und begründet.« Kann man
nachvollziehen – aber muss es deshalb gleich Nietzsche sein? Cosima Wagner war ganz entsetzt – allerdings hatte Nietzsche ja auch
das Wagner-Imperium schnöde verlassen; sie hielt das Ganze für
einen »Zeitungsscherz«, schränkte aber ein: »Aber ich kenne Nietzsches Buch nicht u. nehme an, dass in seinem Inhalt etwas sein
muss, was Sie musikalisch anregte.« Vielleicht hat das Kontrast-
erlebnis Weimar/Ägypten dazu beigetragen, seine Unzufriedenheit
mit den Zuständen – auch mit der Aufnahme seiner Werke, die zu
der Zeit immer lauer wurde – zu schüren und dem etwas »Dickes«
entgegenhalten zu wollen. Über Weimar schrieb er: »Es befindet
sich alles hier wie vor 100 Jahren, nur dass ein gewisser Göthe nicht
mehr mittut.« Julia Liebscher drückt das so aus: »Wie Strauss später
die ›Feuersnot‹ (1901) als hämischen Angriff auf die Rückschritt-
lichkeit und Provinzialität seiner Heimatstadt München richtete, so

ist auch die Tondichtung ›Also sprach Zarathustra‹ Ausdruck einer
künstlerischen Protesthaltung, die getragen von Nietzsches Vision
einer künstlerischen Weltgeburt, als Gegenentwurf zu einem die
kreative Freiheit hemmenden Bewusstsein einer kulturellen Umgebung gelten darf, in der sich Strauss als radikaler Vertreter der Programmmusik zumindest von den Repräsentanten der absoluten
Musik missverstanden fühlen musste.« Ist als Satz zwar bisschen
kompliziert, gefällt mir als Interpretation des Werks aber wesentlich besser als das ganze Zoroaster-Gefasel, das immer noch um
diese symphonische Dichtung herumwabert.
(Eduard Hanslicks sarkastische Kritik drucke ich im Anhang kom-
plett für Sie ab.)

URAUFFÜHRUNG
27. November 1896 in Frankfurt am Main im Rahmen der Mu-
seums-Konzerte, unter der Leitung des Komponisten.

ERFOLG
Also das war so: waren »Don Juan« (1889) und »Till Eulenspiegels
lustige Streiche« (1895) noch klare Erfolge gewesen und waren das
Themen, die auch die Leute, die Programmmusik nicht mochten
oder akzeptierten, noch als Themen für akzeptabel ansahen, so war
es in dem Moment aus, als man hörte: Strauss vertont Nietzsche.
Das wurde als ungeheuerliches Unterfangen angesehen und erregte spektakuläres Aufsehen. Die »Fans« erwarteten mit diesem Vor-
haben einen absoluten Gipfel der Programmmusik; die »Fans« der
absoluten Musik aber waren schockiert, für sie war das der Tief-
punkt dieser Musik. Trotzdem wurde die Uraufführung ein Triumph. Die »Allgemeine Musikzeitung« schrieb am 4. Dezember
1896: »Der wirklich enthusiastische Beifall war ein aufrichtiger und
so allgemeiner, dass selbst die zünftige Beckmesserei unseres ehr-
würdigen Konzertinstitutes nicht die geringste Opposition laut werden zu lassen wagte. Dass auch dieses neue Opus Strauss' wieder
ein bedeutendes, den vorausgegangenen mindestens ebenbürtiges
sein werde, stand wohl von vornherein außer Zweifel, ein Werk
aber von so hinreißendem idealen Gedankenflug und von so kühner überwältigendes Fantasie musste selbst die größten Verehrer
des Tondichters überraschen.«
Das Werk hat sich sehr schnell durchgesetzt und ist seit Kubricks
»2001 – Odyssee im Weltraum« *der* Hit von Richard Strauss.

ANEKDOTEN
Zur Uraufführung selbst: Fehlanzeige. Ich möchte aber nicht unerwähnt lassen, dass es vom »Zarathustra« eine Aufnahme gibt, die –
wenn auch gekürzt – das Werk zur Apotheose werden lässt: Das
Kazoo-Ensemble – vom Hören her würde ich sagen: das sind ein
paar Hundert Kazoo-Bläser versammelt! – der Universität Boston
spielt das Werk und ich kann Ihnen sagen: das lange einleitende C
grummelt auf keiner Aufnahme so herrlich wie hier! Leider kann
ich Ihnen keine CD-Nummer angeben, ich habe es im WDR einmal
gehört und als ich eine Woche später aus dem Lach-Koma aufwach-
te, war der Zettel, auf dem die Nummer stand, weg. Schade.

WERK
Sätze
I.   Einleitung
II.   Von den Hinterweltlern
III.   Von der großen Sehnsucht
IV.   Von den Freuden und Leidenschaften
V.   Das Grablied
VI.   Von der Wissenschaft
VII.   Der Genesende
VIII. Das Tanzlied
IX.   Nachtwandlerlied

Dauer
ca. 35 Minuten

Besetzung
Pikkolo
3 Flöten (3. auch Pikkolo)
3 Oboen
Englisch-Horn
3 Klarinetten
Bassklarinette
3 Fagotte
Kontrafagott
6 Hörner
4 Trompeten
4 Posaunen
2 Basstuben
Pauken
Große Trommel (gran cassa)
Becken
Triangel
Glockenspiel
Eine tiefe Glocke
16 Violinen I
16 Violinen II

12 Bratschen
12 Violoncelli
8 Kontrabässe
2 Harfen
Orgel

HITS

Natürlich: die Einleitung. Kennt jeder, mag jeder, findet jeder gigantisch, haut jeden um.

Zweiter Hit ist »Das Tanzlied« (ab Takt 409 bzw. ab da, wo die Solo-Violine spielt): hinreißendes Thema, unglaublich ausgekostet und orchestriert, ca. acht Minuten reine Freude, die mit dem Schlag der tiefen Glocke (unüberhörbar) in das »Nachtwandlerlied« übergeht.

»Von der Wissenschaft« ab Takt 201 ist für mich der schönste Teil im »Zarathustra«: wie der schöne Gesang sich Cello für Cello aufbaut – daran erkennt man auch mühelos diesen Teil – und peu à peu sich ins große Orchester hineinentwickelt, ist einfach großartig. Hübsch auch, wie hier C und H nebeneinander gestellt werden – aufsteigend ein Takt C, absteigend im Spiegelbild ein Takt H! –, womit der Schluss (in H und C!) vorweggenommen wird!

Ein Punkt muss herausgehoben werden, obwohl er mehr die musiktechnische Seite betrifft: Richard Strauss hat es hier mit den »Divisi« – d. h. die ersten Geigen z. B. spielen nicht alle dasselbe, sondern werden in mehrere voneinander getrennte Stimmen aufgeteilt – extrem weit getrieben; damit war der Weg für Schönberg, Berg und das 20. Jahrhundert orchestertechnisch geebnet – eine Pionierleistung sozusagen!

FLOPS

Ja mei, Herr Strauss, war das nötig, den Herrn Nietzsche zu bemühen?

OBACHT

Dass das schwer zu spielende Musik ist, denke ich, hört jeder!

ES MEINEN

Wilhelm II. (zu Ernst von Schuch):
»Da habe ich eine schöne Schlange an meinem Busen genährt.«

Arnold Schönberg (in einem Brief):
»Ihrer Aufforderung, zu Richard Strauss' 50. Geburtstag etwas zu schreiben, kann ich leider nicht entsprechen. Herr Strauss hat in einem Brief an Frau Mahler (in Angelegenheit der Mahler-Stiftung) über mich folgendes geschrieben: ›Dem armen Schönberg kann heute nur der Irrenarzt helfen ...‹ ›Ich glaube, er täte besser Schnee schaufeln, als Notenpapier zu bekritzeln ...‹ Ich habe nicht die Absicht, Herrn Strauss ›moralisch‹ zu schädigen ... Künstlerisch interessiert er mich heute gar nicht, und was ich seinerzeit von ihm gelernt hätte, habe ich, Gottseidank, missverstanden ...«

BEIKIRCHER RÄT

ANLASS
Der einzige Anlass für den »Zarathustra« ist leider verpasst: das Erwachen der Menschheit. Damals hat Strauss noch nicht gelebt, schade. So können wir das nur noch im Film nachvollziehen; bei dem etwas stört, dass die Affenkostüme im Augenbereich nicht wirklich perfekt geschnitten sind, was wiederum den Vorteil hat, dass eines klar ist: Diese zum Menschen erwachenden Affen hätten Nietzsche gar nicht lesen können!

NUTZUNG
Natürlich ist das Werk ideal zum Wecken jeglicher Art geeignet, am besten in Masseninstitutionen: Kasernen, Krankenhäuser, Internate etc. pp. Wer dann noch schläft – darf (und sollte) liegen bleiben!

AUTO
Der »Zarathustra« ist nicht für PKWs geeignet; seine volle Wirkung erzielt er erst im Bus auf großen Überland-Fahrten. Wenn die Stimmung sinkt, alles zu dösen anfängt und der Proviantduft sich langsam verflüchtigt hat: CD rein und ab die Post! Dann wird das Tanzlied auch rhythmisch richtig genutzt, weil man im engen Mittelgang immer mal wieder – wie es die Musik nahe legt – aussetzen muss!

PAUSEN-TALK
»Das war im Film aber besser.«
»Na, Kunststück, bei den Kostümen!«

FRAUEN
»Ist der Schluss nicht herrlich? ›Durch die ruhige Nacht, unter den allmählich verblassenden Sternen dahin, schreitet der Mensch dem kommenden Tag entgegen. Zarte Vorboten des Lichts, verschweben die Streicher in seraphischem H-Dur. Darunter aber, in den Bässen, orgelt sphinxhaft ein C.‹«
»Ist das von Ihnen?«
»Nöö, Reclam – Konzertführer.«
»Na ja: ›orgelt‹ ist schon schön!«

MÄNNER
»Da hat's der Strauss dem Nietzsche aber gezeigt, was?«
»Wieso das denn?«
»Das ist doch besser als alles, was der Nietzsche geschrieben hat.«
»Finden Sie?«
»Na, kennen Sie nicht seine Kompositionen? Unsäglich!«

BEWERTUNG
Technik

ohne
Einschränkung

Gesamt

und ein bisschen
Sternenstaub

Es ist ein großes Werk,
bleibt aber etwas dem
Pathos seiner Zeit
verhaftet.

Jean Sibelius
1865–1957

Der Schwan von Tuonela
Legende für Orchester aus
Lemminkäinen-Suite op. 22 Nr. 2

»Man könnte Sibelius einen finnischen Schubert
nennen.«
(Ferruccio Busoni)

»Er ist ein Strawinsky wider Willen. Nur hat er
weniger Talent.«
(Theodor W. Adorno)

»Wird bei uns Sibelius aufs Programm gesetzt,
wählt man in der Regel ein Werk aus des
Komponisten jüngeren Jahren. Wird ein Bild
Sibelius' gezeigt, zeigt man den Greis, der
längst verzichtet hatte, Kompositionen heraus-
zugeben. Dieser Widerspruch ist Oberfläche
und Symbol zugleich.«
(Erich Brüll)

Und bei so weit auseinanderklaffenden Einschätzungen ist es bis
heute geblieben. Für die einen ist, was Sibelius komponiert hat,
Musik in 50 Runen – wie die »Kalevala«, das Nationalepos der Finnen: Natur, Nebel, Moor und Elche (die Myriaden von finnischen
Mücken hat aber noch keiner in seiner Musik gesehen!). Für die
anderen ist es ein Monolith, der unerklärbar in der Musikgeschichte herumsteht; für wieder andere ist er ein Wegbereiter der Moderne. Man kann es sich also aussuchen, in welche Tüte man ihn ein-
packen möchte. Jetzt bin ich fast versucht, seinen Lebenslauf so zu
erzählen, wie es die »Kalevala« macht, entsprangen doch viele seiner Kompositionen Anregungen, die er diesem Epos entnahm.
Dazu müssten Sie jetzt für folgendes sorgen: zwei Schaukelstühle
und einen zweiten Erzähler. Nun setzen Sie sich in den einen, Ihr
Partner in den anderen Schaukelstuhl, jeder hat ein »Scherzo

Furioso« in der Hand und Sie lesen sich, schaukelnd und immer
einander abwechselnd, die Verse vor. Das ginge dann ungefähr so:
  Müssen von Sibelius sprechen,
  zweitem Kind des Schweden-Arztes,
  dessen Praxis hoch im Norden
  lag, in finnisch Hämeenlinna,
  fünfundachtzig Kilometer
  nördlich noch von Helsinki.
  An Dezembers achtem Tage
  Achtzehnhundertfünfundsechzig
  kam als Johan Julius Christian
  er zur Welt. Der Vater aber
  starb schon kurz darauf an Cholera, so dass die kleinen Kinder
  nunmehr in der Obhut waren
  ihrer Großmutter und Mutter,
  was die beiden ganz gut schafften,
  denn sie hatten keine Cholera, jedoch genügend Kohle.
Und stundenlang so weiter. Nein, Herrschaften, das hieße doch die
Liebe zum Epischen übertreiben. Bleiben wir prosaisch; zumal Sibelius ja nicht nur der Vertoner finnischer Nationaleigenarten war.
Die Familie gehörte zu den gutbürgerlichen Kreisen, in denen man
damals Schwedisch sprach. Finnisch hat er erst ab acht gelernt und
dann ab elf richtig: im Hämeenlinna Suomalainen Normaalilyseo.
Das hatte damit zu tun, dass Finnland jahrhundertelang unter
schwedischer Herrschaft stand – nach dem Westfälischen Frieden
1648 wurde den Finnen sogar schwedisch als Amtssprache aufge-
zwungen. Im Krieg 1808/09 verloren die Schweden Finnland an die
Zarenkrone in St. Petersburg. Das hatte zunächst wirtschaftlich
recht günstige Auswirkungen; weil die Zaren aber eine aggressive
Russifizierungspolitik betrieben (bis hin zum Verbot, finnische
Bücher zu drucken) und diese in den 80er und 90er Jahren des
19. Jahrhunderts noch verstärkten, erwachte eine nationale finnische Bewegung, zu der das Erscheinen der »Kalevala« – als Ausdruck
finnischer Eigenständigkeit – erheblich beitrug. Genau in diese
erwachende Bewegung kam 1892 Sibelius' »Kullervo«, die Chor-
Symphonie für Orchester, Soli und Männerchor. Sie stieß auf größte
patriotische Resonanz und war der Durchbruch des jungen Komponisten zu – fast – einem Nationalheiligtum. Doch ich greife vor. Der
kleine Jean (wie er später von Berliner Kommilitonen genannt
wurde, was er dann übernahm) bekam ab neun Jahren Klavierunterricht und erspielte sich mit seinen beiden Geschwistern die klassi-

sche und romantische Literatur im häuslichen Klaviertrio. In der Schulbibliothek hatte er die Kompositionslehre von Adolf Bernhard Marx ergattert und durchgearbeitet, und ab 14 lernte er bei Gustav Levander Geige. Bis zum Abitur im Jahre 1885 schrieb er schon einige Kompositionen, so sein Klaviertrio in a-moll und das Klavier-Quartett in e-moll. Nach dem Abitur ging er nach Helsinki und schrieb sich dort bei den Juristen und im Musikinstitut ein. Die Juristerei gab er glücklicherweise nach einem Jahr auf, um sich ganz dem Musikstudium zu widmen, vor allen Dingen dem Geigenstudium.

Sein Ziel war es, Geigenvirtuose zu werden. Er studierte bei Mitrofan Wasilyeff und Hermann Czillag und hat es weit gebracht: er spielte nicht nur zweite Geige im Streichquartett seines Kompositionslehrers Martin Wegelius, sondern als Solist Vieuxtemps »Fantaisie-Caprice«, das e-moll Konzert von Félicien David und Bériots 7. Violinkonzert. Respekt, kann ich da nur sagen, als ebenso gescheiterter Violin-Virtuosen-Kollege – denn Sibelius hat es auch nicht durchgezogen! Er freundete sich mit Ferruccio Busoni an, der zu der Zeit Klavierlehrer im Musikinstitut war. Busoni wurde übrigens zu einem vehementen Vorkämpfer für die Musik von Jean Sibelius. Dessen Abschlussarbeit 1889 am Wegelius-Musikinstitut war ein Streich-Quartett und eine Suite für Streich-Trio, die wegen ihrer Originalität ziemliches Aufsehen erregten. Der junge Johan überlegte nun, ob er nach St. Petersburg zu Rimsky-Korsakow gehen sollte, entschied sich aber dann für Berlin, wohin Wegelius die besseren Kontakte hatte. Er tauchte ins Berliner Musikleben ein – in Dur und in Molle, die Trinkfestigkeit hat er wohl vom Herrn Papa geerbt –, hörte die Uraufführung des »Don Juan« op. 20 von Richard Strauss, hörte Hans von Bülow Beethoven-Sonaten spielen und das Joachim-Quartett die späten Beethoven-Quartette, und war sehr beeindruckt. Im Sommer 1890 ging er zurück nach Finnland, verlobte sich mit der Generalstochter Aino Järnefelt und reiste im Herbst nach Wien. Busoni hatte ihm ein Empfehlungsschreiben für Johannes Brahms mitgegeben, der aber – nachdem er sich nach Sibelius erkundigt hatte und auf die Frage: »Kann er was?« nur ausweichende Antworten erhielt – empfing ihn nicht. Schade. Er studierte bei Robert Fuchs und Karl Goldmark. Eine erste Orchester-Ouvertüre fiel bei Goldmark durch, Sibelius ließ sich aber nicht entmutigen, komponierte eine zweite, die schon besser gefiel und kehrte schließlich mit einigen Skizzen im Gepäck nach Hause zurück. Er war übrigens in Wien häufiger Gast im Salon von Pauline Lucca und fand darüber hinaus am Leben der oberen Hundert viel Geschmack, was »schlecht zu seinen Geldmitteln passte«, wie der »New Grove« nicht ohne Ironie anmerkt.

In Wien hatte er sein Finnisch verfeinert und die »Kalevala« gelesen, die für ihn beileibe kein schwülstiges Epos in antikisierendem Edda-Stil war – gut, gut: ich habe es nur einmal in einem Dritten Programm gesehen und nach zwei Stunden Rhapsoden-Geschaukel hypnotisiert aufgegeben! –, sondern »meiner Meinung nach ganz modern. Ich finde, das ist nur Musik, Thema mit Variationen«. Er schrieb, wieder zurück, seine erste große Komposition: »Kullervo«, eine fünfteilige Chor-Symphonie auf einen »Kalevala«-Stoff. Als sie 1892 uraufgeführt wurde, war es ein durchschlagender Erfolg. Kullervo wurde als Ausdruck finnischer Gedanken- und Gefühlswelt gesehen, ebenbürtig der Musik anderer europäischer Länder. Mit einem Mal stand der noch nicht dreißig Jahre alte – nunmehr Jean – Sibelius im Mittelpunkt des öffentlichen Interesses. Er wurde zu einem der führenden Köpfe des erwachenden finnischen National- und Identitätsgefühls, der jungen bürgerlichen Intellektuellen. Als Südtiroler liegt mir natürlich der Vergleich auf der Zunge: er wurde so etwas wie der Andreas Hofer der finnischen Musik. Bis dahin gab es außer den Werken von Robert Kajanus praktisch nichts »Eigenes«. Kajanus, neun Jahre jünger als Sibelius und zeitlebens ein guter Freund von ihm, hatte 1881 »Der Tod Kullervos« für Orchester geschrieben, zwei finnische Rhapsodien (1882, 1889) und »Aino« (1885), eine Symphonie mit Schlusschor anlässlich der 50-Jahr-Feier der »Kalevala«. Sibelius hatte sie gehört und war beeindruckt von diesem Werk.
Übrigens, wo Sie grad sagen: Kajanus! Da gibt es eine hübsche Anekdote, die Cecil Gray 1948 berichtet und die Norman Lebrecht in seinem amüsanten Anekdotenband »Musikgeschichte in Geschichten« erzählt (eines der wenigen Bücher, die nur gut recherchierte Anekdoten berichten, was in dieser vor Gerüchten nur so sprühenden Literatur-Gattung eine Seltenheit ist!): »Der Dirigent Kajanus wollte sich nach einem Essen entschuldigen und davonfahren, weil er am anderen Tag in Petrograd ein Konzert dirigieren sollte. Die Anwesenden aber protestierten und wiesen darauf hin, dass diese Zusammenkunft nicht einfach derart trockenen, materiellen Überlegungen zum Opfer fallen dürfe, und drangen in Kajanus, nach Petrograd zu telefonieren und seine Verpflichtungen abzusagen. Kajanus tat, als füge er sich diesem Rat, und ließ die am Tisch Sitzenden zurück, ging aber zum Bahnhof, fuhr nach Petrograd, dirigierte das Konzert und kehrte nach Helsinki zurück. Als er dort das Restaurant wieder betrat, saß die Gesellschaft so am Tisch, wie er sie verlassen hatte, und war wie zuvor in angeregte Gespräche vertieft. Als Sibelius Kajanus erblickte, meinte er süffisant: ›Das war aber ein überaus langes Telefongespräch, Kajanus!‹« Woraus

Sie auch sehen können, dass es einem wirklichen Finnen über-
haupt nichts ausmacht, drei Tage und zwei Nächte lang zwei in
Schaukelstühlen einander gegenübersitzenden Rhapsoden zu lauschen, die im Wiegesitz die »Kalevala« aufsagen!
Im Juni 1892 heiratete er Aino Järnefelt, die fünf Töchter bekam
und bis an sein Lebensende bei ihm blieb. Mein Gott, was die Menschen im Norden alt werden! Im Herbst 1892 wurde er Lehrer für
Musiktheorie am Musikinstitut in Helsinki und – wieder – zweiter
Geiger im Streichquartett des Hauses. An der Orchester-Schule des
Philharmonischen Orchesters, das Kajanus gegründet hatte, lehrte
er ebenfalls Musiktheorie und durfte sich obendrein des Klangkörpers beim Ausprobieren neuer Werke bedienen. Kurz darauf komponierte er »Eine Sage« und die »Lemminkäinen-Suite«, wo er mit
dem zweiten Stück, dem »Schwan von Tuonela« einen Welt-Hit
landete. 1894 sieht er sich Bayreuth an, ist aber nicht sonderlich
begeistert von Wagner und richtet sich langsam das Leben ein, das
er noch lange, lange führen sollte. Er bekam ein jährliches Staatssti-
pendium, das aber nicht so groß war, dass er den Lehrberuf hätte
aufgeben können. Dennoch: ums Finanzielle hat man sich bei Sibelius keine Sorgen zu machen, das ging alles einen sehr soliden
Gang. Er mischte sich zwar musikalisch mit »Finlandia« op. 26
vehement in die aktuelle politische Diskussion ein – er komponierte sie anlässlich einer Protestveranstaltung gegen die zaristische
Unterdrückung der Finnen in Helsinki am 3. November 1889, wo
das Werk einen derartigen Eindruck machte, dass es quasi zur
Nationalhymne Finnlands wurde, so dass es von den Russen verboten wurde und nur noch unter falschem Titel aufgeführt werden
konnte –, entwickelte sich aber peu à peu von diesen historisch und
mythisch gefärbten Tondichtungen weg zum Symphoniker. »Finlandia«, die »Lemminkäinen-Suite« und die erste Symphonie waren übrigens das Programm, mit dem das Philharmonische Orchester Helsinki bei der Weltausstellung 1900 in Paris brillierte
und gleichzeitig den Namen Sibelius der Welt bekannt machte.
Dies mit so durchschlagendem Erfolg, dass Adorno 1938 etwas gal-
lig schreiben konnte: »Wer in der deutschen oder österreichischen
Musiksphäre aufgewachsen ist, dem sagt der Name Sibelius nicht
viel. Wenn er ihn nicht geographisch mit Sinding, phonetisch mit
Delius verwechselt, so ist er ihm gegenwärtig als Autor der Valse
triste, eines harmlosen Salonstücks, oder es sind ihm im Konzert
einmal Füllnummern wie die Okeaniden und der Schwan von Tuonela begegnet – kürzere Programmmusiken von etwas vager Phy-
siognomie, auf die sich zu besinnen schwer fällt. Kommt man nach
England oder gar nach Amerika, so beginnt der Name ins Unge-

messene zu wachsen. Er wird so häufig genannt wie der einer Auto-
marke.« Mein lieber Herr Adorno: etwas pfiffigere Bilder hätte ich
Ihnen schon zugetraut und: wer solche Streichquartette geschrieben hat wie Sie, sollte sich mal lieber gaaaaaanz bedeckt halten!
Mit dem Erfolg dieser Werke war natürlich auch ein wirtschaftlicher Erfolg gegeben, Sibelius konnte nun von dem leben, was ihm
der Bleistift auf dem Notenpapier einbrachte. Schön. Weil er wusste, dass er zum Komponieren Ruhe brauchte – und weil er vielleicht
seine Verführbarkeit in der Stadt mit ihren Cafés und Kneipen zu
gut kannte –, zog er 1904 aufs Land, nach Järvenpää, ca. 37 Kilometer nordöstlich von Helsinki – zu umständlich für die damaligen
Autos, zu weit zu Fuß! Hier komponierte er nun seine großen Symphonien, das wunderbare Violinkonzert und die anderen Werke.
Von hier aus, von der Villa »Ainola«, wie er sie zu Ehren seiner Frau
nannte, machte er seine Reisen nach England, wo er sehr populär
war, Deutschland, Amerika oder wohin sonst es ihn als Komponisten und Dirigenten seiner Werke trieb. Er genoss es, dass Toscanini
sich seiner Werke annahm, wie er es überhaupt genoss, populär zu
sein. Auf eine brummige, knorrige Art, keineswegs als Strahle-
mann im Rampenlicht. »So brachte er es fertig, 1921 ein Bankett
des finnischen Staatspräsidenten zu schneiden, nur weil nach dem
vorangegangenen Abschlusskonzert der nordischen Musiktage in
Helsinki nicht nur ihm Lorbeerkränze überreicht wurden, sondern
auch das Orchester einen erhielt. ›Das ist, als werfe man Perlen vor
die Säue‹, war sein erster unbeherrschter Ausdruck.« (Erich Brüll)
Er war Freimaurer: »Diktatur und Krieg widern mich an. Der bloße
Gedanke an Tyrannei und Unterdrückung, Sklavenlager und Men-
schenverfolgung, Zerstörung und Massenmord machen mich see-
lisch und psychisch krank«, sagte er zu Michael Salzer. Vielleicht
war das ein Motiv für die eher vornehme Reserve, die er an den Tag
legte, als es nach der Russischen Revolution auch in Finnland zu
Kämpfen zwischen Bourgeoisie und Proletariat kam: er flüchtete
1918 ins Krankenhaus seines Bruders nach Helsinki. Dabei mag
ihn besonders irritiert haben, dass die Soldaten der Reaktion von
seinem 1917 komponierten Jägermarsch begleitet auf die Proleta-
rier schossen. Aber: er hat sich auch nicht vereinnahmen lassen. Er
hat nicht an der Seite derer gestanden, die schließlich in Finnland
mit deutscher Hilfe der Reaktion zum blutigen Sieg verhalfen. Und
wenn er 1942 seine Tochter anlässlich der von Rosenberg und
Goebbels angestrengten Gründung einer Deutschen Sibelius Gesellschaft nach Berlin geschickt hat (mehr aber auch nicht), so mag
man ihm das nachsehen als Alterseitelkeit oder Naivität oder einen
kleinen Russenhass – ging es ja damals auch mit den Deutschen

gegen Russland. Sympathisant mit den Nazis war er jedenfalls nie. Da muss ich dann doch sagen: Respekt, Herr Sibelius, wenn ich mir so manchen anderen nordischen Künstler angucke!

1924 dirigierte er das letzte Mal in Kopenhagen; »Drei Stücke« für Violine und Klavier op. 116 komponierte er 1929, da war er 64 Jahre alt. Seitdem hat er nichts mehr veröffentlicht. Warum, wieso – man weiß es nicht. Vielleicht hatte er einfach ein gewerkschaftliches Gefühl für das Erreichen der Altersgrenze, ging sozusagen als Komponist in Rente, wer weiß. Tatsächlich lebte er noch 28 Jahre, war vital, geistreich und witzig bis zum Schluss, hatte Interesse für vieles, auch für Musik, schätzte Béla Bartók als »den größten unter den Komponisten unserer Tage«, arbeitete bis zum Schluss noch an den nicht veröffentlichten Kompositionen mit dem erklärten Willen, sie nicht zu Lebzeiten veröffentlicht sehen zu wollen, rauchte unendliche Mengen von Zigarren und war überhaupt das, was man einen lebensfreudigen Menschen nennen kann. Sein Wort von »diesem Leben, das ich so unendlich liebe, einem Gefühl, das alles prägen muss, was ich komponiere« war im Alter mehr denn je seine geistige Grundhaltung. Am 20. September 1957, nicht lange vor seinem 92. Geburtstag, starb er in Järvenpää.

ENTSTEHUNGSZEIT

Zwischen 1893 und 1896 entstanden die vier Stücke der »Lemminkäinen-Suite« op. 22. Darin geht es um die Geschichte einer Figur aus der »Kalevala«. Ahti Lemminkäinen ist so was wie der ewige Frauenheld, eine Don-Juan-Figur. Man könnte die entsprechenden Verse hier zitieren, wenn es Sibelius um das bloße musikalische Illustrieren eines Epos gegangen wäre. Dem ist aber beileibe nicht so. Er hält sich nicht an die Verse, wie es reine Programmmusik täte, er greift die Stimmung auf, um eine musikalische Atmosphäre zu schaffen, die nur noch eine Korrespondenz zu den Versen ahnen lassen. Insbesondere beim zweiten Stück der Suite, dem »Schwan von Tuonela«, ist das nicht zu übersehen. Ahti Lemminkäinen hat die Aufgabe, den Todesschwan aus dem Totenflusse zu schießen, wird dabei aber vom Totenhirten erschlagen und selber in den Totenfluss geworfen. Von dieser Dramatik lässt Sibelius aber nichts übrig. Was wir hören ist ein expressives Englisch-Horn, das höchstens ein lyrisches Echo des Geschehens übrig lässt, eine wundervolle Vision vom Totenreich. Ursprünglich als Vorspiel zur Oper »Der Bootsbau« geplant, trennte Sibelius das Stück davon ab und reihte es der Suite ein.

URAUFFÜHRUNG
13. April 1896 in Helsinki.

ERFOLG
Ich habe keine Rezensionen der Uraufführung gefunden (oder können Sie Finnisch!?). Aber auch wenn die Lemminkäinen-Suite mit allen vier Stücken außerhalb von Finnland selten gespielt wird, ist der »Schwan von Tuonela« zu einem absoluten Welthit geworden.

ANEKDOTEN
Sind leider keine bekannt.

WERK
Satz
Andante molto sostenuto

Dauer
8 bis 10 Minuten – außer Karajan: der packt es in 7'42! Frei nach Wilhelm Busch:»Schnell tritt der Tod den Menschen an.«

Besetzung
Englisch-Horn-Solo
Oboe
Bassklarinette
2 Fagotte
4 Hörner
3 Posaunen
Pauken
Große Trommel
Harfe
Violinen I (divisi in 4)
Violinen II (divisi in 4)
Bratschen (divisi in 2)
Violoncelli (divisi in 2)
Kontrabass

HITS
Ein erster Hit ist: Das Stück ist im 9/4 Takt geschrieben. Wenn man das nicht weiß, nur zuhört, aber wissen möchte: Verflixt noch mal, das ist weder 4/4 noch 5/4, was ist es dann? kommt man richtig ins Schwitzen, denn der Fluss der Musik erlaubt kaum, auf des Rätsels Lösung zu kommen: 9/4. Find ich schon mal wunderbar.

Dann finde ich schön, dass Sibelius soviele »divisi« macht. »Divisi« heißt »geteilt« und bedeutet, dass die ersten Geigen nicht alle dieselbe Stimme spielen. Sie sind in vier Gruppen aufgeteilt, desgleichen die zweiten Geigen, die Bratschen und die Celli. Das gibt Klangfarbenmöglichkeiten, die sonst nicht vorhanden wären.

Und ein Hit ist natürlich die elegische Melodie im Englisch-Horn, eigenartig archaisch und doch sehr »modern«, weil sie überhaupt nicht den Hörgewohnheiten und damit den Erwartungen, wie die Melodie weiterzugehen habe, entspricht. Auch das finde ich zauberhaft.

FLOPS

Ja Gott: das Blech hat nicht viel zu tun. Die Hörner dürfen sich erst 32 Takte lang die Ventile wund zählen, die Posaunen gar 72 Takte lang (von insgesamt 102), also lieber Herr Sibelius, das nenne ich doch ein bisschen respektlos mit den Musikern umgehen. Zum Kartenspielen in der Kantine, um dann im rechten Moment sich in den Orchestergraben zu zwängen wie bei der Oper, ist das Stück zu kurz, zum nur Dasitzen und Zählen etwas zu lang. Gut, ich weiß: Bruckner lässt das Becken noch länger warten, aber: ist das ein Maßstab für einen Finnen? Der hat auch Wälder gerne gehabt? Ja sicher, aber hier sind wir auf dem Wasser, auf dem Todesfluss. Wer da zu lange zählt, geht unter! Wollt ich nur mal gesagt haben.

OBACHT

Das einzige Obacht in diesem Stück ist die Zählerei. Auch geübte Musiker sind es nicht gewohnt, bis neun zu zählen. Ansonsten: keine besonderen Vorkommnisse.

ES MEINEN

Manfred Trojahn (1987):
Der Schwan von Tuonela ist »der Totenvogel des Wunschkonzertes«.
Ebenfalls Manfred Trojahn (im selben Artikel):
»Es ist uns nicht gedient mit Gesamtaufnahmen seines Œuvres, vielmehr wäre es nötig, die Stücke, in denen er sein höchstes Niveau erreichen konnte, in Aufnahmen und Aufführungen von ebensolchem Niveau darzustellen und dadurch die Besonderheiten dieser Musik, einer der persönlichsten in ihrer Zeit, zu verdeutlichen. Dann werden wir bemerken, dass 1957 nicht der letzte Spätro-

mantiker die Erde verlassen hat, sondern einer der radikalsten Väter der Moderne.«

BEIKIRCHER RÄT

ANLASS

Nein, nicht Beerdigung, nicht Grablegung oder ähnlich Pietätisches. Auch nicht Begleitung zur »Erledigung sämtlicher Formalitäten«. Und auch nicht Seebestattung. Ich bitte Sie: wenn die Asche über die Reling fliegt, passt der »Hummelflug« allemal besser. Nein, nein, der ideale Anlass für den »Schwan« ist: Du bist – auf dem Weg nach Andalusien – die ganze Strecke von Köln nach Bordeaux durchgefahren, hinter Mimizan Plâge übermannt dich aber der Schlaf. Du schaffst es gerade noch in einen piniengesäumten Weg und dann bist du weg. Gegen fünf Uhr früh wachst du auf, reibst dir den Schlaf aus den Augen und hast folgendes Bild vor dir: ein dichter Nebel, genau siebzig Zentimeter über dem Boden schwebend, raubt dir jede Sicht. Die Luft ist schwer vom Pinienduft. Du fährst los. Jetzt den »Schwan« aufgelegt, Scheinwerfer an und Kopf aus dem Fenster, damit du den Weg verfolgen kannst – wie gesagt: die unteren siebzig Zentimeter sind freie Sicht! Nie passt die Musik besser als zu diesem Zustand zwischen Fahren und Segeln, zwischen Tag und Traum, zwischen Leben und Tod.

NUTZUNG

Vielleicht kann sie der Verhaltensforscher dazu nutzen, einer Riesenschildkröte auf Galapagos den Pas de deux im 9/4 Takt beizubringen – was sicherlich bei Erfolg ein reizvolles Bild abgäbe; sicherlich kann sie aber der geübte Gesprächstherapeut zur Unterstützung seiner »Mhm«-Arie nutzen: Mehr als den Zustand des Gleitens über unergründlichen Tiefen kann er verbal sowieso nicht vermitteln – also warum nicht Musik sprechen lassen.

AUTO

Nix Auto, nix Gondel. Neusiedler-See, Nebel, morgens früh und ein Boot mit langen Stangen, um durchs Schilf zu staken. Das ist es. Und sonst nichts.

PAUSEN-TALK

»Ich muss unbedingt mal wieder nach Venedig.«
»Im Karneval?«

»Nein, im November. Da singen die Möwen im Nebel, wie das Eng-lisch-Horn. Vor allem, wenn man an der Friedhofs-Insel vorbeitu-ckert.«

FRAUEN

»Für mich ist der ›Schwan‹ die Sehnsucht schlechthin.«

»Sehnsucht? Bei so einer Todes-Melodie?«

»Ja. Die Sehnsucht nach einem warmen, trockenen, flauschigen Handtuch nach zehn Minuten zu lang im Pool.«

MÄNNER

»Für mich ist der ›Schwan‹ die Hoffnung schlechthin.«

»Hoffnung? Bei so einer Todes-Melodie?«

»Ja. Die Hoffnung nach einem warmen, trockenen, flauschigen Bett und sie hat weder gemerkt, wann ich nach Hause gekommen bin noch in welchem Zustand.«

»Es gibt eben doch Fortschritt – auch in der Musik.«

»Wie meinen Sie das?«

»Na ja, für dasselbe Gefühl hat der Ennio Morricone in ›Spiel mir das Lied vom Tod‹ nur zwei Töne auf der Mundharmonika gebraucht.«

»Aber der Sergio Leone für den ganzen Film drei Stunden.«

»Da haben Sie auch wieder recht.«

BEWERTUNG

Technik		weil: keine Besonder-heiten.
Gesamt	mit Palmwedel	Allgemeiner und melancholischer kann der Trost des Todes kaum ausgedrückt werden – und auch nicht filmischer.

Béla Bartók
1881–1945

Konzert für Orchester (Sz 116)

Wenn überhaupt ein Komponist das Schumann-Joachimsche »F-A-E« (Frei aber einsam) hat leben müssen, dann waren es nicht diese beiden, sondern Béla Bartók: der Kompromisslose, der ständig Kranke; der Edelstein, der erst zu leuchten anfing, als seine Kraft erlosch – als hätte er immer schon nicht für sich, sondern für eine spätere Zeit gelebt. Das ging schon in der Kindheit los. Er war kaum drei Monate auf der Welt – am 25. März 1881 ist er in Nagyszentmiklós, im Süden Ungarns, geboren –, als er gegen Pocken geimpft wurde, was sein Leben ab da bis zu seinem Tode beeinflusste. Warum auch immer – wir ahnen: unsauberer Impfstoff, vielleicht eine Erkrankung während der Impfung, eine Erkältung kann ausreichen, um verheerende Komplikationen auszulösen, wir wissen es bei Bartók aber nicht: er hat auf die Impfung mit der Ausbildung eines bösartigen Ekzems reagiert. Das juckte, das entstellte, das isolierte. Er wurde ins Zimmer gesperrt, wenn Besuch kam, später hat er sich von selber zurückgezogen, wenn Menschen kamen. Es gab keine Spiele mit anderen Kindern, keine Freunde, keine Geburtstagsfeste, keine Kontakte nach außen. Seine Haut, innen und außen, war für sein ganzes Leben lang unberührbar geworden, krank, nicht fähig, robustem Leben standhalten zu können. Klassisch: Allergien und Bronchitiden begleiteten ihn bis zum Tode, vielleicht sogar eine chronische Leukämie. Eine Lungenentzündung (Innenhaut!) verzögerte seine körperliche und geistige Entwicklung, erst nach einer Thermalkur, die der Sechsjährige machte, war er schulfähig. Mit sieben kam er in die erste Klasse. Hätte er nicht Eltern und ein Schwesterchen (Elza) gehabt, die ihn liebten, wir wüssten vermutlich noch nicht mal, dass es ihn gegeben hat. Papa war der Direktor der Ackerbauschule in Nagyszentmiklós und Musikliebhaber – als Cellist hatte er ein kleines Ensemble in diesem gottverlassenen Nest gegründet und spielte gängige Unterhaltungsmusik –, seine Mama, Paula, geb. Voit, spielte Klavier und brachte dies dem Kleinen bei. Allerdings: 1888 starb der Vater (wahrscheinlich an der Addisonschen Krankheit), erst 33 Jahre alt, und die Mama musste nun für den Unterhalt sorgen. Sie arbeitete

wieder in ihrem alten Beruf als Volksschullehrerin, holte ihre
Schwester Irma zu sich und zog nach Nagyszöllös in den Norden
Ungarns. Tante Irma – von ihrer Schwester »Stecknadel« genannt,
weil sie ständig in ihrer Nähe war – war ab da, von Béla heißgeliebt,
Teil der Familie: sie kümmerte sich um den Haushalt, Mama um
das Finanzielle.
Hier in Nagyszöllös entstanden die ersten Kompositionen des Acht-
jährigen, u. a. »Der Lauf der Donau«, eine musikalische Biographie
für Klavier. Und in diesem Ort gab es einen Organisten, Christian
Altdörfer, der das Talent des Jungen erkannte und Mama bewog,
ihn in Budapest ausbilden zu lassen. Mama fuhr in die Hauptstadt,
Béla spielte Professor Károly Agghazy vor, der ihn gleich da behalten wollte; sie fand also das Urteil des Dorforganisten bestätigt,
wollte aber, dass der Junge erstmal das Gymnasium macht. Dazu
schickte sie ihn in die nächstgrößere Stadt, Nagyvárad, zu Tante
Emma Voit (1891). Fern von den Seinen ging es aber schon mal gar
nicht – man holte ihn schon im April 1892 wieder nach Hause. Dort
hatte er am 1. Mai 1892, als 11-jähriger, sein Debut als »Konzertpianist«: er spielte Beethoven und »Der Lauf der Donau« und es muss
sehr schön gewesen sein, denn es gab Applaus, Lob und Blumen –
und zwar sieben Sträuße, davon einer aus lauter Bonbons! Jetzt war
kein Halten mehr: Mama suchte um einen einjährigen Urlaub von
der Schule an, den man ihr gewährte, und zog nach Pozsony (d. i.
Bratislava = Pressburg) um. Leider fand sie dort keine Anstellung
als Lehrerin, also musste wieder umgezogen werden, diesmal nach
Siebenbürgen, nach Beszterce (Bistritz), von wo man allerdings
nach einigen Monaten erneut zurück nach Pressburg zog, weil es
mit der Lehrerinnen-Stelle endlich geklappt hatte. Obwohl Béla –
mittlerweile 13 Jahre alt – fast das ganze Schuljahr versäumt hatte,
holte er in ein paar Wochen alles auf, bestand die Abschlussprüfung
mit »ausgezeichnet« und erhielt einen Preis von 15 Gulden. Er
konnte nun bei László Erkel – Sohn von Ferenc Erkel, dem Begründer der ungarischen Nationaloper – Klavier studieren und war
damit zum ersten Mal bei einem »Profi«. Und dann gab es da noch
die Familie Dohnányi mit dem vier Jahre jüngeren Ernö, besser
bekannt als Ernst von Dohnányi: Komponist und exzellenter Pianist
(Kennen Sie z. B. sein Klavierquintett? Nicht? Dann wird es aber
Zeit!). Mit ihm musizierte Béla und verkehrte in seiner Familie bis
zum Abitur.
1898 stand die Entscheidung an: Musik studieren – aber wo? Wien
oder Budapest? Bartók entscheidet sich für Budapest und studiert
bei István Thomán und Hans Koessler. Vom Herbst 1899 bis 1903
dauerte das Studium, als Pianist wird er hochgeschätzt, als Kompo-

nist eher nicht; es stagnierte ein bisschen. »Aus dieser Stagnation riss mich wie ein Blitzschlag die erste Aufführung von ›Also sprach Zarathustra‹ in Budapest (1902); das von den meisten dortigen Musikern mit Entsetzen aufgenommene Werk erfüllte mich mit dem größten Enthusiasmus: endlich erblickte ich eine Richtung, einen neuen Weg«, schreibt er in seiner kurzen Autobiographie. Er begann langsam zu erwachen, brauchte aber noch seine Zeit. Erst kam der Pianist zur Geltung: ein erstes Konzert in Wien (26. Januar 1903) und eines in Berlin brachten ihm erste internationale Erfahrung und Erfolg. In Berlin spielte er auch eine eigene Komposition, die »Etüde für die linke Hand«, und bekam gute Kritiken. Es baute sich langsam das klassische Leben eines großen Pianisten auf – und er wurde einer der größten Pianisten des 20. Jahrhunderts, auch wenn Wilhelm Backhaus ihm 1905 in Paris den Rubinstein-Preis vor der Nase wegschnappte: Paris, Spanien, Portugal, Frack, Lackschuhe, Applaus, Eisenbahn, Hotel, Konzert-Garderoben … Und irgendwann mit 70 das große Abschiedskonzert und das war es dann – es kam aber anders.

1905 lernte er Zoltán Kodály kennen, 1907 wurde er Professor für Klavier an der Budapester Musikakademie und entdeckte die wissenschaftliche Seite in sich. Sammler war er immer schon gewesen: Insekten, Blumen etc. – nun beginnt er, Volkslieder zu sammeln. Kodály hat ihm das Hirn und die Ohren entstaubt und klargemacht, dass das, was Liszt und andere als ungarische Volkslieder verkauften, nichts als folkloristische Kunstlieder waren. Beide begannen, die wirklichen Volkslieder aufzuzeichnen, die ungarischen Bauernlieder. Dabei machte Bartók als Komponist eine erregende Entdeckung: »Das Studium all dieser Bauernmusik war deshalb von entscheidender Bedeutung für mich, weil sie mich auf die Möglichkeit einer vollständigen Emanzipation von der Alleinherrschaft des bisherigen Dur-Moll-Systems brachte. Denn der weitaus überwiegende und gerade wertvolle Teil des Melodienschatzes ist in den alten Kirchentonarten, respektive in altgriechischen und gewissen noch primitiveren (namentlich pentatonischen) Tonarten gehalten und zeigt außerdem mannigfaltigste und freieste rhythmische Gebilde und Taktwechsel sowohl im Rubato- als auch im Tempo-Giusto-Vortrag. Es erwies sich, dass die alten, in unserer Kunstmusik nicht mehr gebrauchten Tonleitern ihre Lebensfähigkeit durchaus nicht verloren haben. Die Anwendung derselben ermöglichte auch neuartige harmonische Kombinationen. Diese Behandlung der diatonischen Tonreihe führte zur Befreiung der erstarrten Dur-Moll-Skala und, als letzte Konsequenz, zur vollkommen freien Verfügung über jeden einzelnen Ton unseres chromatischen Zwölftonsystems.«

Damit war der Damm gebrochen und zwar in zweierlei Hinsicht:
der Wissenschaftler Bartók wurde zu einem der Begründer der ver-
gleichenden Musikwissenschaft, der Komponist fand über diese
Arbeit zu seiner eigenen musikalischen Sprache – natürlich nicht
in der platten Form des Übernehmens solcher »Ungarismen«, sondern in der Entdeckung der Freiheit. Sechs Bücher, viele Aufsätze
und ca. 20.000 Notenübertragungen der mit Wachswalzen aufge-
zeichneten Lieder (auch aus anderen Ländern) sind die Summe dieser Arbeit – das hätte jedem anderen schon für eine Professur und
ein paar Ehrendoktorhüte obendrauf gereicht!
Neben dieser Arbeit, der Konzertpianistenlaufbahn und der Professur für Klavier war er aber auch Komponist – und sollte einer der
größten des 20. Jahrhunderts werden! Es ist atemberaubend, zu
lesen, mit welcher Energie der ständig kranke Bartók dieses Ziel
umsetzte, obendrein – vor allem gegen Ende seines Lebens – unter
äußerst engen ökonomischen Verhältnissen. Und nie hat er sich
»prostituiert«, nie um eines materiellen Vorteils willen Dinge
getan, die er nicht freiwillig getan hätte, nie hat er Freunde oder sich
selber verraten. Alle Zeitgenossen heben heraus, wie integer er war.
Woher er – der zwar zweimal verheiratet war und zwei Kinder hatte,
die er über alles liebte – diese Ruhe und Kraft nahm, bleibt ein
Rätsel. Sein Leben verbietet einer Schnodderschnauze wie mir
schlichtweg, scherzhaft damit umzugehen. Der Ernst, den viele an
ihm feststellten bzw. bemängelten, ist – verzeihen Sie das Pathos,
ich vermag es nicht anders auszudrücken – ein heiliger. Am liebsten
würde ich hier mit dem Schreiben aufhören und mit Ihnen zusammen sein Streichquartett Nr. 6 anhören. Bartók muss in der Be-
drängtheit seines Lebens eine musikalische Vision in sich getragen
haben, die noch weit davon entfernt ist, ausgelotet zu sein. Ich bin
überzeugt davon, dass seine Musik an Wertschätzung gewinnen
wird, je mehr wir über unsere deutschen und europäischen Grenzen hinaus zu empfinden in der Lage sind; Bartók hat in seiner
Musik diese »nationalen« Grenzen weit hinter sich gelassen, er ist
unabhängig von ihnen, weil er in seiner Einsamkeit weiter war als
jeder Komponist seines Jahrhunderts.
Sein äußeres Leben spielt da – fast – keine Rolle mehr. Er war verliebt – in die Geigerin Stefy Geyer z. B., für die er sein erstes Violinkonzert schrieb –, er hat geheiratet – in erster Ehe Márta Ziegler,
mit der er den Sohn Béla hatte, in zweiter Ehe, nach der Scheidung
von Márta, mit der Pianistin Ditta Pásztory, mit der er den Sohn
Péter hatte; er hat konzertiert in ganz Europa und USA, er ist (1940)
nach Amerika ausgewandert, war viel krank und ist am 26. September 1945 an Leukämie gestorben, nachdem er (1944) erleben durfte,

dass eines seiner Werke, das »Konzert für Orchester«, zwei triumphale Erfolge feierte (in Boston und New York). Er war seiner Familie zugetan, hat sich um sie gesorgt, sich liebevoll um die Kinder gekümmert, Hoffnungen gehabt und viele Enttäuschungen verkraftet, war Oberflächlichkeiten abgeneigt und hat es sich – könnte man sagen – mit den Menschen schwer gemacht (und ihnen mit sich). Aber er hat Werke geschrieben, die überleben werden. Davon war er immer schon, auch als junger Komponist, überzeugt, ohne jemals überheblich zu sein. Ich glaube, das war die Kraft, die ihn bis zuletzt aufrechterhielt, das war es, was seine Augen leuchten ließ (was seine Mitschüler schon in der Schule extrem beeindruckte): dass da etwas ist, was er auszudrücken hat und was nur er ausdrücken kann.

Man schreibt da so leicht: 20.000 Notenbeispiele. Diese musikalische Feldforschung aber ist richtige Knochenarbeit. Ich möchte hier einen Ausschnitt (leicht gekürzt) aus einem Brief Bartóks an die Geigerin Stefy Geyer zitieren, der zum einen zeigt, mit welchen unsäglichen Schwierigkeiten das Sammeln von Volksliedern zusammenhängt, zum anderen, dass Bartók auch feinen Humor hatte, zum dritten, wie wichtig ihm diese Arbeit war.

»Dialog in Gyergyó-Kilyénfalva (Siebenbürgen)

Der Reisende (tritt ein): Grüß Gott!
Die Bäuerin: Jesus Christus behüte Sie!
Der Reisende: Ist wohl Ihr Mann zu Hause?
Die Bäuerin: Nein, er ist nicht zu Hause, er fuhr in der Früh mit dem Wagen aufs Feld um Heu einzufahren.
Der Reisende: Na, und wie geht es Ihnen im Allgemeinen?
Die Bäuerin: Es geht ja, wie es kann; Übel gibt's genug, und plagen tun wir uns auch nicht wenig.
Der Reisende: Na, na! Irgendwie schaffen Sie's doch!
Die Bäuerin: Also, was wünscht der Herr?
Der Reisende: Also, sehen Sie, ich bin gekommen, um Sie um etwas zu bitten, um was man Sie, wie ich annehme, noch niemals gebeten hat.
Die Bäuerin: ?
Der Reisende: Die Nachbarin hier behauptet, Sie könnten so richtige uralte Lieder singen, die Sie noch in Ihrer Jugend von den Alten gelernt hätten.
Die Bäuerin: Ich?! Alte Lieder?! Der Herr soll mich nicht zum Narren halten! Hi-hi-hi-hi!
Der Reisende: Schauen Sie mal, das ist keine Narretei. Ich spreche

in vollem Ernst. Ich kam nur deshalb hierher, von weit, von sehr weit, von Budapest, um diese uralten Lieder zu suchen, die man nur hier kennt!

Die Bäuerin: Na, und was fängt man dann mit diesen Liedern an? Kommen sie in die Zeitung?

Der Reisende: Keineswegs! Diese Arbeit bezweckt, dass wir diese Lieder bewahren, dass sie notiert werden. Denn schauen Sie, die jungen Leute kennen ganz andere Lieder, sie haben die alten Lieder nicht gern, sie lernen sie auch nicht, obwohl diese alten Lieder viel schöner sind als die jetzigen. Na, nicht wahr? In fünfzig Jahren sind sie spurlos verschollen, wenn wir sie jetzt nicht aufschreiben.

Die Bäuerin: Wirklich? (Pause) Bruhahahaha! – Hihihihihi! Nein, ich glaub's doch nicht!

Der Reisende (verzweifelt): Schauen Sie sich doch dieses kleine Büchlein an; sehen Sie, das alles habe ich hier notiert. (Er pfeift ein Lied) Dieses Lied hat Frau Andreás Gegö gesungen. (Er pfeift ein anderes) Und dieses Frau Bálint Kósza. Diese kennen Sie doch auch, nicht wahr?

Die Bäuerin: Ach, meine Stimme ist nicht mehr danach ...

Der Reisende (fällt ihr ins Wort): Dazu ist gar keine so starke Stimme nötig; wenn Sie das Lied ganz leise vor sich hinsingen, so wird's auch gut sein. Denken Sie nur nach! Vielleicht kommt Ihnen etwas von den alten Liedern doch in den Sinn.

Die Bäuerin (denkt lange nach): Mir ist eins eingefallen.

Der Reisende (mit aufblitzender Hoffnung): Also los, los!

Die Bäuerin: Na, und wie soll ich's sagen? Nur mit Worten?

Der Reisende: Ach nein! Mit der Stimme, so wie man singt.

Die Bäuerin (beginnt und singt es zu Ende): ›Ezt a kerek erdöt járom én ...‹ Ach, das ist ein uraltes Lied!

Der Reisende: Gewiss, gewiss, es ist sehr schön. Aber kennen Sie kein noch älteres? Denken Sie doch nach!

Die Bäuerin: Ein noch älteres? (Sie zerbricht sich den Kopf. – Plötzlich zu ihren Töchtern) Donnerwetter! Warum habt ihr die Gänse herausgelassen?

[Bartók gelingt es doch noch, einige Lieder aus der Bäuerin herauszuholen, die man aber in der Stadt kennt. Er wird immer ungeduldiger.]

Die Bäuerin (zu ihren Kindern): Na, denkt auch ihr nach, vielleicht wisst auch ihr was!

Der Reisende: Was die Kinder kennen, das brauch' ich nicht. Das sind lauter neue Lieder. Ich kann nur sehr, sehr alte brauchen!

Die Bäuerin: Aber ich will dem jungen Herrn noch eines vorsingen.

Der Reisende: Also lassen Sie hören.

Die Bäuerin: Der Gesang der Maria Magdalena …
Der Reisende: Den brauch' ich nicht! Ist er doch ein geistlicher Gesang!
(Verflucht im Stillen sämtliche Kirchengesänge der Welt)
Die Bäuerin: Na, und haben Sie dieses? (Képpedel alszom …)
Der Reisende (dumpf): Das hab' ich! (Zähneknirschend, mit größtmöglicher Liebenswürdigkeit.) Aber so ein richtiges Dorflied, das man in Ungarn nicht kennt …
Die Bäuerin: Aber was ich jetzt singen werde, das hat der junge Herr noch nicht aufgeschrieben: ›Ezt a kerek …‹
Der Reisende: Damit hatten Sie doch begonnen! Nicht zu brauchen. (Steckt mit endgültiger Entsagung das Notizbuch und die Feder in die Tasche.)
Die Bäuerin: Kirchengesänge wüsst' ich viele. Das Lied der Maria Magdalena …
Der Reisende (schweigt mit Verachtung)
Die Bäuerin: Etwas Schöneres hört der junge Herr nirgends.
Der Reisende: Wissen Sie nicht jemanden, der solche uralten Lieder kennt? … Danke, danke, grüß Gott! (Entfernt sich gebrochen)
Da capo al fine, von früh bis abends, von Montag bis Sonntag! Das ist nicht länger auszuhalten! …«

ENTSTEHUNGSZEIT

1943. Es hatte sich herumgesprochen, dass es Béla Bartók nicht nur gesundheitlich, sondern auch finanziell schlecht ging. Er lag – wieder einmal – im Krankenhaus – die Kosten für die Krankenhausaufenthalte hatte übrigens großzügigerweise die ASCAP, die amerikanische GEMA, übernommen, obwohl sie nicht dazu verpflichtet gewesen wäre! –, im Doctors Hospital in New York, als ihn einer der großen Dirigenten der damaligen Zeit besuchte: Serge Kussewitzky, Leiter der Bostoner Symphoniker. József Szigeti, der Geiger, hatte ihn auf die Lage Bartóks aufmerksam gemacht mit der Bitte, ihm zu helfen. Nun wussten alle, die den Komponisten kannten, dass er Geldgeschenke als »Almosen« strikt ablehnte, dass er sich überhaupt nur schwer helfen ließ. Also ließ sich Kussewitzky was einfallen. Die Kussewitzky-Stiftung habe ihn gebeten, anzufragen, ob er ein Orchesterwerk in Auftrag nehmen könne, das dem Gedächtnis der kürzlich verstorbenen Frau Kussewitzky gewidmet sein soll. Er habe einen Scheck über die Hälfte des Honorars dabei. Bartók war gerührt, lehnte aber ab. Er fürchte, dass seine Gesundheit nicht zulasse, dass er das Werk vollende, deshalb könne er kein Geld annehmen. Ein Stiftungsbeschluss könne aber nicht rückgängig gemacht werden, konterte Kussewitzky – und da nahm Bartók den Auftrag (und den Scheck) an. Er konnte bald darauf das Krankenhaus verlassen und arbeitete nun intensiv am Konzert. Oktober 1943 kehrte er nach New York zurück und hatte die fertige Partitur in der Tasche.

URAUFFÜHRUNG
»Die Erstaufführung meines für die Kussewitzky-Stiftung im September 1943 geschriebenen Orchesterwerkes fand am 1. und 2. Dezember [1944] in Boston statt. Wir fuhren zu den Proben und Aufführungen hin – nachdem wir zu dieser Reise die ungern gegebene Einwilligung der Ärzte erhalten hatten.« (Bartók)
Es spielten die Bostoner Symphoniker unter Serge Kussewitzky.

ERFOLG
»Es war der Mühe wert; die Aufführung gelang vorzüglich. Kussewitzky ist von der Komposition ganz begeistert und behauptet, sie sei das beste Orchesterwerk der letzten 25 Jahre (einschließlich der Werke seines Abgotts Schostakowitsch!).« (Bartók)
Das Publikum und die Presse nahmen das Werk gleichermaßen begeistert auf. Dies war der Beginn einer neuen Sichtweise der Werke Bartóks. Tatsächlich wurde das Konzert für Orchester sehr schnell eines der meistaufgeführten Werke in den Konzertsälen der USA.

ANEKDOTEN
s. o.

WERK
Sätze
1. Introduzione (Andante non troppo / Allegro vivace)
2. Giuoco delle coppie (Allegretto scherzando)
3. Elegia (Andante non troppo)
4. Intermezzo interrotto (Allegretto)
5. Finale (Presto)

Dauer
ca. 40 Minuten

Besetzung
3 Flöten (3. auch Pikkolo)
3 Oboen (3. auch Englisch-Horn)

3 Klarinetten (3. auch Bassklarinette)
3 Fagotte
4 Hörner
3 Trompeten
3 Posaunen
Tuba
Pauken
Triangel
Becken
Tamtam
Kleine Trommel
Große Trommel
2 Harfen
Violinen I und II
Bratschen
Violoncelli
Kontrabässe

HITS

In knapp acht Wochen so ein Werk schreiben: Hit!
In fünf Sätzen ein Leben ausdrücken: Hit!
In denselben fünf Sätzen eine Epoche ausdrücken: Hit!
Wenn ich bei Schuberts h-moll Symphonie immer das Gefühl habe:
»Woher weiß er, was ich empfinde?«, geht es mir bei Bartók Konzert für Orchester so, dass ich nicke und mir sage: »Genau so ist es«. Es ist die Unmenge von Eindrücken, Gegenläufigkeiten, Widersprüchen, ironischen Brechungen (»Heut geh ich ins Maxim« im vierten Satz!), die mir dieses Konzert als das musikalische Abbild dessen, was man halt so als Leben erfährt, erscheinen lassen. Und es ist obendrein die Hoffnung, dass es vielleicht doch eine Utopie weltweiten Zusammenlebens geben könnte (im Finale). Das Konzert für Orchester ist für mich in knapper musikalischer Sprache das, was ich, wenn ich mich umschaue, erlebe – zumindest seit ich es einigermaßen erwachsen sehe. Dass die Elegie dann auch noch die Melancholie darüber, dass es so ist, zum Herzzerreißen ausdrückt, ist das Große an diesem Konzert.
Da mag ich keine Einzelheiten mehr angeben: auflegen, Augen zu und alle Bilder entstehen von selbst. Und ein großes Gefühl.

FLOPS

Wie denn? Die Welt, in der ich lebe und die in diesem Konzert ihren Ausdruck gefunden hat, hätte Flops? Sicher – aber: Kann ich mir eine andere aussuchen? Also bitte!

OBACHT
Wie üblich: Technik. Virtuos ist es, verlangt das Äußerste von allen
Musikern und verlangt auch noch emotionale Kraft.

ES MEINEN
Yehudi Menuhin:
»Bei einem schöpferischen Menschen tritt das Leben hinter seiner
Schöpfung zurück, wird zweitrangig. Bartók Genius zehrte den
Menschen Bartók auf, ließ ihn vereinsamt und ausgezehrt zurück.
Worte waren kaum noch nötig, ja das Leben selbst war kaum noch
nötig, verglichen mit dem Umsetzen dieses Lebens und seiner
Überzeugungen in die Musik.«

BEIKIRCHER RÄT
... angesichts dieser Musik auf die Rubriken »Anlass, Nutzung,
Auto und Pausen-Talk« zu verzichten. Hier stehen wir vor einem
Meisterwerk, das seinen Platz in unseren Köpfen und Herzen noch
nicht erobert hat. Scherze müssen warten.

BEWERTUNG
Technik

Gesamt

Das Konzert für
Orchester ist das
20. Jahrhundert. Und
lässt dennoch Hoff-
nung. Eines der gro-
ßen Werke der
Menschheit.

Igor Strawinsky
1882–1971

Le Sacre du Printemps
Bilder aus dem heidnischen Russland

>»Durch seinen Tod kamen wir uns näher.«
(Strawinsky über seinen Vater)

>»Es war eine Zeit des Wartens auf den Augenblick, als
ich alle und alles, was damit zu tun hatte, zum Teufel
jagen konnte. Mein Leben zu Hause war unerträglich.«
(Strawinsky über seine Jugend)

Tja, könnte man sagen, da hat sich aber einer gar nicht wohl gefühlt
in seiner Kindheit; genauer: in seinem Elternhaus. Wenn man
weiß, wie die Kindererziehung in einem durchschnittlichen wohl-
habenden Haus um 1900 lief, kann man es schon nachvollziehen:
Kinder hatten in der Welt der Erwachsenen nichts zu suchen, ab ins
Kinderzimmer zur Gouvernante, die spielt mit euch, fertig. Dass
Papa als Opernsänger – er war erster Bassist an der Oper in Kiew
und dann in St. Petersburg, also muss er schon einiges in der Kehle
gehabt haben – natürlich auch zu Hause Musik machte, hat der
kleine Igor, wie er erzählt, nur von Ferne gehört – aus dem Kinderzimmer. Seine ersten musikalischen Eindrücke fand er woanders.
In den »Chroniques de ma Vie« berichtet er:
»Einer der ersten klanglichen Eindrücke, dessen ich mich entsinne,
wird manchem vielleicht bizarr erscheinen. Es war auf dem Lande,
wo meine Eltern, wie die meisten ihres Standes, mit uns Kindern
den Sommer verbrachten. Ein riesenhafter Bauer saß auf dem
einen Ende eines Baumstamms; es roch penetrant nach Harz und
frisch gefälltem Holz. Die Kleidung des Mannes bestand aus einem
kurzen roten Hemd, seine rot behaarten Beine waren nackt, und an
den Füßen trug er Sandalen aus Bast. Obwohl er ein Greis war, fand
sich in dem dichten Haar des Kopfes, das buschig und rot war wie
der Bart, kein einziges weißes Härchen. Er war stumm, aber er
pflegte sehr laut mit der Zunge zu schnalzen, und alle Kinder –
auch ich – fürchteten sich vor ihm. Schließlich besiegte Neugier die
Angst, wir gingen näher an ihn heran, und er, um uns eine Freude

zu machen, begann zu singen. Sein Lied bestand aus zwei Silben, es waren die einzigen, die er aussprechen konnte. Sie hatten keinen Sinn, aber er stieß sie, mit großer Geschwindigkeit abwechselnd, unglaublich geschickt hervor. Dieses Geleier begleitete er auf folgende Weise: er drückte die rechte Handfläche gegen die linke Achselhöhle und bewegte den linken Arm sehr schnell auf und nieder. Dadurch brachte er unter seinem Hemd in rhythmischer Folge eine Reihe recht verdächtiger Töne hervor, die man euphemistisch als ›Schmatzen‹ bezeichnen könnte. Mir bereitete das ein tolles Vergnügen, und zu Hause angekommen, versuchte ich mit großem Eifer, diese Musik nachzuahmen. Das gelang mir so gut, dass man mir die indezente Begleitung schleunigst verbot. So musste ich mich mit den beiden traurigen Silben begnügen, und die verloren bald ihre Anziehungskraft für mich.«

Was wunder, dass einen so was beeindruckt, wenn zu Hause alles wohlgeordnetst abläuft. Es gibt übrigens bei vielen Komponisten Berichte über ein musikalisches Urerlebnis; das Strawinsky'sche hat die Einmaligkeit, dass es jeder von uns nachvollziehen kann. Versuchen Sie's doch mal! Abgesehen davon, dass es Spaß macht, könnte es ja sein, dass das auch bei Ihnen ein Potenzial freilegt, das bisher keiner in Ihnen vermutet hat! Papa also hieß Fjodor Ignatjewitsch, Mama Anna Cholodowsky. Igor hatte zwei ältere Brüder, zu denen er keinen Kontakt hatte (einer starb 1895, der andere als Architekt in Leningrad 1941), und einen jüngeren, Gury, mit dem er sehr eng verbunden war. Gury starb im Krieg 1917 an Scharlach. Für ihn hat Strawinsky die »Verlaine-Lieder« komponiert. Igor selbst ist am 17. Juni 1882 in Oranienbaum auf die Welt gekommen, am finnischen Meerbusen, wo die Eltern in Sommerfrische waren. Das Kindermädchen Bertha Esser war die Frau, auf die der Kleine seine Gefühle konzentrierte. »Sie lebte lange genug, um auch meine eigenen Kinder zu pflegen, und sie war seit vierzig Jahren in unserer Familie, als sie schließlich 1917 in Morges starb. Ich habe um sie mehr getrauert als später um meine Mutter«, schildert Strawinsky. Bertha Esser war übrigens Deutsche, was dazu führte, dass im eigentlichen Sinne Deutsch Strawinskys Muttersprache war. Ab neun bekam er Klavierunterricht, es entstanden erste Kompositionen und er ging viel und oft in die Oper – deren Werke er von den Klavierauszügen her, welche er zu Hause durcharbeitete, bestens kannte. Seine Eltern allerdings wollten ihn nicht Musik studieren lassen, er sollte erstmal »was Vernünftiges« lernen, also machte er sich ans Jurastudium, das er 1905 abschloss. Er nahm aber nebenbei Musikunterricht (Harmonielehre, Kontrapunkt) und war ab 1902 (nach dem Tode seines Vaters) Schüler von Rimsky-Korsa-

kow, der sich auch privat um den jungen Igor kümmerte, ja fast
eine Art Pflegevater – im Sinne einer väterlichen Respektsperson,
der Igor viel Gefühl entgegenbrachte – für ihn wurde. Kurios ist,
was Strawinsky über seine erste Begegnung mit Rimsky-Korsakow
in Heidelberg im Sommer 1902 erzählt:»Ich musste ihm meine
ersten Versuche vorspielen, doch ach, er nahm sie nicht so auf, wie
ich gehofft hatte. Als er bemerkte, wie niedergeschlagen ich war,
versuchte er, mich zu ermutigen, und bat mich, irgendetwas anderes zu spielen. Ich tat es und nunmehr gab er seiner Meinung
Ausdruck. Er sagte, ich solle vor allem weiter Harmonielehre und
Kontrapunkt studieren, und zwar bei irgendeinem seiner Schüler,
damit ich lernen möge, das notwendige Handwerk zu beherrschen.
Er riet mir aber dringend ab, das Konservatorium zu besuchen. Er
fand, dass die Atmosphäre dieser Anstalt, an der er selbst Professor
war, für mich nicht tauge … Er fürchtete auch, ich werde mit meinen zwanzig Jahren die Überlegenheit der jüngeren Schüler zu
stark empfinden und mich dadurch entmutigen lassen. Auch
müsse meine Arbeit dauernd überwacht werden, und das sei nur im
Privatunterricht möglich … er sei bereit, sich mit mir zu beschäftigen, sobald ich die notwendigen elementaren Kenntnisse erworben
hätte.«
Mit Beendigung des Jura-Studiums änderte sich Strawinskys Leben. Lapidar schrieb er:»Damit endet meine Jugendzeit. Im Frühling 1905 hatte ich mein Universitätsstudium abgeschlossen, im
Herbst verlobte ich mich, und ich heiratete im Januar 1906.« Und
zwar seine Cousine Catherine Nossenko – eigentlich zu eng verwandt für eine Heirat, aber ein paar Rubel in die Taschen eines
Priesters machten es möglich. Es muss eine tiefe Liebe gewesen
sein, nicht nur, weil ihr vier Kinder entsprangen (Théodore geb.
1907, Ludmilla geb. 1908, Svjatoslav Soulima geb. 1910 und Maria
Milena geb. 1914), sondern weil sie »als ich zehn war, wie eine lang
erwartete Schwester in mein Leben« kam.»Von da an bis zu ihrem
Tode waren wir uns überaus nah, näher als sich manche Liebenden
sind, denn bloß Liebende können füreinander Fremde sein, auch
wenn sie ihr ganzes Leben in Liebe zusammen verbringen.«
Rimsky-Korsakow muss – wie konservativ er auch von anderen
geschildert werden mochte – auf Strawinsky einen enormen Einfluss gehabt haben: weniger in musikalischem Sinne als in dem,
dass er dem jungen Mann offensichtlich den Glauben an die eigene
Kreativität gab und in ihm die Kräfte ansprach, die der junge Komponist ab jetzt mit einer Energie freisetzen konnte, die einen nur
staunen lässt. Und das nicht nur für ein paar Jahre: Strawinsky blieb
kreativ und produktiv bis ins hohe Alter hinein, immer neugierig

und wach, was die Musik angeht, und setzte diese Neugier auch um. Sein Leben verlief – in musikalischer Hinsicht – von da an so was von linear nach oben wie nur wenige Künstlerlaufbahnen. 1908 lernte er Serge Diaghilew (s. auch Ravel in »Andante Spumante« und Prokofjew) kennen, den Motor der Gruppe »Welt der Kunst« und späteren Chef der »Ballets russes« in Paris, ein dynamischer Quirl, der selbst zwar nie choreographiert hat (er wird fälschlicherweise oft als Choreograph bezeichnet), der aber ein genialer Impresario und Zusammenführer kreativer Menschen war. Er hatte gute Kontakte zu Paris, wo er 1906 eine bis heute unübertroffene Gesamtschau russischer Malerei organisierte, Konzerte russischer Musik veranstaltete und 1908 die legendäre Aufführung von Mussorgskys »Boris Godunow« mit Fjodor Schaljapin in der Titelrolle ermöglichte, die – obwohl von Rimsky-Korsakow bearbeitet, wogegen sich Ravel wandte – dieser Oper den europäischen Durchbruch brachte. Wenn man sich die Namen anguckt, die für Diaghilew gearbeitet haben – als Tänzerinnen und Tänzer, Choreographen, Komponisten, Bühnenbildner etc. –, versteht man, dass man es hier mit einem der Größten zu tun hat, die sich jemals auf diesem Gebiet getummelt haben: Nijinski, Dolin, Karsawina, Tschernicheva, Picasso, Matisse, Gris, Braque, Max Ernst, de Chirico, Miró, R. Strauss, Debussy, Ravel, Satie, de Falla, Respighi, Prokofjew, Milhaud, Strawinsky. Und das sind beileibe noch nicht alle großen Namen! Dabei war er sein ganzes Leben lang arm, »lebte jedoch wie ein reicher Mann« (Nicolas Nabokov) und hatte – neben der Liebe zur Kunst – offensichtlich ein untrügliches Urteil in Bezug auf gute und schlechte Kunst. Und er verstand es, für die Avantgarde Geld zu beschaffen – ein Sponsoring-Virtuose würde man heute wohl sagen. Vor allem aber hob er das Ballett als Kunstform aus der Schmuddelecke heraus – no, bei diesen Künstlern, die für ihn arbeiteten! 1929 starb er an Diabetes, den er nicht ernst genommen hatte. Sein Grab ist in Venedig – nicht weit weg von dem Strawinskys!

Diesen Menschen also lernte Strawinsky kennen und es ergab sich eine phänomenale Zusammenarbeit über Jahre hin. Diaghilew war für Strawinsky praktisch das Katapult in die europäische Avantgarde; was ohne ihn aus Igor geworden wäre, könnte ein hübsches Gedankenspiel für einen feinen musikalischen Salon sein. Alle Ballettkompositionen zwischen 1910 und 1929 sind für die »Ballets russes« und ihren Chef Diaghilew geschrieben, Werke, die zum Teil die musikalische Welt bleibend verändert haben. »Feuervogel« war der erste Paukenschlag (1910), »Pétrouchka« (1911) der zweite und 1913 kam dann »Le Sacre du Printemps« – und mit ihm einer der größten Musikskandale der Geschichte. Ab da, könnte man sagen, war Strawinsky »durch« und ein gemachter Mann, zumal der »Sacre« ein Jahr später, als er zum erstenmal konzertant gespielt wurde, in Paris zu einem bedeutenden Erfolg wurde. Bis 1914 war Strawinsky öfter schon im Ausland gewesen, im Sommer 1914 verließ er Russland für immer. Erst 1962 guckte er wieder vorbei. Er zog in die Schweiz. Dort entwickelte sich eine tiefe Freundschaft mit dem Dichter Charles-Ferdinand Ramuz, der das Libretto zu »L'histoire du soldat« schrieb. Ramuz berichtet: »Strawinskys Schreibtisch sah aus wie der Instrumententisch eines Chirurgen; mit der Ordnung, die der Chirurg hier walten lässt, schafft er sich eine neue Chance in seinem Kampf gegen den Tod. Auch der Künstler (auf seine eigene Art) kämpft gegen den Tod. Jede einzelne dieser Flaschen mit verschiedenfarbigen Tinten trug in ihrer vorschriftsmäßigen Rangordnung ihren kleinen Teil dazu bei, den Glauben an eine höhere Ordnung eindrucksvoll zu bestätigen. Ihre Nachbarn waren Radiergummis von verschiedener Art und verschiedener Form und funkelnde Stahlinstrumente aller Art: Lineale, Radiermesser, Federmesser, Reißfedern, ganz abgesehen von einem gewissen Instrument mit Röllchen, das dazu diente, die Linien des Notensystems zu ziehen, und das Strawinsky selbst erfunden hatte« – und genau so, pflegen noch heute »Kritiker« zu sagen, klinge seine Musik!

Er reiste durch Spanien und Italien – soweit das im Krieg möglich war – und zog 1920 nach Frankreich um, lebte aber nicht ständig in Paris – das tat er erst, nachdem er 1934 französischer Staatsbürger geworden war –, sondern in Nizza, Biarritz und Voreppe (bei Grenoble), also im Süden. Er ist jetzt *der* Strawinsky, der arrogante Bürgerschreck, *das* Symbol der ohrenzersägenden Moderne – und lebt hauptsächlich in der Szene der bildenden Künstler und Literaten, weniger in der Musikszene. Picasso und Cocteau sind seine Freunde, Milhaud oder Poulenc werden kaum erwähnt. Er hat allerdings auch nicht wirklich Zeit, sich um die Musikszene zu kümmern, er ist ja ständig als Pianist und vor allem als Dirigent unterwegs. Ausgedehnte Konzerttourneen seit 1915 sind sein Alltag bis ins hohe Alter. Er betonte immer, dass es ihm wichtig sei, dass seine Werke »richtig« aufgeführt werden, deshalb dirigiere er sie lieber selber. Da werden finanzielle Überlegungen sicher auch nicht unerheblich gewesen sein! »Ich wünschte ein für allemal zu verhindern, dass meine Werke falsch interpretiert werden«, schrieb er in den »Chroniques«. Die »wahren Intentionen« des Komponisten sind ihm heilig; er wehrt sich gegen »Interpretation« durch andere Dirigenten, mokiert sich über deren Mode, von »meiner«

Fünften Beethoven und »meiner« Achten Beethoven zu reden – und diese Einstellung hatte Folgen. Er unterschrieb einen Sechs-Jahres-Vertrag bei Pleyel, weil deren mechanisches Klavier »Pleyela« ihm eine gute Möglichkeit zu sein schien, selber seine Werke in Klavierfassung einzuspielen, um so für alle Zeiten »gültige« Tempi und Auffassungen festhalten zu können. »In Wirklichkeit half mir das nichts ... Aber ich habe doch wenigstens mit meinen Bearbeitungen ein dauerhaftes Dokument geschaffen, an das sich diejenigen Musiker halten können, die meine Absicht kennen lernen wollen, und die es vorziehen, sich nach ihr zu richten, statt in willkürlicher Auslegung zu schwelgen.«

Dann kam die Schallplatte und die Firma Columbia. Strawinsky nutzte virtuos das neue Medium; zum Glück, denn dadurch gibt es von ihm alles von ihm selbst dirigiert auf – heute – CDs, und das ist zumindest historisch schon interessant! Er war sich allerdings auch der Kehrseite bewusst. Seit Celibidaches Weigerung, im Studio Aufnahmen zu machen, ist dieses Thema ja nochmal in den Brennpunkt gerückt. Ich selbst höre zwar auch – und immer wieder im Auto – Konserven, gehöre aber gleichzeitig zu denen, die sagen, dass Musik erst lebt, wenn sie aufgeführt wird: lebendig, jetzt und hier. Diesem Erleben des Entstehens von Beethoven, Brahms oder Prokofjew kann keine Konserve das Wasser reichen – selbst wenn eine Aufführung mal »daneben« ist; wenn der Atem und der Bogen stimmen, sind technische Mängel nicht unbedingt der Todesstoß. Strawinsky schrieb dazu, nachdem er die Vorteile der Schallplatte besungen hat:

»Aber man darf sich nicht darüber täuschen, dass diesen Vorzügen auch große Gefahren gegenüberstehen. Ein Johann Sebastian Bach musste einen Fußmarsch von acht Meilen machen, um Buxtehude zu hören, als er in einer benachbarten Stadt seine Werke spielte. Heute braucht der Bewohner, ganz gleich welchen Landes, nur einen Knopf zu drehen oder eine Grammophonplatte aufzulegen, um ein Stück zu vernehmen, das er gerne hören möchte. Und in dieser erstaunlichen Leichtigkeit, in diesem Mangel an Mühe, liegt das Laster des sogenannten Fortschritts. Denn in der Musik, viel mehr als in jedem anderen Zweige der Kunst, gelangen nur diejenigen zu wahrem Verständnis, die sich tätig anstrengen. Eine rein passive Aufnahme genügt dazu nicht. Wenn man verschiedene Klangzusammenstellungen hört und sich willenlos an sie gewöhnt, so braucht das keineswegs zu bedeuten, dass dieses Hören zugleich Begreifen ist. Man kann sehr gut hören, ohne etwas zu verstehen, ebenso wie man sehr gut sehen kann, ohne etwas zu unterscheiden. Weil sie sich nicht mehr tätig anstrengen müssen, und weil sie

Geschmack an dieser Leichtigkeit finden, werden die Leute faul. Sie haben es nicht mehr nötig, weite Wege zu machen wie Bach, das Radio hat sie von dieser Mühe befreit. Sie haben es auch nicht mehr nötig, selber Musik zu machen und ihre Zeit damit zu verlieren, ein Instrument zu erlernen, um die musikalische Literatur kennen zu lernen. Radio und Platte übernehmen das für sie. So verkümmern die aktiven Fähigkeiten, ohne die man Musik nicht erfassen kann, mehr und mehr, denn der Hörer macht keinen Gebrauch mehr von ihnen. Diese fortschreitende Lähmung hat sehr ernste Folgen. Übersättigt vom Klang, an seine verschiedene Zusammenstellung gewöhnt, verfallen die Leute in eine Art Stumpfsinn, der ihnen jede Unterscheidungsfähigkeit raubt und sie unempfindlich macht gegenüber dem Wert des Stückes, das man ihnen vorspielt. Es ist zu erwarten, dass sie infolge schrankenloser Überfütterung jede Lust und jeden Geschmack an der Musik verlieren werden.«

Igor, da hast du mir aber aus dem Herzen gesprochen!

Natürlich war Strawinskys Musik in seiner Zeit – ich spreche von der »neoklassizistischen« Phase bis 1951 –, in ihrer Zeit extrem umstritten. Er war ja auch sonst kein Laumann, warum sollte er in der Musik die Harmonie mit allen suchen wollen. Die Franzosen, die – was die Pariser betrifft – ja ohnehin mehr Spaß an Reibereien, Polemiken und Streit in der Kunst haben als andere, haben seine Werke – jetzt mal 1913 und die Uraufführung des »Sacre« ausgenommen – aufgeschlossener aufgenommen als z. B. das deutsche Publikum, das sich ja ohnehin gerne für den Gralshüter der Musik hält, sofern es sich um »tiefe« handelt. Diese unausgesprochene Grundhaltung ist sicher der Hauptgrund dafür, dass in unseren Konzertsälen immer noch relativ wenig »Auswärtiges« gespielt wird, von einer breiten Darstellung der Musik anderer Länder – selbst wenn es sich um unstrittige Perioden wie Barock oder Romantik handelt – mal ganz zu schweigen. In Bezug auf Strawinsky ist ein Spottvers von Arnold Schönberg berühmt geworden (aus den »Satiren« op. 28), den er 1925 geschrieben hat:

»Ja, wer trommelt denn da?
Das ist ja der kleine Modernsky!
Hat sich ein Bubizopf schneiden lassen;
Sieht ganz gut aus!
Wie echt falsches Haar!
Wie eine Perücke!
Ganz (wie sich ihn der kleine Modernsky vorstellt),
Ganz der Papa Bach!«

Gut – nicht unwitzig, wie man neidlos anerkennen muss. Dass die beiden Herren ab da einander aus dem Weg gegangen sind – klar!

Nun hat sich Strawinsky darüber zwar sicher geärgert, sein solitäres Selbstbewusstsein hat aber schon dafür gesorgt, dass er sich von solcher Kritik nicht beeinflussen ließ. Wenn Sie mich fragen: Ein schönes Beispiel dafür, was ein Künstler sein sollte – unabhängig und frei. Zu diesen ganzen Streitereien der 2oer Jahre fand Strawinsky übrigens rückblickend folgende Sätze: »Schönberg, Berg und Webern der zwanziger Jahre wurden damals als extremste Bilderstürmer bezeichnet, aber heute scheint es so, dass sie die musikalische Form wie ich benutzt haben: ›historisch‹. Habe ich sie offen angewendet, so haben sie es sorgfältig versteckt.« Das schrieb er allerdings in einer Zeit, als er sich – für die Musikwelt absolut überraschend – mit Schönberg, der Zwölftonmusik und der Reihentechnik befasst hat – in den 5oer Jahren. 1939 hatte er eine Vortragstour durch die USA gemacht, 1940 zog er nach Kalifornien und 1941 nach – standesgemäß! – Hollywood um. Er heiratete Vera de Bosset (1940), die er seit den 2oer Jahren kannte und blieb ab da in USA. 1945 bekam er die amerikanische Staatsbürgerschaft, 1969 zog er nach New York, wo er am 6. April 1971 starb.

Der Kosmopolit konnte sich in der gesellschaftlichen Welt genau so bewegen wie in der musikalischen. Es gibt die schöne Geschichte, wie er Königin Juliana »im Regen« stehen ließ: 1952 sagte sie ihm bei einem Empfang, sie bewundere ihn sehr; er konterte mit dem Satz: »Welches meiner Werke mögen Sie am liebsten?«, was Juliana zum Schweigen brachte. Er setzte aber noch einen drauf und ratterte ein paar »Werke« herunter, die selbst der Forschung unbekannt sind, was sie mit »Ich glaube nicht, dass ich das Stück kenne« quittierte, denn ein Musiker, der hinter Strawinsky stand, schüttelte bei jedem mit dem Kopf. Erst als er »Pétrouchka?« sagte und der Musiker nicken konnte, sagte auch die Königin erlöst: »Ja, das ist eins der Stücke« … Mit 70 Jahren hat er sich nochmal hingesetzt und quasi von vorne angefangen, indem er sich plötzlich mit Schönberg und der Zwölftonmusik auseinander setzte. Es entstanden ab 1952 bis zu seinem 86. Lebensjahr an die dreißig neue Werke, davon viele mit geistlichem Charakter. Zur amerikanischen Musik – im »E-Musik-Bereich« – fallen ihm zwar eher ironische Sätze ein wie: »Die amerikanische Musik wird bald eine ›Ford Foundation zur Unterdrückung nichtsversprechender Komponisten‹ nötig haben«, aber Einzelne lässt er gelten: Elliott Carter, Charles Ives oder John Cage, über den er sagt: »das einzige Beispiel für Dada in der Musik: überhaupt keine Tradition … Das ist eindrucksvoll«.

Der Dirigent Strawinsky konzertiert in der ganzen Welt, das Füllhorn der Ehrungen wird über ihm ausgeschüttet, sein Leben findet

nach kontinuierlicher Steigerung seit Anfang des Jahrhunderts ein
würdiges Ende. Er liegt in Venedig, unweit vom Grabe Serge Diaghilews.

ENTSTEHUNGSZEIT
»Während der Arbeiten am ›Feuervogel‹ für Diaghilew überkam
mich eines Tages – völlig unerwartet, denn ich war mit ganz anderen Dingen beschäftigt – die Vision einer großen heidnischen
Feier: alte weise Männer sitzen im Kreis und schauen dem Todes-
tanz eines jungen Mädchens zu, das geopfert werden soll, um den
Gott des Frühlings günstig zu stimmen. Das war das Thema von
›Sacre du Printemps‹. Diese Vision bewegte mich sehr, und ich
beschrieb sie sogleich meinem Freund, dem Maler Nikolas Roerich,
der ein Kenner auf dem Gebiet heidnischer Beschwörung war. Er
nahm meine Idee begeistert auf und wurde mein Mitarbeiter an
diesem Werk.« Das war 1910. Man fing an, an diesem Thema zu
arbeiten, Juni 1912 kam ein offizieller Auftrag dazu von Diaghilew,
das Ganze zog sich aber noch etwas hin. Zwischendurch schrieb er
nämlich noch »Pétrouchka« (1912), arbeitete an der Oper »Die
Nachtigall«, die 1914 fertig wurde, an einem Konzertstück für Klavier und Orchester und an einigen Liedern. Ab Sommer 1911 widmete er sich dem »Sacre«, die für 1912 geplante Uraufführung
musste aber um ein Jahr verschoben werden, weil die »Ballets russes« alle Hände voll zu tun hatten mit Ravels »Daphnis et Chloé«
und Debussys »L'Après-midi d'un faune«.
Die Ballett-Handlung bitte ich die Damen und Herren Einschlägig-
Interessierten im Ballettführer nachzulesen, hier geht es ja mehr
um die konzertante Aufführung. Außerdem ergibt sich das auch
aus den Überschriften der einzelnen Abschnitte.

URAUFFÜHRUNG
Die Uraufführung am 29. Mai 1913 in Paris – am Pult: Pierre Monteux! – ist in die Geschichte eingegangen als einer der wirklich großen, feinen Musikskandale. Diaghilew hatte zur Generalprobe am
28. Mai die Presse eingeladen mit dem Erfolg, dass das Publikum
schon extrem aufgeladen zur Premiere erschien. Eric Walter White
schildert es so:
»Das Ballett schien von Anfang an unter einem bösen Stern zu stehen. Während die Einleitung gespielt wurde, brach im Publikum
Gelächter aus; an diesem Punkt verließ Strawinsky angewidert den
Zuschauerraum und ging hinter die Bühne. Die skandalöse Szene

ist von verschiedenen Augenzeugen beschrieben worden. Nach
Carl van Vechten ›war ein gewisser Teil der Zuhörer fasziniert von
dem, wie sie meinten, blasphemischen Versuch, die Musik als
Kunst zu zerstören, und mitgerissen von wütender Begeisterung
fingen sie an, bald nachdem sich der Vorhang geöffnet hatte, zu
miauen und laute Vorschläge für den Fortgang der Vorstellung zu
machen. Das Orchester spielte ungehört, ausgenommen wenn es
gelegentlich etwas leiser im Zuschauerraum wurde.‹ ... Romola
Pulsky beschreibt, wie ›die Leute pfiffen, die Darsteller und den
Komponisten beleidigten, schrien und lachten. Monteux warf verzweifelte Blicke auf Diaghilew, welcher in Astruc's Loge saß und
ihm Zeichen machte, weiterzuspielen. In diesem unbeschreibli-
chen Lärm befahl Astruc, das Licht anzumachen; nun beschränkten
sich Kampf und Streit nicht mehr auf Geräusche, sondern arteten
in richtige Schlägerei aus. Eine gut gekleidete Dame in einer Or-
chesterloge stand auf und schlug einem Mann, der in der nächsten
Loge zischte, ins Gesicht. Ihr Begleiter erhob sich und die Männer
tauschten ihre Visitenkarten aus. Ein Duell folgte am nächsten
Tag.‹ Jean Cocteau sah, wie die alte Comtesse de Pourtalès in ihrer
Loge mit flammendem Gesicht und verrutschter Tiara aufstand
und hörte sie ausrufen, während sie ihren Fächer schwang: ›Das ist
das erste Mal in 60 Jahren, dass es jemand gewagt hat, sich über
mich lustig zu machen!‹ Mittlerweile herrschte auf der Bühne die
größte Konfusion. Die Tänzer zitterten und waren den Tränen
nahe. Nijinski in seinem Arbeitskostüm an der Seite Strawinskys
stand auf einem Stuhl in der Kulisse, schlug mit den Fäusten den
Takt und schrie den Tänzern: Eins, zwei, drei! zu, die weder sein
Zählen noch das Orchester hören konnten, wegen des Tumultes im
Zuschauerraum und des Lärms ihrer eigenen Tanzschritte. Die einzige Pause in diesem Durcheinander trat beim ›Tanz der Auser-
wählten‹ ein. Bei den letzten Takten der vorhergehenden ›Anru-
fung der Urväter‹, als die bis dahin unbewegliche Gestalt der Maria
Pilz von einem immer stärker werdenden Zittern ergriffen wurde,
kamen Zwischenrufe von der Galerie: ›Un docteur ... un dentiste ...
deux docteurs‹ usw.; als aber der Satz fortschritt und der gequälte
Rhythmus der Musik den Körper der Tänzerin in gespannten, ecki-
gen Bewegungen verzerrte, zeigte es sich, dass der Tanz dieser Ver-
urteilten so unbeschreibliche Kraft und Schönheit ausstrahlte, dass
die Suggestion des Opfers selbst das außer Rand und Band geratene
Publikum entwaffnete. Sie vergaßen die Rauferei. Am Ende der
Vorstellung waren alle gänzlich erschöpft.«
Der Polizeibericht meldete 27 Verletzte! Strawinsky selbst sah die
Ursache für diesen Tumult in einer »gewagten und zu intimen

Geste Nijinskis, der zweifellos glaubte, bei einem erotischen Thema sei alles erlaubt«. Komisch, dass er sich schwer tut, in der eigenen Musik die Provokation zu sehen. Kurz und gut: besser hätte es Diaghilew gar nicht inszenieren können. Spätestens ab da war Strawinsky durch, sein Ruf als *enfant terrible* gesichert und seinen Werken wurde eine Aufmerksamkeit zuteil, die er bei glattem Verlauf wohl nicht gehabt hätte.

ERFOLG

s. o.! Die konzertante Aufführung hat allerdings sehr schnell die Konzertsäle erobert.

ANEKDOTEN

s. o.

WERK
Sätze
TEIL I
DIE ANBETUNG DER ERDE
    Introduktion
    Die Vorboten des Frühlings – Tanz der jungen Mädchen
    Entführungsspiel
    Frühlingsreigen
    Kampfspiel rivalisierender Stämme
    Auftritt des Weisen
    Anbetung der Erde – Der Weise – Tanz der Erde
TEIL II
DAS OPFER
    Introduktion
    Mystischer Reigen der Mädchen
    Verherrlichung der Auserwählten
    Anrufung der Ahnen
    Rituelle Handlung der Ahnen
    Opfertanz der Auserwählten

Dauer
34 bis 38 Minuten (circa!)

Besetzung
3 Flöten (3. auch Pikkolo)
Pikkolo
Altflöte
4 Oboen (4. auch Englisch-Horn)
Englisch-Horn
Pikkoloklarinette

3 Klarinetten (2. auch Bassklarinette)
Bassklarinette
4 Fagotte (4. auch Kontrafagott)
Kontrafagott
8 Hörner (7. und 8. auch Tenortuben)
Kleine Trompete
4 Trompeten (4. auch tiefe Trompete)
3 Posaunen
2 Basstuben
Pauken
Schlagzeug: Große Trommel, Tamtam, Triangel, Tambourin, Guero,
Piatti antichi in As und B
Violinen I und II
Bratschen
Violoncelli
Kontrabässe

HITS

Der erste Hit ist der Skandal, den der »Sacre« ausgelöst hat! Fein, prima, wunderbar!

Der zweite ist die Rhythmik des gesamten Stückes. Nun ist es ja so, dass Rhythmik bei Strawinsky sowieso eine zentrale Rolle spielt; aber was er hier für rhythmische Strukturen findet, das ist atemberaubend. Die ganze Musik zittert, stampft, stolpert in einer Körperlichkeit, die zeigt, wie nahe ihm Ballett und Tanz gewesen sein müssen. Dass er aber so rasiermesserscharf kalkulieren konnte und präzis notierte, weist ihn als den absoluten Meister der Zeit in der Musik aus. Kein Wunder, dass er in den korrekten Tempi den Schlüssel zur richtigen Aufführung seiner Werke sah.

Der dritte sind die Farben, die er erzeugen kann. Ist das bei Ravel ja schon ohrenweitend ohne Ende, ist es bei Strawinsky eine Stufe (wie ich meine) weiter entwickelt: Er arbeitet nicht nur mit den natürlichen Farben, die Instrumente erzeugen können; er erzeugt obendrein neue Farben durch das Mischen von Harmonien, die bis dahin so noch nie miteinander verbunden wurden und – sozusagen – aufeinander standen. Das Sprengen der Tonalität (der gewohnten Akkorde) hat nicht nur in sich selbst die Rechtfertigung, sondern dient auch noch dem Ziel, neue Farben, neue Wirkungen zu erzielen. Tatsächlich klingt der »Sacre« erheblich archaischer als alles, was wir von Orff kennen, und das kommt auch aus dieser aggressiven Aufeinanderschichtung »verbotener« Harmonien.

Ein weiterer Hit ist für mich die Verführung, mit der er uns in das Pandämonium zieht: Das Werk beginnt mit einer Melodie im Fagott. Sanft, schmeichelnd und nur in minimalen Grenzen irritierend, fängt es an, um uns dann spätestens beim »Tanz der jungen Mädchen« mit massiven, stampfenden Achteln – die Streicher müssen so staccato spielen, dass es fast perkussiv wirkt – am Kragen zu packen und nicht mehr loszulassen. Ab da bist du drin und verloren: egal, was auf der Bühne – falls es eine Ballettaufführung wäre – auch passiert, die Musik ist unerbittlich und zwingend. Was für mich der fünfte Aspekt wäre, der den »Sacre« zu einem Meisterwerk macht: die Folgerichtigkeit, mit der das Werk voranschreitet. Für mich ist das immer ein Maßstab: ob es die Matthäus-Passion ist – mit der ich jetzt den »Sacre« wirklich nicht vergleichen möchte – oder die Lukas-Passion von Penderecki, die 5. Beethoven oder die 7. Bruckner, die »sfiniti« von Michelangelo oder ein Akt von Egon Schiele, das »Inferno« von Dante oder »Der Prozess« von Kafka – das wirkliche Kunstwerk hat immer neben allem anderen diese unerbittliche Folgerichtigkeit. Es gibt da einfach keine Fragen mehr nach Details oder Technik: es packt dich und du kannst dich dem Kunstwerk nur stellen oder dich ihm entziehen. Der »Sacre« ist so was – und fertig.

FLOPS

Dass er selber sagte, da sei nur *eine* traditionelle russische (bzw. litauische) Volksweise enthalten (die Einleitungsmelodie im Fagott im ersten Teil), Forscher aber herausgefunden haben, dass da wesentlich mehr »Geklautes«, um es mal salopp zu sagen, drin ist – das ist eine Charade, aber nicht unbedingt ein Flop. Ein Flop ist schon eher die Überlastung der Tänzer. Was die an Rhythmik umsetzen müssen, würde auch einen Tausendfüßler in Verlegenheit bringen. Ob er da wirklich noch an die Menschen gedacht hat, die in Diaghilews Ballett tanzten? Nun bin ich überhaupt kein Ballett-Fan; deshalb sage ich, dass der »Sacre« für mich ohnehin nur konzertant aufführbar ist. Aber, wie gesagt: da bin ich absolut nicht kompetent, ich habe nur Ohren.

OBACHT

Wer als Orchestermusiker – und als Dirigent – den »Sacre« überstehen will, darf nicht bei Algebra das Handtuch geworfen haben. Er muss absolut fit sein, auch in den höheren Etagen der Mathematik. Die Rhythmuswechsel, die Zählerei, die da zu bewältigen ist, sind enorm. Und dann muss man ja auch die ganzen handwerklichen Anordnungen ausführen, von den extremen Anforderungen an die Beherrschung des Instruments mal ganz abgesehen. Kein

Wunder, dass die Opernhäuser den »Sacre« gerne vom Band laufen lassen, wenn oben getanzt wird. Wozu ich gerne sagen möchte: als ich das erstemal bei einer Ballett-Vorstellung in den leeren Orchestergraben guckte, war ich schockiert. Bis dahin war ich der Meinung, dass es sich bei Ballett doch irgendwie um ein Gesamtkunstwerk handeln sollte: der Dirigent koordiniert den Atem der Musik mit dem der Tänzerinnen und Tänzer und aus dieser Interaktion entsteht ... Ach was, lassen wir es. Der Zug der Zeit ist offensichtlich über uns dahingerauscht, hoffnungslos nostalgisch trauern wir früher Erlebtem hinterher, die Stadtkämmerer haben das Sagen und wir das Nachsehen. Das allerdings wäre der größte Flop: dass schwierige Werke wie der »Sacre« genau zu dieser Entwicklung geführt haben. Mann, Strawinsky, hätten es nicht auch 20 Mann Besetzung getan, ein bisschen weniger 3/16tel- oder 5/16tel-Takte, und wir könnten den »Sacre« dann wieder live und nicht, sozusagen, halbplayback hören (Live-Tanz + CD)?

ES MEINEN

Serge Lifar:
»Der Sacre ist der Todesstoß für den Tanz.«
Otto Friedrich Regner:
»Für die Geschichte der neuen Musik ist diese Komposition ohne Zweifel als eine umwälzende Schöpfung zu werten – für das Ballett hat es sicherlich die Bedeutung, dass man erkennt, welche Grenzen der Choreographie, der tänzerischen Darstellbarkeit überhaupt gesetzt sind.«
Strawinskys Mutter (1938, im Gespräch vor der Aufführung des »Sacre«):
»Ich glaube, das ist keine Musik für mich.«
»Ich hoffe, Sie werden nicht pfeifen?«
»Nein, weil ich nicht pfeifen kann.«

BEIKIRCHER RÄT

ANLASS

Die feierliche Einweihung der Atom-Uhr in Braunschweig, die Einführung der Sommerzeit, die Eröffnung einer Swatch-Fabrik in Hürth-Knapsack können Anlässe zu sein, den »Sacre« zu spielen. Einem nicht-Strawinsky-gewohnten Publikum – und nur solches findet sich dort ein – wird die Regelmäßigkeit des Sekunden-Taktes der Uhr wie ein Segen und eine Erlösung vorkommen.

NUTZUNG

Man kann den »Sacre« hervorragend bei Verfolgungsjagden nutzen: Sollte Ihnen der Verfolger immer näher kommen, flott den »Sacre« nach hinten geboostet. Der Gegner wird bei den häufigen Rhythmuswechseln und Akzentverschiebungen unweigerlich ins Stolpern geraten – Sie sind frei!

Mathelehrer sollten ihn im Unterricht nutzen: Wer da mitzählen kann, schafft auch den Pythagoras!

AUTO

Extrem Tiefgaragen-geeignet und zwar für alle Auto-Modelle. Die Boxen hochgedreht, Fenster auf, durchstarten und dann die Klangfarben vom »Sacre« auf den Beton knallen lassen – yeah! Einige der virtuosen Blech-Bläser-Akkorde passen sowas von 1a zu den quietschenden Reifen, da kommt richtig post-neo-post-klassizistische Freude auf! Bei der Ausfahrt geht da die Schranke ganz von selber hoch.

PAUSEN-TALK

»Das habe ich auf CD ...«

»Quatsch! In der Zeit, wo ›Sacre‹ spielt, gab's überhaupt noch keine CDs.«

»Sagen Sie, ich wusste gar nicht, dass der Nijinsky-Korsakow getanzt hat.«

»Hat der auch nicht.«

»Drum.«

FRAUEN

»Wie war denn Strawinsky so als Mann?«

»Keine Ahnung. Ich weiß nur, dass er mit Geld gut umgehen konnte.«

»Wie: Das auch noch? Super!«

MÄNNER

»Die polyrhythmischen Strukturen und die akkordische Transparenz der enharmonischen Verwechslungen gepaart mit der schrill-opaken Blech-Behandlung, das haut mich einfach immer wieder um, wenn das dann auch noch im Gewand der Fiktion des Archaischen daherkommt ...«

»Entschuldigen Sie, wenn ich Sie unterbreche, aber: Sind Sie Essayist?«

»Nee, ich bin Tambour-Major im Fanfaren-Korps ›Loß jon!‹ – Esch-weiler. Warum?«

BEWERTUNG

Technik	🎺 🎺 🎺	gucken Sie sich mal die Partitur an!
Gesamt	🎵 🎵 🎵 und ein digitales Metronom	Der »Sacre« ist schön. Der »Sacre« ist die »Neue Zeit«. Der »Sacre« ist aber in erster Linie der Donnerschlag, der das 20. Jahrhundert einleitet und – fast – schon zum Abschluss bringt. Das »Archaische« der Handlung erweist sich als das Propheti-sche: das 20. Jahrhun-dert wurde genau so, wie es der »Sacre« im schein-baren Rückblick auf heidnische Zeiten pro-phezeite. Der »Sacre« ist damit mehr, als es sein Schöpfer ahnen konnte. Der »Sacre« und »Guer-nica« sind das Gesicht des 20. Jahrhunderts.

Alban Berg
1885–1935

Violinkonzert
»Dem Andenken eines Engels«

>»Alban Berg hat sich der Vergangenheit als Opfer
an die Zukunft dargebracht.«
(Theodor W. Adorno)

>»Keine Musik aus unserer Zeit war so menschlich
wie die seine; das rückt sie den Menschen fern.«
(Theodor W. Adorno)

Wo wir gerade bei Adorno sind: die triumphale Aufführung von
Auszügen aus dem »Wozzeck« von Alban Berg in Frankfurt (beim
Internationalen Musikfestival 1924) begeisterte den 22-jährigen
Theodor W. Adorno derart, dass er ein halbes Jahr später den Komponisten in Wien besuchte. Wir wissen: der Philosophiestudent war
1925/26 Kompositionsschüler Bergs, hat dann aber doch einen
anderen Weg eingeschlagen ... Über die erste Begegnung der beiden gibt es aber einen Bericht, der ein witziges Licht auf beide wirft
– zumal er einmal mehr zeigt, wie weit Deutsche und Österreicher
(was sage ich: Wiener!) auseinander sind. Soma Morgenstern, Kul-
turkorrespondent der FAZ in Wien und enger Freund der Bergs,
ging eines Abends im März 1925 ins Konzerthaus, um sich Mahlers
1. Symphonie anzuhören. Am Eingang stand Helene Berg, die ihn
ziemlich außer sich um Hilfe bat: ein junger Mann aus Frankfurt,
der bei Alban Berg studieren wollte, war für drei Uhr nachmittag
zum Antrittsbesuch eingeladen worden, wollte aber nicht mehr
gehen. »Er blieb zur Jause und ging auch nach der Jause nicht, und
redete in Alban so hinein, dass er schon ganz blass vor Erschöpfung
ist. Alban verstand gar nicht, was er da zusammenredete. Nach der
Jause sagten wir ihm, dass wir mit der Alma zum Konzert verabredet sind und früher in die Stadt müssten. Er sagte, er kommt mit.
Und er ist nicht weggegangen. Er ist mit uns gefahren, hat sich eine
Karte gekauft, ist gleich mit uns in die Loge gekommen und steht
jetzt weiter vor Alban und redet in ihn hinein. Alban hat mich
heruntergeschickt. Wir sind nach dem Konzert bei der Alma einge-

laden. Er wird bestimmt mitgehen wollen. Sie müssen uns retten!«
Morgenstern berichtet weiter: »In der Loge, wo Alma mit ihrer
Entourage saß, stand Alban, vor ihm eine schmale, kleine Gestalt,
und redete tatsächlich auf ihn ein. Als Alban mich erblickte, hob er
beide Arme hoch, aber nicht wie ein Grüßender, sondern wie ein
Ertrinkender.«

Diese Beschreibung Adornos wird jeder Österreicher sofort als
›typisch deutsch‹ verstehen, wogegen jeder Deutsche sich hier fragen wird: »Wieso?« Denn selten haben Deutsche die österreichische Grammatik des Ja-Sagens in ihrer Nuancierung – bis hin zur
Verneinung – entziffern können. Das »Er sagte, er kommt mit« ist
dabei der Moment, in dem alles auseinander geht; die Andeutung
»dass wir mit der Alma zum Konzert verabredet sind« hat Adorno
natürlich nicht als Aufforderung zu gehen interpretiert. Aus seiner
Sicht hätten die Bergs ja auf sein »Er sagte, er kommt mit« mit
einem klaren »Nein« antworten können, was wiederum dem Österreicher unmöglich ist. Nicht mal Deutsche würde man so negativ
behandeln! Die kleine Anekdote wirft andererseits ein hübsches
Schlaglicht auf die Person Alban Berg. Er hat sich ja auch gegen den
übermächtigen Schönberg nicht wirklich zur Wehr setzen können
und für seinen Lehrer immer wieder die aufwendigsten Aufgaben
übernommen.

Alban Berg kommt – seine feinen Manieren lassen es ahnen – aus
dem berühmten ›guten Hause‹; nicht wirklich reich, aber wohlsitu-
iert. Papa war als Im- und Exporteur für eine New Yorker Firma
(Borgfeldt & Co) tätig, Mama hatte einen Buch- und Devotionalien-
laden (in dem auch Anton Bruckner gerne einkaufte); man hatte ein
Dienstmädchen, eine Gouvernante und einen »Berghof« in Kärnten für die Sommerfrische. Alban war das dritte von vier Kindern
und kam am 9. Februar 1885 in Wien zur Welt. Die beiden älteren
Brüder Hermann und Carl arbeiteten bei Papa in der Firma, wobei
für Teddy-Bären-Fans hochinteressant ist, dass Hermann auch in
USA tätig war und dort den Teddy-Bären erfunden haben soll (das
führt jetzt wirklich zu weit, Ihnen das noch zu erzählen).

Die jüngere Schwester Smaragda war Korrepetitorin und Klavier-
lehrerin und außer, dass sie mit Alban reichlich vierhändig spielte,
betreute sie später auch namhafte Sängerinnen in musikalischer
Hinsicht. Beim jungen Alban Berg kristallisierten sich drei Talente heraus: ein musikalisches, natürlich, ein literarisches und ein
zeichnerisches. Tatsächlich war er ein Leben lang an Literatur und
bildender Kunst, insbesondere aber an zeitgenössischer Literatur,
höchst interessiert und baute sich eine umfangreiche Bibliothek
auf. Er »gehört zu den gebildetsten Komponisten unseres Jahrhun-

derts«, schrieb Constantin Floros voller Respekt. Die Aufsätze zu musikalischen Themen stellen seinen weiten Horizont beeindruckend unter Beweis, in dieser Hinsicht hat er viel mit Robert Schumann gemeinsam. Beide gehören in ihrer Zeit zu den wichtigsten Musik-Essayisten. Der junge Berg also zeichnete, schrieb Gedichte und vertonte zeitgenössische Lyrik, besuchte die Oberrealschule und gab zu Hoffnungen Anlass, wie man damals sagte. Als im März 1900 der Vater starb, wurde es finanziell ziemlich eng für die Familie, so dass Alban via Abitur die Beamtenlaufbahn anstrebte – nach dem Abi bzw. der Matura begann er im Herbst 1904 als Rechnungspraktikant in der niederösterreichischen Statthalterei. Zuvor allerdings gab es krisengeschüttelte zwei Jahre: Ende 1902 bekam Marie Scheuchl, Dienstmädchen bei Bergs, ein Kind vom 17jährigen Alban: Albine. Nun war das in der Zeit nichts wirklich Außergewöhnliches, in den besseren Kreisen scheute man davor zurück, die Kinder aufzuklären; das konnte bei der Tochter der Schwiegersohn und beim Sohn das Dienstmädchen erledigen. Die Lösung war auch im Fall Alban Berg die österreichisch-klassische, wenn auch gemildert durch einen freiwilligen Rückzug der werdenden Mutter: es war nicht nötig, sie aus dem Hause zu jagen, irgendwo auf dem Lande unterzubringen und ihr heimlich was für den Unterhalt zuzustecken. Marie Scheuchl wollte den jungen Alban nicht belasten, hat den Haushalt verlassen und nie Forderungen an den jungen Vater erhoben, obwohl sie das mit dem »Geständnis« Alban Bergs in Händen ohne weiteres hätte machen können. Er schrieb nämlich am 3. Dezember 1903: »Bestätige hiermit, dass ich der Vater des am 4. Dezember 1902 geborenen Kindes Albine bin – und dass ich mich den damit verbundenen Pflichten nie entziehen werde. Alban Berg.« Auch das ist eine damals nicht übliche Reaktion, die zeigt, dass der 18jährige durchaus Verantwortung übernehmen konnte, also »Charakter« hatte. Geschüttelt hat es ihn schon, den jungen Berg: er musste die sechste und siebte Klasse der Oberrealschule wiederholen. Albine wurde später vom Mann ihrer Mama, Herrn Manninger, adoptiert und starb 1954 als verehelichte Wittula. Berg hat sie ab und zu getroffen, sie war auch – unerkannt – bei der Beerdigung Bergs dabei und soll anschließend die Witwe besucht haben, sei aber – berichtet Erich Alban Berg – des Hauses verwiesen worden.

Weil Alban Berg in seinen Kompositionen immer wieder Anlass zur Suche nach autobiographischen Anlässen gibt, ist natürlich in diese Geschichte viel hineingeheimnist worden: Marie Scheuchl als Urbild der Lulu etwa, das Wozzeck-Thema als spätes Echo auf diese Erlebnisse ... Natürlich haben diese Erlebnisse Berg für bestimmte

Themen sensibilisiert, daraus sind aber so eigenständige, große Kunstwerke entstanden, dass man die möglichen biographischen Anstöße im Fußnotenbereich belassen sollte.

1904 also Beamtenlaufbahn auf Probe; dank einer Erbschaft konnte Berg aber Ende 1906 den Dienst quittieren und nun ›hauptberuflich‹ Musik studieren, bei Arnold Schönberg. Hier beginnt auch die lebenslange Bindung an Schönberg als Lehrer und an die von Schönberg geschaffene Zwölftonmusik – gegen die er aber auch immer wieder ›verstieß‹, wenn es ihm musikalisch geboten schien. Hier beginnt auch die Zweite Wiener Schule und die lebenslange Freundschaft mit einem anderen Schönberg-Schüler: Anton von Webern. Wenn die beiden wüssten, wie sie von den Avantgardisten der zweiten Hälfte des 20. Jahrhunderts gegeneinander ausgespielt wurden, sie drehten sich im Grabe um: Berg sei hoffnungsloser Spätromantiker, Webern der wirkliche Avantgardist, beide also ohne Gemeinsamkeit, mehr noch: Antipoden geradezu – komisch, was sich da für eine Angst vor klingenden Tönen breit gemacht hat, zu denen Alban Berg immer Mut hatte. »In Wahrheit handelt es sich bei Berg nur um die zu höchster Entfaltung getriebene Blüte einer Wagner-Nachfolge, in der überdies noch die Liebenswürdigkeit des Wiener Walzers – im ganzen schauerlichen Wortsinn – und die Emphatik des italienischen Verismus zu gleichen Teilen miteinander verschmelzen«, ätzte Pierre Boulez 1966. Und weiter: »Zur Zeit nämlich gerät die Entdeckung Bergs zum Ausgangspunkt einer recht bestürzenden Rückkehr zu Wagner. Warum macht man es sich so leicht? Diese Haltung gehört unbarmherzig in Acht und Bann: wir sind nicht dazu da, auf dem Weg über Berg wieder bei Wagner anzuknüpfen. Als Übergang betrachtet war das Phänomen Berg zwanzig Jahre lang möglich – obwohl er Zeitgenosse Weberns war. Heutzutage haben neue Formen der Sensibilität Gestalt angenommen, die unter keinen Umständen von dem absehen können, was von Debussy bis Webern geschah. Die Rückwendungen zu Wagner sind offenkundige Anachronismen und Bequemlichkeitslösungen; es gilt sie schon im Keim zu ersticken.« Aber dann in Bayreuth den »Jahrhundert-Ring« dirigieren! Jot, seien wir rheinisch konziliant: er hat ja seine Meinung zu Berg geändert. Dirigiert hat er ihn immer wieder.

Um Schönberg schweißte sich nun ein Häuflein Avantgardisten zusammen, die im Bewusstsein des Aufbruchs erstmal wie Pech und Schwefel zusammenhielten, wenn es darum ging, die eigenen Ideen gegen die bürgerliche Welt zu verteidigen. Schönberg scheint als Lehrer eine Autorität ausgestrahlt zu haben, der sich alle ergaben. Berg hat zeitlebens die Größe Schönbergs niemals in Frage gestellt. »Du wirst nie glauben, wie die alle vernarrt sind in Schönberg! Wenn sie diskutiert haben und der Schönberg aufg'standen ist und im Zimmer umherging, lief ihm immer einer mit der Aschenschale nach«, sagte Helene Berg zu Soma Morgenstern. Der fragte »Auch Alban?« und sie sagte: »Er? Er erst recht!« »15 Jahre lang war Berg Schönbergs fleißigster Student und derjenige, der die Geldmittel beschaffte. Er schrieb Einführungen zu seinen Werken, las seine Noteneditionen Korrektur, fertigte den Index zur *Harmonielehre* an und war während der ganzen Zeit – und bis zum Ende seines Lebens – ein loyaler Briefpartner«, schreibt dazu Christopher Hailey. Schönberg seinerseits krittelte gerne an Berg herum – sicherlich in bester Absicht, um den Schüler anzuspornen –, was den, dem der Durchbruch zum anerkannten Komponisten erst Mitte der 20er Jahre gelang, immer wieder in heftigste Krisen stürzte. Selbstkritisch war der extrem langsam arbeitende Alban Berg sowieso: »Beim Komponieren komm' ich mir immer wie der Beethoven vor; erst hinterher merk' ich, dass ich höchstens der Bizet bin« sagt er einmal lachend zum jungen Adorno. Was uns auch beweist, dass Berg die Werke von Bizet nur peripher gekannt haben kann (s. »Andante Spumante«)! Wenn noch Kritik von Webern und Schönberg kam, war er natürlich fertig mit der Welt. Trotzdem hat er immer wieder seinem Lehrer eigene Werke gewidmet – zuletzt 1934 eine Partiturreinschrift des Prologs zu Lulu – und war ihm nie bös. Na wie auch, als Wiener, der sich noch nicht einmal eines Adorno erwehren konnte!

Als Schönberg im August 1911 nach Berlin ging, bestellte er Berg zu seinem Stellvertreter, indem er seine eigenen Schüler an diesen verwies. Bis zum Ende seines Lebens hatte Berg dann Privatschüler und muss ein guter Lehrer gewesen sein; schon allein deshalb, weil er es sehr wienerisch anging: gerne unternahm er lange Spaziergänge mit seinen Schülern oder setzte sich mit ihnen stundenlang ins Kaffeehaus. Alban Berg war zwar nicht der typische Wiener Kaffeehaussitzer, dennoch aber gehörte er dieser Welt an. Die Großen dieser ›Szene‹ gehörten zu seinen Freunden und Bekannten, allen voran Karl Kraus und Peter Altenberg, die ihrerseits auch zu den Idolen Alban Bergs gehörten. Berg hat jede Ausgabe der »Fackel« gelesen und Texte von Peter Altenberg vertont (»Fünf Orchester-Lieder nach Ansichtskartentexten von Peter Altenberg op. 4«). Adolf Loos – der Architekt und enge Freund von Berg, der oft Konzerte von Schönberg finanzierte – und Oskar Kokoschka revolutionierten die Kunstwelt, Schönberg (und sein Kreis) die Musik – und immer spielte dabei das Kaffeehaus eine große Rolle. Wien halt, net wahr!

Und natürlich war das auch eine Zeit voller Skandale. Am 31. März 1913 zum Beispiel veranstaltete der »Akademische Verband für Literatur und Musik« im Großen Musikvereinssaal ein Konzert, bei dem unter der Leitung Schönbergs auch zwei der genannten »Orchester-Lieder nach Ansichtskartentexten« von Alban Berg zur Uraufführung kamen: Nr. 2 und Nr. 3. Es kam zu einem Riesentumult! Der New Yorker »Musical Courier« berichtet am 23. April 1913 über das Konzert: »Es verursachte den größten Aufruhr in einem Wiener Konzertsaal, an den sich die ältesten hiesigen Kritiker erinnern können. Gelächter, Zischen und Beifall begleiteten während eines großen Teils der Aufführung die umstrittenen Stücke. Nach den Berg-Liedern wurde der Streit beinahe zum Aufruhr. Man rief nach der Polizei, und der einzige auffindbare Beamte warf buchstäblich einen Radaumacher, der fortwährend auf einem Hausschlüssel pfiff, von der Galerie. Aber er konnte nicht verhindern, dass einer der Komponisten in einer Loge erschien und in die Menge rief: ›Hinaus mit der Bagage‹, worauf der Lärm sich steigerte. Orchestermitglieder sprangen vom Podium und begannen mit den Hörern zu debattieren. Schließlich kam der Präsident des Akademischen Verbandes und ohrfeigte einen Mann, der ihn beleidigt hatte.« Beim gerichtlichen Nachspiel gab es sogar den üblichen Arzt, der erklärte, dass die Musik derart schädlich für das Nervensystem gewesen sei, dass viele Menschen im Publikum Zeichen einer schweren Gemütsdepression gezeigt hätten ...

Im Mai 1911 heiratete Berg Helene Nahowski (1885–1976), mit der er im Herbst in die Trautmansdorffgasse 27 nach Hietzing zog, wo er bis zu seinem Tode wohnen blieb. Hier bin ich sehr versucht, die Geschichte von Helenes Mama Anna zu erzählen, die vor Katharina Schratt elf Jahre lang die Geliebte von Kaiser Franz Josef gewesen sein soll (von 1878 bis 1889). Zu seinen Rendezvous pflegte der Frühaufsteher gegen vier Uhr morgens einzutreffen, ein Frühstück einzunehmen, der Liebe zu pflegen, um sich dann mit einem »Es war sehr schön« und »Es hat mich sehr gefreut« wieder seinen Regierungsgeschäften zu widmen. Ob das nun bei der Mama von Helene Berg auch so gewesen ist und ob es wirklich wahr ist, dass Helene und ihr jüngerer Bruder Franz Joseph illegitime Kinder des alten Kaisers waren – man wird es erst erfahren, wenn sich die Archive der Österreichischen Nationalbibliothek öffnen, in denen die Tagebücher von Helene Berg schlummern. Wahr ist jedenfalls, dass die Ehe von Alban und Helene ein Leben lang gehalten hat, auch wenn Alban kein Kostverächter war: immer wieder gab es kleine Liaisons, immer wieder waren seine Freunde Vermittler von *billets doux*. Die Beziehung zu Anna Fuchs-Robettin schließlich war wesentlich mehr als eine flüchtige Beziehung. Andererseits hatte auch Helene den einen oder anderen, so auch Soma Morgenstern. Dennoch: man blieb einander auf eine verständnisvolle Weise treu. Während der Affäre mit Anna Fuchs-Robettin schrieb er seiner Helene: »Mein Haupt-Charakterzug ist Treue ... Treue nicht nur gegen Dich, sondern auch gegen mich, gegen die Musik, gegen Schönberg (der's einem wirklich schwer macht) ... Also: wie könnte ich bei einer solch konservativen Veranlagung da nicht und erst recht nicht anders, als Dir, mein Golderl, treu zu sein und ewig zu bleiben!! Glaub mir's, so wie ich's von Dir glaube.« Wir halten fest: Alban Berg und Helene haben ihren eigenen Weg gefunden, beieinander bleiben zu können. Das hat beiden gut getan. Also: Koffer wieder auspacken und nochmal miteinander reden, vielleicht ist das doch der bessere Weg, oder?!

Alban Berg wollte sich kompositorisch – er hatte bis dahin fast ausschließlich Lieder komponiert – vom Lied weg hin zur großen Form und zu Kompositionen für großes Orchester weiterentwickeln. Die drei Orchesterstücke schrieb er 1913 bis 1915. Am 5. Mai 1914 sah er die Wiener Erstaufführung des »Wozzeck« (fälschliche Lesart des ersten Büchner-Herausgebers K. E. Franzos für »Woyzeck«) von Georg Büchner und war so beeindruckt von diesem Stoff, dass er beschloss, ihn zu vertonen. Er musste die Arbeit daran aber wegen des Krieges unterbrechen. Zwar hatte sein Asthma, unter dem er sein Leben lang litt, dazu geführt, dass er nicht an die Front musste; aber hilfsdiensttauglich war er schon – er wurde zum Kanzleidienst im Kriegsministerium in Wien abkommandiert. Dass er unter dem Krieg litt, dass er zum Pazifisten wurde – es wäre berichtenswert, hätten nicht Millionen sensibler Menschen Ähnliches erlitten und ähnlich reagiert.

1918 gründeten die Schönbergianer den »Verein für musikalische Privataufführungen«, um ihre Werke aufführen zu können und zwar nicht-öffentlich. Man wollte Skandale vermeiden, sich aber dennoch vor geladenen Gästen zu Gehör bringen. Streng formulierte Alban Berg: »Die Aufführungen müssen dem korrumpierenden Einfluss der Öffentlichkeit entzogen werden, das heißt, sie dürfen nicht auf Wettbewerb gerichtet und müssen unabhängig sein von Beifall und Missfallen.« Hier wurden bis 1921 117 Konzerte gegeben, die Avantgarde präsentierte in geschütztem Rahmen ihre Werke. Am 23. November 1920 war Ravel dabei, ihm zu Ehren spielte man Bergs vier Stücke für Klarinette und Klavier, Ravel war beeindruckt und nahm die Noten mit nach Paris. Der geschützte Rahmen kostete allerdings Geld. Es zu beschaffen, führte zu einer genialen Idee: Schönberg, Berg und Webern schrieben Arrange-

ments von Strauß-Walzern für Kammerensemble, führten diese
am 27. Mai 1921 auf und versteigerten anschließend die Manuskripte. Von Alban Berg stammt die wunderbare Bearbeitung von
»Wein, Weib und Gesang« (das Alban Berg Quartett hat diese
Arrangements sehr ›definitiv‹ auf CD eingespielt!). Leider hat die
beginnende Inflation das Geld aufgefressen: der Verein musste
Ende 1921 aufgelöst werden. In der Zeit danach bis 1925 hat Berg
überwiegend musikschriftstellerisch gearbeitet. So intensiv, dass
er daran dachte, das Komponieren zugunsten dieser Aktivitäten
aufzugeben. Zum Glück kam 1923 das 1. Kammermusikfest der
Internationalen Gesellschaft für Neue Musik in Salzburg, wo am
2. August das Berliner Havemann-Quartett Bergs Streichquartett
op. 3 aufführte. Das war der Durchbruch. Berg war in aller Munde
und Hermann Scherchen, der Dirigent, der so viele zeitgenössische
Kompositionen aus der Taufe hob, beschloss, Berg zu bitten, die
»Drei Bruchstücke aus Wozzeck« für den Konzertsaal einzurichten.
Am 15. Juni 1924 führte er sie in Frankfurt auf. Der Erfolg war nicht
nur so groß, dass der junge Adorno – wie berichtet – beschloss,
nach Wien zu fahren, sondern jetzt war endlich der Weg für die
Oper Wozzeck geebnet. Am 14. Dezember 1925 kam sie in Berlin in
der Staatsoper Unter den Linden unter der Leitung von Erich Kleiber zur erfolgreichen Uraufführung.
Das alles hatte Folgen: Berg beschloss, ab jetzt nur noch zu komponieren und kam durch die Einnahmen aus den Opernaufführungen
(und der übrigen Werke) zu einem gewissen Wohlstand. Es kamen
Ehrungen über Ehrungen, er wurde selbst Mitglied entsprechen-
der Jurys, konnte sich ein Auto kaufen – ein Ford-Cabrio –, eine
Schreibmaschine und eine Villa am Wörthersee. Sich selber hat er
aber nie kaufen lassen. Als ihm Wien den Titel eines Honorar-Pro-
fessors antrug, lehnte er mit dem legendären Satz ab: »Zu spät –
Alban Berg genügt.« Er blieb aber in Wien, obwohl das Ausland
rief. Warum? Da waren zum einen Familienangelegenheiten zu
regeln, es musste sich wer um Helenens Bruder Franz kümmern,
der immer öfter Paranoia-Anfälle hatte und dem Ehepaar Berg eng-
stens verbunden war; da waren Freundschaften und außerdem
etwas, das er erst jetzt wirklich genießen konnte: die sinnliche Seite
Wiens. Die feineren Restaurants, die gesellschaftlichen Ereignisse,
die er bisher mangels Geld nicht wirklich hatte erleben können. Er
war – was man seiner Musik nicht aufs erste Ohr anhört, aufs zweite allerdings schon – auch ein sehr sinnlicher Mensch: er aß gern
gut und verstand etwas von Wein. Zum Glück komponierte er weiter: Das »Kammerkonzert für Klavier und Geige mit Begleitung von
dreizehn Bläsern« – das erste Werk, dem er keine Opus-Zahl mehr

gab. Er komponierte langsam und ahnte wohl, dass es nicht drei-
stellig werden würde ... Und es entstand die großartige »Lyrische
Suite« für Streichquartett, das erste größere Werk, das er mit
Schönbergs Methode der Komposition mit zwölf Tönen schrieb.
Zugleich war er auf der Suche nach einem neuen Opernstoff und
schwankte zwischen Gerhart Hauptmanns »Und Pippa tanzt!« und
»Lulu« von Frank Wedekind. Er war 1905 unter den geladenen Gästen, als Karl Kraus die legendäre zensurfreie Aufführung von Frank
Wedekinds »Die Büchse der Pandora« ermöglicht hatte und von
diesem Thema damals schon fasziniert. Ab Juni 1928 arbeitete er
an »Lulu«, konnte sie aber nicht mehr fertig stellen; der erste und
der zweite Akt waren 1933 fertig orchestriert, der dritte aber nur teilweise, als Particell allerdings – das ist sozusagen die Rohpartitur
ohne ausgearbeitete Einzelstimmen –, war auch der fertig. Auf der
Höhe der Anerkennung begann sich der Wind zu drehen: schon
1932 begannen Aufführungen von Bergs Werken in Deutschland
seltener zu werden, am 9. Mai 1933 bekam er einen Brief vom Vor-
stand des »Allgemeinen Deutschen Musikvereins« – Berg war dort
Jury-Mitglied –, in dem stand, dass »angesichts der musikpoliti-
schen Situation in Deutschland sofortige personelle Veränderungen im Musikausschuss nicht zu umgehen« seien – er wurde also
von den Nationalsozialisten rausgeschmissen. Zwar wurden die
»Symphonischen Stücke aus der Oper Lulu« am 30. November
1934 unter Kleibers Dirigat noch in Berlin uraufgeführt; dem waren
aber so erhebliche Probleme vorausgegangen – Ruth Kleiber hatte
bei Göring vorgesprochen, der dafür sorgte, dass das Konzert stö-
rungsfrei, aber unter »Saalschutz« stattfinden konnte –, dass Alban
Berg es klugerweise vorzog, nicht in Berlin zu erscheinen. Die
Uraufführung war zwar ein großer Erfolg beim Publikum, Kleiber
wurde jedoch so heftig angegriffen, dass er am 5. Dezember sein
Amt als GMD der Staatsoper niederlegte und im Januar 1935
Deutschland verließ. Im Ausland jedoch wurden die »Symphonischen Stücke« gut aufgenommen und einige Male bis zu Bergs Tod
aufgeführt.
Anfang 1935 bat ihn der Geiger Louis Krasner, für ihn ein Violinkonzert zu schreiben. Berg nahm den Auftrag an und schrieb in –
für ihn – kürzester Zeit, innerhalb eines knappen halben Jahres,
eines der schönsten Violinkonzerte der Musikliteratur – »dem
Andenken eines Engels« gewidmet: der am 22. April 1935 verstorbenen Manon Gropius. Sie war die Tochter von Alma Mahler und
Walter Gropius und starb mit 18 Jahren an Kinderlähmung. Das
Violinkonzert – das er in seinem Haus am Wörthersee komponierte – am gegenüberliegenden Ufer hatte Brahms sein Violinkonzert

geschrieben! – ist somit zu einer Art Requiem für sie geworden – aber auch für Alban Berg selbst. Als er am 12. November 1935 vom Haus am Wörthersee nach Wien zurückkam, litt er schon seit Monaten an einer Furunkulose. Aus einem Insektenstich entwickelt, hatte sich diese lebensgefährlich ausgeweitet: er hatte der Furunkulose zunächst wohl keine Bedeutung beigemessen oder konnte, wie Adorno vermutet, aus Geldmangel nicht zum Arzt gehen; jedenfalls breiteten sich metastatische Abszesse aus, die nicht mehr zu kontrollieren waren. Am 19. Dezember wurde eine Bluttransfusion durchgeführt, bei der er einmal mehr seinen schwarzen Humor bewies: der Blutspender war ein junger, schlichter Wiener, bei dem sich Alban Berg persönlich bedankte. Als der aber gegangen war, sagte er zu Willi Reich: »Wenn jetzt nur kein Operettenkomponist aus mir wird!« Die Komplikationen, insbesondere im Darmbereich, führten in der Nacht auf den 24. Dezember 1935 zum Tode dieses großen Wiener Komponisten.

»Im Leben der gütigste, konzilianteste Mann, liebte er in der Kunst das Kämpferische, das Strenge, das Kompromisslose, das Unerbittliche«, sagte Soma Morgenstern in seiner Rede, die er im Trauerhaus hielt. Alle, die ihn kannten, bestätigen dieses Urteil.

ENTSTEHUNGSZEIT

Als im Februar 1935 Louis Krasner bei Berg anfragte, ob er ein Violinkonzert in Auftrag nehmen wolle, war Krasner 32 Jahre alt und ein erfolgreicher, der zeitgenössischen Musik sehr verpflichteter Geiger. Er hatte 1928 bereits Alfredo Casellas Violinkonzert uraufgeführt, wird 1936 Bergs Konzert, 1940 das von Arnold Schönberg und 1946 das von Roger Sessions zum ersten Mal spielen. Alban Berg zögerte etwas, weil er mitten in der Arbeit an der Oper »Lulu« steckte. Andererseits: Bergs Werke waren inzwischen zur »entarteten Kunst« erklärt worden, das Geld war knapp und Krasner winkte mit 1.500 US-Dollar, kurz: Berg nahm den Auftrag an, wies aber darauf hin, dass es wohl ein bisschen dauern könne. Am 12. März 1935 unterbrach er definitiv die Arbeiten an »Lulu« und warf sich auf die Vorarbeiten für das Violinkonzert. Er studierte genauestens die Konzerte von Glasunow, Szymanowski und Lalo insbesondere in geigentechnischer Hinsicht: Kadenzen, Läufe, Terz- und Sextgänge, Doppelgriffe, Flageoletts mit und ohne Triller etc. Als dann am 22. April nach geduldigem Leiden die 18-jährige Manon Gropius an Kinderlähmung starb – die Bergs waren mit ihren Eltern und Manon aufs engste befreundet –, gab das wohl den Ausschlag für die Arbeit am Violinkonzert, das »dem Andenken eines Engels«

dienen sollte. Berg ließ sich zu Beginn der Arbeiten auch von Krasner am Wörthersee virtuose Feinheiten vorspielen, Krasner musste
aber improvisieren: sowie er auf bekannte Passagen zurückgriff,
klopfte Alban Berg ab! Berg hatte sehr schnell eine Idee und ein kla-
res Konzept. Die Idee:»der Versuch, das Leben, Sterben und die
Verklärung der engelhaft schönen Manon Gropius – die Solovioline
ist dabei die dramatis persona – musikalisch darzustellen, freilich
nicht ›abzukonterfeien‹, wie es ›Programmmusik‹ täte.« (Dietmar
Holland) Das Konzept bestand darin, im ersten Teil – untergliedert
in einen langsamen und einen schnelleren Teil – Züge Manons
auszudrücken, im zweiten Teil – wiederum in einen schnelleren
und einen langsamen Teil – Todeskampf und Erlösung nachzu-
zeichnen; das alles allerdings in feinster und subtilster Konstruktion. Dieses ›einfach‹ klingende Konzert ist tatsächlich ein höchst
kompliziert aufgebautes Werk, mit Zitaten (das Kärntner Lied »A
Vögele af'n Zweschgm-bam«, J. S. Bachs Choral »Es ist genug!
Herr, wenn es Dir gefällt, so spanne mich doch aus« aus der Kantate 60) und einer Reihe von zwölf Tönen, die so gewählt ist, dass sie
Brücken in das tonale System ermöglicht – in das also, was wir
heute immer noch (woran man sieht, wie lange das Neue braucht,
sich durchzusetzen!) als harmonisch und ›schön‹ empfinden. Das
alles gemischt mit Bergs fast fanatischer Zahlenspielerei – er rechnete die Verhältnisse von Taktzahlen, Metronomzahlen und die
Notenwerte aus, maß ihnen eine große Bedeutung zu und benutzte
die ermittelten Werte für die Disposition des Werks, wobei ihm
eine Zahl besonders wichtig war: die 23, seine persönliche Schicksalszahl – und der Zwölftontechnik, ergab – trotzdem – ein Werk
von einmaliger Schönheit. Es würde den Rahmen dieses Buches
sprengen, wollte ich hier einen Exkurs über Zwölftontechnik ein-
schieben; ich nehme mir einfach die Freiheit, auf Nachschlage-
werke zu verweisen. Nur eines kann ich sagen: man braucht keine
Angst davor zu haben. Zwölftontechnik tut nicht weh und setzt
auch nicht voraus, dass nur der Experte sie genießen kann, das zeigt
Alban Bergs Violinkonzert zur Genüge. Und vergessen wir nicht,
dass das uns vertraute Ton- und Notensystem auch einmal neu war:
Als Guido von Arezzo das Vier-Linien-System und die Noten »ut –
re – mi – fa – sol – la« (um 1000 n. Chr.) herum erfunden hat,
haben sich die damaligen Musiker erstmal totgelacht; womit ich
sagen will, dass die Kompositionstechniken des 20. Jahrhunderts
sich auch erst durchsetzen müssen.

URAUFFÜHRUNG
Louis Krasner führte das Violinkonzert am 19. April 1936 in Barcelona auf. Dirigent sollte Anton Webern sein. Er musste aber davon Abstand nehmen: er fühlte sich so kurz nach dem Tod seines Freundes Alban Berg dieser Aufgabe nicht gewachsen. Es dirigierte Hermann Scherchen.

ERFOLG
Überwältigend. Willi Reich schrieb in der »Schweizerischen Musikzeitung«:
»Die Uraufführung des letzten vollendeten Werkes Bergs, des ›Dem Andenken eines Engels‹ gewidmeten Violinkonzerts (vom amerikanischen Geiger Louis Krasner vorzüglich gespielt), bedeutete eine wahre Sensation. Hermann Scherchen, der die Leitung des Werkes mit ganz kurzer Probenzeit übernommen hatte, vollbrachte eine nachschöpferische Meisterleistung. Das Konzert, das zu den bedeutendsten Werken der Gattung gezählt werden muss, errang einen triumphalen Erfolg. Als Scherchen dem wie rasend applaudierenden Publikum Bergs handgeschriebene Partitur entgegenhielt, wurde es einen Augenblick ganz still: Jeder verstand die ekstatische Geste des Dirigenten.«
Das Konzert ist heute aus dem Repertoire eines jeden Solisten nicht mehr wegzudenken.

ANEKDOTEN
Alles schon gesagt.

WERK
Sätze
I. Andante und Allegretto II. Allegro und Adagio

Dauer
Gute 25 Minuten

Besetzung
Solo-Violine
2 Flöten (beide auch Pikkolo)
2 Oboen (2. auch Englisch-Horn)
1 Altsaxophon in Es (auch 3. Klarinette in B)
2 Klarinetten
1 Bassklarinette in B
2 Fagotte
1 Kontrafagott

4 Hörner in F
2 Trompeten in C
2 Posaunen
1 Kontrabasstuba
4 Pauken, gr. Trommel, Becken, kl. Trommel, Tamtam, Gong, Triangel
1 Harfe
Violinen I und II
Bratschen
Violoncelli
Kontrabässe

HITS

Wenn es einen Mosaik-Teppich geben würde: er wäre das richtige Bild für dieses Konzert, so kunstvoll verwoben sind Orchester und Solo-Violine und zwar in kleinsten thematischen Einheiten; da macht das Partiturlesen alleine ja schon Spaß. Keine Rede mehr davon, dass das Orchester einen Solisten zu begleiten hat oder mit ihm in ein Zwiegespräch kommt – hier sind Orchester und Solist eine Einheit. In keinem anderen Konzert für Solo-Violine und Orchester ist das so konsequent und so schön durchgehalten worden.

Ein zweiter Hit ist die wundervolle Orchestrierung: hören Sie mal auf die Bläser und darauf, wie fein ihre Stimmen geführt werden, speziell die tiefen Bläser. Welche Atmosphäre Berg dadurch schafft, ist einmalig.

Ein dritter Hit ist die Beiläufigkeit, mit der das Konzert beginnt: Harfe und Klarinette geben acht Töne vor, die Geige streicht über die leeren Saiten und ohne dass du es gemerkt hast, bist du nach zehn Takten mittendrin – und genau so sanft wirst du auch wieder aus dem Konzert entlassen, bereichert um die leise Trauer über den Tod eines Mädchens, das du eben erst musikalisch kennen gelernt hast – aber so intensiv, wie es im realen Leben wohl nicht möglich gewesen wäre.

Natürlich gibt es auch einige ›Stellen‹, die hier zu nennen sind:

Ab Takt 47 hat die Solo-Violine eine feine Hauptstimme, von den zweiten Geigen im pizzicato »schattenhaft« (Partitur) wiederholt (das ist nach ca. zweieinhalb Minuten);

der Klarinettenbeginn im Allegretto (Takt 104 – ca. viereinhalb Minuten nach Beginn), den die Geige aufgreift um dann in die »wienerische« (so steht's in der Partitur und so klingt es auch) Hauptstimme zu führen;

ab Takt 214 (ca. nach zehn Minuten) setzt das Horn mit der Kärntner-Melodie vom Vogel auf dem Zwetschgenbaum ein, Solo-Violine und Trompete greifen auf – merken Sie sich die Melodie: gegen Ende des Konzerts, nach ca. 23 Minuten, jedenfalls ab Takt 207, erklingt sie nochmal, jetzt aber wirklich aus anderen Sphären – hinreißend;

im Adagio (ab Takt 136, nach ca. 18 Minuten) ist beeindruckend, wie Alban Berg den Bach-Choral eingebaut hat, vor allen Dingen (ca. anderthalb Minuten später) da, wo die Celli mit Dämpfer die Melodie spielen.

Das alles sind Stellen, wo man von ›Stellen‹ reden kann – wobei Sie an meiner Auswahl sicher merken, was für ein hoffnungsloser Romantiker ich bin. Pierre Boulez hätte sicherlich ganz andere Stellen herausgehoben!

FLOPS

Na ja, Herr Berg, also die Solo-Violine damit beginnen zu lassen, dass da zunächst mal über die leeren Saiten gestrichen wird … Ich meine: Hat der Mann nicht vorher stimmen können? Andererseits: Dieses ist das einzige Konzert für Violine und Orchester, das schon im ersten Geigenjahr gespielt werden kann (zumindest bis Takt 2!) – das motiviert die Kleinen und dafür sind wir alle Herrn Berg sehr dankbar!

Wenn man zu denen gehört, für die ab Brahms nur noch »teufflisch Geplärr und Geleyer« kam, wird man das ganze Konzert als Flop abtun. Ich finde keinen einzigen Flop – und ich habe mir wirklich Mühe gegeben, einen zu finden!

OBACHT

Sicher ist für das Orchester Bergs »Marsch« aus den »Drei Orchesterstücken« schwerer zu spielen und sicherlich gibt es zeitgenössische Violinliteratur, die noch schwerer ist als der Solo-Part; dennoch stellt dieses Konzert an Orchester und Solisten allerhöchste Anforderungen. Ich sage nur: Blechbläser! Die können – und dafür müssten die sich noch nicht mal anstrengen – die Kollegen so was von in Grund und Boden blasen, wenn die nur ein bisschen draufhalten, dass da kein Grashalm mehr wächst. Und es soll ja nicht dem Andenken eines Bengels gewidmet sein, nicht wahr! Für den Solisten ist es technisch gesehen oft sehr »sperrig«: große Griffe, große Sprünge, unübliche Doppelgriffe etc. Aber: es ist auch geigerisch dankbar, weil es klingt.

ES MEINEN
Der neue Internet-Grove:
»As the 20th century closed, the ›backward-looking‹ Berg suddenly came ... to look like its most forward-looking composer.«
Theodor W. Adorno:
»Ihm gelang es, kein Erwachsener zu werden, ohne dass er infantil geblieben wäre.«
Pierre Boulez:
»Wenn wir uns hier erlaubt haben, Berg zu kritisieren, so stellen wir ihn doch hoch über all die Schwach- und Wirrköpfe, die sich für Zwölftöner halten und ausgeben; und wir weigern uns, dieser vor sich hinfaulenden Sippschaft, die den Glanz der Pariser Musikwelt bildet, die Hand zu reichen – selbst wenn es darum geht, Bergs Lob zu verkünden.«

BEIKIRCHER RÄT

ANLASS
Nein: Nicht Beerdigungen und der Trost danach, auch nicht intellektuell ›saubere‹ Begleitung eines Heurigen-Katers sind die richtigen Anlässe für dieses Konzert. Der richtige Anlass für Alban Bergs Violinkonzert ist: Nach der großen Krise in der Ehe sind die Koffer in der neuen Wohnung ausgepackt, die Kinder zurückgebracht, die Flasche Wein geöffnet und es zieht ein: der kleine Tod. Da steht sie aber plötzlich in der Tür und beide spüren: Die neue Umarmung hält, weil das andere vorher war. Jetzt kein Wort sagen, sich hinsetzen und das Konzert hören. Und *danach* miteinander reden!

NUTZUNG
Nein. Diese Musik ist so selbstlos, dass sie sich nicht benutzen lässt.

AUTO
Ford-Cabrio (Baujahr 1925) – sonst gar nichts.

PAUSEN-TALK
»Wissen'S, was mich bei dem Konzert stört? Es is so g'scheit.«
»Aber es ist doch so voller Gefühle.«
»Das nutzt mir aber nix.«
»Wie das?«
»No ja, wissen'S, ich bin Musikkritiker – wann i da was von G'fühl schreib', versetzens mich zu die Annoncen!«

FRAUEN
»Mir fällt bei Alban Berg immer ein Spruch der Tante Jolesch ein:
›Was ein Mann schöner is als a Aff, is a Luxus!‹«
»Warum das denn?«
»Ich liebe Luxus!«

MÄNNER
»Ich finde ungeheuerlich, dass es geklappt hat.«
»Was?«
»Na die Arithmetik: Der erste Teil hat im Particell 23 Seiten, der
zweite Teil hat 230 Takte. Geteilt durch zehn gibt 23.«
»??«
»10 war für Berg Anna Fuchs-Robettins Geheimzahl und die 23 war
seine persönliche Schicksalszahl: Alles hat er ausgerechnet und
trotzdem so hinbekommen, dass die Zahlen stimmen, in der Musik
aber nix fehlt oder zu viel ist. Ist das nicht unglaublich?«
»Also, gerechnet hab ich ja weniger – ich hab zugehört!«

BEWERTUNGEN

Technik	🎺🎺	für Orchester
	🎺🎺🎺	für die Solo-Violine
Gesamt	🎻🎻🎻 auf Seidenkissen	Es ist das schönste Konzert eines ganzen Jahrhunderts und hat eine melancholische Leichtigkeit, die jeden, der Menschen liebt, berührt.

Sergej Prokofjew
1891–1953

Symphonie Nr. 1 D-Dur op. 25
(»Klassische Symphonie«)

Das »Überwinden der Gegenwart zugunsten der
Ewigkeit war ... sein Lebenskonzept.«
(Alfred Schnittke, 1990)

Sergej Prokofjew hat bis heute in der Musik einen sicheren Platz:
den zwischen den Stühlen. Konservativen ging er zu weit, Avantgardisten nicht weit genug, dem Westen war er zu linientreu –
als wären er und Schostakowitsch quasi KGB-Komponisten gewesen –, dem Osten zeitweise zu dekadent. Selbst im Tod lag er »daneben«: er starb am selben Tag wie Stalin, dem 5. März 1953. »Es
hatte unendlicher Anstrengungen bedurft, Prokofjews Sarg durch
die abgesperrten Straßen zu transportieren. Doch ein würdiges
Begräbnis war dem Komponisten nicht vergönnt. Alle Moskauer
Blumengeschäfte und Gewächshäuser sind leer gekauft, und während der Leichnam des Generalissimus in einem Meer von Blumen und Palmen zu ertrinken droht, schmücken den bescheidenen
Sarg des Komponisten nur wenige Grünpflanzen, die eine Nachbarin der Prokofjews opferte, um wenigstens etwas aufs Grab des
Künstlers legen zu können. Auch die Zeitungen haben keinen Platz
für einen Nachruf auf den Komponisten, der es gewagt hat, am selben Tag wie Stalin zu sterben« – so beschreibt Maria Biesold die
Situation.
Immer noch geistern neben musikalischen Kriterien bei der Bewertung seiner Musik politische in den Köpfen herum, vor allem, was
sein Spätwerk betrifft. Alfred Schnittke hat sich 1990 zu diesem
Thema definitiv geäußert: »Er gehörte zu denen, die bei allen schrecklichen Umständen ihre menschliche Würde bewahrten und den
scheinbar allmächtigen Alltagssituationen nicht die Oberhand ließen. Er leistete einen stillen, aber um so zäheren Widerstand.« Das
müsste genügen, um die Reste des Kalten Krieges in der Bewertung
Sergej Prokofjews überwinden zu können. Habe ich schon gesagt,
dass er einer meiner Lieblingskomponisten ist? Nein? Also: Er ist
einer meiner Lieblingskomponisten.

Als solcher ist er am 23. April 1891 (westlicher Zeitrechnung) in Son-
zowka geboren. Jetzt werden Sie natürlich nicht direkt wissen, wo
das ist. Es ist ca. 40 Kilometer von Donezk entfernt, welches ca. 200
km östlich von Dnjepropetrowsk liegt, alles zusammen auf der Höhe
von München, nur eben 200 Kilometer weiter östlich. Papa Sergej
Alexejewitsch war Agraringenieur und hatte ein Gut mit 1000
Bauern und Arbeitern zu verwalten, festes Monatsgehalt und 20 %
Gewinnbeteiligung, dafür kann man schon mal von Moskau in den
Süden ziehen und es den Biographen schwer machen, herauszufin-
den, wo das ist. Mama Maria Grigorjewna hatte, als Sergej kam,
zwei Fehlgeburten hinter sich, dementsprechend freute man sich
über den Kleinen. Mama muss eine sehr kluge und musische Frau
gewesen sein: sie hatte die liberale Regierungszeit Alexanders II.
nutzen können und in Moskau die höhere Schule besucht. Sie spielte Klavier und ihr Kleiner durfte rechts oben mitklimpern. Mit
Beethoven, Chopin und Tschaikowsky schläft er ein und schreibt
mit fünf Jahren seine ersten kleinen Kompositionen. Bei einem
Moskau-Aufenthalt 1902 wurde er Sergej Tanejew vorgestellt, dem
»künstlerischen Gewissen einer ganzen Generation russischer Komponisten« (R. Glier), der dazu riet, das musikalische Talent Segejs
gezielt zu fördern. Reinhold Glier gab dem Jungen ersten Kompositionsunterricht und 1904 kam er ans Konservatorium von St.
Petersburg. Übrigens hatte Prokofjew in dieser Zeit schon angefangen, Tagebuch zu schreiben und es mit Zeitungsausschnitten etc.,
also »Objektiven Daten« anzureichern, was seine Autobiographie
in den Augen der Wissenschaft zu einem wertvollen Dokument
macht. Da steht über Glier und Louise, die französische Erzieherin:
»Wenn wir drei – sie, Glier und ich – spazierengingen, dachte ich
mir oft: Sie erhält fünfzehn Rubel monatlich und er fünfundsieb-
zig. Das bedeutet, dass er fünfmal so teuer ist wie sie. Und ich mus-
terte ihn mit einem respektvollen Blick aus den Augenwinkeln.«
Mit Zahlen hatte er es ohnehin sein Leben lang. Er erstellte Statis-
tiken ohne Ende: über die Takte in Tschaikowskys Symphonien, die
Fehler seiner Mitschüler im Konservatorium, über Städte etc. etc.
Und er entwickelte sich zu einem grandiosen Schachspieler. Man
sieht: die Lust am Zusammenstellen, Kombinieren, Strukturieren,
also am »Komponieren« von Dingen – und später Noten – war ihm
in herausragender Weise eigen.
Im Konservatorium zeigte er sich als begabter, aber schwieriger
Schüler. Er hatte – wie alle Hochbegabten – dezidierte eigene
Ansichten; sein Kontrapunktlehrer Anatoli Ljadow beschwerte sich:
»Ich verstehe nicht, warum er in meinen Unterricht kommt: ich
sage ihm A, und er erwidert mir B«; wozu Prokofjew anmerkt: »Das

war doch gut, dass er A sagte und ich B erwiderte. Das bedeutet einen musikalischen Fortschritt.« Bei den Mitschülern fällt er mit sarkastischen Bemerkungen und mit seiner Fehlerstatistik über sie unangenehm auf. Wer aber gelassen blieb, hatte in ihm einen kreativen und kritischen Gesprächspartner. Im Konservatorium begann auch die Freundschaft mit Nikolai Mjaskowski, die ein Leben lang halten sollte. Der Unterricht bei Rimsky-Korsakow langweilte Prokofjew: zu viele Schüler, zu unstrukturiert und zu lang (vier Stunden jeweils im überfüllten Raum, da kommt ja nun wirklich kaum Freude auf). 1909 macht er sein Abschlussexamen und heimst sich eher Rügen als Lob ein:»bis zum Äußersten extremer Neuerer mit ziemlich einseitig entwickelter Technik«, meint Josef Witol; und Alexander Glasunow sagt über sein Klavierspiel:»Die technische Vorbildung ist überaus glänzend. Die Wiedergabe ist eigentümlich, originell, nicht immer aber von künstlerischem Geschmack durchdrungen.«

Am 7. August 1912 führt er sein erstes Klavierkonzert op. 10 auf, was die Kritiker sehr gegen ihn aufbringt: Die grobe Kakophonie verdiene nicht, Musik genannt zu werden; das Einzige, was Prokofjew bräuchte, sei eine Zwangsjacke, so lauten die Reaktionen. Er wird zu einer Art »enfant terrible« mit der logischen Folge, dass sein Marktwert steigt. 1913 macht er mit Mama seine erste Auslandsreise: Paris, England, Schweiz, ist begeistert von Paris und seiner Atmosphäre und guckt sich lebhaft um. Wäre er eine Woche früher dort angekommen, hätte er den wunderbaren Skandal noch mitbekommen, den Strawinskys »Sacre du Printemps« verursachte (s.o.).

Er arbeitet an seinem 2. Klavierkonzert, das er im September 1913 in Pawlowsk uraufführt und das zu einem massiven Skandal wurde. Man verließ, noch während er spielte, den Konzertsaal und die »Peterburgskaja Gazeta« schrieb: »Ein Paar stand auf und eilte zum Ausgang: ›Eine solche Musik kann einen wahnsinnig machen!‹. Der Raum wurde immer leerer. Der junge Künstler beschloss sein Konzert mit einem erbarmungslos dissonanten Akkord der Blechbläser. Die Hörer waren entsetzt. Die meisten zischten. Prokofjew verbeugte sich spöttisch, setzte sich wieder hin und spielte eine Zugabe. ›Zum Teufel mit dieser futuristischen Musik!‹, riefen ein paar Leute, ›Wir sind zum Vergnügen hergekommen und nicht wegen solcher Musik, die die Katzen besser machen.‹« Die Avantgarde reagierte natürlich positiv, Karatygin schrieb: »Die Zuhörerschaft buhte. Das bedeutet gar nichts. In ungefähr zehn Jahren wird dieselbe Zuhörerschaft dafür mit einmütigem Applaus dem berühmten Komponisten bezahlen, der dann in ganz Europa anerkannt sein wird.« Schöne Worte, danke sehr! Im Frühjahr 1914 legte er einen fulminanten Hochschulabschluss hin und gewann den Rubinstein-Preis als jahrgangsbester Pianist. Er reiste nach England, lernte in London den uns nun schon bekannten Serge Diaghilew kennen; der bot Prokofjew einen Vertrag für ein Ballett an, das bei fristgerechter Ablieferung vom »Ballets russes« aufgeführt werden sollte. Mit ein bisschen Mühe (er war kein großer Geschichtenerfinder) schrieb er für Diaghilew »Ala und Lolli«, was diesem aber nicht gefiel. Man traf sich 1915 in Rom, Prokofjew bekam einen neuen Auftrag von Diaghilew, durfte dort mit seinem zweiten Klavierkonzert sein Debut im »Westen« geben. Diaghilew zeigte ihm Neapel und Palermo und nahm den jungen Komponisten nach Mailand mit, wo er Strawinsky kennen lernt. Der ist gerade von den Futuristen und den Theorien Filippo Marinettis begeistert, so dass man im Hause Marinettis ein Konzert gibt: Prokofjew und Strawinsky spielen vierhändig »Le Sacre du Printemps« – wär ich gerne dabei gewesen!

Diaghilew entließ Prokofjew nach Russland mit einem Vertrag über 3000 Rubel für ein neues Ballett und dem Ratschlag: »Aber schreibe echt russische Musik. In eurem verdammten Petersburg haben sie verlernt, russische Musik zu schreiben. In der Kunst musst du zu hassen verstehen, sonst verliert deine Musik alle Individualität.« Er schrieb das Ballett »Le Chout«, schickte es Diaghilew, der ihm – mittlerweile aus Amerika – 15.000 Rubel zahlte, obwohl er das Stück nicht aufführen kann: die »Ballets russes« waren in Geldnöten. Aus »Ala und Lolli« wird schließlich die grandiose »Skythische Suite«. Die Oper »Der Spieler« (nach dem Roman von Fjodor Dostojewski) fällt in die Revolution 1917, es kommt zu einer Orchesterprobe und das war's dann. Aber das Jahr 1917 ist trotzdem eines der produktivsten im Leben Prokofjews: die »Symphonie classique«, das brillante erste Violinkonzert, die »Visions fugitives«, die dritte und die vierte Klaviersonate – alles 1917 geschrieben! Er wird als *die* musikalische Stimme der Revolution gesehen, seine kräftige, provokante Musik als Ausdruck der universellen Freude, die beim Abschütteln der zaristischen Zwänge erstrahlt – er selber aber liest in der Zeit der Oktoberrevolution lieber Kant, komponiert und kümmert sich eigentlich gar nicht um die Zeitläufte. Er reagiert auch nicht auf den Aufruf vom 1. Dezember 1917 in der »Prawda«: »Wir bitten alle Genossen Maler, Musiker und Künstler, die den Wunsch haben, bei der Annäherung der breiten werktätigen Massen und der Kunst mitzuwirken, ... sich im Winterpalais – Kanzlei des Kommissars für Volksbildung, einzufinden.« Gut – Kislowodsk war ein bisschen weit vom Schuss, dennoch: er war nicht wie Kandinsky, Chagall, Majakowskij oder sein Freund Mjaskowski in der Reihe der ersten »Kulturfreiwilligen« zu finden. Später hat er sich mit Ahnungslosigkeit entschuldigt; vielleicht hatte er da schon den Gedanken, das Angebot von Cyrus McCormick anzunehmen, des amerikanischen Industriellen und Musikliebhabers, der ihm Hilfe zusagte, falls er nach Amerika kommen wollte.

In Petersburg führt er die »Symphonie classique« auf – und lässt sich kurz darauf einen unbefristeten Pass ausstellen. Am 7. Mai 1918 steigt er in die transsibirische Eisenbahn, ist am ersten Juni via Wladiwostok in Tokio und Ende August schließlich in San Francisco. Der Einwanderungsbehörde begegnete er mit seinem berühmten Spott (»Waren Sie im Gefängnis?« »Ja.« »Das ist ja schlimm. Wo denn?« »Bei euch auf der Insel.« »Ach, Sie belieben zu scherzen!«), leiht sich 300 Dollar und fährt nach New York. PR-mäßig kommt er günstig: in USA verfolgt man aufmerksam, was in Russland passiert und feiert ihn als Komponist der Revolution. Sein erstes abendfüllendes Konzert erregt Aufsehen: »Seine Finger sind Stahl, seine Handgelenke Stahl, seine Bizeps und Trizeps Stahl, seine Schultern Stahl. Er ist ein tonaler Stahl-Trust ... Ein Parterre von Pianisten (einschließlich Rachmaninow!) begrüßte den Newcomer mit dynamischem Applaus. An seinem anhaltenden Erfolg kann kein Zweifel sein.« (»New York Times«) Die »New York Evening Post« begrüßte ihn als einen der anregendsten Komponisten, die das Land der unbegrenzten Probleme dem Land der unbegrenzten Möglichkeiten geschickt habe ... Der Pianist Prokofjew begeisterte; der Komponist hinterließ eine gewisse Ratlosigkeit; er war aber in jedem Fall der Musiker der Saison. Er wollte zwar ursprünglich nur einige Monate bleiben, richtete sich aber zunehmend auf längere Zeit ein. Er lernte seine spätere Frau kennen, Lina Llubera (Künstlername Carolina Codina), die gerade eine Sängerinnen-Karriere begann, und bekam den ersten Opernauftrag der amerikanischen Geschichte: er sollte für die Oper von Chicago »Die Liebe zu den drei Orangen« komponieren (Uraufführung erst 1921; den Durchbruch konnte das Werk aber erst nach der deutschen Erstaufführung 1924 in Köln feiern). In Chicago begegnete er – der bisher von Religion nicht viel gehalten hatte – Angehörigen der »Christian Science« und war so angetan von den Ideen dieser Gemeinschaft, dass er ihr zumindest bis zu seiner Rückkehr nach Russland nahe blieb. Er leitete aus den Schriften von Mary Baker Eddis 20 spirituelle und »praktische« Regeln ab, die er als für sein Leben verbindlich erklärte, z. B.:

» 1. Ich bin Ausdruck von Leben, d. h. von göttlicher Aktivität. (...)

5. Meine Individualität ist mir gegeben, damit ich Schönheit ausdrücke. (...)

8. Ich bin der Ausdruck von Freude, die stärker als irgendetwas ihr Unähnliches ist. (...)

13. Ich bin mir gegenüber ehrlich und werde darum die Arbeit tun, die die beste ist. (...)

19. Ich bin darauf erpicht, zu arbeiten, denn Arbeit ist der Ausdruck von Leben.

20. Ich freue mich trotz Sorgen; ich bin die Gelegenheit, damit die Wirklichkeiten des Lebens bewiesen werden.«

Natürlich reiste er auch nach Europa, führte bei Diaghilew 1921 in Paris »Le Chout« auf und ließ sich im Sommer 1922 in Ettal nieder – mit Mama und Lina, die er dort am 8. Oktober 1923 heiratete. In Ettal? Ja sauba! Was isn dös? A Boischewikn-Komponist in Bayern? Ja do legst di nieda! Den Ettalern ist er – vermutlich – noch in Erinnerung als der Russe, der ständig mit der Botanisiertrommel unterwegs war. Er kannte sich hervorragend in der Pflanzenwelt aus, und entdeckte er eine Blume, die es auch in Russland gab, war er überglücklich, »als habe er einen alten Bekannten getroffen« (wie sich Lina erinnert). Ansonsten spielte er Schach und komponierte, wenn er nicht gerade auf Konzertreise war. Im Dezember 1923 zog die Familie nach Paris, wo er bis zur Rückkehr in die Sowjetunion 1936 blieb. Dort kommen 1924 und 1928 seine beiden Söhne zur Welt, von hier aus macht er ausgedehnte Konzertreisen – auch immer öfters in die Sowjetunion, wo er z. B. ab 1929 ständiger Berater beim Rundfunk wird –, er komponierte u. a. sein 5. Klavierkonzert, das er 1932 in Berlin unter Furtwängler uraufführte. Er war mittendrin im virulenten Kulturleben jener Jahre, ohne allerdings definitiv Fuß fassen zu können; seine Musik stieß immer noch gleichermaßen auf Zustimmung wie auf Ablehnung, sowohl im Westen wie im Osten; nur als Pianist wurde er ungeteilt anerkannt – der Pianist Prokofjew spielte am liebsten sich selbst!

Er hatte ab den 30er Jahren vielleicht das Pech, dass er immer vor dem Hintergrund der politischen Entwicklung gesehen wurde; als habe er vor, den sozialistischen Realismus vorwegzunehmen bzw. liefe Gefahr, »westlich dekadent« zu sein. Warum Prokofjew letztlich in die Sowjetunion zurückkehrte und nicht im Exil blieb, wie so viele andere Russen, ist ungeklärt. Strawinsky schrieb etwas gehässig: »Er folgte daher der Hurengöttin Erfolg, nichts anderem. Er hatte in den Vereinigten Staaten und in Europa während mehrerer Jahre kein Glück gehabt, während sein Besuch in Russland zu einer Triumphfahrt wurde. Als ich ihn 1937 zum letzten Mal in New York sah, war er verzweifelt über sein materielles und künstlerisches Schicksal in Frankreich. Er war politisch naiv ... und als er die dortige Situation richtig begriff, war es zu spät.« Na, na, Herr Strawinsky, da hast du vielleicht etwas zu sehr durch die eigene Brille auf den Kollegen geguckt, oder?! Vielleicht – das unterstelle ich jetzt mal als hauptberuflicher Vater dem Familienoberhaupt Prokofjew – hat neben anderen Gründen auch eine Rolle gespielt, dass er an eine gesicherte Zukunft für die Kinder dachte. Das – gekoppelt mit der Aussicht, als führendes Mitglied am Aufbau eines Staates beteiligt zu sein, honoriert durch garantierte Aufträge, kostenfreie Wohnung, kostenlose Schule für die Kinder, freie Krankenversicherung etc. – kann so einen Entschluss durchaus positiv beeinflussen, möchte ich meinen. Ich kann mir sehr gut vorstellen, dass er insgesamt ein eher positives Bild vom Bolschewismus und von Stalin hatte (wie viele westliche Intellektuelle auch); dass es also nicht ein Sprung in den Gulag war, als Prokofjew am 15. Mai 1936 in Moskau seine Frau Lina und seine beiden Söhne Swjatoslaw und Oleg umarmte und ihnen die neue Wohnung zeigte.

ENTSTEHUNGSZEIT
»Mir schien, dass Haydn, wenn er heute noch lebte, ebenso komponieren würde wie zuvor und gleichzeitig etwas Neues in seine Kompositionsweise aufnehmen würde. Solch eine Symphonie wollte ich komponieren: eine Symphonie im klassischen Stil« schreibt Prokofjew in seiner Autobiographie. Nun ist so ein Gedanke nicht unbedingt was Neues: Strawinsky verfolgte ihn in »Pulcinella« auch – nach Prokofjew. Der schrieb das Werk im Sommer 1917 mehr oder weniger parallel mit dem 1. Violinkonzert auf einer Reise ins Ural-Gebirge und verfolgte dabei auch ein Ziel, das er zeitlebens vor Augen hatte: Durchsichtigkeit der Instrumentierung und Klarheit der Form. Vielleicht spielte tatsächlich die Lust an der Provokation eine Rolle, »die Absicht, die Philister zu ärgern«, wie er anmerkt; in jedem Fall aber spiegelt diese Symphonie Witz und heitere Ironie. Ist es nicht eine hübsche Charade, sich eine gepuderte Perücke mit Zopf aufzusetzen und gemächlich mit der Eisenbahn zu reisen? Während einige Autoren sie eher als Flucht in das Reich der Harmonie und Transparenz darstellen, finde ich eher das Spielerische in dieser Idee wieder: der Schachspieler und Provokateur testet sozusagen die Grenzen dessen, was man machen kann. Die verschobenen Rhythmen, die ungewöhnlichen Harmonie-Gänge und die ironischen Melodiebögen verbieten ja geradezu die Interpretation, die »Symphonie classique« sei der Versuch, naiv historische Techniken nachzuahmen. Dass aus der »Klassischen Symphonie« selbst ein »Klassiker« wurde, ist sich selbst erfüllende Prophezeiung: Denn der pfiffige Sergej hatte geschrieben, er habe sie »außerdem

in der heimlichen Hoffnung, letzten Endes zu gewinnen, wenn die Symphonie sich wirklich als ›klassisch‹ erwiese«, geschrieben. Gut gelungen!

URAUFFÜHRUNG
21. April 1918 in Petrograd.

ERFOLG
Durchschlagend bis heute und ein Ende ist nicht abzusehen!

ANEKDOTEN
Nöö.

WERK
Sätze
Allegro – Intermezzo: Larghetto – Gavotte: Non troppo allegro – Finale: Molto vivace

Dauer
ca. 13 bis 15 Minuten

Besetzung
2 Flöten
2 Oboen
2 Klarinetten
2 Fagotte
2 Trompeten
2 Hörner
Pauken
Violinen I und II
Bratschen
Violoncelli
Kontrabässe

HITS
Die ganze Symphonie klingt, als wäre Prokofjew Haydn mit dem Turbo-Fön durch die Perücke gegangen: zerzaust streckt er uns die Zunge raus, wie Einstein auf dem berühmten Bild.
Einmal Wiener Klassik und zurück in Lichtgeschwindigkeit; »Zurück in die Zukunft« quasi, und bevor die Neoklassik geboren war, ist sie auch schon elegantest ad absurdum geführt. Was muss Pro-

kofjew für einen Spaß am Komponieren gehabt haben! Der Anfang ist ja schon grandios in seiner witzigen Beschleunigung der gewohnten Themen à la »Mannheimer Rakete« (s. »Andante Spumante«, Register); der Spitzentanz des Seitenthemas (nach ca. I Minute) macht dann aber das elegante Spiel vollends zum Vergnügen und stellt auch klar, dass es hier nicht um Imitation oder Parodie geht, sondern um heiteres Abschütteln des Alten auf der Suche nach neuen Formen. Und, bitte schön, ist der zweite Satz mit seiner zarten Menuett-Melodie nicht wunderschön? Weil es 1917 natürlich Stahlsaiten für die Geigen gab, kann man sie auch in den höchsten Lagen singen lassen – auf den Darmsaiten der Haydnzeit hätte das ziemlich kratzig geklungen. Haydn hätte sicher Spaß an solchen Tönen gehabt.

Eine Kleinigkeit, auf die ich mich immer freue, ist in den letzten Takten des zweiten Satzes zu verzeichnen: die Pauke darf zweimal die Terz des Grundtones hören lassen, eine Art kleiner Mini-Melodie: da sitzt der vierjährige Mozart auf Haydns Schoß und darf auch einmal – köstlich!

Der dritte Satz müsste »eigentlich« ein Menuett sein, ist hier aber eine Gavotte, also eher Bach und Lully als Haydn – und ist doch typisch Prokofjew. Akkorde stehen so nebeneinander, wie wir es auch von »Peter und der Wolf« kennen, die Melodie verbeugt sich nach allen harmonischen Seiten vor immer wieder überraschend dastehenden unerwarteten Akkorden in ironischer Behäbigkeit. Der Schlusssatz ist schließlich ein Wirbel, der einem den Atem nimmt – ein einziger Hit.

FLOPS
Vielleicht haben Sie mehr Glück – ich habe jedenfalls keinen Flop gefunden. Weder im Kompositorischen noch in der Instrumentierung.

OBACHT
Natürlich der letzte Satz: aber hallo! Flöten, Oboen, zweite Geigen und Bratschen haben Passagen zu bewältigen, die nicht von Pappe sind. Da kriegt so mancher Bratschist lieber im richtigen Moment einen Hustenanfall oder täuscht ein Nervenleiden vor, als diese Abfahrt hinunterzubrettern!

ES MEINEN

Malcolm MacDonald:

»So gesehen ist die ›Symphonie classique‹ ein Paradebeispiel kunstvoller Ironie. Sie ist aber kein Pasticcio: im Gegenteil, Melodien in klassischer Phrasenbildung sind auf feine Art gewürzt mit mehr zeitgenössischer Harmonisierung und unterzogen mit einer modernen, ausufernden Tonalität. Das Ergebnis ist paradoxerweise zeitlos und unverwüstlich, ein musikalischer Organismus, dessen heitere Perfektion und geistreiche Tiefe Mozarts ›Eine kleine Nachtmusik‹ vergleichbar ist.«

Frank Peter Zimmermann:

»Für mich ist Prokofjew der Mozart dieses Jahrhunderts.«

BEIKIRCHER RÄT

ANLASS

Wenn sich der zukünftige Schwiegervater quer stellt, weil er doch mehr an der Tochter hängt, als er in Zahlen ausdrücken möchte; wenn der Seniorchef die Entscheidung der Firmenübergabe an Sie immer noch hinausschiebt, weil Sie ihm zu jung sind; wenn sich der erzkonservative Kardinal einen Schubs geben und Sie endlich zum Weihbischof ernennen soll; wenn der Präsident der Karnevalsgesellschaft längst schon ausgedient hat, aber immer noch nicht die Narrenkappe ablegen will – dies alles sind ideale Anlässe, mit entsprechendem Begleitschreiben die »Classique« zu übergeben. Sie ist tonal genug, um nicht zu verschrecken; und modern genug, um anzudeuten, dass es an der Zeit ist, sich von alten Zöpfen zu trennen – und sie tut das so, dass man lächeln muss.

NUTZUNG

Sollten Sie Schuhhändler sein und auf einem Lagerbestand von richtigen Elbkähnen sitzen geblieben sein – versuchen Sie es mit Prokofjew! Kundschaft angelockt und dann die »Classique« aufgelegt – ich schwöre Ihnen, dass keiner merkt, wie schwer die Teile sind! Und Sie können endlich die feinen Pensato-Schühchen einkaufen – auf denen Sie dann auch wieder sitzen bleiben werden, weil da, wo Sie Ihr Geschäft haben, keine Pensato-Kundinnen sind!

AUTO

Höchst geeignet für alle frechen, kleinen Autos wie Mini Cooper, kleiner Lancia, kleiner Fiat, vielleicht Ford Ka.

Übrigens: Mit keiner Musik kann man so wunderbar Inline-Skaten wie mit der »Classique«.

PAUSEN-TALK
»Das habe ich ...«

»Ja war das jetzt Haydn oder nicht?«
»Nein, das war Prokofjew.«
»Klang aber wie Haydn!«
»Ja schon, aber nur entfernt.«
»Sehen Sie! Und das ist das Tolle an Haydn!«

FRAUEN
»Ist Ihnen mal aufgefallen, dass Prokofjews Kopf dem Haydns enorm ähnlich sieht?«
»Deshalb hat Haydn ja auch Perücke getragen!«

MÄNNER
»Ob Prokofjew so komponiert hätte, wenn er zur Zeit Haydns gelebt hätte?«
»Sicher – nur hätte er sich dann über Monteverdi lustig machen müssen und ob das geklappt hätte – ich weiß es nicht!«

BEWERTUNG

Technik		Prokofjew verlangt viel von den Orchestermusikern, aber nichts, was nicht auch Haydn verlangt hätte, wenn er ordentlich gespielt werden will.
Gesamt	und ein Marillenbrand aus dem Burgenland	Es ist eine Musik voller Esprit und Witz – geistreich und geschmackvoll wie bester Marillenbrand aus Haydns Heimat.

Sergej Prokofjew
1891–1953

Symphonie Nr. 5 B-Dur op. 100

»Mit der Fünften Symphonie wollte ich ein Lied auf
den freien und glücklichen Menschen anstimmen,
seine schöpferischen Kräfte, seinen Adel, seine innere
Reinheit. Ich kann nicht sagen, dass ich dieses Thema
ausgesucht hätte – es entstand in mir und verlangte
nach Ausdruck.«
(Sergej Prokofjew, 1951)

Ab Mai 1936 lebte die Familie Prokofjew in der Sowjetunion. Von
November 1936 bis Februar 1937 gab es eine Tournee durch Europa
und die USA, Januar bis Mai 1938 die letzte Auslandsreise. Ab da
schloss sich der Eiserne Vorhang, kein Kontakt mehr zum Westen.
Auch Briefe aus den USA und Europa erreichten ihn nicht mehr.
Es begann, was Musikwissenschaftler die dritte Schaffensperiode
nennen: nach der »russischen« (bis 1918) und der »westlichen«
(1918–1935) kam nun die »sowjetische«. Das Leben in Moskau ließ
sich allerdings recht gemütlich an. Prokofjews Familie bekam eine
Wohnung in der Tschkalowstraße an der Ostseite Moskaus, im dritten Stock des »Hauses der Spezialisten«. Hier wohnten auch Emil
Gilels und David Oistrach; der war wie Prokofjew ein ausgezeichneter Schachspieler, schlug den Komponisten allerdings bei einem
Match im Zentralhaus der Künstler glänzend, wie sich Prokofjews
Sohn Oleg erinnert. Viele Musikliebhaber beschäftigen sich intensiv mit Schach; deshalb möchte ich zu dieser Seite Prokofjews einen
erstrangigen Fachmann zu Worte kommen lassen: Michail Moisse-
jewitsch Botwinnik, der als Nachfolger des genialen Aljochin von
1948 bis 1963 (außer 1957 und 1960) den Weltmeistertitel trug, bis
er ihn 1963 an Petrosjan weitergeben musste. Er erinnerte sich:
»Mit dem Schachspieler Prokofjew wurde ich im Jahre 1936 während der ›heißen Kämpfe‹ auf dem III. Internationalen Turnier in
Moskau bekannt. Er war ein hervorragender Spieler – von der Kate-
gorie Nr. I – und versäumte keinen einzigen Durchgang. Seine
›Stellung im Turnier‹ war nicht einfach. In dem Kampf um den ersten Platz verhielt er sich streng neutral. Natürlich war ich ihm als

junger sowjetischer Champion sympathisch, aber auch dem Exwelt-meister Capablanca, dem er schon in Paris durch das Schachspiel näher getreten war, konnte er keine Niederlage wünschen. Einige Monate später belegten Capablanca und ich auf dem Turnier in Nottingham (England) zusammen den ersten Platz. Nach dem Turnier erhielt ich von Prokofjew ein Glückwunschtelegramm und zeigte es freudig Capablanca ... begriff aber auch sofort meine Taktlosigkeit, als mein Partner die Farbe wechselte und kaum noch imstande war, weiterzureden – er hatte nämlich kein Telegramm von Prokofjew erhalten ... Aber zwei Stunden später suchte mich Capablanca mit strahlendem Gesicht auf – alles war in bester Ordnung, auch er hatte ein Telegramm bekommen. Selbstverständlich waren beide von Sergej Sergejewitsch gleichzeitig aufgegeben worden, aber die Moskauer Telegrafisten hatten geglaubt, dass der sowjetische Champion als erster den Glückwunsch zu empfangen hätte!

Prokofjew war ein leidenschaftlicher Schachspieler und beteiligte sich auch lebhaft am Schachleben des Zentralen Hauses der Kunstschaffenden. Den Moskauer Schachspielern ist noch sein Kampf mit David Oistrach in Erinnerung, der unter sehr eigenartigen Bedingungen vor sich ging – der Sieger erhielt den Preis des Zentralen Hauses der Kunstschaffenden, und der Besiegte hatte für die Kunstschaffenden ein eigenes Konzert zugeben!

Ich hatte wiederholt Gelegenheit, mich mit Prokofjew auf dem Schachbrett zu messen. Auch sein Schachspiel erschien schöpferisch und charakteristisch – gewöhnlich wählte er den Angriff, den er geistreich und einfallsreich meisterte. Von der Verteidigung war er offensichtlich kein Freund. Selbst seine schwere Krankheit ließ sein Interesse am Schachspiel nicht erlahmen. Im Mai 1949 besuchte ich den Kranken zusammen mit dem bekannten Schachspieler J. G. Rochlin in seiner Sommerwohnung auf Nikolina Gora. Er lag damals im Bett und fühlte sich offensichtlich nicht wohl, als er aber Rochlin erblickte, lebte er sogleich auf und fragte vorwurfsvoll, wo denn die ihm versprochene Aufstellung der Partien vom Match zwischen Steinitz und Lasker aus dem Jahre 1894 wäre, womit er seinen Besucher in größte Verlegenheit brachte.«

Prokofjew schrieb in seiner sowjetischen Zeit »Peter und der Wolf«, die »Kantate zum zwanzigsten Jahrestag der Oktoberrevolution« (die erst 1966 uraufgeführt wurde) und begann ab 1938 eine fruchtbare Zusammenarbeit mit Sergej Eisenstein. Privat lief es allerdings nicht ganz gold: die Söhne taten sich mit den Schulen schwer und Lina mit der Anpassung an die Sowjetunion. Immer noch lief sie elegant und großbürgerlich durch die Straßen, und probte vor

allen Dingen nicht mehr so viel; das ärgerte ihren Mann, denn es
führte dazu, dass sie nur noch selten in Konzerten dessen Lieder
singen konnte. Erste Entfremdung tat sich auf. Zudem stieß Prokofjew selbst immer wieder auf Ablehnung, weil ihm sein Leben im
Westen nicht verziehen wurde: Bei der berüchtigten »Formalis-
musdebatte« wurde Prokofjew unterstellt, er befürworte die Notwendigkeit, in der Musik die neuesten Errungenschaften des Wes-
tens technisch zu beherrschen, dabei – und das waren deutliche
Warnungen an ihn – komme es doch auf die Umsetzung revolutio-
närer Ideen, also Inhalte an.
Mittlerweile gab es eine Stalinsche Terrorwelle nach der anderen,
Angst machte sich breit, der NKWD – das »Volkskommissariat für
Innere Angelegenheiten« – wurde allmächtig. Prokofjew hatte aber
Glück – zunächst. 1938 begann die Zusammenarbeit mit Eisen-
stein: er schrieb die Musik zu dessen Film »Alexander Newski«.
Prokofjew erkannte die völlig neuen Aufgaben, die sich einem
Komponisten beim Film auftun, und Eisenstein war ein derartiger
Verehrer der Musik, dass er »sich in manchen Fällen bereit erklärte,
den Film im Optischen auszudehnen oder zu kürzen, um nur das
musikalische Bild nicht zu zerreißen«, wie Prokofjew schreibt.
Eisenstein entwickelte sich zum Prokofjew-Fan und schrieb: »Den
nächsten Filmabschnitt sehen wir uns in der Nacht an. Am Morgen
wird die Musik dazu fertig sein. Prokofjew arbeitet wie eine Uhr.
Eine Uhr, die nicht vor- und nicht nachgeht ... Prokofjews genaue
Zeiteinteilung ist keine Pedanterie. Sie ist eine Funktion seiner
Genauigkeit im Schaffen.«
Gleichzeitig bahnte sich im Privaten die Trennung von Lina an.
Prokofjew hatte im Sommer 1938 Maria (Mira) Mendelson kennen
gelernt, Literaturstudentin und Tochter eines prominenten Altbol-
schewiken. Ob er tatsächlich – wie Maria Biesold anmerkt – in Mira
eine günstige Gelegenheit sah, endlich Anerkennung auf höchster
Ebene zu erreichen – den innersowjetischen Durchbruch sozusagen –, nämlich durch seine Verbindung mit einer Komsomolzin,
deren Linientreue außer Frage stand, möchte ich dahingestellt sein
lassen. Tatsache ist, dass wir uns heute kaum mehr vorstellen können, wie Privatleben in einem Klima, in dem alle und jeder perma-
nent bespitzelt wurden und in dem Angst das alleinige Lebensge-
fühl war, wirklich aussah. Tatsache ist schließlich auch, dass Sergej
und Lina sich voneinander entfremdet hatten. Prokofjew muss gewusst haben, dass er mit dem Umzug zu Mira das Leben Linas, der
Ausländerin und Sowjetskeptikerin, gefährdete – er hat es trotzdem
getan. Im Januar 1948 heirateten Mira und Sergej, obwohl er von
Lina nicht geschieden war – das ging, weil die Ehe mit Lina nach der

Eherechtsreform 1944 nicht erneut registriert worden war und damit nach sowjetischem Recht nicht mehr existent. Im Februar wurde Lina verhaftet und wegen angeblicher Spionage zu 20 Jahren Arbeitslager verurteilt; 1956 konnte sie vom Arbeitslager in Sibirien nach Moskau zurückkehren, lebte ab 1974 in Paris, London und New York und starb 1989 in London. Bis zuletzt widmete sie sich dem Leben ihres Mannes, von dem sie sich nie geschieden fühlte und sagte: »Sein Leben war auch mein Leben. Was danach kam, ist unwichtig.«

Prokofjew hatte in der Zeit ab 1939 zwar einige Ehrungen empfangen, war sogar stellvertretender Vorsitzender des Moskauer Komponistenverbandes, bekam auch für seine 7. Klaviersonate, deren Uraufführung 1943 wahre Begeisterungsstürme hervorrief – Svjatoslav Richter musste die Sonate zweimal spielen an diesem Abend! – den Stalinpreis 2. Klasse (worüber er sich sehr freute, weil ihn das in die Reihe der Privilegierten katapultierte), aber insgeheim gab es immer noch Vorbehalte gegen ihn, er war nicht wirklich sicher. Er komponierte intensiv, schrieb weiter für Eisenstein (»Iwan der Schreckliche«), machte große Reisen innerhalb der Sowjetunion, wurde langsam zum großen Staatskünstler. 1946 bekam er den Stalinpreis 1. Klasse für die Fünfte Symphonie, 1947 für die Violinsonate. Die Zeit bis 1948 ist auch die Zeit, wegen der Prokofjew vom Westen argwöhnisch beäugt wurde – und, ähnlich wie Schostakowitsch, teilweise immer noch wird; man unterstellt, er habe zu konformistisch-staatsgefällige Musik komponiert, sich zu sehr um Preise und Dekorationen bemüht. Eiserner Vorhang, Kalter Krieg. Wie lange es braucht, Vorurteile abzubauen, ist ja allgemein bekannt ... 1948 kam der Rückschlag. Im Zuge der »kulturellen Säuberungen« dieses Jahres waren nicht nur Schriftsteller wie Michail Soschtschenko »reif«, jetzt war auch Prokofjew dran. Die 6. Symphonie war der Anlass zur Demontage des bis dahin gefeierten Künstlers. Detlef Gojowy schreibt über die Sechste (im Csampai Konzertführer): »Wenn man diese Musik in ihrer Aussage über Zustände ernst nimmt, begreift man, warum sich die politische Führung in den ZK-Beschlüssen von 1948 dagegen wehren musste. Das Positive gerät zu einer Karikatur des Positiven, das in seiner Dummheit gezeigt wird ... In der Hintergründigkeit und Skurrilität ihrer Darstellung und der Skepsis ihrer Aussage tritt diese Symphonie die Nachfolge von Gogol und Tschechow an.«

Von 7. bis 13. Januar 1948 gab es ein Komponistentreffen im Haus des Moskauer Komponistenverbandes: die junge Generation »rechnete« mit den fünf Privilegierten – Schostakowitsch, Prokofjew, Mjaskowski, Chatschaturjan und Kabalewski – »ab«. Sie hätten sich zu weit vom Volk entfernt, dieses könne ihre abgehobene Sprache nicht mehr nachvollziehen, man müsse endlich wieder russische Melodien hören können. Andrej Shdanow fuhr schwerste Geschütze auf: »Ich muss sagen, dass eine ganze Reihe von Werken der zeitgenössischen Komponisten von naturalistischen Geräuschen infiltriert und überladen ist, dass man sich – vergeben Sie den geschmacklosen Ausdruck – an einen durchdringenden Presslufthammer oder eine musikalische Gaskammer erinnert fühlt.« Am 10. Februar kam die offizielle Parteiresolution, mit der die Aufführung der verderblichen Werke der musikalischen Elite verboten wurde. Prokofjew traf es gleich dreifach: als Künstler, als Noch-Ehemann von Lina (die in den Gefängnissen verschwand), und gesundheitlich: er hatte schwer an den Folgen eines Sturzes im Jahr 1945 zu leiden, bei dem er sich erhebliche (vermutlich innere) Kopfverletzungen zugezogen hatte. Unerträgliche Kopfschmerzen, unvermitteltes Nasenbluten, Schwächeanfälle führen dazu, dass er nur ein paar Stunden am Tag arbeiten kann. Swjatoslaw Prokofjew schreibt: »In meinen Erinnerungen an die letzten Lebensjahre Vaters hatte er zwar seinen Humor und seine Arbeitsliebe nicht verloren, aber es waren deutlich eine Art bedrückter Zustand, ein heimlicher Kummer sowie Erschöpfung zu beobachten, die meiner Meinung nach das Durchlebte widerspiegeln.« Am 16. März 1949 gab zwar das ZK der KPdSU eine Order heraus, die die Verurteilung vom Februar 1948 aufhob, womit das Aufführungsverbot nicht nur für Prokofjew aufgehoben war; aber der Komponist hat sich nicht wirklich wieder erholt. Er komponierte zwar noch, wurde auch aufgeführt – hier verdienen insbesondere Mstislaw Rostropowitsch und Swjatoslaw Richter hohen Respekt, denn sie haben sich auch mit persönlichem Risiko für die Aufführung der Werke Prokofjews unermüdlich eingesetzt –, war aber sehr krank. Unablässig ließen die Kräfte nach, bis er schließlich am 5. März 1953 starb.

ENTSTEHUNGSZEIT
Mitten im Krieg, 1944, entstand die Fünfte Symphonie. Im August 1944 war sie fertig. In der kriegsbedingten Wohnungsknappheit konnte Prokofjew ins Haus des Komponistenverbandes bei Iwanowo einziehen. Von Juni bis September lebte er mit Mira dort und schrieb die 8. Klaviersonate und die Fünfte. Kabalewski schreibt: »Er arbeitete nicht nur selbst sehr viel, sondern trug auch dazu bei, den schöpferischen Geist bei den anderen Bewohnern des Hauses zu heben. Schonungslos zog er über solche her, die wenig arbeiteten, und führte sogar eine zeitlang die großartige Regel ein, dass

alle am Abend über das am Tage Geleistete Rechenschaft abzulegen hatten; und in der Tat wurden von seinem Beispiel unermüdlicher Tätigkeit in der Kunst viele von uns angesteckt.«

URAUFFÜHRUNG

Die Uraufführung der Fünften fand am 13. Januar 1945 statt, kurz nachdem Emil Gilels die 8. Klaviersonate uraufgeführt hatte. Die Leitung hatte Prokofjew selbst – es war sein letzter öffentlicher Auftritt als Dirigent. Swjatoslaw Richter schildert den Abend eindringlich: »Und plötzlich, als Stille eintrat und Prokofjew den Taktstock schon erhoben hatte, ertönten Artilleriesalven. Er wartete und begann nicht eher, als bis die Kanonen schwiegen. Wieviel Bedeutsames, Symbolhaftes kam da zu Wort ... Für alle hatte eine neue Periode begonnen, auch für Prokofjew. In der Fünften Symphonie wächst Prokofjew zur vollen Größe seines Genies. Aber auch die Zeit und die Geschichte, der Krieg, das Vaterland und der Sieg sprechen aus dem Werk ... der Sieg allgemein und der Sieg Prokofjews. Hier hat er endgültig gesiegt. Auch vorher hatte er stets gesiegt, aber hier, als Künstler, siegte er für immer.«

ERFOLG
Überwältigend.

ANEKDOTEN
1951 schrieb Prokofjew in der »Nowosti«:
»Ich habe niemals in der amerikanischen Stadt Salt Lake City im Staate Utah gewohnt oder dort ein Konzert gegeben. Und auch als ich auf Einladung amerikanischer Freunde im Jahre 1938 die Vereinigten Staaten besuchte, kam ich leider nicht dazu, diese Stadt zu besuchen, deren Einwohner, wie anzunehmen ist, Musik ebenso lieben, wie es überall auf der Welt geschieht. Und da erfuhr ich nun ganz kürzlich folgendes aus dieser Stadt:
Wie ein Korrespondent der Agentur Associated Press mitteilte, meldete der Dirigent des dortigen Sinfonieorchesters, Herr Maurice Abravanel, der Polizei, dass ihn jemand angerufen und ihm mit Erschießen oder Verstümmeln gedroht hätte, wenn er, wie im Konzertprogramm angekündigt, sein Orchester die Fünfte Sinfonie von Prokofjew spielen ließe. Der Korrespondent fügte hinzu, dass die Veranstalter des Konzerts trotz der Drohung das Programm nicht geändert haben.

Natürlich ist diese seltsame Begebenheit im Musikleben von Salt Lake City nicht so wichtig, dass es Sinn hätte, darüber viele Worte zu verlieren. Aber diese traurige Geschichte hat eine für mich persönlich wichtige Seite. Warum hat die Fünfte Sinfonie Prokofjews bei jemandem eine so heftige Reaktion hervorgerufen? ... Doch nicht etwa deswegen, weil diese Komposition die Freiheit des menschlichen Geistes verherrlicht?

Mit der Fünften Sinfonie wollte ich ein Lied auf den freien und glücklichen Menschen anstimmen, seine schöpferischen Kräfte, seinen Adel, seine innere Reinheit ... Und da missfällt nun diese Musik – oder ihre Idee? – irgendwelchen Herrschaften im Staate Utah. Offenbar gefällt ihnen eine Musik, die den Menschen beschmutzt, verblödet und verdummt.«

WERK
Sätze
Andante – Allegro marcato – Adagio – Allegro giocoso

Dauer
Ach Gott, Dauer?! 40 bis 45 Minuten – Celibidache ausgenommen!

Besetzung
Pikkolo
2 Flöten
2 Oboen
Englisch-Horn
Kleine Klarinette
2 Klarinetten
Bassklarinette
2 Fagotte
Kontrafagott
3 Trompeten
4 Hörner
3 Posaunen
Basstuba
Pauken
Triangel
Holztrommel
Tamburin
Trommel
Becken
Große Trommel
Tamtam
Harfe
Klavier
Violinen I und II
Bratschen
Violoncelli
Kontrabässe

HITS

Die Farben! Die Dynamik! Die Themen! Die Steigerungen! Der Atem!
– Sollen wir weitermachen mit diesem expressionistischen Gedicht?
Bei der Fünften ist für mich der Ober-Hit der zweite Satz. Als ich den
das erstemal hörte, war ich wie in Trance: so ein rasantes Thema, so
ein unerbittlich-zwingender Rhythmus und so viel Esprit und Witz in
der Melodienfindung – jedesmal, wenn ich ihn höre, bin ich in derselben Begeisterung wie beim ersten Mal. Dann, nach ca. dreieinhalb
Minuten (beim »più mosso«) eine raffinierte Sinnestäuschung: der
4/4 Takt läuft scheinbar gleich dynamisch weiter, jetzt aber im 3/4
Takt, und dazu die wunderschöne Melodie in Klarinette und Cello,
kontrastiert von ein paar schon fast geisterhaften Tönen der Geigen,
und natürlich – ab ca. sechseinhalb Minuten – die Steigerung auf den
Schluss hin – genial! Wie Prokofjew das spritzige Thema, das die Klarinette zu Beginn des zweiten Satzes vorträgt, dann auch noch verändert, variiert: das ist meisterhaft und ironisch obendrein.
Im ersten Satz bitte ich Sie, schon zu Beginn ein bisschen auf die
Tonart zu achten: Flöten und Fagott fangen direkt mit dem Thema
in B-Dur an, die Streicher greifen auf und vier Takte später sind wir
bei einem satten A-Dur gelandet (das ist ein bisschen tiefer als B-
Dur!), und kaum hast du dich daran schön gehört, haut er dir gleich
eine Reihe von harmonischen Wendungen um die Ohren, dass es
nur so funkelt. Das ist Prokofjew! Von der Schönheit der Melodie
mal ganz zu schweigen.
Der dritte Satz ist für mich eines der ganz großen Beispiele dafür,
wie man ein Orchester atmen lassen kann. Der Gesang hört nicht
auf, auch wenn die unglaubliche Steigerung im mittleren Teil dieses Satzes an Krieg und Kampf erinnert: er führt die Musik dieses
Satzes fließend ans Ende.
Im vierten Satz – übrigens: diesen Satz »Allegro giocoso«, also spie-
lerisches Allegro zu überschreiben, das ist sowas von einer ironischen Untertreibung, dass es schon wieder toll ist! – möchte ich
besonders die beiden Passagen herausheben, in denen die Hörner
treibende Akkorde in Achteln spielen und das Holz die Melodie zu
tragen hat: sehr fein! Überflüssig zu sagen, dass die Steigerung zum
Schluss der Symphonie hin eine Größe hat, die ihresgleichen sucht.

FLOPS

Tja, da steh ich nun und soll bei einer meiner Lieblingssymphonien
nach »Baumängeln« suchen. Auch wenn Prokofjew die Fünfte unglaublich flott geschrieben und instrumentiert hat – ich finde keine
Flops.

OBACHT

Na klar, jede Menge Obachts und nicht nur für die Basstuba – die in diesem Werk Herausragendes zu leisten hat, was bei gelungenen Aufführungen dazu führt, dass sich der Tubist erheben darf und einen Einzelapplaus bekommt, was uns sehr für ihn freut! Prokofjew hat – wie alle großen Komponisten des letzten Jahrhunderts – Profi-Musiker vor sich, denen er das Äußerste abverlangt. So sind die 16tel-Figuren bei den Geigen im vierten Satz in der Geschwindigkeit, die z. B. Sir Simon Rattle verlangt, nur von solistisch begabten Damen und Herren zu bewältigen, obwohl sie sicher auch dann überzeugend wirken, wenn man den Satz etwas langsamer nimmt. Alle Instrumente sind immer wieder in extremen Lagen gefordert – außer der großen Trommel, dafür muss die arme Socke zählen, was die Hemdknöpfe hergeben! – und haben alle Hände voll zu tun. Kein Ort der Ruhe – nirgends. Obendrein sind schwierige Rhythmuswechsel und komplexe rhythmische Strukturen zu bewältigen, da kann auch der Dirigent erheblich ins Schlingern geraten; was man meistens daran sehen kann, dass er nur noch vollkommen steif dasteht und den Takt schlägt – meistens ist dann Panik angesagt.

ES MEINEN

Swjatoslaw Richter:
»Die Fünfte Symphonie vermittelt Prokofjews volle innere Reife und seinen Blick zurück. Er blickt von der Höhe auf sein Leben und auf alles, was war, zurück. Darin liegt etwas Olympisches.«

BEIKIRCHER RÄT

ANLASS

Die Fünfte passt, wenn man etwa feiern möchte, was man erreicht hat und was einen den letzten Atem gekostet hat: die Abgabe des Manuskripts für einen Konzertführer im buchstäblich letzten Augenblick (über die Eimer der schon anwesenden Putzfrau bei einem nicht näher genannt sein wollenden Kölner Verlag ...) oder ähnliche, in Ihre Biographie – die ich ja nicht kenne – passende Ereignisse!

NUTZUNG

Man kann die Fünfte hervorragend nutzen, wenn man jemandem signalisieren will, dass er auf etwas, das er geschafft hat, stolz sein kann: erfolgreiches Rückwärts-Einparken wäre vielleicht ein etwas zu harmloser Anlass; aber das geschaffte Abi beim Töchterchen, das sich schon in der Warteschleife sah, könnte durchaus eine Situation sein, um mit diesen Klängen Selbstvertrauen und Stolz aufkommen zu lassen. Witzige Feierlichkeit ist ein Gefühl, das man sich ja ohnehin viel zu selten gönnt, oder?!

AUTO
Und wenn mir zehnmal der angeschweißte Auspuff vom alten Volvo-Diesel abgefallen ist: Ich habe ihn wieder angebunden und jetzt drehe ich auf. Und wenn man schon den Auspuff nicht mehr dröhnen hört, soll man den Prokofjew hören. Im ganzen Stadtviertel!

PAUSEN-TALK
»Das habe ich ...«
»Quatsch! Die Aufführung der Fünften mit den Münchnern unter Celi gibt's überhaupt nicht auf CD!!!«

FRAUEN
»Jessas, geht mir der zweite Satz in die Beine!«
»Dann tanzen Sie ihn doch!«
»Bin ich Russin?«

MÄNNER
»Für mich ist das Grabbe.«
»Wie meinen?«
»›Scherz, Satire, Ironie und tiefere Bedeutung‹.«
»Dann gehen Sie doch ins Theater!«
»Wieso? Spielen die dort die Fünfte?«

BEWERTUNG

Technik		Sauschwer!
Gesamt	♩ ♩ ♩ und eine Träne	Sie ist jedem direkt verständlich und dennoch ein hochkompliziertes, großes Werk. Die Träne ist für den dritten Satz.

Giacinto Maria Scelsi
1905–1988

Anahit
Lyrisches Poem über den Namen der Venus
Für Violine Solo und 18 Instrumente

»Scelsis Musik ist weder für den Verstand noch für die
Ohren, sondern für den ganzen Körper komponiert.«
(Alvin Curran)

»Scelsis faszinierende, alles Zeitempfinden
relativierende Musik entzieht sich den üblichen
Mitteln der Analyse.«
(Helmut Rohm)

Hand aufs Herz: haben Sie den Namen Giacinto Scelsi schon mal
gehört? Wenn nicht, ist es nicht schlimm. Selbst Experten runzeln
da schon mal die Stirn und stochern im weiten Meer der Unwissen-
heit. Höchstens ein: »Scelsi ... Scelsi ... da war doch mal was?« wird
geäußert; wozu ich nur sagen kann: ja, da war mal was. Davon später. Vielleicht erhöht sich der Bekanntheitsgrad des Namens Scelsi
bei Weinkennern, wenn ich sage: er war Conte d'Ayala Valva. Ahhh,
Ayala, mhmmmm! Leider muss ich hinzufügen, dass er, so weit ich
weiß, mit der Champagner-Familie nicht verwandt war. Giacinto
Scelsi ist möglicherweise noch nicht bekannt. Durchaus möglich,
dass das in hundert Jahren vollkommen anders aussieht; denn man
kann sagen, dass Scelsi etwas völlig Neues in die Musik gebracht
hat, das es bis dahin noch nicht gab: Er hat versucht, dem Klang
Tiefe zu geben.
Das klingt jetzt ein bisschen eigenartig, ich weiß. Lassen wir es ihn
selber sagen: »Der Klang ist rund wie eine Kugel, aber wenn man
ihn hört, scheint er nur zwei Dimensionen zu haben: Lage und
Dauer – von der dritten, der Tiefe, wissen wir, dass sie existiert, aber
sie entzieht sich uns gewissermaßen.« Er wollte etwas wie die dritte
Dimension entdecken: jeder Ton hat eine bestimmte Höhe – die,
wenn man die Obertöne, also alles das, was in einem Ton mit-
schwingt, dazu nimmt, schon sehr vielfältig sein kann – und eine

bestimmte Dauer. Kann er auch Tiefe haben? Und wenn ja: Wie sollte man das aufschreiben, notieren, spielen? Wobei er nicht den »3-D-Klang« meint, mit dem die Radiomöbel der 50er Jahre geprotzt haben; natürlich auch nicht, dass man einfach rund um sich herum ein paar Boxen aufstellt, um »mitten im Klangraum« zu sein. Scelsi meinte keine akustische Täuschung. Der Komponist Hans Zender meint: »Scelsis Musik entspringt einer archaischen Konzeption von Kunst, die noch vor der Differenzierung der Einzelkünste angesiedelt ist.«

Bevor ich mich jetzt aber verfranse und die Scelsi-Gemeinde (die gibt es!) mich wegen falscher Interpretation des Meisters lyncht, begebe ich mich erst mal auf sicheres Terrain und erzähle, woher er kommt und wie sein Leben war. Sicheres Terrain? Auweia, schon wieder daneben! Scelsi lebte nämlich sehr zurückgezogen, neigte zur Verschleierung seiner Biographie und verhängte ein Bildverbot über seine Person. Tatsächlich gibt es kein Photo von ihm! Ich persönlich finde das zwar einen sehr sympathischen ›Tic‹, aber ein Biograph verzweifelt da natürlich, weil er so gar nichts hat, an dem er sich festhalten kann.

Was man weiß:

Giacinto Scelsi ist am 8. Januar 1905 in La Spezia geboren, als Sohn eines Offiziers aus begüterten Adelskreisen. Jeder Italiener weiß natürlich: La Spezia, Italiens Kriegshafen, klar: Marine. Als junger Mann machte er weite Reisen durch Europa, immer in den feinsten Kreisen sich bewegend. Wenn Alvin Curran ihn später als »exzentrisch, romantisch, esoterisch, aristokratisch, ein Dandy, ein Frauenheld« beschreibt, dann hat das seine Ursprünge sicherlich in dieser Zeit. Scelsi war auch in London, wo er einen Society-Preis als der am zweitbesten angezogene Mann der Saison erhielt, für den ersten Preis sei er – wie er Brenda Mitchell erzählte – zu klein gewesen. Er heiratete eine Britin, Dorothy, und blieb auch da in höchsten Kreisen: sie war nämlich weitläufig verwandt mit der Royal Family – aber immerhin so eng, dass der Hochzeits-Empfang im Buckingham Palace stattfand! Na bitte! In Rom studierte er Komposition und Harmonielehre bei Giacinto Sallustio, seine Komposition »Rotative« wurde 1930 von Pierre Monteux in Paris uraufgeführt. In Paris war er mit Henri Michaux, Pierre Jean Jouve, Paul Éluard und Salvador Dali befreundet; vielleicht gründet in dieser Zeit, dass er gerne von sich sagte: »Sono poeta – ich bin ein Dichter«, denn er hat auch Gedichte geschrieben. Mitte der 30er Jahre studierte er in Wien bei Walter Klein, einem Schüler Schönbergs, und in Genf bei Egon Köhler, der ihn in die Kompositionstechnik Alexander Skrjabins einführte. Während des zweiten Weltkriegs lebte er mit seiner

Frau in der Schweiz, sie verließ ihn aber nach dem Krieg und nahm nie wieder Kontakt mit ihm auf.

1947/48 komponierte er »La nascita del verbo« (Die Geburt des Wortes) und scheint dann ein paar Jahre lang eine psychische Krise gehabt zu haben. Genaues weiß man darüber nicht; es gibt die Erzählung, dass er in der Klinik tagelang am Klavier gesessen und immer denselben Ton angeschlagen habe. Jedenfalls hat er sich in dieser Zeit auch intensiv mit östlichen Philosophien und Religionen befasst.

Anfang der 50er Jahre zog er nach Rom, wo er bis zu seinem Tode blieb – in der via San Teodoro 8, am Forum, mit Blick sozusagen auf Kaiser Augustus' Häuschen. Der Standort seiner Wohnung war ihm wichtig, denn hier, so pflegte er zu betonen, kreuzten sich die Linien von Orient und Okzident, von Ost und West. Was also lag näher, als genau hier die Synthese asiatischer und europäischer Traditionen zu versuchen? Er ergab sich dem Klang – als dem Musikelement, das er vertiefen und in dem er sich ausdrücken wollte. Wobei das Wort »sich ausdrücken« gar nicht zutrifft: denn seine Musik ist nicht wirklich auf Kommunikation ausgerichtet. Ihn interessierte der Klang und seine Entfaltung im Raum. Es ging ihm nicht um die Interpretation eines seiner Werke: die Musiker, die etwas von ihm spielen, sind eher Klangerzeuger als Menschen, die etwas für andere Menschen ausdrücken wollen. Konsequenterweise besteht vieles in seiner Musik darin, einen Ton erzeugen zu lassen, um dann in Winzigkeiten die Tonhöhe zu verändern, den Schwingungen nachzuhorchen, Timbre und Lautstärke verändern zu lassen und wiederum zu lauschen, was passiert – alles gemäß seiner Überzeugung, dass es absurd sei, viele Töne zu einer z. B. Symphonie zu fügen, wenn ein einziger Ton genüge, eine vielfältige musikalische Form zu entfalten. Und in der Tat: lässt man sich darauf ein – bzw. gönnt man sich, wie John Cage immer wünscht, »Happy New Ears!« –, konzentriert man sich – vielleicht ein bisschen meditativ – auf die Klänge, die man hört, dann ist es faszinierend, was da um einen einzigen Ton herum alles passieren kann. Ob Sie es – auf dem Boden unserer europäischen Tradition – als Musik empfinden, müssen Sie selbst entscheiden. Sie werden aber nicht abstreiten können, dass Sie Teil eines musikalischen Erlebnisses geworden sind; eines ungewöhnlichen, aber deshalb nicht minder spannenden. Wenn Sie dann – mit mir – noch den kleinen Schritt weitergehen und sagen: Wenn akustische Ereignisse strukturiert und gestaltet sind und nicht nur triviale Zufallsereignisse darstellen (wiewohl es auch dafür Verfechter gibt), dann ist es Musik – dann heiße ich Sie herzlich willkommen in der Familie der Ohren-Neugierigen, denen abseits vom Gleis »Barock – Rokoko – Hbf Wiener Klassik – weiter nach Romantik – 2. Wiener Klassik – Postmoderne – Minimalismus« schöne neue musikalische Welten offen stehen ... Dass ich selbst trotz aller Neugier ein hoffnungsloser, nein, hoffnungsvoller Romantiker bin, haben Sie sicher schon spitzgekriegt!

Natürlich läuft so eine Musik Gefahr, in der Schublade »Meditatives« zu verschwinden. Das wäre schade, denn mit europäischer Asien-Verklärung hat diese Musik nichts zu tun – selbst wenn Scelsi diese Assoziationen durch sein Auftreten und durch sein etwas mystisches Gehabe offensichtlich gefördert hat. Zwar untersteht auch Scelsis Musik dem Gesetz der Zeit, die weiterläuft, dennoch habe ich beim Hören nicht immer die Bewegung »das war – das ist – das wird gleich sein« im Kopf: es mischt sich eine andere Bewegung mit hinein, die schwer zu beschreiben ist, die die beiden Eckpunkte eines Stückes – Anfang und Ende – einander berühren lassen. Nun gut; ich halte mich auch hier an Grillparzers weisen Spruch, dass über Musik reden wie Mittagessen erzählen ist. Also: selber hören und entweder die CD (Klangforum Wien mit Hans Zender, bei Kairos erschienen – um nur ein Beispiel zu nennen) wieder auflegen, weil man noch ein bisschen Zeit hat; oder sie an jemanden verschenken, der noch konservativer ist als Sie!

Solche Töne sind natürlich schwer aufzuschreiben. Tatsächlich hat Scelsi in den 50er Jahren aufgehört, Noten zu schreiben. Er hat improvisiert, gerne am Klavier, noch lieber an der »Ondioline«, einem elektronischen Instrument mit flexibel regelbarer Tonhöhe. Oft auf Tonband aufgenommen, oft flüchtigst notiert, hat er andere Musiker wie Sergio Cataro oder Viero Tosatti damit beauftragt, diese Klänge in Noten umzusetzen. Das nun hat nach seinem Tode zu dem geführt, woran sich mancher heute noch als »Scelsi ... Scelsi ..., da war doch was?« erinnert. Scelsi wurde in Deutschland in den 80er Jahren entdeckt (die »Musik-Konzepte« 31 beschäftigten sich 1983 ausschließlich mit ihm). 1988 starb Giacinto Scelsi und am 35. Januar 1989 erschien im »Il Giornale della Musica« ein Interview mit dem Titel »Giacinto Scelsi c'est moi«, in dem Viero Tosatti seine Version zum Besten gab – natürlich quasi unter der Rubrik »Scelsi – die volle Wahrheit: Jetzt!« Darin behauptet er, dass die wichtigen Werke Scelsis im Grunde aus seiner Feder stammten. Wie das? Viero Tosatti war einer der Musiker, die Scelsis Ideen in nachspielbare Musik, also in Noten, umschreiben sollten. Tosatti erzählt, dass er ab 1947 für Scelsi gearbeitet habe. In der ersten Phase sei das so gelaufen: »Er legte mir eine Gruppe mit sieben, zwölf Notenköpfchen vor und sagte zu mir: ›Das könnte eine Reihe geben‹. ›Warum nicht‹, antwortete ich. Und ich fügte einige Vorzeichen, einige Bs und Kreuze hinzu, damit diese zwölf Noten wirklich eine Reihe ergaben, wonach man damit beginnen konnte, sie mittels der vier möglichen Verfahren zu transformieren. Dies war Scelsi bekannt, er wusste, dass es vier Formen gab, mit einer Reihe umzugehen. Ich stellte ihn also zufrieden und schrieb ihm das Stück. Auf diese Weise schrieb ich ihm das ›Primo Quartetto‹, während ich ein berühmtes Lied, wenn auch nicht komponierte, so doch fertig stellte: ›La nascita del verbo‹«. Dumm an dieser Version ist nur, dass, wie Michele Porzio anmerkt, das »Primo Quartetto« auf das Jahr 1944 zurückgeht: was auf die weiteren Aussagen Tosattis ein etwas ungünstiges Licht wirft. Jedenfalls stellte er in seinem Interview Scelsi wie ein naives, improvisierendes Kind dar: von Musik keine Ahnung, die ganze Arbeit habe er gemacht. Das warf natürlich einige Wellen auf – alle Italiener haben großen Spaß an dieser Art Theater. Ich übrigens auch: am liebsten würde ich hier das ganze Interview mit Gegenstimmen abdrucken; das würde aber wirklich zu weit führen, zumal es letztlich unerheblich ist, ob diese Musik einen einzigen oder mehrere »Schöpfer« hat. Es ist ein neuer Weg, Musik zu machen; und das ist allemal Grund genug, sich damit zu beschäftigen, auch wenn das Ziel, dem Klang die dritte Dimension zu verleihen, (wenn Sie mich fragen) vielleicht nicht immer überzeugend gelungen ist.

Der reizende Gastgeber Scelsi – wie er von allen, die ihn kannten, geschildert wird – hatte auch seine skurril-heiteren Seiten, wie Marianne Schroeder berichtet:

»Beim vierten Besuch erzählte er mir, wie er Boulez und Stockhausen kennen gelernt habe. Ein bekannter Pariser Kritiker führte alle zusammen, und sagte: Nun sind die berühmtesten Komponisten von heute hier beisammen. Alle gaben sich höflich die Hand. Scelsi sagte zu Boulez: Sie sind ein ganz berühmter Komponist und ein starker Mann. Zu Stockhausen: Sie sind ein wirklich berühmter Komponist, und ich bewundere Ihre Stärke. Ich aber, sehen Sie, bin ein schwacher Komponist und deshalb bin ich sehr müde. Ich muss mich jetzt auf den Boden legen, weil ich so müde bin. Ich werde mich wieder erheben, nachdem ich mich ausgeruht habe. Und er legte sich zu Boden. Noch Jahre danach, so sagte Scelsi, habe Stockhausen immer wieder gefragt: Was macht Scelsi, der sich immer auf den Boden legt?«

In Rom besuchte er – so weit es ihm gesundheitlich möglich war – Konzerte von Kollegen der Avantgarde und war ein sehr menschenfreundlicher Mann, *un gentiluomo* – von einigen mit Tommaso di Lampedusa verglichen, der den »Gattopardo« geschrieben hat und ein ähnlicher, tja, da sagt man wohl: Sonderling war.

Giacinto Scelsi starb am 9. August 1988 und brachte bei seiner Beerdigung die Leute in Verlegenheit: Die vier Kaugummi kauenden Sargträger, so erzählt Alvin Curran, fanden zuerst den Mann nicht, der den Schlüssel zur Familiengruft hatte, dann aber, als sie ihn gefunden und der aufgeschlossen hatte, passte der Sarg nicht hinein. Man schickte alle weg und löste das Problem dann wohl auf italienische Art. Wie? Fahren Sie hin – ein schöner Grund für eine Reise nach Rom!

ENTSTEHUNGSZEIT

»Anahit« ist 1965 entstanden. Es gibt keine Berichte über eine Uraufführung. Um Griffe auf der Geige zu ermöglichen, die sich möglichst eng um das e' – genauer: um einen Ton, der einen 3/4-Ton unter dem e' liegt, was eine Winzigkeit höher ist als ein Ton, der einen 1/4-Ton unter dem es' liegt, wie alle Reinheitsfanatiker wissen – ranken können, ist die *scordatura* der Geige vorgeschrieben: das Umstimmen. Die Geige stimmt nicht in G – d – a – e' sondern in G – g – h – d' – also quasi im G-Dur Akkord mit tiefem G. Das erleichtert nicht unbedingt die Spieltechnik, wie jeder Geiger weiß, der sich schon mal an den Sonaten für Violine solo von Herrn Biber versucht hat (ich habe aufgegeben!).

URAUFFÜHRUNG

Nicht bekannt.

ERFOLG

Bei mir persönlich hat dieses Stück großen Erfolg. Wie wir wissen, haben aber bei zeitgenössischer Musik die Rezensenten immer ein bisschen wackelige Knie. Wie soll man, was man zum erstenmal hört, beschreiben und bewerten, wenn es nichts Vergleichbares gibt? Da sind mir Sätze wie »Die Einzelstimmen der Komposition verschwinden in einem Klangkontinuum von rätselhafter Schönheit« noch am liebsten – man kann sich mindestens ein bisschen was drunter vorstellen.

ANEKDOTEN

Nicht weiter bekannt.

WERK
Sätze
Ohne Satzbezeichnung

Dauer
13 bis 14 Minuten

Besetzung
Solo-Violine
2 Flöten
1 Altflöte
1 Englisch-Horn
1 Klarinette
1 Bassklarinette
2 Hörner
1 Tenorsaxophon
1 Trompete
2 Posaunen
2 Bratschen
2 Violoncelli
2 Kontrabässe

HITS
Ein Hit ist, dass »Anahit« ein Stück ist, das einen zwingt, sich ein bisschen Zeit und Ruhe zu nehmen: Wann hat man das schon mal? Von Einzelhits kann man ansonsten in dem Stück nicht wirklich sprechen, weil es ein sehr homogenes Ganzes ist. Ein kleiner Hit für die Freunde tonaler Musik ist, dass immer wieder plötzlich tonale Akkorde entstehen – beinahe zufällig, aber eben doch. Das sind Stellen, wo der Abonnent aufatmet – nix gegen Abonnenten, aber lieber gehen sie schon zu Brahms als zu Scelsi, oder? – und das Gefühl hat, dass es zwar zeitgenössische Musik ist, aber doch ... irgendwie ...
Diese Stellen entstehen aber eher nebenbei, denn eine der Bewegungen durch das ganze Konzert durch ist eine unendlich langsame Höherbewegung, am stärksten in der Solo-Violine, die zum Schluss bei g'' landet in einer wunderbaren, sich verhauchenden Schwebung. Ich möchte es mal so ausdrücken: Auch wenn Scelsi immer noch nicht ein allgemein anerkannter Komponist ist – steht er doch außerhalb aller bekannten Schulen –, hat er mit »Anahit« ein Stück geschrieben, das einem nicht nur den Einstieg in etwas unübliche Klänge auf sanfte Weise ermöglicht; es ist darüber hinaus ein Stück, das einen ahnen lässt, dass es hinter – oder, wenn man es als archaisch empfindet: vor – der Tonalität Schönheiten gibt, von denen man bisher nichts wusste. Ein bisschen ist es – Scelsianer mögen mir verzeihen! –, als ob 19 unglaublich freundliche

Aliens um uns herumsitzen und uns mit sanften, fremden Tönen willkommen heißen. Scelsi selbst hat sich ja ab den 50er Jahren nicht mehr als Komponist bezeichnet, sondern als Medium, durch den Musik sich vermittelt. Nun bin ich überhaupt kein Freund von Esoterik; aber wenn ich »Anahit« höre, dann ahne ich, was er damit gemeint hat.

FLOPS

Ich stelle mir vor, mein Lieblings-Kritiker des 19. Jahrhunderts, der unvermeidliche Eduard Hanslick, hätte »Anahit« gehört. Er würde sicher so was schreiben wie: »Wenn 19 Teufel einander auf den Schwanz treten, aber keiner schreien darf, weil sie sich dummerweise in einem Beichtstuhl befinden, dann käme etwas heraus, was das Mütterchen für tätige Reue, der Beichtvater für zu ölende Scharniere, der Oberteufel aber für Musik hielte.« Will sagen: Wer seine Ohren nicht aufmachen will, für den ist »Anahit« der überzeugende Beweis für die Hinfälligkeit zeitgenössischer Musik. Aber, bitte, nur für den. Wer aber seine Ohren nicht aufmacht, hat in einem Konzertsaal nichts verloren – egal, was auf dem Programm steht. So, dann habe ich das auch mal gesagt.

OBACHT

Es hat neun Wochen gedauert, bis ich die Partitur hatte, die ich ja brauche, um zu dieser Rubrik was sagen zu können. Bis dahin habe ich mir Anahit immer wieder angehört und dabei den Eindruck gewonnen: so schwer wird es schon nicht sein. Dann kam die Partitur. Ich habe meine Geige so gestimmt, wie es vorgeschrieben ist: keine, aber auch nicht den Hauch einer Chance. Ich habe die Bratsche ausgepackt: dasselbe. Gut, dachte ich mir, holst du dir ein paar Profis ins Haus: Horn, Klarinette und Cello. Resultat: abwinken, fluchen, bewundernd davor stehend sagen: »Gib mir's mal mit, so zwei, drei Tage ...«

Anahit stellt sehr hohe Anforderungen an die Technik der Ausübenden! Nicht nur die Zählerei der wechselnden Rhythmen – das kriegt man ja noch hin mit dem Musiker-Abakus: die Eins mit dem rechten Vorderfuß, die Drei mit der linken Ferse; Problem: bei Vier ist Schluss! –, sondern vor allem die saubere Intonierung der 1/4-Ton-Schritte in kompliziertesten rhythmischen Zusammenhängen, gekoppelt mit der Beachtung der Vorschriften, wo denn jetzt der jeweilige Ton zu bilden ist. Von der Solo-Violine ganz zu schweigen: dieser Part ist wirklich extrem. Ich bewundere jeden

Geiger, jede Geigerin, die »Anahit« sauber hinkriegt – Annette Bik: Ich ziehe meinen Hut vor Ihnen! Wenn das aber alles klappt wie beim Klangforum Wien unter Hans Zender, dann ist es wirklich ein großes Erlebnis!

ES MEINEN

Ernstalbrecht Stiebler:
»Ich glaube, er ist in Europa einen außereuropäischen Weg gegangen. Das hat ihn zunächst isoliert, wird ihn nun dem modischen Missverständnis aussetzen, bis seine Einsamkeit zwischen den Welten erkennbar wird.«

BEIKIRCHER RÄT

ANLASS

Wenn die Ruhe aus der Hand gleitet, er sie wieder aufgeregt hat mit Sätzen, wie sie halt nur Männer zuwege bringen (»Wenn eine Frau ihr Parfum wechselt, wechselt sie auch den Mann«) – nicht gleich losbrüllen. Nehmen Sie sich eine Viertelstunde Auszeit, legen Sie sich in die Badewanne und hören Sie »Anahit« – Sie werden ganz neue Sätze für ihn finden, wenn sie wieder vor ihm stehen.

NUTZUNG

Sie kriegen jeden Autohändler dahin, den Wagen sofort wieder umzutauschen, wenn Sie bei der Mängelvorführung versteckt Anahit abspielen. Man kann »Anahit« aber auch zur Gehörbildung nutzen – jetzt mal im Ernst: Mit diesem Konzert gelingt das besser und spannender als mit den üblichen Übungen. Versuchen Sie es mal bei Ihren Kindern, Sie werden erstaunt sein. Ich habe es getan: es funktioniert! Warum? Weil Kinder – fast – immer offenere Ohren haben als wir Erwachsenen!

AUTO

Nein. Ungeeignet. Wenn man nämlich mit offenen Ohren hört, zwingt einen dieses Konzert zum radikalen Zuhören – dann kann man aber nicht mehr Auto fahren. Hört man aber nicht mit offenen Ohren zu, ist es eine Qual, bei der man auch nicht mehr Auto fahren kann. So oder so ist es Musik, die nichts anderes neben sich verträgt und das ist etwas, was ich ganz wunderbar finde.

PAUSEN-TALK
»Sagen Sie, ist das noch Gehörbildung oder schon Musik?«
»???«
»Wie: ???!«
»Ich hatte mein Hörgerät ausgemacht.«

FRAUEN
»Ich muss bei solcher Musik nur an wimmernde Babys denken.«
»Wie das denn?«
»Na: das Baby zahnt. Es ist am Weinen. Die ganze Nacht durch.«
»Ja und?«
»Da packt mein Mann die Bratsche aus und meint: Soll ich ihm was vorspielen?«
»Ja und?«
»Darauf gibt es nur eine Antwort: Lass es uns bitte nochmal im Guten versuchen!«
»Und was hat das mit ›Anahit‹ zu tun?«
»Wenn Sie mich so fragen: eigentlich nichts.«
»Na also!«

MÄNNER
»Sagen Sie, Dottore, Sie sind doch Italiener, nicht?«
»Certo, carissimo.«
»Giacinto Scelsi – kann man das übersetzen?«
»Die Musik nicht, aber den Namen: Giacinto Scelsi heißt: Ich habe Hyazinth gewählt.«
»Das ist aber schön. Für mich klingt ›Anahit‹ exakt so!«

BEWERTUNG
Technik	📯📯📯	für alle

Gesamt   Und wenn Sie mich prügeln:

in der Hänge-
matte

Es ist nämlich inno-
vative Musik, die eine
unglaubliche Ruhe
ausstrahlt. Und schön
ist sie obendrein!

Benjamin Britten
1913–1976

Simple Symphony op. 4

»Das Einzige, was zählt, ist, dass ein Komponist seine
Musik so klingen lassen sollte, dass sie zwangsläufig
und richtig erscheint; das System ist unwichtig.«
(Benjamin Britten)

»Großbritannien ist nicht länger ›das Land
ohne Musik‹.«
(Sir Colin Davis)

Die kürzeste »Biographie« Benjamin Brittens stammt vom Earl of
Harewood. Der schrieb 1952: »Die reinen Fakten aus Brittens
Leben sind einfach. Er wurde als ein Engländer aus dem Osten
geboren, zog aus der Heimat fort, eignete sich vielfältige Erfahrungen an und kehrte zurück, um sein kreatives Leben in seiner natürlichen Umgebung wieder aufzunehmen.« Es wäre höchstens zu
ergänzen, dass das bis zu seinem Tode so blieb.
Dieser britischen Kürze möchte ich mich aber nicht anschließen;
ein bisschen mehr gibt es über den Zahnarztsohn aus Lowestoft
in der Grafschaft Suffolk schon zu berichten, zumal er nicht an
irgendeinem Tag zur Welt kam, sondern am 22. November, dem
Tag der Heiligen Cäcilia, der Patronin der Kirchenmusik. Er wurde
dann zwar kein Kirchenmusiker, aber vielleicht ist da die Hl. Cäcilia
auch nicht kleinlich. Jedenfalls kam er 1913 als jüngstes von vier
Kindern zur Welt und wurde insbesondere von Mama, einer Ama-
teursängerin, deren Stimme der von Peter Pears nicht unähnlich
gewesen sein soll, musikalisch erzogen. Er sollte, erzählt man sich,
das vierte B werden: Bach, Beethoven, Brahms – Britten. Wer weiß,
wie die Nachwelt in ein paar hundert Jahren über diesen Traum
der Mama denken wird. Drei Monate nach der Geburt hatte das
Baby eine schwere Lungenentzündung, die ausheilte, aber eine
Herzschwäche nach sich zog, die bis zum Tode blieb. Mit acht Jahren schon begann der kleine Ben zu komponieren – Skizzen des
acht- bis zwölfjährigen benutzte der 20-jährige später für seine
»Simple Symphony!« Vielleicht wurde ihm durch die Strenge des

Herrn Papa erleichtert: denn der weigerte sich, etwas Modernes wie ein Grammophon oder Radio anzuschaffen. Britten bezog also seine Kenntnisse der Musikliteratur aus Klavierauszügen für zwei oder vier Hände: das schärft Auge und Ohr. Klavier lernte er dann bei Harold Samuel, Komposition schließlich bei Frank Bridge, dem er ein Leben lang in Respekt verbunden blieb. Frank Bridge sah er zum erstenmal mit zehn Jahren: am 30. Oktober 1924 hörte er die Orchestersuite »The Sea« von Bridge unter dem Dirigat des Komponisten und war außer sich vor Begeisterung. Die Bratschenlehrerin Brittens stellte dann den unterdessen 14jährigen Bridge vor: von da an erhielt er Unterricht. Bridge muss ein ziemlich energischer Lehrer gewesen sein. In einem Interview 1960 erzählte Benjamin Britten: »Für gewöhnlich wurde ich in die andere Ecke des Zimmers geschickt. Bridge spielte mir vor, was ich geschrieben hatte, und fragte mich, ob dies wirklich das sei, was ich gemeint hatte ... Er pflegte jede Passage langsam auf dem Klavier zu spielen und sagte: ›Hör Dir das jetzt an – hast Du es so gemeint?‹ Natürlich fing ich an, die Stelle zu verteidigen, aber dann erkannte man, als er die Stelle immer noch einmal spielte, dass man nicht genau genug darüber nachgedacht hatte. Und er brachte mir bei, dass ich mir bei jeder Passage, bei jeder Fortschreitung, bei jeder Linie soviel Mühe wie möglich geben musste.« Was Britten fortan zu seinem Arbeitsprinzip machte: bis zuletzt feilte er daran, sich so präzise wie möglich ausdrücken zu können. 1930 erhielt er eine Freistelle am Royal College of Music in London, wo er bei Arthur Benjamin und John Ireland weiter studierte. Weil ihn das nicht mehr wirklich weiterbrachte, überlegte er kurzzeitig, in Wien bei Alban Berg Unterricht zu nehmen. Schade, dass es dazu nicht kam. Es wäre sehr reizvoll zu sehen, wie Britten diese Einflüsse verarbeitet hätte. Erste Aufmerksamkeit erlangte der junge Komponist schließlich, als am 31. Januar 1933 seine »Sinfonietta op. 1« uraufgeführt wurde. 1934 kam es dann zum sogenannten »Generationswechsel« in England: am 23. Februar 1934 starb Edward Elgar, der Nestor der Musik auf der Insel; und am selben Tag wurde im Rundfunk die Uraufführung eines Werks von Benjamin Britten gesendet: »A Boy Was Born«.
1935 lernte der junge Komponist den Dichter Wystan Hugh Auden kennen, der Britten sehr beeinflusste. Über ihn lernte er moderne Lyrik kennen (aber auch Rimbaud); auch der offene Umgang mit Homosexualität bei Auden hat Britten sicherlich gut getan, und Auden schärfte als Sprecher der politischen Linken in England Brittens gesellschaftspolitisches Bewusstsein. Dieser Begegnung ist zu verdanken, dass aus Britten der Lied- und Opernkomponist mit dieser unglaublichen Sensibilität für Sprache werden konnte. Der

internationale Durchbruch kam, als am 29. August 1937 bei den Salzburger Festspielen mit großem Erfolg Brittens »Variations on a Theme of Frank Bridge« aufgeführt wurde. Ab da konnte sich Britten (fast) ganz der Musik widmen, die er schreiben wollte. In einer Schulfunkstunde der BBC erzählte Britten 1946 Kindern über das Leben eines jungen Komponisten:

»Nachdem ich meine Technik und meine Selbstkritik weiterentwickelt und das reife Alter von neunzehn Jahren erreicht hatte, machte ich mich daran, meinen Lebensunterhalt selbst zu verdienen. Wie das nun beginnen? Ich war ganz fest entschlossen, es mit Komponieren zu tun; es war das Einzige, was mich interessierte, und ich war überzeugt, dass es möglich sei. Meine erste Chance waren Aufträge für eine Filmgesellschaft. Das war sehr nach meinem Geschmack, auch wenn es eine Menge harter Arbeit bedeutete. Ich musste schnell schreiben, musste mich zur Arbeit zwingen, auch wenn ich keine Lust dazu hatte, und musste mich überhaupt allen möglichen Umständen anpassen. Die Filmgesellschaft, für die ich arbeitete, war kein großer Betrieb. Sie stellte Kulturfilme her und hatte wenig Geld. Die Partituren, die ich zu schreiben hatte, durften nicht für große Orchester sein, sondern für sechs, sieben Instrumente, wobei ich mit diesen Instrumenten Wirkungen erzielen sollte, die jedem Film gerecht zu werden hatten. Ich musste also sehr findig sein und versuchen, auch Geräusche des täglichen Lebens, und nicht unbedingt mit meinen Musikinstrumenten, zu bieten. Ich erinnere mich noch gut, was wir für eine Bescherung im Atelier anrichteten, als wir eines Tages versuchten, einen Filmstreifen über eine Schiffslöschung mit passenden Geräuschen zu versehen. Wir nahmen Eimer mit Wasser, das wir überallhin ausgossen, wir ließen Kohlen in Dachrinnen hinunterrutschen, wir hatten Spielzeugeisenbahnen, Pfeifen und jede erdenkliche Art von Höllenmaschinen.

Ich entdeckte bald, dass es nicht nur der Film war, der mehr oder weniger »Musik« benötigte, dass vielmehr auch der Rundfunk und das Theater gelegentlich Zwischenaktmusiken für ihre Stücke brauchten. Hier eröffneten sich mir nun wirklich große Möglichkeiten, und in vielen Fällen wurde ich ernstlich gefesselt, vor allem, wenn die Musik mehr Spielraum haben durfte. Eine äußerst nützliche Übung für einen jungen Komponisten, wie ich einer war, ist es, genau Anweisungen von Direktoren und Regisseuren hinzunehmen und zu versuchen, sie zufrieden zu stellen. Wenn ich sage ›zu versuchen, sie zufrieden zu stellen‹, so will ich damit nicht andeuten, dass ich auch nur einen Augenblick gegen meine eigenen Prinzipien der Selbstkritik, an denen ich während dieser ganzen Zeit arbeitete, verstieß. Ich bin ganz fest davon überzeugt, dass jeder

junge Komponist jede Art von Musik zu schreiben fähig sein muss, nur schlechte Musik nicht ... Ganz großes Glück hatte ich, schon in jungen Jahren einen Verleger für einige meiner Kompositionen zu finden. Und hier liegt eine andere Möglichkeit für junge Komponisten, sich über Wasser zu halten, nämlich Stücke zu schreiben, die ein Verleger brauchen kann, Stücke, die nicht zu schwer zu verstehen und aufführbar sind, Klavierstücke, Stücke für verschiedene Instrumente, Chorlieder für Schulen, für Chorvereinigungen.« Und dann kommt ein schöner Appell an die jungen Hörer: »Aber die Phantasie eines Komponisten will auch ihre eigenen Wege gehen, um Einfälle für solche Werke zu schöpfen, die von der Masse nicht gefragt sind, wie Quartette oder Sinfonien. Ich weiß, diese Werke bleiben meistens in den Regalen stehen, bis anlässlich eines der seltenen Konzerte für Zeitgenössische Musik der Staub von den Partituren geblasen und das Werk ganz kurz gelüftet wird, obendrein meist, wie ich zu meinem Bedauern feststellen muss, ohne ausreichende Proben lahm und interesselos gespielt, besonders wenn es sich um einen unbekannten und ›unwichtigen‹ jungen Komponisten handelt. Dazu ein Wort der Warnung: Wenn ihr in einem Konzert oder am Radio das Werk eines Komponisten hört, über den ihr nicht Bescheid wisst und das in euren Ohren grässlich klingt, denkt daran, dass gelegentlich auch die Aufführung ein wenig Schuld daran tragen mag ... Brecht euren Stab also nicht über dem Komponisten, bis ihr ihm eine faire Chance gegeben habt. Vergesst nicht, dass die erste Probe zu Schuberts größtem Werk, der C-Dur Symphonie, abgebrochen werden musste, weil sich die Orchestermitglieder über das Werk lustig machten, es für eine lächerliche Komposition hielten ...
Hört ernsthaft zu, wenn ihr glaubt, dass es sich um Musik handelt, die euch eines Tages etwas bedeuten wird. Ich fürchte, vielen Leuten gefällt Musik nur deshalb, weil sie beim Hören in ihnen bestimmte Vorstellungen erweckt. Sie stellen sich prachtvolle Landschaften vor mit Wäldern und wogenden Bäumen oder sie sehen sich selbst in irgendwelchen romantischen Situationen. Vielleicht macht ihnen das Spaß; aber es ist nicht die Musik, die ihnen Freude bereitet, sondern es sind die Assoziationen, die die Musik in ihnen hervorruft. Wirkliches Erleben, wirkliche Freude im Hören gehen wesentlich tiefer: Die Melodie, die wir in uns aufnehmen und um ihrer Selbst willen lieben, der Rhythmus, der uns mitreißt, die Harmonien, die uns eben als Harmonien faszinieren, die restlose Befriedigung, die ein schön gefügtes Stück uns gibt. Das alles an sich sind Dinge, die ein guter Komponist euch bietet. Der gute Zuhörer ist bereit, sie als solche aufzunehmen.«

Da hat doch ein Komponist fein zur Jugend gesprochen, oder?

1934 hatte Britten flüchtig den jungen Tenor Peter Pears (1910–1987) kennen gelernt; nach dem Tod von Brittens Mutter aber kamen sich die beiden näher und wurden schließlich ein Paar, das bis zum Tode Brittens zusammenblieb. Das hat Spott und Getuschel gegeben; bis in die 60er Jahre hinein war so eine Verbindung ja offiziell verboten. »Homo Sweet Homo« hat man in den 50er Jahren über ihr Haus in Aldeburgh gelästert; in Covent Garden werde wohl demnächst Brittens »Schwuchteldämmerung« aufgeführt, spottete Sir Thomas Beecham. Deckel drauf und fertig! Haben wir Achtung vor einer lebenslangen Verbindung, die zudem künstlerisch eine war, die der Welt viel brachte. »Peters Stimme hatte irgendetwas, was Ben brauchte, denn er war am kreativsten, wenn er für die Stimme komponierte ... Ein naher Freund von Ben, der auch meine Mutter gut kannte, sagte mir unlängst, dass Peters Stimme der meiner Mutter sehr ähnelte« erzählt Brittens Schwester Beth. Vielleicht hätte ohne diese Verbindung die »Erneuerung des englischen Liedes« nicht stattgefunden (ab den »Seven Sonnets of Michelangelo« op. 22), und vielleicht sähen auch die Opern Brittens anders aus, wer weiß.

Nach der Rückkehr der beiden aus den USA – wo sie vom September 1939 bis April 1942 waren – kam es zur Arbeit an der Oper »Peter Grimes«, die am 7. Juni 1945 mit Peter Pears in der Hauptrolle in London uraufgeführt wurde – mit überwältigendem Erfolg. »Alle Anwesenden wussten, dass sie ein Meisterwerk gehört hatten und dass sich nie zuvor etwas Vergleichbares in der englischen Musik ereignet hatte. Sie erhoben sich von ihren Plätzen und jubelten und applaudierten«, schrieb Imogen Holst, die Tochter des gleichnamigen Komponisten. Das war der Durchbruch der neuen englischen Oper, die ja bis dahin nur wenig aufzuweisen hatte. Aus patriotisch-britischer Sicht wurde aus dem kleinen Benjamin Britten also tatsächlich das vierte »B«, wie es sich die Mama erhofft hatte. Das äußere Leben änderte sich nicht mehr viel: man lebte in Aldeburgh, Britten war glücklich in seiner heimatlichen Umgebung und komponierte viel. Seine Lebensweise war der Arbeit förderlich: »Er nahm täglich kalte Bäder, komponierte nach einem korrekt eingehaltenen Arbeitsplan etwa acht, beim Instrumentieren manchmal zwölf Stunden täglich, liebte die Häuslichkeit, speiste maßvoll [laut Pears konnte er kaum ein Ei kochen und aß am liebsten ›Kinderessen‹ wie Rosinenpudding] und ging früh zu Bett.«

Er war ein ernster aristokratischer Gentleman, begrenzt sogar zu Humor fähig: Der Kontrabassist hatte bei einer Einspielung von »Saint Nicolas« seine Brille vergessen, was dazu führte, dass er an einer entscheidenden Stelle nicht schnell genug umblättern konnte; Britten fügte kurzerhand ein »Rallentando« (Verlangsamung) ein und kommentierte es mit den Worten: »Das wird den Musikwissenschaftlern im nächsten Jahrhundert einigen Gesprächsstoff liefern!« Er hatte ein großes Herz für Kinder: 1933 sah er »Emil und die Detektive« als Film und war hin und weg; das sei »der vollkommenste und befriedigendste Film, den ich je gesehen habe und je zu sehen hoffe.« Er kaufte das Buch und begann mit Skizzen zu einer Orchestersuite »Emil«, die er leider nie fertig stellte. Kindern und Kinderchören hat er einen großen Platz in seinem Werk eingeräumt: von der Kinderoper »The Little Sweep/Let's Make an Opera« über die Gesangsrollen für Kinder in »Albert Herring«, »The Turn of the Screw« und »A Midsummer Night's Dream« bis hin zum Knabenchor im großen »War Requiem«. Ganz zu schweigen von »The Young Person's Guide to the Orchestra«, das ja explizit für Kinder und Jugendliche geschrieben ist.

Er war nun der erfolgreichste Komponist seiner Generation; er wurde weltweit hoch geschätzt und arbeitete dennoch immer weiter an der Verfeinerung seiner musikalischen Ausdrucksmöglichkeiten. In einem Interview, das er 1953 der BBC gab, antwortete er auf die Frage, was er in den nächsten Jahren erreichen wolle: »Bessere Musik schreiben!« Am 12. Juni 1976 wurde er zum Peer auf Lebenszeit ernannt, war also jetzt Lord Benjamin Britten, doch dann schlug seine Herzschwäche zu: Seit 1973 war er nach einer Herzoperation Opfer eines Schlaganfalls, konnte zeitweise nicht sprechen, behielt eine gelähmte rechte Hand, komponierte aber trotzdem weiter. Am Morgen des 4. Dezember 1976 schließlich starb er in den Armen von Peter Pears. »Ich muss vor dir sterben, weil ich nicht weiß, was ich ohne dich machen soll«, hatte er früher immer zu seinem Lebensgefährten gesagt.

ENTSTEHUNGSZEIT

Im Grunde genommen ist »Simple Symphonie« fast noch eine Schülerarbeit. Als Absolvent der Kompositionsklasse John Irelands wollte Britten zu Alban Berg nach Wien. Seine Eltern waren aber dagegen: zu weit weg schien die Reise und Wien ihnen zu unmoralisch. In einem Brief an Grace Williams schrieb der junge Mann: »Im Moment kann ich keine einzige Note schreiben, die auch nur einigermaßen Respekt verdiente, also – angesichts der Chancenlosigkeit, Geld zu verdienen – bereite ich einige alte Sachen (einige von ihnen vor zehn Jahren geschrieben) als liebe kleine Schulsuite für Streicher zu – du siehst, wie weit es mit mir gekommen ist ...!«

Das hat er in der Zeit von Dezember 1933 bis Februar 1934 getan –
und aus diesem ›Pasticcio‹ ein hinreißendes Werk geschaffen!

URAUFFÜHRUNG
Unter der Stabführung Brittens spielte ein Amateurorchester am
6. März 1934 in Norwich die »Simple Symphony« zum ersten Mal.

ERFOLG
»My ›Simple Symphony‹ doesn' go too badly« war Brittens Kom-
mentar. Später 1934 erschien sie bei der Oxford University Press im
Druck und ist seitdem ein Welterfolg.

ANEKDOTEN
Keine Besonderheiten.

WERK
Sätze
I.   Boisterous Bourrée – Allegro ritmico
II.   Playful Pizzicato – Presto possibile pizzicato sempre
III. Sentimental Saraband – Poco lento e pesante
IV.   Frolicsome Finale – Prestissimo con fuoco

Dauer
ca. 18 Minuten

Besetzung
Streichorchester oder Streichquartett
Violinen I und II
Bratschen
Violoncelli
Kontrabass (ad libitum)

HITS
Allen Bratschenfreunden ist es ein Hit, dass Benjamin Britten dieses Werk seiner Bratschenlehrerin Audrey Alston gewidmet hat.
Eine schöne Genugtuung für alle erlittenen – meistens leider sehr
guten ... – Bratschenwitze!
Auch bei diesem Werk ist es sehr schwer, von einzelnen Stellen zu
sprechen, die als besonders schön hervorstechen. »There is not a
superfluous note«, schreibt Boyd Neel und ich zögere keinen Augenblick, ihm zuzustimmen. Die vier Sätze dieses Jugendwerks

sind so kompakt geschrieben, dass sie schon weitgehend dem kompositorischen Ideal Brittens entsprechen: sich so exakt wie möglich auszudrücken und dabei auf alles Überflüssige zu verzichten. Weil der zweite Satz, das »Playful Pizzicato«, gerne als Zugabe verwendet wird – hier kann ein Streichorchester sozusagen als Zupfinstrument brillieren, denn wenn es wirklich »presto possibile« dargeboten wird, klingt es schon sehr virtuos auf vornehme Art –, ist er ein Hit geworden.

Insgesamt möchte ich sagen, dass die ganze »Simple Symphonie« auch deshalb ein Hit ist, weil sie einen reifen Blick auf die Kindheit zurückwirft, ohne dabei jemals sentimental zu sein. Sie ist so kindlich wie Peter Altenbergs Geschichten kindlich sind – einer der wenigen Dichter, die Kinder völlig ernst genommen haben. Wenn Hans-Klaus Jungheinrich im »Csampai« schreibt, die Symphonie sei ein »richtiger Bubenspaß«, so kann ich dem nur ganz eingeschränkt zustimmen; denn die vordergründig einfache musikalische Sprache, die natürlich auch eine ironische Luftigkeit besitzt, ist in Wirklichkeit meisterhafte Reduktion auf das Wesentliche. Ob Britten das in voller Absicht gelungen ist oder ob er sich keine Gedanken darum gemacht hat, spielt dabei keine Rolle. Sie ist so einfach, wie Mozart schlicht wäre – um einen sicherlich zu groß geratenen Vergleich zu wagen.

FLOPS
Dass im vierten Satz das Thema am Anfang entfernt an Dvořák erinnert ist kein Flop, eher eine witzige Erinnerung. Ich sehe in allen vier Sätzen keinen einzigen Flop.

OBACHT
Kein Obacht in Sicht. Selbst schlichte Orchester können diese Symphonie technisch bewältigen. Ob sie sie allerdings auch gekonnt musizieren können, sei dahingestellt. Gerade die flüchtige Leichtigkeit, die sie zum Atmen braucht, ist nicht einfach zu spielen.

ES MEINEN
Leonard Bernstein sagte zur Musik Brittens etwas, dem nichts mehr hinzuzufügen ist:
»Er war ein Mensch, der mit der Welt nicht im Einklang war. Das ist merkwürdig, weil Brittens Musik an der Oberfläche so dekorativ, positiv, charmant wirkt, doch es steckt viel mehr dahinter. Wenn

man Brittens Musik hört, ihr wirklich zuhört, sie nicht nur oberflächlich wahrnimmt, wird einem etwas sehr Düsteres bewusst. Es gibt da
verschiedene Zahnräder, die sich drehen, aber nicht ganz ineinander greifen, und sie können einen großen Schmerz verursachen.«

BEIKIRCHER RÄT

ANLASS
Natürlich sind alle Arten von Schulfesten ein guter Anlass, diese
Symphonie zu spielen. Ein guter Anlass für diese Symphonie sind
aber auch die Gespräche beim Scheidungsanwalt, wenn es um die
Frage des Sorgerechts geht: Bevor die beiden Parteien den Mund
aufmachen, die CD auflegen – die 18 Minuten wird man ja wohl noch
Zeit haben –; wenn beide nicht völlig borniert sind, werden sie nach
dem Anhören freundlicher über die anstehenden Probleme reden.

NUTZUNG
Man sollte sie therapeutisch nutzen: Pokémongeschädigte Eltern
legen sie auf, um den Glauben an die Kindheit wiederzuerlangen.
Genauso kann sie einem den Glauben an ein heiteres England zurückgeben, wenn man von einem Konzert nach Hause kommt, in
dem nur Ralph Vaughan Williams und Edward Elgar zu hören waren.

AUTO
Insbesondere der zweite Satz ist ideal im Bobby Car, Kettcar oder
im Smart. Schade, dass da wohl keine CD-Anlage Platz findet!

PAUSEN-TALK
»Das habe ich ...«

»Der Mann hätte Dichter werden müssen.«
»Warum das denn?«
»Na, lauter Stabreime: Boisterous Bourrée, Playful Pizzicato, Senti-
mental Saraband, Frolicsome Finale ...«
»Deshalb heißt sie ja: ›Simple Symphony‹.«

FRAUEN
»Ich lege mir die Symphonie immer am Waschtag auf.«
»???«
»Im ersten Satz laufe ich hin und her, die Wäsche zusammenzutra-
gen. Im zweiten sortiere ich die Kleinteile der Kinder. Im dritten

überlege ich schwermütig, warum schon wieder so viel verschwunden ist, und im vierten endlich stelle ich auf Schleudern – länger als 18 Minuten habe ich dafür noch nie gebraucht.«

BEWERTUNG

Technik   weil sie technisch gesehen den Titel zurecht trägt.

Gesamt  Die scheinbare Einfachheit ist in Wirklichkeit ein Meisterwerk an Weglassen alles Überflüssigen. Und weil die Fachwelt sie überwiegend für ein »simples« Werk hält, bekommt sie von mir nochmal extra zwei Dirigierstäbe in Klammern.

Anhang

Wer war eigentlich Eduard Hanslick?
(1825–1904)

Ich habe ihn oft zitiert und will kurz schildern, wer er war: Eduard Hanslick, der Kritiker-Papst des 19. Jahrhunderts, quasi der Goethe der Musikkritiker. Heute noch sind seine Artikel wegen des süffisanten Stils und des immer klaren Standpunktes lesenswert. Am 11. September 1825 ist er in Prag geboren, Papa war zeitweise Professor für Ästhetik an der Universität Prag, hat sich dann aber zurückgezogen, um seinen fünf Kindern ein guter Erzieher sein zu können. 1849 promovierte Hanslick zum Dr. jur. und kam in die Universitäts-Abteilung des Kulturministeriums nach Wien. 1854 schrieb er »Vom Musikalisch-Schönen«, von ihm »als ein polemischer Anfang« gedacht; ein Buch, das ihn mit einem Schlage bekannt machte und ihm die Freundschaft der eher Konservativen einbrachte, dafür aber die Feindschaft Richard Wagners und der »Modernen«. Dieses Buch erkannte die Universität Wien 1856 als Habilitations-Schrift an, berief ihn zunächst als Privatdozent, schließlich als ordentlichen Professor (1870) auf den Lehrstuhl für »Geschichte und Ästhetik der Musik« in ihre heiligen Hallen. Daneben schrieb er ab 1846 Kritiken in so ziemlich allen Zeitungen und wichtigen Blättern. Bis zu seinem Tode am 6. August 1904 hatte er praktisch alle Komponisten kennen gelernt und über unendlich viele Werke seine Meinung abgegeben. Er war Brahms-Freund und -Verehrer, hat polemisch mitgemischt, mit lockerer Feder und festen Grundeinstellungen be- und verurteilt. Bruckner soll Kaiser Franz Joseph gebeten haben, Hanslick dazu zu bringen, doch auch mal was Positives über ihn zu schreiben, so hat er unter Hanslicks »Gegnerschaft« gelitten. Es gibt sogar eine Geschichte, der zufolge Bruckner Frau Hanslick Geld angeboten haben soll! Keiner hat solche Hymnen schreiben können wie er, keiner lag aber auch immer wieder so gnadenlos daneben wie er. Auch da hatte er Format – wie immer. Er konnte böse sein wie kaum einer (s. Tschaikowskys Violinkonzert!) – nämlich wenn er seine Musikauffassung mit Füßen getreten sah. Alles in allem war Eduard Hanslick der wichtigste Musikkritiker seiner Zeit, mit keinem vergleichbar und von keinem erreicht. Man könnte ihn mit Marcel Reich-Ranicki vergleichen: Hanslick war genauso polemisch, ebenso wirkungsvoll und ähnlich selbstdarstellerisch. Allerdings stand Hanslick auf einem wesentlich solideren theoretischen Fundament! Dennoch hat er nicht wirklich die Zeichen der Zeit erkannt; in der sich andeutenden Auflösung der Tonalität hat er die Auflösung der Musik selbst gesehen – und sich wie ein Rumpelstilz dagegen gestemmt.

Um Ihnen ein Bild zu geben von all dem, gebe ich Ihnen einer seiner Artikel in voller Länge. Es geht um »Also sprach Zarathustra« von Richard Strauss. Ihm können Sie – abgesehen vom Lesevergnügen – entnehmen, mit welcher Verve und Überzeugung Hanslick »gearbeitet« hat.

»›Oh Zarathustra! Klatsche doch nicht so fürchterlich mit Deiner Peitsche! Du weißt ja: Lärm mordet die Gedanken!‹ (F. Nietzsche: ›Also sprach Zarathustra.‹ III. Anderes Tanzlied)

So kennen wir denn Richard Strauss' vielbesprochene Symphonie mit dem großartigen Titel: ›Also sprach Zarathustra!‹ Sie stolzierte im Philharmonischen Concert zwischen Webers Euryanthe-Ouvertüre und der c-moll Symphonie von Beethoven, zwei ganz unphilosophischen naiven Tondichtungen, die sich gewiss nicht wenig geehrt fühlen. Richard Strauss nennt seine Komposition ›Frei nach Nietzsche‹. Merkwürdig, dass er ihr nicht auch den zweiten Titel von Nietzsches Buch umhängte: ›Eine Symphonie für Alle und für Keinen‹, das hätte so schön geklungen. Was soll uns, so fragen wir, diese Sensationsmacherei, welche das Interesse für ein reines Instrumentalwerk von einem der Musik ganz fremden, ja unmusikalischen Stoff herüber nötigt? Mit Liszts symphonischen Dichtungen begann die modernste Tendenz, Inhalt und Bedeutung einer Symphonie von der Literatur zu erbetteln und durch dieses abgedrungene Almosen den Mangel an eigenem musikalischen Bargeld zu ersetzen. Aber die einfachen Liszt'schen Überschriften: Tasso, Faust, Dante, Orpheus konnten doch bei den Hörern das notwendigste Verständnis ihrer musikalischen Wechselbeziehungen voraussetzen. Das scheint Herrn R. Strauss offenbar zu einfach. Unsere Dichter umzukomponieren, wie altmodisch! Er greift also zu den Philosophen. Hat Richard I. angeblich in seinen Nibelungen Schopenhauer'sche Ideen verkörpert, so muss Richard II. einen Schritt weitergehen und Nietzsche komponieren. Gewiss kann Strauss nicht voraussetzen, dass das Concertpublikum, dem er doch sein Werk darbringt, in Nietzsches schwer verständlichem Buche bewandert und über den rätselhaften ›Zarathustra‹ informiert sei. Die griechische Form ›Zoroaster‹ ist uns schon geläufiger und vollends sein zum ›Sarastro‹ verkürztes Opernabbild. Aber die Spe-

kulation auf das Unverstandene, Mystisch-Symbolische findet
meistens ihre Rechnung, und wenn man sich heute so gerne vor
einem Bilde, einem Drama den Kopf zerbricht, was dasselbe bedeu-
te – warum sollte der moderne Musiker hinter dem Dichter und
dem Maler zurückbleiben? Die Tausende von Aphorismen, die
Nietzsche in seinen vier Büchern ›Zarathustra‹ aneinanderreiht,
enthalten geniale, glänzende Gedanken, aber ebensoviele abstruse,
erkünstelte Einfälle und abstoßende Sophismen. Wer nach der Lektüre dieses Buches, ja auch nur des Gedichtes: ›Die Wüste wächst,
weh' dem, der Wüsten birgt‹ (im vierten Teile) ernstlich behaupten kann, Nietzsche sei damals noch vollkommen bei Verstand
gewesen, dem ist nicht zu helfen. Und die Kenntnis *dieses* Buches
will R. Strauss bei seinem Concertpublikum voraussetzen? Ja noch
mehr; ihm ist Nietzsche offenbar noch nicht geheimnisvoll genug. Er erklärt in einem Manifest, er habe als Komponist noch
Verschiedenes in Nietzsches Zarathustra ›hineingeheimnißt‹. Fast
möchte man hinter dem Komponisten der Zarathustra-Symphonie
einen Schalk vermuten, der sich mit seinem Publikum einen Spaß
macht.

Was der Stifter des altpersischen Religionssystems Zarathustra (das
ist Goldstern) im sechsten Jahrhundert vor Christus gelehrt hat,
ward bekanntlich in der Bibel des Ormuzd-Glaubens, der Zend-
Avesta (d. h. Wort des Lebens), gesammelt. Was hingegen das Buch
für »keinen und für Alle« in charakteristisch maskierter, salbungs-
voller Rede vorträgt, ist natürlich echtester Nietzsche. In hundert
glitzernden Variationen preist er sein philosophisches Ideal: den zu
züchtenden Übermenschen der Zukunft, welcher die Herrenmoral
im Gegensatze zur Sklavenmoral der großen Menge zu verkörpern
hat. ›Der Mensch ist etwas, das überwunden werden soll. Einst wart
ihr Affen, und auch jetzt noch ist der Mensch mehr Affe als irgend-
ein Affe‹. Ist der Cynismus Nietzsches, wie er sich in der Verachtung der Menschheit, der Moral, der Ehe ausspricht – ›auch das
Konkubinat ist korrumpiert worden durch die Ehe!‹ – wirklich ein
Ideal für den Musiker, eine Aufgabe für die reinste, stoffloseste
aller Künste? Bereits beginnt sich um die Fahne Nietzsches eine Art
philosophische Heilsarmee oder Unheilsarmee zu scharen. Er und
Ibsen sind die Leitsterne unserer jungen Literaten. Dass Nietzsche
auch musikalisch interpretiert werden müsse, ist erst dem Komponisten des ›Eulenspiegel‹, R. Strauss, eingefallen. Ein kühnes Pro-
jekt! Aber Strauss scheint glücklicherweise mit den Lehren Nietzsches auch dessen starkes Selbstbewusstsein eingesogen zu haben.
Mein Ehrgeiz, sagt Nietzsche, ist: in zehn Sätzen zu sagen, was
jeder andere in einem Buche sagt oder auch nicht sagt. Ich habe der

Menschheit das tiefste Buch gegeben, das sie besitzt, meinen ›Zara-thustra‹. R. Strauss möchte auch in zehn Takten sagen, was andere in einer ganzen Symphonie, und wünscht ohne Zweifel, der Mensch-heit in seinem ›Zarathustra‹ das größte symphonische Gedicht zu geben, das sie besitzt. Eines der längsten gewiss; es dauert in einem Zuge volle 33 Minuten; 33 bösartig lange Minuten.

Strauss hat einzelne Abschnitte seiner Komposition mit Kapitel-Überschriften aus Nietzsches ›Zarathustra‹ versehen, z. B.: ›Von den Hinterweltlern‹, ›Von der großen Sehnsucht‹, ›Von den Freu-den und Leidenschaften‹, ›Von der Wissenschaft‹ u. s. w. Nach einer kurzen feierlichen Einleitung tritt Zarathustra zu den ›Hinterwelt-lern‹ – das sind diejenigen, welche jenseits dieser Welt einen neuen Willen suchen und den alten Wahn von sich werfen – vier Trompe-ten blasen das Leitmotiv des Ganzen: c g c; aus einem Orgelsatz mit durchaus geteilten Geigen – die Violoncellos an sechs Pulten verteilt – ringt sich das zweite Thema in h-moll heraus; es schildert den ›Sehnsuchtsdrang‹. Die Religion als Hoffnungsanker der gequälten Menschheit wird durch das Gregorianische Credo eingeführt, das bekanntlich Bach in die h-moll Messe aufgenommen hat. Das der ›Andacht‹ gewidmete Andante in As-Dur ist weitaus der reinste und klangschönste Satz des ganzen Werkes. Eine Episode ›von der gro-ßen Sehnsucht‹ führt direkt zu den ›Freuden und Leidenschaften‹; ein aufjubelndes Allegro, über welches die Glissandos zweier Har-fen einen milden Glanz breiten. Der Prophet wendet sich hierauf zur ›Wissenschaft‹; sie wird durch eine rhythmisch lahme, miss-klingende fünfstimmige Fuge recht abschreckend repräsentiert. Auf die Wissenschaft folgt die ›Genesung‹ und als ihr Wahrzeichen das ›heilige Lachen‹, ein zweimal von der Trompete intoniertes komisches Kikeriki! In die Gefilde ewiger Lust versetzt uns ein recht ärmlicher Walzer, welchen das Leitmotiv C G C in allen Formen und Farben umflattert. Was diesem ›Tanzlied‹ vorhergeht, ist ein vom ›Motiv der Verachtung‹ beherrschtes langes, wahrhaft scheußliches Geheul. Nachdem im Tanzlied Triangel und kleine Glöckchen ihr Wesen getrieben, führt sich das ›Nachtwandlerlied‹ mit einer tiefen, in E gestimmten Glocke ein, die Mitternacht schlägt. Hierauf der merkwürdige Schluss: die Violinen und die Bläser halten hoch oben den H-Dur Akkord fest, während dazu in der Tiefe die Kontrabässe ihr leises C G C pizzikieren! Dieses Zugleichklingen von H-Dur und C-Dur soll, den offiziellen Auslegern zufolge, ›das ungelöste Welt-rätsel‹ bedeuten. ›Welch triviale Idee, so geistreich zu sein!‹, sagen wir mit dem Kritiker in Hardens ›Zukunft‹.

Wer die Strauss'sche Symphonie unbefangen anhört, ohne sich um das detaillierte Programm zu kümmern, wird gewiss keinen Zusammenhang mit Nietzsches ›Zarathustra‹ darin entdecken. Die wunderliche, über einem Orchesterstück ganz sinnlose Aufschrift ist in der That nur ein Mittel, sich interessant zu machen, der Musik eine Bedeutung anzutäuschen, die nicht in ihr selbst liegt. Die Komposition, ungemein schwach und gequält als musikalische Erfindung, ist eigentlich nur ein raffiniertes Orchesterkunststück, ein klingender Farbenrausch. Als geistreiche Kombination neuer, origineller, aber auch abenteuerlicher und beleidigender Klangeffekte ist das Stück gewiss interessant und unterhaltend. Aber diese fabelhafte Orchestertechnik war nach meiner Empfindung dem Komponisten weniger ein Mittel, als vielmehr Zweck und Hauptsache. Die instrumentale Armee, welche R. Strauss zu diesem philosophischen Feldzug aufgeboten hat, steht auf einem bisher ungeahnten Kriegsfuß.

R. Strauss wird damit gewiss noch weitere ungeahnte strategische Kombinationen vornehmen, und da seine Kompositionen nicht Musik von der Quelle sind, sondern komprimierte Literatur, so liegt noch ein reiches Feld zur Auswahl vor ihm. Ich meine die übrigen Werke Nietzsches, der ja ein Virtuose in pikanten, gewaltsam geistreichen Büchertiteln war. Bei dem Aufsehen, das die Zarathustra-Symphonie überall erregt, und bei der modernen Tendenz, sich an Musik nicht zu erfreuen, sondern den Kopf zu zerbrechen, dürften R. Strauss' nächste Symphonien frei nach Nietzsche heißen: ›Götzendämmerung‹, ›Menschliches, Allzumenschliches‹ und ›Wie man mit dem Hammer philosophiert‹. Warum auch sollte er, der Allermodernste, der Neugierde des modernen Publikums nicht entgegenkommen? ›Mit Bucklichen darf man schon bucklig reden‹, lehrt Nietzsche-Zarathustra in dem Kapitel ›Erlösung‹.

In einer geistvollen, gediegenen Schrift behandelt L. Stein (Professor der Philosophie in Bern) ›Friedrich Nietzsches Weltanschauung und ihre Gefahren‹. Die Gefahren für das Denken, für die Sittlichkeit, für die Wohlfahrt der Menschen. Seit Richard Strauss kann man auch von ihren Gefahren für die Tonkunst sprechen. Diese selbst, als nach ewigen Gesetzen sich entwickelnde Idee, hat freilich von einzelnen Umsturzversuchen nichts zu fürchten; sie wirft, früher oder später, Unmusikalisches, Widermusikalisches aus, wie das Meer die Leichen. Aber für die jungen Komponisten, die von Strauss' raschen Erfolgen geblendet sind, besteht die Gefahr unleugbar. Mit etwas Talent, Studium und Ehrgeiz lassen sich ihm seine Klangstücke ablernen, und zu reichlicher Auswahl stehen noch Dichter wie Philosophen da, die sich zu symphonischen Lebensbildern umtöten lassen. *Brahms* und *Dvořák* werden weniger Nachahmer finden; dazu gehören Mittel.

Die Aufführung der Strauss'schen Novität war ein Heldenstück unserer von Hans Richter kommandierten tapferen Philharmoniker. Tumultuarisch raste der endlose Applaus, schließlich von beherzten Zischlauten gemildert. Übrigens schien mir der Beifall mehr noch dem Orchester zu gelten als dem Komponisten; denn ich kann mir kaum denken, dass unser Publikum wirklich Genuss und Begeisterung aus diesem wüsten Hexenkessel geschöpft habe. Jedenfalls hat Beethovens c-moll Symphonie, die zu ihren übermächtigen Wirkungen nicht einmal Posaunen braucht, durch die prätentiöse Nachbarschaft nicht gelitten. Es wurde ihr noch stärker zugejubelt. Kraft und Schönheit des Gedankens sind doch mächtiger als das kostbarste Gewand, und der echte Dichter siegt schließlich über die verwegensten Künste des Regisseurs und Dekorations-Malers.«

(Aus: »Am Ende des Jahrhunderts«, Berlin 1899)

Literaturverzeichnis

(gilt gleichzeitig für »Andante Spumante«)

Adorno, Theodor W.: Berg. Der Meister des kleinsten Übergangs, Wien 1968

Adorno, Theodor W.: Einleitung in die Musiksoziologie. Zwölf theoretische Vorlesungen, München 1968

Adorno, Theodor W.: Musikalische Schriften I-III, hrsg. v. Rolf Tiedermann (= Gesammelte Schriften, 16), Frankfurt 1978

Albrecht, Norbert: »Vater der französischen Schule. Zum 100. Todestag von César Franck«, in: Musik und Gesellschaft 40 (1990), S. 575 f.

Allende-Blin, Juan: »Claude Debussy: Scharnier zweier Jahrhunderte«, in: Musik-Konzepte 1/2 (1977), S. 52–70

Anderson, Julian: »La note juste. [...] the 90th anniversary of Giacinto Scelsi's birth«, in: The Musical Times, January 1995, S. 22–27

Andreevsky, Alexander von: »Der psychologische Naturalismus«, in: ders., Dilettanten und Genies. Geschichte der Russischen Musik, Berlin 1951, S. 146–179

Assafjew, Boris: Die Musik in Russland (Von 1800 bis zur Oktoberrevolution 1917). Entwicklungen – Wertungen – Übersichten, hrsg. v. Ernst Kuhn (= Musik konkret, 9), Berlin 1998

Aulich, Bruno: Mondscheinsonate und Katzenfuge und andere merkwürdige Titel und Geschichten über berühmte Musikwerke aus drei Jahrhunderten, Kassel 1990

Bach, Johann Sebastian. Leben und Werk in Dokumenten – Eine Anthologie zusammengestellt von Hans-Joachim Schulze, Leipzig 1975

Bartók, Béla. Eigene Schriften und Erinnerungen der Freunde, hrsg. v. Willi Reich, Basel 1958

Bartók, Béla. Weg und Werk, Schriften und Briefe, hrsg. v. Bence Szabolcsi, Budapest 1972

Bartók, Béla: Musiksprachen. Aufsätze und Vorträge, Leipzig 1972

Beckerman, Michael / Glen Bauer (Hrsg.): Janáček and Czech Music. Proceeding of The International Conference (Saint Louis, 1988) (= Studies in Czech Music, 1), o. O. 1995

Beckerman, Michael: Janáček as Theorist (= Studies in Czech Music, 3), o. O. 1994

Beethoven, Ludwig van. Briefwechsel – Gesamtausgabe, 7 Bde., München 1996

Beethoven, Ludwig van. Die Werke im Spiegel seiner Zeit. Gesammelte Konzertberichte und Rezensionen bis 1830, hrsg. u. eingel. v. Stefan Kunze, Laaber 1996

Beethoven, Ludwig van. Neun ausgewählte Briefe an Anton Schindler (Faksimile-Ausgabe nach den Originalen ...), Leipzig 1970

Berberowa, Nina: Tschaikowsky. Biographie, Düsseldorf 1989

Biesold, Maria: Sergej Prokofjew. Komponist im Schatten Stalins. Eine Biographie, Berlin 1996

Biro-Hubert, Nicolai: Dirigierdschungel. Betrachtungen eines orchesterversehrten Musikanten, Berlin 1997

Böhme, Gerhard: Medizinische Portraits berühmter Komponisten, 2 Bde., Stuttgart 1981 / 1987

Bónis, Ferenc: Béla Bartók. Sein Leben in Bilddokumenten, Budapest 1981

Bonner Beethoven-Studien, Bd. 1, hrsg. v. Sieghard Brandenburg und Ernst Herttrich, Bonn 1999

Boulez, Pierre: »Debussy, Claude (Achille). Französischer Komponist [...]«, in: ders., Anhaltspunkte. Essays, Stuttgart 1975, S. 35–59

Boyd, Malcolm: Johann Sebastian Bach. Leben und Werk, Kassel 1992

Brachvogel, A. E.: Friedemann Bach. Roman, Berlin 1922 (EA 1856)

Brahms, Johannes und Ludwig van Beethoven. Zeugnisse einer künstlerischen Auseinandersetzung, Katalog hrsg. v. Michael Ladenburger und Otto Biba, Bonn 1997

Brahms, Johannes. Das Symphonische Werk – Entstehung, Deutung, Wirkung, hrsg. v. Renate Ulm, Kassel 1996

Brahms, Johannes. Quellen – Text – Rezeption – Interpretation. Internationaler Brahms-Kongreß (Hamburg 1997), hrsg. v. F. Krummacher und Michael Struck [...], München 1999

Brahms und seine Zeit, Symposion Hamburg 1983 (= Hamburger Jahrbuch zur Musikwissenschaft, 7), Laaber 1984

Braungart, Georg / Walther Dürr (Hrsg.): Über Schubert. Von Musikern, Dichtern und Liebhabern. Eine Anthologie, Stuttgart 1996

Brett, Philip: »Britten, (Edward) Benjamin [text]«, in: www.grovemusic.com, Stand: 24.05.01

Britten, Benjamin: »Komponist sein. Eine Schulfunkstunde«; »Ehrenbürger sein. Eine Denkansprache«, in: Heinrich Lindlar (Hrsg.): Benjamin Britten (= Musik der Zeit, 7), Bonn 1954, S. 5–10; 54–56

Brod, Max: »Sprache wird Musik – Drei Notate«, in: Musik-Konzepte 7 (1979), S. 41

Brodszky, Ferenc (Hrsg.): Wenn Bach ein Tagebuch geführt hätte …, Budapest 1967

Bruckner, Anton in Lehre und Forschung (Symposion zu Bruckners 150. Geburtstag – Linz 1974), Regensburg 1976

Brüll, Erich: »Der Klassiker Sibelius. Einige Gedankenpunkte«, in: Musik und Gesellschaft 21 (1971), S. 582–588

Brüstle, Christa: Anton Bruckner und die Nachwelt. Zur Rezeptionsgeschichte des Komponisten in der ersten Hälfte des 20. Jahrhunderts, Stuttgart 1998

Bungert, Klauspeter: César Franck – die Musik und das Denken (= Quellen und Studien zur Musikgeschichte von der Antike bis in die Gegenwart, 34), Frankfurt am Main 1996

Burde, Wolfgang: Strawinsky. Leben, Werke, Dokumente, Mainz 1993

Burg, Josef: »Schüler erleben ihren Orgellehrer César Franck«, in: Ars Organi. Zeitschrift für das Orgelwesen (1990), S. 115–123

Burger, Ernst: Frédéric Chopin. Eine Lebenschronik in Bildern und Dokumenten, München 1990

Busoni, Ferruccio: »Jean Sibelius«, in: ders., Wesen und Einheit der Musik, Berlin 1956, S. 203 f.

Carpenter, Humphrey: Benjamin Britten. A Biography, London 1992

Cernohorská, Milena: Leos Janáček, Prag 1966

Cherniavsky, David: »Besuch bei Jean Sibelius. Zum 90. Geburtstag des Meisters am 8. Dezember«, in: Musica (1955), S. 598–601

Chopin Frédéric. Briefe, hrsg. v. Krystyna Kobylańska, Frankfurt am Main 1984

Chopin-Almanach zur hundertsten Wiederkehr des Todestages von Fryderyc Chopin, hrsg. v. Chopin-Komitee in Deutschland, Potsdam 1949

Con Spirito. Musikeranekdoten aus dem zwanzigsten Jahrhundert, gesammelt von Paul Feiler, Kassel 1991

Conati, Marcello: Interviews and Encounters with Verdi, London 1984

Cooke, Mervyn (Hrsg.): The Cambridge Companion to Benjamin Britten, Cambridge 1999

Cooper, Barry (Hrsg.): Das Beethoven-Kompendium. Sein Leben – sein Werk, München 1992

Cortot, Alfred: Chopin. Wesen und Gestalt, Zürich 1954

Courcy, G. I. de: Niccolo Paganini. Chronology of his Life / Chronologie seines Lebens, Wiesbaden 1961

Cremonese, Adriano: »Radikales Außenseitertum. Für eine Lektüre des Werkes von Giacinto Scelsi«, in: MusikTexte 26 (1989), S. 49–51

Dachs, Robert: Johann Strauß: ›Was geh' ich mich an?!‹ – Glanz und Dunkelheit im Leben des Walzerkönigs, Graz 1999

Danckert, Werner: Claude Debussy, Berlin 1950

Debussy, Claude: »Geistliche Konzerte – ›Die Seligpreisung‹ von César Franck«, in: ders., Monsieur Croche – Sämtliche Schriften und Interviews, hrsg. v. François Lesure, Stuttgart 1991, S. 150–155

Debussy, Claude: »Richard Strauss«, in: ders., Monsieur Croche – Sämtliche Schriften und Interviews, Stuttgart 1982, S. 140–143

Debussy, Claude: »Vergessen«, in: ders., Musik und Musiker, Potsdam o. J.

Debussy, Claude: Monsieur Croche. Sämtliche Schriften und Interviews, hrsg. v. François Lesure, Stuttgart 1982

Decsey, Ernst: Bruckner. Versuch eines Lebens, Berlin 1919

Decsey, Ernst: Debussys Werke, Graz 1936

Die älteren Musikalien der Sammlung Herbert Grundmann im Beethoven-Archiv Bonn. Verzeichnis von Anna-Maria Schmidt, Bonn 1983

Die Musik in Geschichte und Gegenwart: allgemeine Enzyklopädie der Musik, begr. v. Friedrich Blume, 2. neubearb. Ausg. / hrsg. von Ludwig Finscher, Kassel 1994 ff.

Doernberg, Erwin: Anton Bruckner. Leben und Werk, München 1963

Drinker Bowen, C. / Barbara von Meck: Geliebte Freundin. Tschaikowskys Leben und sein Briefwechsel mit Nadeshda von Meck, Leipzig 1938

Duda, Gunther: W. A. Mozart. »Den Göttern gegeben«, Pähl 1994

Dumont, Cedric: Allegro con gusto. Rezepte und Geschichten aus Musikerküchen, Bern 1982

Dürr, Walther / Andreas Krause (Hrsg.): Schubert-Handbuch, Kassel 1997

»Eben komme ich von Haydn ...«. Georg August Griesingers Korrespondenz mit Joseph Haydns Verleger Breitkopf & Härtel 1799–1819, hrsg. u. kommentiert v. Otto Biba, Zürich 1987

Eckart-Bäcker, Ursula: »Claude Debussys Verhältnis zu Musikern der Vergangenheit«, in: Die Musikforschung 30 (1977), S. 56–63

Eisenstein, Serge: »PRKFW«, in: ders., Gesammelte Aufsätze I, Zürich 1961, S. 36–59

Evans, Peter: The Music of Benjamin Britten, London 1989

Fiebig, Paul (Hrsg.): Über Beethoven. Von Musikern, Dichtern und Liebhabern – Eine Anthologie, Stuttgart 1993

Finscher, Ludwig / Albrecht Riethmüller (Hrsg.): Johann Strauß. Zwischen Kunstanspruch und Volksvergnügen, Darmstadt 1995

Fischer, Edwin: Ludwig van Beethovens Klaviersonaten. Ein Begleiter für Studierende und Liebhaber, Wiesbaden 1956

Floros, Constantin / Giselher Schubert / Christian Martin Schmidt: Johannes Brahms. Die Sinfonien; Einführung, Kommentar, Analyse, Mainz 1998

Floros, Constantin: Alban Berg. Musik als Autobiographie, Wiesbaden 1992

Floros, Constantin: Johannes Brahms. ›Frei, aber einsam‹ – Ein Leben für eine poetische Musik, Zürich 1997

Flotzinger, Rudolf: »Und Walzen umatum ... – Zur Genealogie des Wiener Walzers«, in: ÖMZ 10 (1975), S. 505–515

Franck, Hans: Du holde Kunst. Gesammelte Musikergeschichten, Berlin 1969

Franken, Franz Hermann: Die Krankheiten großer Komponisten, 3 Bde., Wilhelmshaven 1991 ff.

Gavoty, Bernard: Chopin. Eine Biographie, Hamburg 1990

Geeraert, Nicole: »César Franck: Sinfonie d-Moll«, in: NZfM 1 (1984), S. 26–28

Gerigk, Herbert: Giuseppe Verdi, Potsdam 1932

Gide, André: Aufzeichnungen über Chopin, Frankfurt am Main 1987

Gielen, Michael / Paul Fiebig: Beethoven im Gespräch. Die neun Sinfonien, Stuttgart 1995

Gillies, Malcolm: Béla Bartók. Im Spiegel seiner Zeit – Porträtiert von Zeitgenossen, Zürich 1991

Giroud, Françoise: Cosima Wagner. Mit Macht und mit Liebe – Eine Biographie, München 1998

Gould, Glenn: »Musik in der Sowjetunion«, in: ders., Von Bach bis Boulez. Schriften zur Musik I, hrsg. v. Tim Page, München 1992, S. 243–268

Grasberger, Franz: Johannes Brahms. Variationen um sein Wesen, Wien 1952

Grasberger, Renate: Bruckner – skizziert. Ein Porträt in ausgewählten Erinnerungen und Anekdoten (= Anton Bruckner. Dokumente und Studien, 8), Wien 1991

Grun, Bernard: Beste Musiker-Anekdoten, München 1989

Gutiérrez-Denhoff, Martella: Johannes Brahms und Bonn, Bonn 1997

Handschin, Jacques: »Zum 40. Todestag Mussorgskis«, in: Gedenkschrift Jacques Handschin. Aufsätze und Bibliographie, Bern 1957, S. 229–233

Harewood, The Earl of: »The Man«, in: Donald Mitchell / Hans Keller (Hrsg.): Benjamin Britten – A Commentary on his Works from a Group of Specialists, London 1952, S. 1–8

Harten, Uwe (Hrsg.): Anton Bruckner. Ein Handbuch, Salzburg 1996

Härtling, Peter: Schumanns Schatten, Köln 1996

Häusler, Josef: Spiegel der Neuen Musik: Donaueschingen. Chronik – Tendenzen – Werkbesprechungen ..., Kassel 1996

Heine, E. W.: Wer ermordete Mozart? Wer enthauptete Haydn? Mordgeschichten für Musikfreunde, Zürich 1984

Heine, E. W.: Wie starb Wagner? Was geschah mit Glenn Miller? Neue Geschichten für Musikfreunde, Zürich 1985

Heister-Möltgen, Hildegard: Anton Raaff und seine Welt. Lebensbilder eines berühmten Tenors aus dem 18. Jahrhundert, Wachtberg-Berkum 1997

Heller, Karl: Antonio Vivaldi, Leipzig 1991

Henning, Laura: Die Freundschaft Clara Schumanns mit Johannes Brahms. Aus Briefen und Tagebüchern, Zürich 1946

Henning, Werner: Zwischen Götterspeise und Ochsenmenuett, Berlin 1973

Hensel, Sebastian (Hrsg.): Die Familie Mendelssohn 1729 bis 1847. Nach Briefen und Tagebüchern, Frankfurt am Main 1995

Heyden-Rynsch, Verena von der: Europäische Salons. Höhepunkte einer versunkenen weiblichen Kultur, Hamburg 1995

Hildesheimer, Wolfgang: Der ferne Bach. Eine Rede, Frankfurt am Main 1986

Hirsbrunner, Theo: Debussy und seine Zeit, Laaber 1981

Hofmann, Renate / Kurt Hofmann (Hrsg.): Über Brahms. Von Musikern, Dichtern und Liebhabern – Eine Anthologie, Stuttgart 1997

Hollander, Hans: Leos Janácek. Leben und Werk, Zürich 1964

Holst, Imogen: »Britten and the Young«, in: Donald Mitchell / Hans Keller (Hrsg.): Benjamin Britten – A Commentary on his Works from a Group of Specialists, London 1952, S. 176–286

Honolka, Kurt: Leoš Janáček. Sein Leben, sein Werk, seine Zeit, Stuttgart 1982

Huch, Felix: Der junge Beethoven. Ein Roman, Ebenhausen 1927

Iwaszkiewicz, Jaroslaw: Fryderyk Chopin, Leipzig 1968

Janáček, Leoš in Briefen und Erinnerungen, ausgewählt, mit Beiträgen und Anmerkungen versehen von Bohumir Stedron, Prag 1955

Janáček, Leoš: »Sprechmelodien«, in: Musik-Konzepte 7 (1979), S. 42–66

Jarocinski, Stephan: Debussy – Impressionism and Symbolism, London 1976

Jaspert, Werner: Johann Strauß. Sein Leben, sein Werk, seine Zeit, Lindau 1948

Kapp, Julius: Richard Wagner und die Frauen. Eine erotische Biographie, Berlin 1912

Karenberg, Axel: Frédéric Chopin als Mensch, Patient und Künstler (= Medizinische Forschung, 2), Bergisch Gladbach 1986

Kaschkin, Nikolai: Meine Erinnerungen an Peter Tschaikowsky (= Musik konkret, 1), Berlin 1992

Katzenberger, Günter: »Vom Einfall zur harten Arbeit. Zum Schaffen von Richard Strauss«, in: Hermann Danuser / Günter Katzenberger (Hrsg.): Vom Einfall zum Kunstwerk. Der Kompositionsprozess in der Musik des 20. Jahrhunderts, Laaber 1993, S. 64–83

Kelletat, Herbert: Zur musikalischen Temperatur, Bd. 1: Johann Sebastian Bach und seine Zeit, Kassel 1981

Kennedy, Michael: Britten (= Dent Master Musicians), London 1993

Kerner, Dieter / Wolfgang Ritter: Außergewöhnliche Lebensbilder. Einzeldarstellungen zum Thema Medizin und Kulturgeschichte aus zwei Jahrtausenden, Frankfurt am Main 1989

Kerner, Dieter: »Claude Debussys Krankheit«, in: NZfM 7/8 (1962), S. 313 f.

Kerner, Dieter: Krankheiten großer Musiker, Stuttgart 1986

Kirchmeyer, Helmut: Strawinskys russische Ballette. Der Feuervogel, Petruschka, Le Sacre du Printemps, Stuttgart 1974

Klatte, Wilhelm: »Aus Richard Strauss' Werkstatt«, in: Die Musik 9 (1924), S. 636–641

Klose, Dietrich (Hrsg.): Über Mozart. Von Musikern, Dichtern und Liebhabern. Eine Anthologie, Stuttgart 1991

Kobylańska, Krystyna (Hrsg.): Frédéric Chopin. Briefe, Frankfurt am Main 1984

Kohlhase, Thomas (Hrsg.): Internationales Tschaikowsky-Symposium, Tübingen 1993. Bericht (=Čaijkovskij-Studien, 1), Mainz 1995

Kohlhase, Thomas: Einführung in ausgewählte Werke Petr Il'i Čaijkovskijs (= Čaijkovskij-Studien, 2), Mainz 1996

Kolneder, Walter: Antonio Vivaldi. Dokumente seines Lebens und Schaffens (= Taschenbücher zur Musikwissenschaft, 50) Wilhelmshaven 1979

Kolneder, Walter: Antonio Vivaldi. Leben und Werk, Wiesbaden 1965

Kolneder, Walter: Vivaldi Lexikon, Bergisch Gladbach 1984

Kracauer, Siegfried: Jacques Offenbach und das Paris seiner Zeit, Frankfurt am Main 1976

Krips, Josef: Ohne Liebe kann man keine Musik machen ..., Erinnerungen, hrsg. u. dokumentiert v. Harietta Krips, Wien 1994

Kross, Siegfried: Johannes Brahms. Versuch einer kritischen Dokumentarbiographie, 2 Bde., Bonn 1997

Kühn, Dieter: Beethoven und der schwarze Geiger, Frankfurt am Main 1996

Kuhn, Ernst (Hrsg.): Tschaikowsky aus der Nähe betrachtet. Kritische Würdigungen und Erinnerungen von Zeitgenossen (= Musik konkret, 7), Berlin 1994

Küster, Konrad: Beethoven, Stuttgart 1994

Küster, Konrad: Der junge Bach, Stuttgart 1996

la Motte-Haber, Helga de / Hans Emons: Filmmusik. Eine systematische Beschreibung, Wien 1980

la Motte-Haber, Helga de: »›Pictures of Pictures from Pictures of Pictures‹, Kunst über Kunst – Künste rückübersetzt in Kunst«, in: dies., Musik und Bildende Kunst – von der Tonmalerei zur Klangskulptur, Laaber 1990, S. 138–148

Landgraf, Armin: Musica Sacra. Zwischen Symphonie und Improvisation – César Franck und seine Musik für den Gottesdienst, Tutzing 1975

Lange-Eichbaum, Wilhelm / Winfried Kurth: Genie, Irrsinn und Ruhm, Bd. 2: Die Komponisten, neubearb. v. Wolfgang Ritter, Basel 1985

Laroche, Hermann: Peter Tschaikowsky. Aufsätze und Erinnerungen, ausgewählt u. hrsg. v. Ernst Kuhn (= Musik konkret, 5), Berlin 1993

Lassahn, Bernhard: Frédéric Chopin (= Klassik für Einsteiger), Frankfurt am Main 1993

Laux, Karl: Die Musik in Russland und in der Sowjetunion, Berlin 1958

Lebrecht, Norman: Musikgeschichte in Geschichten, Stuttgart 1989

Leichtentritt, Hugo: Frédéric Chopin (= Berühmte Musiker: Lebens- und Charakterbilder, XVI), Berlin 1905

Lempfrid, Wolfgang: »Warum diese Töne? Skandal und Provokation«, in: Franz Xaver Ohnesorg (Hrsg.): Die Befreiung der Musik. Eine Einführung in die Musik des 20. Jahrhunderts, Köln 1994

Leyda, Jay / Sergei Bertensson (Hrsg.): The Mussorgsky Reader. A Life of Modeste Petrovich Mussorgsky in Letters and Documents, New York 1947

Liess, Andreas: »Claude Debussy und die ›Fünf‹«, in: NZfM 128 (1967), S. 69–77

Lindlar, Heinrich (Hrsg.): Igor Strawinsky. Aufsätze, Kritiken, Erinnerungen, Frankfurt am Main 1982

Lindlar, Heinrich: Lübbes Bartók Lexikon, Bergisch Gladbach 1984

Lindlar, Heinrich: Lübbes Strawinsky Lexikon, Bergisch Gladbach 1982

Lodemann, Jürgen: Lortzing. Leben und Werk des dichtenden, komponierenden und singenden Publikumslieblings, Familienvaters und komisch tragischen Spielweltmeisters aus Berlin, Göttingen 2000

Loos, Helmut (Hrsg.): Beethoven und die Nachwelt. Materialien zur Wirkungsgeschichte Beethovens, Bonn 1986

Luyken, Lorenz: › ... aus dem Nichtigen eine Welt schaffen‹. Studien zur Dramaturgie im symphonischen Spätwerk von Jean Sibelius (= Kölner Beiträge zur Musikforschung, 190), Kassel 1995

Mailer, Franz: »›Man tut mir zuviel Ehre an‹. Gedanken zum Persönlichkeitsbild von Johann Strauß«, in: ÖMZ 5/6 (1975), S. 257–263

Mayer, Anton: Johann Strauß. Ein Pop-Idol des 19. Jahrhunderts, Wien 1998

Meisterwerke der Musik: Werkmonographien zur Musikgeschichte, München 1965 ff.

Melpomene. Ausgewählte Grablieder des oberschwäbischen Dorfpfarrers Michael Jung, München 1958

Metken, Günter: »Debussy und die Künstler des Fin de siècle«, in: ders., Laut-Malereien. Grenzgänge zwischen Kunst und Malerei, Frankfurt am Main 1995, S. 99–114

Metzger, Heinz-Klaus / Rainer Riehn (Hrsg.). Giacinto Scelsi (= Musik-Konzepte, 31), München 1983

Meurs, Norbert: Neue Bahnen? Aspekte der Brahms-Rezeption 1853–1868 (= Musik und Musikanschauung im 19. Jahrhundert, 3), Köln 1996

Meysels, Theodor F. (Hrsg.): Schauderhafte Moritaten, Salzburg o. J.

Milstein, Nathan / Solomon Volkov: »Lassen Sie ihn doch Geige lernen«, Erinnerungen, München 1993

Mussorgsky, Modest: Zugänge zu Leben und Werk. Würdigungen – Kritiken – Selbstdarstellungen – Erinnerungen – Polemiken (= Musik konkret, 8), Berlin 1995

Müller-Blattau, Joseph: Georg Friedrich Händel, Potsdam 1933

Musik und Musiker in Karikatur und Satire. Eine Kulturgeschichte der Musik aus dem Zerrbild von Dr. Karl Storck, Laaber 1998

Neef, Sigrid: Die Russischen Fünf: Balakirew – Borodin – Cui – Mussorgski – Rimski-Korsakow. Monographien – Dokumente – Briefe – Programme – Werke (= Musik konkret, 3), Berlin 1992

Neill, Edward: Niccolò Paganini il cavaliere filarmonico, Genua 1990

Neill, Edward: Niccoló Paganini, München 1990

Nestjew, I.: Prokofjew: Der Künstler und sein Werk, Berlin 1962

Neumayr, Anton: Musik und Medizin. Am Beispiel der Wiener Klassik, 3 Bde., Himberg 1988 ff.

Oberleithner, Max von: Meine Erinnerungen an Anton Bruckner, Regensburg 1933

Oehlschlägel, Reinhard: »Aufstand der Ghostcomposer. Die Debatte um Giacinto Scelsi«, in: MusikTexte 30 (1989), S. 3 f.

Oehlschlägel, Reinhard: »Claude Debussy und die neue Musik«, in: Musica 25 (1971), S. 353–355

Orledge, Robert: Vorwort, in: César Franck, Sinfonie d-Moll, Ernst Eulenburg Taschenpartitur Nr. 482, London 1983, S. III–VII

Ortlepp, Ernst (Hrsg.): Großes Instrumental- und Vokal-Concert. Eine musikalische Anthologie, in 16 Bändchen (= Bibliothek des Frohsinns), Stuttgart 1841

Pacher, Maurus: Caruso im Affenhaus und andere Operngeschichten, Berlin 1998

Pahlen, Kurt: Tschaikowsky. Ein Lebensbild, Stuttgart 1959

Pfeil, Heinrich (Hrsg.): Neue und alte Musikgeschichten. Ernst und Humor aus dem Leben berühmter Tonkünstler, Leipzig 1881

Pflicht, Stephan: »Fast ein Meisterwerk«. Die Welt der Musik in Anekdoten – Eine heitere Musik-Soziologie, Mainz 1987

Pople, Anthony (Hrsg.): Alban Berg und seine Zeit, Laaber 2000

Poznansky, Alexander: Caijkovskijs Homosexualität und sein Tod – Legenden und Wirklichkeit (= Caijkovskij-Studien, 3), Mainz 1998

Prokofjew, S.: Dokumente, Briefe, Erinnerungen. Zusammenstellung, Anmerkungen und Einführungen S. I. Schlifstein, Leipzig 1961

Prokofjew, Sergej: Beiträge zum Thema, Dokumente, Interpretationen, Programme, das Werk, erschienen zum Internationalen

Musikfestival Sergej Prokofjew und zeitgenössische Musik aus der Sowjetunion Duisburg, 9. September 1990–31. Juli 1991, Duisburg 1990

Publig, Maria: Richard Strauss. Bürger – Künstler – Rebell, eine historische Annäherung, Graz 1999

Raaff, Anton, Tenor des 18. Jahrhunderts »ex Holtzheim«, hrsg. anlässlich des 200. Todestages im Jahr 1997 (= Wachtberger Hefte, 1), Wachtberg 1997

Reich, Willi (Hrsg.): Robert Schumann im eigenen Wort, Zürich 1985

Reich, Willi: Beethoven. Seine geistige Persönlichkeit im eigenen Wort, Zürich 1989

Reich, Willi: Wolfgang Amadeus Mozart. Briefe, Zürich 1986

Renker, Gustav: »Der Mensch in seinen Werken«, in: Die Musik 9 (1924), S. 624–629

Rexroth, Dieter: Beethoven. Leben, Werke, Dokumente, Mainz 1982

Richter, Klaus Peter: Soviel Musik war nie. Von Mozart zum digitalen Sound – Eine musikalische Kulturgeschichte, München 1997

Rieschel, Hans-Dieter: Komponisten und ihre Frauen, Düsseldorf 1994

Rinck, Johannes: Die beiden Frauen Johann Sebastian Bachs. Blicke in das Familienleben des großen Tonmeisters, Leipzig 1939

Rueger, Christoph: Von Katzenorgeln und Eheflüchtern. Ein musikalisches Raritätenkabinett, München 1995

Ruggieri, Eve / Daniel Malissen: Beethoven & seine Zeit, Hamburg 1999

Rutz, Hans (Hrsg.): Claude Debussy – Dokumente seines Lebens und Schaffens, München 1957

Saremba, Meinhard: »Und wo bleibt das Positive, Herr Britten?«, in: ders., Elgar, Britten & Co. Eine Geschichte der britischen Musik in zwölf Portraits, Zürich 1994, S. 275–318

Sawkina, Natalja Pawlowna: Sergej Sergejewitsch Prokofjew, Mainz 1993

Scelsi: »›Giacinto Scelsi: Das bin ich‹«, in: MusikTexte 28/29 (1989), S. 111

Schaefer, Hansjürgen (Hrsg.): ... in Noten und Nöthen versunken. Ludwig van Beethoven in seinen Briefen – Eine Auswahl, Berlin 1969

Schenk, Erich: »Um Bruckners Persönlichkeit«, Sonderdruck aus: Musikerziehung. Zeitschrift zur Erneuerung der Musikpflege 1 (1951)

Scherliess, Volker: Igor Strawinsky und seine Zeit, Laaber 1983

Schlientz, Gisela: »Ich liebe, also bin ich« – Leben und Werk von George Sand, München 1989

Schmidt, Christian Martin: Reclams Musikführer Johannes Brahms, Stuttgart 1994

Schnebel, Dieter: »Das späte Neue. Versuch über Janáčeks Werke von 1918–1928«, in: Musik-Konzepte 7 (1979), S. 75–90

Schneidereit, Otto: Der Orpheus von Paris. Roman um Jacques Offenbach, Leipzig 1970

Schubart, Christian F. D.: Ideen zu einer Ästhetik der Tonkunst, hrsg. v. Ludwig Schubart, Wien 1806

Schubert im Freundeskreis. Ein Lebensbild aus Briefen, Erinnerungen, Tagebuchblättern, Gedichten (= Insel-Bücherei, 168), Leipzig o. J.

Schumann, Clara 1819–1896, Katalog zur Ausstellung, hrsg. v. Ingrid Bodsch und Gerd Nauhaus, Bonn 1996

Schumann, Robert und die Dichter. Ein Musiker als Leser (Katalog zur Ausstellung ...), Düsseldorf 1991

Schumann, Robert. Tagebücher, 4 Bde., hrsg. v. Georg Eismann, Leipzig 1971

Schumann, Eugenie: Erinnerungen, Stuttgart 1925

Schumann, Karl: »Erinnerung an César Franck. Zum einhundertfünfzigsten Geburtstag des Komponisten«, in: Musica (1972), S. 589 f.

Schürmann, Kurt E. (Hrsg.): Ludwig van Beethoven. Alle vertonten und musikalisch bearbeiteten Texte, Münster 1980

Schwanzara, Ernst (Hrsg.): Anton Bruckner. Vorlesungen über Harmonielehre und Kontrapunkt an der Universität Wien, Wien 1950

Seda, Jaroslav: Leoš Janáček, Prag 1960

Seeger, Fred: Applaus für die anderen. 33 Portraits musikalischer Mitmenschen, Berlin 1989

Seroff, Victor I.: Das Mächtige Häuflein. Der Ursprung der russischen Nationalmusik, Zürich 1963

Siegmund-Schultze, Walther: Johannes Brahms. Eine Biographie, Leipzig 1966

Silvestrelli, Anita: Franz Schubert. Das wahre Gesicht seines Lebens, Salzburg 1939

Sinkovicz, Wilhelm / Herwig Knaus: Johann Strauß (mit beigelegter CD), Wien 1999

Smolle, Kurt: Wohnstätten Ludwig van Beethovens von 1972 bis zu seinem Tod (= Schriften zur Beethovenforschung, 5), Bonn 1970

Solomon, Maynard: Beethovens Tagebuch, hrsg. v. Sieghard Brandenburg, Mainz 1990

Souvtchinsky, Pierre: »Der Fall Mussorgsky«, in: NZfM 123 (1962), S. 265–271

Spangenmacher, Friedrich (Hrsg.): Béla Bartók. Zu Leben und Werk (= Musik der Zeit, Dokumentationen und Studien, 2), Bonn 1982

Specht, Richard: »Richard Strauss der Klassiker unserer Zeit«, in: Die Musik 9 (1924), S. 621–624

Ssabanejew, L.: »Mussorgsky«, in: ders.: Geschichte der russischen Musik, für deutsche Leser bearbeitet mit einem Vorwort und einem Nachtrag versehen von Oskar von Riesemann, Leipzig 1926

Stadler, Klaus (Hrsg.): Lust an der Musik. Ein Lesebuch, München 1988

Stadtlaender, Chris: Beethoven zieht um. Eine heitere Dokumentation, berichtet und mit einer Zeittafel, einem Verzeichnis der Wohnungen und Personen, München 1985

Statement[(s) zum Tod von G. Scelsi], in: MusikTexte 26 (1989), S. 23–31

Stegemann, Michael: »Ich bin zu Ende mit allen Träumen« – Franz Schubert, München 1996

Stegemann, Michael: »Klang. Geste. Raum. Prokofjews Filmmusik zu Sergej Eisensteins Alexander Newski«, in: Klaus Wolfgang Niemöller (Hrsg.): Bericht über das Internationale Symposion ›Sergej Prokofjew – Aspekte seines Werkes und der Biographie‹, Köln 1991 (= Kölner Beiträge zur Musikforschung, 175), Regensburg 1992, S. 349–361

Stegemann, Michael: »Sergej Eisenstein und Sergej Prokofjew. Protokoll einer Zusammenarbeit«, in: NZfM 6 (1978), S. 495–501

Stein, Erwin: »Brittens Sinfonien«, in: Heinrich Lindlar (Hrsg.), Benjamin Britten (= Musik der Zeit, 7), Bonn 1954, S. 46–53

Stein, Richard: Tschaikowskij, Leipzig 1927

Steinitzer, Max: »Der Unbekannte Strauss«, in: Die Musik 9 (1924), S. 653–656

Stendhal: Rossini, München 1992

Stenzl, Jürgen: »Alban Berg und Marie Scheuchl«, in: ÖMZ 40/1 (1985), S. 22–30

Stephenson, Kurt: »Der Komponist Brahms im eigenen Urteil«, in: Brahms-Studien, Bd. 1, hrsg. v. C. Floros, Hamburg 1974, S. 7–24

Strauß, Johann (Sohn): Leben und Werk in Briefen und Dokumenten, Bd. 2: 1864–1877, Tutzing 1986

Strauss, Richard: Betrachtungen und Erinnerungen, hrsg. v. Willi Schuh, München 1989

Strawinsky, Igor zum siebzigsten Geburtstag (= Musik der Zeit, 1), Bonn 1952

Strawinsky, Igor. Leben und Werk – Von ihm selbst: Erinnerungen, Musikalische Poetik, Antworten auf 35 Fragen, Mainz 1957

Strawinsky. Wirklichkeit und Wirkung (= Musik der Zeit / Neue Folge, 1); Bonn 1958

Struck-Schloen, Michael: »Giacinto Maria Scelsi (Conte d'Ayala Valva)«, in: Ingeborg Allihn (Hrsg.): Kammermusikführer, Stuttgart 1998, S. 522–526

Stuckenschmidt, H. H.: Schöpfer der neuen Musik. Portraits und Studien, Frankfurt 1958

Sugden, John: Paganini (= The Illustrated Lives of the Great Composers), London 1980

Swarowsky, Hans: »Johann Strauß – Inkarnation der Wiener Musik«, in: ÖMZ 5/6 (1975), S. 242–256

Talbot, Michel: Antonio Vivaldi. Der Venezianer und das barocke Europa, Stuttgart 1985

Talbot, Michel: Vivaldi, London 1993

Tanzberger, Ernst: Die symphonischen Dichtungen von Jean Sibelius. Eine inhalts- und formalanalytische Studie, Würzburg 1943

Tanzberger, Ernst: Jean Sibelius. Eine Monographie, Wiesbaden 1962

Taube, Charlotte: César Franck und wir, Berlin 1957

The New Grove Dictionary of Music and Musicians, hrsg. v. Stanley Sadie, London 1980 / 2. neubearb. Auflage 2000 (online: http:/ /www.grovemusic.com)

Tichy, Gottfried: Mozarts unfreiwilliges Vermächtnis. Der Genius aus unbekannten Perspektive, Bonn 1998

Tomaszewski, Mieczylaw: Frédéric Chopin und seine Zeit, Laaber 1999

Tonger, P. J.: Musik. Sprüche und Gedichte, Köln 1918

Trojahn, Manfred: »Ein verpaßtes Jubiläum – Zum 30. Todestag von Jean Sibelius am 20. September 1987«, in: Musica 41 (1987), S. 424–426

Tschaikowski, Peter I.: Erinnerungen und Musikkritiken, Leipzig 1974

Tschirch, Emil: »Mit Richard Strauss auf Reisen«, in: Die Musik 9 (1924), S. 657–665

Tyrell, John (Hrsg.): Intimate Letters. Leoš Janáček to Kamila Stösslová, Princeton 1994

Uecker, Wolf: Das Püree in der Kniekehle der Geliebten. Kulinarische Vorlieben berühmter Leute, München 1989

de Velde, Henk: »Auf der Suche nach dem verlorenen Klang. Die Musik Giacinto Scelsis in der abendländischen Tradition«, in: MusikTexte 26 (1989), S. 36–40

Vogel, Jaroslav: Leoš Janáček. Leben und Werk, Prag 1958

Walter, Meinrad: Erschallet, ihr Lieder, erklinget, ihr Saiten. J. S. Bachs Musik im Jahreskreis, Zürich 1999

Wasielewski, Wilh. Jos. V.: Die Violine und ihre Meister, bearbeitet und ergänzt von Waldemar von Wasielewski, [Reprint] Leipzig 1990

Wehemeyer, Grete: Höllengalopp und Götterdämmerung. Lachkultur bei Jacques Offenbach und Richard Wagner, Köln 1997

Weinstock, Herbert: Rossini. Eine Biographie, Adliswil 1981

Weissweiler, Eva: Clara Schumann. Eine Biographie, München 1994

Werbeck, Walter: Die Tondichtungen von Richard Strauss (= Dokumente und Studien zu Richard Strauss, 2), Tutzing 1996

Wessely, Othmar (Hrsg.): Anton Bruckner als Schüler und Lehrer (Bericht im Rahmen des Internationalen Bruckner-Festes – Linz 1988), Linz 1992

Whitten, John: »Johann Strauß und der Wiener Männergesangs-Verein«, in: ÖMZ 10 (1975), S. 516–530

Wieland, Hans: Worte und Bilder. Gedichte, Weißenhorn 1999

Wiener, Annalise: »Bilder, in Musik gesetzt«, in: Musica 12 (1960), S. 774 ff.

Williamson, John: Strauss: Also sprach Zarathustra (= Cambridge Music Handbooks), Cambridge 1993

Willnauer, Franz: »Alban Berg über Musik und Musiker«, in: NZfM 4 (1966), S, 128–135

Zagiba, Franz: Tschaikovsky. Leben und Werk, Zürich 1953

Zenck, Martin: »Die andere Avantgarde des Giacinto Scelsi. Analytisch-ästhetische Reflexionen zum Klavierwerk«, in: MusikTexte 26 (1989), S. 41–48

Zender, Hans: »Vermutungen über Scelsi«, Booklet zur CD Giacinto Scelsi: Yamaon, Anahit, I presagi [...], Klangforum Wien, Hans Zender [edel, KAIROS: 0012032KAI]

Zieliński, Tadeusz A.: Bartók. Leben, Werk, Klangwelt, München 1989

Zieliński, Tadeusz A.: Chopin. Sein Leben, sein Werk, seine Zeit, Bergisch Gladbach 1999

Zilkens, Udo: Antonio Vivaldi. Zwischen Naturalismus und Pop – Die vier Jahreszeiten im Spiegel ihrer Interpretationen, Köln-Rodenkirchen 1996.

Inhalt

Register

Andante Spumante
Der Beikircher
Ein Konzertführer

Gebunden
Mit einem Vorwort von Franz Xaver Ohnesorg

Andante Spumante – der erste Konzertführer, der die großen
Werke der klassischen Musik nicht ganz ernst nimmt.

»Detailwissen und seriöse Fachkenntnis locker aus dem Ärmel
geschüttelt.« *Kölnische Rundschau*

»Beikircher bringt dem Konzertbesucher scheinbar Verstaubtes
augenzwinkernd näher.«
Bonner General-Anzeiger

www.kiwi-koeln.de VERLAG KIEPENHEUER
&WITSCH

Konrad Beikircher
Et kütt wie´t kütt
Das rheinische Grundgesetz

Gebunden
Mit einem Vorwort von Johannes Rau

Beikirchers liebevoll entlarvende Beschreibungen des »Rhein-
länders an sich« – inzwischen ein Klassiker nicht nur für
Heimathirsche.

»Der Meister sprüht nur so...« *Kölnische Rundschau*

MUSSORGSKY

EMI CLASSICS

Bilder einer Ausstellung
Lars Vogt & Konrad Beikircher

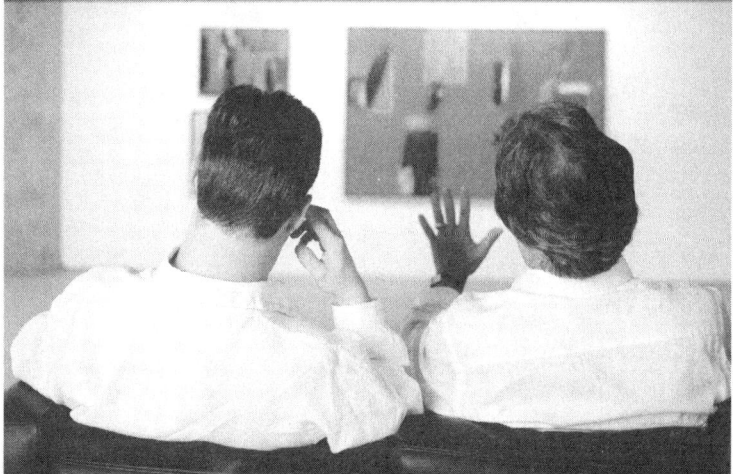

MUSSORGSKYS BILDER MIT LITERATUR

Ein Gesamtkunstwerk von Lars Vogt und
Konrad Beikircher
Mussorgsky: Bilder einer Ausstellung
LARS VOGT, Klavier

Literarische Annäherungen
mit Texten von Wilhelm Busch,
Heinrich Heine u.a.,
gesprochen von
KONRAD BEIKIRCHER

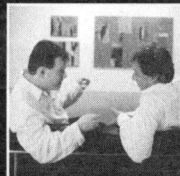  

CD 557299 2

Live-Aufnahme: Spannungen-Festival, Heimbach, Sommer 2001
www.emiclassics.de · www.beikircher.de · www.larsvogt.de

Die Beikircher-CDs
bei tacheles!/Roof Music

Das aktuelle Kabarett-Programm des Bonner Allrounders - ein weiters Mal aus der rheinischen Trilogie. Überlebensrezepte aus dem rheinischen - hineingetragen in die Welt, auf das auch dort Leichtigkeit herrsche, Sanftmut und Lebensfreude!

Ja sicher!
Kabarett, 2 CD
Indigo-Best.Nr. 96972
ISBN 3-933686-68-7

Ebenfalls Wiederveröffentlichung aus der rheinischen Trilogie und in neuer Covergestaltung.
"Sprachakrobatik auf dem Hochseil." WZ

Wie isset? Jot!
Kabarett, 2 CD
INDIGO Best.Nr. 98942
ISBN 3-933686-77-6

Noch eine Wiederveröffentlichung in neuer Covergestaltung.

Nee...Nee...Nee...
Kabarett, 2 CD
INDIGO Best.Nr. 86782
ISBN: 3-933686-85-7

Ein weiterer Klassiker aus der rheinischen Trilogie in neuer Covergestaltung.

Wo sie jrad sagen
Kabarett, 2 CD
INDIGO Best.Nr. 87572
ISBN: 3-933686-84-9

Ciao Ciao Bambina
Musik / Lieder,
1 CD (Digipak)
INDIGO Best.Nr. 98972
ISBN: 3-933686-73-3

"Ich habe gesungen wie noch nie in meinem Leben...".
Konrad Beikircher singt italienische Lieder der 50er und 60er Jahre u.a. von Buscalione und Mudugno. Inkl."Amara terra mia", "Buona sera", "Una sigaretta", "Al chiar de luna" und "Che bambola".

Carlo Collodi "Pinocchio"
Lesung mit Musik, 3 CD
INDIGO Best.Nr. 08522
ISBN: 3-933686-90-3

Beikircher liest Collodi. Die Geschichte der Holzpuppe, die zum Leben erwacht, begleitete den gebürtigen Italiener seine ganze Kindheit in Südtirol. Mit großer Freude und Sorgfalt produzierte er dazu Instrumentalstückchen, die die Lesung einrahmen.

Himmel un Ääd
Kabarett, 2 CD
INDIGO Best.Nr. 99002
ISBN: 3-933686-76-8

Die CDs aus der rheinischen Trilogie bilden die Grundlage zu Beikircher's Buchbestseller "Et kütt wie et kütt". CD in neuer Covergestaltung.

Im Buchhandel erhältlich beim Eichborn Verlag.
Im Tonträger-Fachhandel im Vertrieb von Indigo.

Foto: Jim Rakete

www.beikircher.de

tacheles!/Roof Music GmbH, Prinz-Regent-Strasse 50-60, 44795 Bochum
Telefon: 0234-72734, Telefax: 0234-770049, mail@roofmusic.de, www.roofmusic.de